LA EPÍSTOLA
A LOS ROMANOS

ANDERS NYGREN

EDITORIAL CONCORDIA • SAINT LOUIS

Título original: Ronuirbrevet (Commentary on Romans)
Con permiso de AB VERBUM, Suecia.
Traducido de la versión alemana por Carlos Witthaus y Greta Mayena

Ilustración de tapa: ©istockphoto.com/MBPhoto
Ilustración de la contratapa: ©shutterstock.com/Ozger Aybike Sarikaya
Diseño: Christiane Mancel

Editorial Concordia es la división hispana de Concordia Publishing House.

Impreso en los Estados Unidos de América

CONTENIDO

CUARTA PARTE

I | INTRODUCCIÓN

1. LA EPÍSTOLA A LOS ROMANOS
"EL EVANGELIO MÁS PURO"

En su prólogo a la Epístola a los Romanos, Martín Lutero denomina a esta carta: "justamente la parte central del Nuevo Testamento y el evangelio más puro"; y agrega que bien merece que el cristiano la aprenda de memoria, palabra por palabra. En consecuencia, opina Lutero que esta epístola presenta el evangelio con más claridad que cualquier otro escrito del Nuevo Testamento.

Pero desde entonces no han faltado voces empeñadas en sostener que este juicio de Lutero encierra una buena dosis de exageración. Como él personalmente le debía tanto a la epístola, y en ella había encontrado el apoyo principal para su labor de reformador, era natural que viera en ella la parte principal del Nuevo Testamento y el evangelio más puro. Sin embargo, se agrega, no podemos acompañarlo en este juicio. Si es posible señalar en el Nuevo Testamento una parte principal, sin duda deben ser los Evangelios.

Esta objeción es tentadora y a muchos les parece lógica. Pero un examen más detenido muestra que, al menos en parte, se basa en conceptos erróneos. Detrás de esta idea a menudo está la creencia de que en los Evangelios —particularmente en los sinópticos— poseemos la información histórica original sobre la vida y obra de Jesús; y que ese material primario fue recogido después por Pablo y utilizado por él en una forma que no responde a su real significado. De esta manera, de los sencillos relatos evangélicos acerca de Jesús, habría surgido la fe en él como el Cristo, Hijo de Dios. Si esto fuera realmente así, tendríamos que admitir que el evangelio

9

más claro se encuentra en los sinópticos, y que Pablo lo ha oscurecido. Sin embargo, todo este concepto no es más que una construcción contraria a la verdad histórica. Lo cierto es que la fe en Cristo es, tanto para los Evangelios como para Pablo, una presuposición básica. De no haber existido esa fe, no tendríamos Evangelios. Los Evangelios no son relatos descriptivos escritos con un interés histórico: son testimonios de Cristo, nacidos de la fe en él y destinados a evocar en otros la misma fe. "Pero éstas (cosas) se han escrito para que creáis que Jesús es el Cristo (ὁ Χριστός), el Hijo de Dios, y para que creyendo, tengáis vida en su nombre" (Juan 20:31).

Lo mismo vale para los demás Evangelios. La diferencia entre Pablo y los Evangelios sinópticos consiste tan sólo en que Pablo ha fijado con mayor claridad y más categóricamente el contenido de esa fe. Es el mismo evangelio, pero en los sinópticos puede sufrir alteraciones con mayor facilidad. Quien quiera aprehenderlo con manos profanas, puede hacerlo. Tal proceso ha ido tan lejos que nació la idea de construir —desprendiéndola de los Evangelios— una "vida de Jesús" puramente histórica, independiente de la fe. En otras palabras: se extrajo el evangelio de los Evangelios. Para tales tentativas el evangelio de Pablo es una piedra de tropiezo. El evangelio que está encerrado en los Evangelios y les ha dado su nombre, fue descubierto por Pablo y puesto en primer plano con evidencia tal que no deja lugar a malentendidos. La historia de la Iglesia Cristiana es testigo de que la carta a los Romanos ha podido promover la renovación del cristianismo de un modo muy especial. Cada vez que se corrió el peligro de alejarse del cristianismo, el estudio profundo de la carta a los Romanos ayudó a reencontrar lo perdido. Basta con recordar cuánto significó en este sentido para Agustín o los hombres de la Reforma. Por esta razón un examen detenido debe conducirnos a admitir, también desde un punto de vista puramente objetivo, que Lutero estuvo acertado en su juicio. Más que en ninguna otra parte del Nuevo Testamento en la Epístola a los Romanos se aprende qué es lo que es el evangelio, cuál es el contenido de la fe cristiana. La Epístola a los Romanos nos brinda el evangelio en su más amplio contexto. Nos da la correcta perspectiva y nos indica cómo juntar los fragmentos de los Evangelios para formar la imagen auténtica.

En una interpretación de la Epístola a los Romanos que data de los tiempos en que se creía poseer en los Evangelios sinópticos la representación del "Jesús Histórico" y en Pablo la transformación de la enseñanza de Jesús, se dice: "¡Qué dicha tan grande la de poseer el evangelio no solamente en la forma proclamada por Pablo!". Por fortuna nosotros no estamos ante la alternativa de tener que elegir entre Pablo y los Evangelios. Por esta razón diremos con más acierto: "¡Qué dicha la de poseer el evangelio *también* en la forma en que Pablo lo proclamó!"

2. Carácter general de la Epístola

Entre las cartas de Pablo, la Epístola a los Romanos ocupa un lugar especial por ser la única carta escrita por él a una congregación que le era desconocida. Ignoramos cuándo ni cómo fue fundada la comunidad cristiana de Roma. Sólo sabemos que no fue fundada por Pablo ni por ninguno de sus colaboradores. Es natural suponer que el origen de la congregación romana guarda relación con el hecho de que Roma era el punto céntrico del tránsito mundial. En el relato que los Hechos de los Apóstoles hacen del derramamiento del Espíritu Santo en Pentecostés, también se habla de "romanos aquí residentes" entre los testigos de la predicación de Pentecostés de Pedro. (Hechos 2:10.) Por lo demás, poco sabemos de la congregación romana, su composición y su situación especial. Lo que sabemos se limita casi exclusivamente a lo que se desprende de la carta misma y no podemos esperar que alguna aclaración proveniente de afuera nos ayude en la interpretación.

Dadas estas circunstancias nos sentimos inclinados a pensar: "¡Lástima que sepamos tan poco acerca de la congregación a la cual Pablo dirigió esta carta!" Cuánto mejor entenderíamos Romanos si pudiéramos formarnos una idea de la situación dentro de la comunidad romana; si hubiéramos conocido los distintos grupos, las distintas tendencias y opiniones a las que Pablo hace referencia. Por natural que sea este pensamiento debemos calificarlo de engañoso. El buscar la clave de Romanos en determinadas circunstancias específicas de la congregación de Roma significa apartar la vista del punto de real importancia. A diferencia de las demás cartas paulinas, lo característico y particular de esta epístola reside precisamente en que *no* se dirige a la situación de una congregación determinada —o que en todo caso lo hace tan sólo en una medida muy limitada. Su finalidad no consiste en remediar ciertos inconvenientes. Tampoco lucha Pablo aquí —tal como lo hace en la carta a los Gálatas— con adversarios empeñados en apartar a la congregación de él y del evangelio anunciado por él. En Romanos Pablo ha emprendido la tarea de escribir a una congregación que le era *desconocida*. Este es un hecho que debe tenerse siempre presente, porque imprimió su sello al conjunto de la carta, dándole un carácter singularmente *objetivo*.

¿Cuál puede haber sido el motivo para que Pablo escribiera esta carta larga, plena de contenido, a una congregación hasta entonces desconocida? El mismo nos ha dado ciertas insinuaciones sobre ello. En la introducción de la carta dice que hacía mucho que ansiaba trasladarse a Roma para trabar un conocimiento más íntimo con la congregación cristiana residente en esa ciudad. Admite que por lo general aplica la regla de "predicar el evangelio, no donde Cristo ya hubiese sido nombrado" (15:20), pero que en cuanto a Roma, las cosas cambian. Aunque allí, en la capital del mundo, se había formado una congregación cristiana sin su intervención —tal vez antes de que él hubiera iniciado su trabajo misionero— esta circunstancia no constituía un inconveniente para él. El había sido llamado por Dios para ser el apóstol de los gentiles, los paganos; de modo que debía ir al punto céntrico del mundo pagano, donde confluían todos los pueblos y lenguas. A ello se agregaba otra circunstancia: al escribir Pablo desde Corinto su carta a los cristianos de Roma, se hallaba en el apogeo de su obra. Acababa de realizar su tercer viaje misionero y con ello consideraba concluida su actividad en el Oriente. Ahora intentaba desplazar su campo de acción a España. De paso cumpliría por fin su proyecto de visitar a la congregación romana; y contaba con ser "encaminado para el viaje" a España (15:24). Al parecer Roma estaba destinada a ser la base de su nueva actividad misionera, así como Antioquía lo había sido para la obra realizada hasta entonces. Una sola cosa le restaba hacer: viajar a Jerusalén "a ministrar a los santos", entregándoles una colecta recogida en Macedonia y Acaya (15:25 ss.). Envía ahora esta epístola para anunciar su llegada a la congregación romana. Aún no sospechaba lo que le esperaba en Jerusalén, ni tampoco que llegaría a Roma de un modo muy distinto de lo imaginado —como prisionero.

La ocasión inmediata que impulsó a Pablo a escribir la carta es pues, bastante clara. Sin embargo, también a este respecto debemos cuidarnos de hacer deducciones demasiado amplias acerca del carácter y contenido general de la epístola, ya que de lo contrario podríamos estar tentados a razonar de la siguiente manera: Para Pablo todo dependía de conseguir el apoyo de la congregación de Roma para sus nuevos planes misioneros; por esta razón debía tratar de ganarse su confianza a toda costa. A este fin le escribe dándole con su carta una demostración de su forma de anunciar el evangelio. Esto explicaría también el carácter didáctico de la Epístola. O se puede decir que aquí Pablo da cuenta a los cristianos en Roma de cómo ha predicado el evangelio: y su esfuerzo se dirige ante todo a exponer su actitud hacia la ley. Esto era tanto más necesario para él cuanto que siempre tenía que contar con sus antiguos opositores: entre los judíos conversos podrían atacarlo también en Roma, privándolo así del apoyo de la congregación.

Esta manera de razonar es exagerar la significación de la ocasión externa de la carta, a costa de su contenido real. Nada en ella indica que su contenido se deba al deseo de Pablo de justificarse personalmente ante la congregación romana. De lo que aquí se ocupa Pablo es de un gran problema real, de cuestiones de un alcance y de una importancia tales como nadie después de él ha tenido que solucionar en la historia del cristianismo. En vista de este hecho, el presentar como explicación de la carta las circunstancias accidentales que la motivaron, no contribuye a una comprensión más profunda de su contenido, sino muy al contrario. Del mismo modo es un error querer ver en la Epístola a los Romanos el ejemplo típico de la predicación misionera de Pablo. Esta epístola fue dirigida a una congregación que ya conocía el evangelio y no necesitaba de una proclamación misionera fundamental. Si alguien respondiera que Pablo no hizo esta exposición porque la comunidad romana la necesitara, sino para dar un ejemplo de cómo presentaba su predicación misionera, con intención de encomendarse así a la congregación, entonces la Epístola misma es la mejor refutación de tal opinión. La Epístola a los Romanos es todo menos una muestra de exhibicionismo. Pablo lucha aquí con problemas que son vitales tanto para él como para la congregación a la que se dirige. Puesto que es esencial entender estos problemas, resulta perjudicial que en lugar de examinarlos detenidamente, uno se preocupe por las circunstancias exteriores e incidentales que dieron ocasión a Pablo para ocuparse de ellos. El hecho de que algunos den tanta importancia a su ocasión externa en la interpretación de Romanos, probablemente se deba al hecho de que es tan poco lo que se sabe acerca de dichas circunstancias exteriores. En la propia explicación de Pablo, han tenido los intérpretes un firme indicio respecto de la ocasión de la carta. Era tentador aprovechar al máximo ese punto firme. Pero al hacerlo se terminó por sobrecargarlo más allá de los límites de su capacidad.

Con frecuencia se ha considerado como una limitación de la epístola el hecho de que se parezca tan poco a una verdadera carta. Da más bien la impresión de un escrito doctrinario, de una disertación teológica, que sólo en su aspecto exterior ha adoptado la forma de una epístola. Sin duda, al hacer este comentario uno tiene en mente el carácter objetivo de la epístola, a que antes se ha hecho referencia. Es cierto que Romanos se ocupa poco o nada de las condiciones de la congregación romana. Pero con todo, se trata de una auténtica carta. No ofrece doctrinas y explicaciones, presentadas con intención teórica, sino contiene precisamente aquello que Pablo creyó más necesario comunicar a sus lectores en el momento de escribir.

Se apresta, pues, a escribir a una congregación que en su mayoría le es extraña. ¿Cuál será el tema de su epístola? No puede intervenir positivamente con disposiciones concretas, consejos y amonestaciones en la vida de una congregación a la que conoce sólo superficialmente y que no le está obligada de manera alguna. En cambio surgen otras ideas en él. Le acosa el gran problema de su propia vida, ese problema que es a la vez el gran problema de toda la cristiandad. ¿Qué es lo nuevo que ha entrado con Cristo? ¿Qué es lo que la congregación tiene mediante la fe en él? ¿Y qué relación hay entre el nuevo camino de salvación, el camino de la fe, y el antiguo, seguido hasta entonces por el pueblo de Dios, el camino de las obras? Estas eran preguntas que Pablo tenía que enfrentar siempre de nuevo en el curso de su actividad, y cuya respuesta resultaba sumamente necesaria también para la congregación.

No hay razón para lamentar que Romanos contenga tan escasas conexiones con la situación de la congregación de Roma. Precisamente gracias a ello poseemos algo mucho más vital. En lugar de una confrontación con los problemas particulares de la congregación romana nos encontramos con el problema vital de Pablo mismo. En lugar de la polémica con adversarios vemos la confrontación de Pablo consigo mismo, con su pasado, ya que él también había seguido el camino de la ley, de la salvación por las obras. Precisamente a la circunstancia de haberse visto impedido de realizar su intención de visitar a la congregación romana, teniendo que escribirle como a una congregación que le era extraña, debemos el que en esta epístola tengamos el documento incomparablemente sobresaliente del cristianismo, en el cual el evangelio resalta con mayor claridad que en ninguna otra parte, contra el fondo de la ley.

3. La idea fundamental de la epístola: La justicia que proviene de Dios

Hasta no hace mucho tiempo, en teología se solía trazar una neta línea divisoria entre Jesús y Pablo. Jesús anunció la venida del Reino de Dios, pero Pablo, se decía, transformó ese anuncio en la doctrina de la justificación por la fe. Ahora no cabe duda de que tal concepto es erróneo y que entre Jesús y Pablo hay una ininterrumpida continuidad esencial. Por consiguiente, cuando tratamos de fijar la idea básica en el concepto paulino del evangelio, corresponde señalar que tiene tanto su punto de partida como su fundamentación en la proclamación del reino de Dios por Jesús.

Si existe algo que la investigación exegética moderna ha podido determinar con toda claridad, es la extraordinaria importancia de la idea escatológica en el pensamiento cristiano primitivo. Centro del mensaje de Jesús era la proclamación del *reino de Dios* y de la llegada del nuevo eón. Llenos de esperanza, los piadosos "que esperaban la consolación de Israel", habían anticipado el día en que Dios mismo edificaría su reino y asumiría el gobierno. En esta tensa expectación se oye la proclamación de Jesús: "El tiempo se ha cumplido, y el reino de Dios se ha acercado" (Mc. 1:15). Cuando Jesús habla del reino de Dios ya no se trata de algo lejano que alguna vez habrá de venir. "Este eón" ya ha tocado a su fin y "el nuevo eón" está próximo. Con Jesús ha empezado la era mesiánica. Refiriéndose a la profecía mesiánica del "año agradable del Señor" él puede decir: "Hoy se ha cumplido esta escritura delante de vosotros" (Lc. 4:21). Que él era Aquel que "había de venir" se ve en que ya estaban presentes las señales mesiánicas: "Los ciegos ven, los cojos andan, los leprosos son limpiados, los sordos oyen, los muertos son resucitados, y a los pobres es anunciado el evangelio" (Mt. 11:5). Aunque uno pueda hablar del reino de los cielos como algo que debe venir y se está acercando, también al mismo tiempo es una realidad presente: las fuerzas del reino celestial ya están obrando. El reino de Dios no viene por la intervención humana sino por la maravillosa intervención de Dios. Viene como un don de Dios. Es por esto que Jesús puede llamar bienaventurados a sus discípulos "porque de ellos es el reino de los cielos" (Mt. 5:3; 10). Ellos tienen derecho de ciudadanía en el nuevo eón. No tienen por qué temer, porque al Padre le ha placido darles el reino (Lc. 12:32).

Irrumpe el reino de Dios. Mas con ello también se da una *nueva justicia*: la justicia que viene de Dios. Los discípulos de Jesús "tienen hambre y sed de justicia" (Mt. 5:6); ellos no creen como los fariseos que poseen la justicia con qué mantenerse frente a Dios. Pero Jesús los llama bienaventurados "porque ellos serán saciados". El reino de Dios se aproxima y en él recibirán como don de Dios la justicia divina. Porque así como el reino de Dios no puede venir sino por su poderosa intervención, así también la justicia de Dios sólo puede llegar a ser posesión del hombre si la recibe como don de Dios. Jesús no niega en modo alguno que también el fariseo posea cierta justicia —ya que se apasiona por la ley de Dios y trata de realizar la voluntad divina en todas las situaciones de su vida— pero esa justicia no es la que corresponde al reino de Dios. Por esto reza Mt. 5:20; "Porque os digo que si vuestra justicia no fuere mayor que la de los escribas, no entraréis en el reino de los cielos." Tan indisoluble es el lazo entre el nuevo reino y la nueva justicia. En Mt. 6:33, vemos cómo Jesús los reúne a ambos en la advertencia; "Mas buscad primeramente el reino de Dios y su justicia."

Ahora bien: ¿cuál es el sentido de esa *"justicia de Dios"*, tan entrañablemente ligada al reino de Dios? *Este es el problema de Pablo.* Sobre todo, en la Epístola a los Romanos.

Nadie más capacitado que él para resolver este problema. La mayoría de los demás discípulos de Jesús provenía de círculos que en algún sentido al menos observaban una actitud crítica frente a la piedad farisaica. Para empezar, no tenían ninguna justicia propia en la cual apoyarse. Para ellos, el aceptar la justicia de Dios tal como les era ofrecida por Jesús, significaba algo así como un desarrollo de su antigua piedad, cuyo rasgo más significativo era la humildad delante de Dios. El haberse unido a Jesús, pues, no hacía necesario una ruptura total con toda su vida espiritual anterior. Pero precisamente por ello lo nuevo no resultaba tan absolutamente nuevo, sino que contenía cierta continuidad. Para Pablo, en cambio, la situación era distinta. El provenía directamente del campo de los adversarios, del campo de los fariseos. Durante su período precristiano la justicia había constituido la gran pasión de su vida. En su servicio para establecer la justicia por la ley había perseguido a la comunidad cristiana. Pero cuando cerca de Damasco recibió la revelación del Señor, ese encuentro significó el derrumbamiento total de todo cuanto hasta ese entonces había sido la meta de su trabajo. Si Jesús era el Mesías, el reino de Dios ya estaba presente. Había comenzado el nuevo eón. Pero entonces, la justicia que había convertido a Pablo en perseguidor de la comunidad cristiana, era una justicia falsa. Dios mismo la había condenado como pecado, y en lugar de ella ofrecía ahora una justicia totalmente nueva en el reino divino que se había iniciado: la justicia de Dios. Desde este punto de vista resulta fácil comprender cuan extraordinaria era la tarea que le incumbía a Pablo en la historia de la cristiandad. Tan sólo un hombre como Pablo, que había tomado por el camino opuesto de salvación —el camino de la justicia por la ley— estaba en condiciones de despejar para la cristiandad el nuevo camino de salvación que Dios había abierto en Cristo, y de exponer la justicia divina en su total novedad.

Pablo conocía ambos caminos de salvación: de su vida anterior conocía la ley, y la justicia que ella era capaz de producir; en su experiencia actual conocía el evangelio como poder de Dios para salvación de todo aquel que cree. De modo que podía confrontar ambos caminos por propia experiencia. Empero no era un converso común, de aquellos que después de su conversión sólo saben pintar su vida anterior con colores oscuros. Como cristiano, Pablo contempla su vida precristiana con equidad. Jamás olvida que también entonces poseía una especie de justicia, a saber, aquella justicia que proviene de la ley. En esta conexión es preciso citar sobre todo Fil. 3:4-9, donde dice: "Si alguno piensa que tiene de qué confiar en la carne, yo más:..., en cuando a la ley, fariseo; en cuanto celo, perseguidor de la iglesia; en cuanto a la justicia que es en la ley, irreprensible. Pero cuantas cosas eran para mí ganancias, las he estimado como pérdida por amor de Cristo. Y ciertamente, aún estimo todas las cosas como pérdida por la excelencia del conocimiento de Cristo Jesús, mi Señor, por amor del cual lo he perdido todo, y lo tengo por basura, para ganar a Cristo y ser hallado en él, no teniendo mi propia justicia, que es por la ley, sino la que es por la fe de Cristo, la justicia que es de Dios por la fe."

Lo primero que nos llama la atención en esta exposición es que no hay en ella rastro de resentimiento. Sin embargo muchos han pensado que el desarrollo de la vida de Pablo fue algo así: Al principio había tomado por el camino del cumplimiento de la ley. Luego de muchas tentativas infructuosas de hacerse justo mediante el cumplimiento de la ley, tuvo que abandonar y elegir otro camino. La ley, que antes fuera su orgullo, se le antojaba ahora su verdadero enemigo. Así, pues, su fracaso era la causa por la cual rechazaba a la ley como camino de salvación; y en esa situación sobrevino la iluminación salvadora: el hombre no se hace justo ante Dios mediante el cumplimiento de la ley, sino por la fe. Lo cual le quitó un gran peso de encima. Sin embargo, en los versículos de Filipenses que acabamos de citar, nos enteramos de todo lo contrario por boca del mismo Pablo. Existe efectivamente una justicia que se logra mediante el cumplimiento de la ley; y él no había fracasado en ese intento sino que era "irreprensible" según la justicia de la ley. Para él, pues, la ley no había sido piedra de tropiezo contra la que se hubiera estrellado; más bien era una de aquellas cosas que consideraba como ganancia verdadera. Al tener que abandonar el camino de la justicia por las obras, su posición frente a la ley no era negativa sino positiva. Era un sacrificio que se le exigía, no una carga pesada de la que se librara con un sentimiento de alivio y satisfacción. Por eso mismo se hace más poderosa la antítesis cuando por la revelación de Cristo es constreñido a renunciar a todo cuanto le era caro para ganar en cambio a Cristo y ser hallado en él. Cuando Pablo exclama: "Cristo Jesús, mi Señor, por amor del cual lo he perdido todo" resalta de inmediato cuan difícil le era abandonar la justicia tan difícilmente lograda.

Nadie ha visto con tanta claridad como Pablo lo nuevo del cristianismo y su contraste con lo anterior. Es no entenderlo cuando —como a menudo ha sucedido— se ha interpretado su contraste entre la justicia por la *fe* y la justicia por las *obras* (la ley), como si hubiera querido decir que el hombre no puede hacerse justo ante Dios por medio de sus obras, pero que en cambio, se justifica por su condición interior, por su fe. Porque también en este último caso se trataría siempre de la justicia propia del hombre. Por el contrario: el contraste al que Pablo aspira es mucho más radical. En último análisis es la antítesis entre su *propia justicia* y la *justicia de Dios*. Había tratado de construir su propia justicia por el camino de la ley; pero Dios la abatió y erigió una nueva justicia al enviar a Cristo. La nueva justicia no es justicia que proviene de nosotros, sino que sólo puede ser denominada con el término *"justicia que proviene de Dios"*.

Debe tenerse en cuenta cuán enorme es la revolución religiosa contenida en las palabras "justicia que proviene de Dios". En casi todo lo que se designa con el nombre de religión nos encontramos con la tentativa del hombre de lograr su propia justicia, de hacerse valer ante Dios con ella y ganarse su beneplácito. El cristianismo pone fin a todo esto al hablar en lugar de ello de la "justicia de Dios" o de la "justicia que proviene de Dios". Aquí ha aparecido una forma enteramente nueva de comunión con Dios; una comunión cuyo centro no es el hombre y sus obras, sino Dios y su obra. Aquí no se trata de un pensamiento elaborado especulativamente, sino de la propia obra de Dios, cuando contrariamente a los esfuerzos del hombre para abrirse camino hacia él, él mismo en Cristo estableció un camino para la humanidad, y abrió un nuevo camino hacia la comunión con él. Esta reorientación total de la relación religiosa es la que Pablo formula con tan definitiva claridad en el citado pasaje de Filipenses: *"no mi propia justicia, que es de la ley, sino la justicia que es de Dios."*

Esta expresión — "la justicia que es de Dios"— encierra el verdadero pensamiento fundamental de la Epístola a los Romanos. El mismo Pablo lo destaca al indicar el tema de su carta en el capítulo 1:17. Lo hace con las siguientes palabras: "Porque en el evangelio la justicia de Dios se revela por fe y para fe, como está escrito: «Mas el justo por la fe vivirá»." Y a continuación la epístola entera no es otra cosa que una interpretación de esa

19

"justicia que es de Dios" y de las consecuencias que se derivan para la vida cristiana de esa justicia de Dios revelada en Cristo, y que es compartida por aquel que cree en él.

Con mayor claridad que nadie, Lutero vio que en la Epístola a los Romanos lo más vital es ese contraste entre la comunión con Dios egocéntrica y la teocéntrica; entre la justicia que nosotros mismos producimos y la justicia que proviene de Dios. Las primeras palabras del comentario que Lutero hace de Romanos contienen una explicación de lo que compone el compendio de la misma (*summarium huius epistole*). Escribe: "La suma de esta carta es: destruir, extirpar y aniquilar toda sabiduría y justicia de la carne." Si tanto entre los judíos como entre los paganos el hombre se afana por erigir su propia justicia, nosotros hemos aprendido todo lo contrario en la Epístola a los Romanos: "Trátase de que *nuestra* justicia y sabiduría sea destruida y extirpada en nuestros corazones." Y refiriéndose a Jer. 1:10: "... para arrancar y para destruir, para arruinar y para derribar, para edificar y para plantar", Lutero explica: "arrancar y destruir, arruinar y derribar, es decir todo lo que hay en nosotros, es decir todo lo que nos complace porque proviene de nosotros mismos y está en nosotros mismos; y edificar y plantar, todo lo que hay fuera de nosotros, en CRISTO." Prosigue Lutero: "Dios no quiere redimirnos por nuestra propia justicia sino por justicia y sabiduría ajenas, por una justicia que no viene de nosotros ni tiene en nosotros su origen, sino que viene de otra parte hacia nosotros; que no está arraigada en nuestra tierra, sino que viene del cielo. Esa justicia que viene totalmente de afuera y nos es totalmente extraña, es la que debe el hombre aprender. Y por consiguiente debe ser extirpada primero nuestra propia justicia personal."

4. Los dos eones

¿Cuál es el contenido principal de la Epístola a los Romanos? Desde tiempos inmemoriales la cristiandad evangélica tuvo una respuesta unívoca a esta pregunta: la justificación por la fe. Esta respuesta en sí es exacta, y la exposición que antecede la apoya. Sin embargo, dista mucho de bastar para asegurar una interpretación correcta de la epístola.

Uno de los más notables exegetas modernos, Adolf Schlatter, ha hecho una observación interesante al respecto. Señala que el interés de la teología evangélica por Romanos decae al llegar al comienzo del capítulo cinco; que sólo le preocupa la enseñanza del apóstol sobre la justificación por la fe; y su fruto —que tenemos paz con Dios por medio de nuestro Señor Jesucristo. Pero —dice Schlatter— la Epístola a los Romanos contiene mucho más que esto. En los capítulos siguientes Pablo trata muchos asuntos centrales para la vida cristiana; asuntos que merecen ser escuchados en la iglesia cristiana. "No hemos entendido completamente a Pablo si sólo lo escuchamos cuando nos dice: «Tenemos paz con Dios»."

En cuanto a esta declaración hay que decir que tiene y no tiene razón. Evidentemente tiene razón al decir que debemos abarcar toda la epístola y no detenernos arbitrariamente en sus primeros capítulos. Desde luego Pablo tuvo una intención determinada al no concluir su carta con el versículo once del capítulo cinco.

Pero no sería correcto decir que a continuación Pablo habla de muchas otras cosas importantes; pues desde el principio hasta el fin de la epístola habla de una sola y única cosa. Hay en Romanos una gran unidad ininterrumpida, una cohesión interior que no tiene igual, no solamente en la literatura cristiana, sino en la literatura en general. Sería imposible mencionar otro documento tan uniformemente sólido y repleto de pensamientos decisivos como lo es la Epístola a los Romanos. Sin embargo, la cohesión de que aquí se trata es de un orden superior al de la cohesión del pensamiento. Es más bien la armonía de una vida totalmente consecuente. Es la misma clase de consecuencia que admiramos en Lutero. Pero Lutero tenía a Pablo y la Epístola a los Romanos en los cuales apoyarse. Pablo en cambio no tenía nada a qué referirse en el mismo sentido. El se apoya en el hecho inmediato de la obra de Dios por nosotros en Cristo, y expresa esa realidad con palabras sobre las cuales han podido vivir las edades subsiguientes. Esa inquebrantable unidad de su presentación es debida al carácter tremendo del hecho que tenía que proclamar. No obstante, la observación de Schlatter bien puede servirnos como saludable advertencia, aunque Romanos se caracterice por una unidad tan rigurosa, girando alrededor de nuestra nueva justicia de parte de Dios, y revelando el tema único y central de la justificación por la fe. Porque ateniéndonos precisamente a la unidad inclusiva de la carta, el hecho de que el interés no se sostenga hasta el final de la misma es una evidencia inequívoca de que se la interpreta equivocadamente; que no se entiende la justificación como Pablo la entendía. A este respecto debemos tener en cuenta dos cosas. Por un lado se comete el error frecuente de pensar que Pablo presenta aquí un punto específico —aunque central— de la fe cristiana. Empero la justificación para Pablo no es un mero artículo de fe, sino la realidad que sirve de fundamento a toda la vida cristiana. El que yo esté justificado significa que por medio de Cristo participo en la nueva justicia que proviene de Dios, y soy incorporado como miembro del reino de Dios. Esta realidad que abarca y transforma la vida entera se ha ido transformando en el curso del tiempo en una doctrina teórica de la justificación del hombre.

Este trastrocamiento guarda a su vez estrecha relación con otro quizás más funesto aun, consistente en que a menudo —seguramente debido al deseo de conservar el carácter de realidad de la justificación— se la interpreta como una experiencia subjetiva, psicológica; como una transformación que se efectúa en el plano anímico del hombre. Este es un punto de vista completamente extraño para Pablo. Para él la justificación no es un proceso interior; la considera en una perspectiva mucho más amplia, más universal.

Aquí enfrentamos un concepto que presenta las mayores dificultades a la interpretación. Pensamos con categorías distintas a las de Pablo y el cristianismo primitivo en general. Operamos con formas de pensamiento que le son tan extrañas como nos son extrañas las que él ha empleado. Y si nos acercamos a los escritos paulinos con nuestras formas de pensamiento, con nuestras lógicas presuposiciones, nos será poco menos que imposible no tergiversar el pensamiento de Pablo. A palabras que él empleaba con determinada intención, les damos significados distintos de los que tenían para él. Dogmatizamos y psicologizamos sus afirmaciones sin caer en la cuenta de que las violentamos. Si nos ponemos a leer Romanos sin otra preparación que la que proporciona el concepto tradicional, podemos estar seguros de descubrir que en los primeros cuatro capítulos de la misma encontraremos nuestras ideas corrientes acerca de la justificación. Los leemos como si se refirieran a ciertos problemas mundanos y psicológicos. Revestimos todos los sustantivos, —p. e. fe, justicia, vida, paz con Dios— con matices distintos de los que tienen para Pablo. Nos complacemos en interpretar la fe como una cualidad interior inherente al hombre o exigida de él; algo así como un órgano religioso que le sirve para recibir la gracia de Dios, o en todo caso como una condición subjetiva para la justificación; la justicia es considerada como una recta conducta ética, la vida como una nueva energía espiritual, la paz con Dios como un estado de tranquilidad psicológica. Pero lo que se pierde de vista en esta interpretación es precisamente el significado característicamente paulino que impregna todos estos términos. Para evitar en lo posible este error, escogeremos a modo de introducción un pasaje tomado del corazón de la epístola; pasaje que expresa con suma claridad la posición básica que Pablo da por sentada y manifiesta en toda la carta. Sirviéndonos así de un pasaje en el que Pablo mismo revela las presuposiciones con que trabaja, logramos, por así decirlo, que Pablo se interprete a sí mismo.

Con tal propósito utilizamos Romanos 5:12-21 —precisamente el pasaje en que, según la manifestación de Schlatter, suele apagarse el interés de la teología evangélica. Es el pasaje en que Pablo confronta a Adán y Cristo, uno de los pasajes del Nuevo Testamento que ha causado las mayores dificultades a los exegetas. Ya la forma sorpresiva con que se introduce este pensamiento —en apariencia sin relación con lo que antecede— ha contribuido a que no estuvieran muy seguros de cómo interpretar dicho pasaje. A ello se añaden dificultades de orden objetivo. Se ha pensado que con esta comparación entre Adán y Cristo, Pablo ha recaído en la ideología rabínica. También se ha pretendido, desde el punto de vista de la historia religiosa que aquí sólo se trata de una modificación de la idea helenística del hombre primitivo.

El resultado neto ha sido dejar perplejos a los intérpretes. Algunos han considerado el pasaje como un "epílogo", de lo que lo precede. Otros, como un prólogo a lo que sigue. Pero en realidad estamos aquí ante el *punto culminante*, de la carta, a la luz del cual se entiende mejor el conjunto. Precisamente la introducción sorpresiva y la forma eruptiva de los pensamientos es a su manera un síntoma de que aquí estamos frente a algo central, algo fundamental, para Pablo. Se ha alegado que no demuestra el paralelismo entre Cristo y Adán al que apela. Pero esa misma falta de pruebas, la aceptación del paralelismo como evidente por sí mismo, evidencia que es algo decisivo y axiomático para Pablo, demasiado esencial para ser objeto de pruebas formales. Un axioma no se demuestra. Pablo no parte de Adán hacia Cristo, sino de Cristo. En la comparación no trata de afirmar la posición única de Cristo. Si éste hubiera sido su propósito habría razón para exigirle que defendiera su lógica al hacer el paralelo. Pero he aquí que la posición dominante de Cristo es para él totalmente clara, independientemente de todo razonamiento. Su propósito al hacer la comparación es afirmar enfáticamente que Cristo ocupa una posición que le ha sido dada por Dios.

Pablo piensa en *eónes*. Aquí se confrontan dos reinos. Uno es el poder soberano de *la muerte* sobre todo lo que se llama hombre, por medio de Adán. El otro es el poder soberano de *la vida*, por medio de Cristo. ¿Qué es lo que ha acontecido al habérsenos dado a Cristo? Esta es la pregunta que Pablo desea contestar aquí. Y su respuesta es clara: se ha iniciado el *nuevo eón*, el eón de la vida. Con esto todos los que están con Cristo y creen en él, han sido liberados del poder de la muerte que pesa sobre la estirpe de Adán, o para expresarlo con palabras de la Epístola a los Colosenses: Dios "nos ha librado de la potestad de las tinieblas, y trasladado al reino de su amado Hijo" (1:13). Esta es la significación *universal* de Cristo. Podríamos decir la significación cósmica si la palabra no estuviera tan sobrecargada de otros significados —el mismo Pablo emplea la palabra "cosmos", el mundo, en esta conexión. Y es precisamente esta interpretación universal y cósmica de Cristo y de su acción la que Pablo quiere destacar mediante la comparación con Adán. Cuando Adán se apartó de Dios, este hecho no le afectó tan sólo personal e individualmente, sino que con él, el pecado y la muerte se adueñaron del poder en el cosmos, en el mundo, en la humanidad en su aspecto total. De la misma manera universal, dice Pablo ahora, y en forma mayor todavía, por medio de Cristo *la vida* ha alcanzado el poder en la humanidad.

En relación con esto se ha hablado del concepto histórico de Pablo. En realidad, se trata de mucho más que de una filosofía de la historia. Es una perspectiva mucho más grandiosa que todo cuanto el examen histórico o la filosofía histórica podrían ofrecer. Cuando en el sentido corriente hablamos de un concepto de la historia o del desarrollo histórico, nos movemos completamente dentro de lo que Pablo llama el eón antiguo, el eón de la muerte. Aun las perspectivas histórico-filosóficas más completas no van más allá de esa área. Tampoco pueden compararse los dos eones o edades de Pablo con la división tradicional de la historia universal en la era de antes y la de después de Cristo. Por cierto, esta división tiene su fundamento en el sentir de que la venida de Cristo tuvo una importancia decisiva para la humanidad; de que la humanidad *después* de él no es la misma humanidad de *antes* de él. Y sin embargo, esta división es una manera secularizada de considerar a la humanidad. Ve la historia, tanto antes como después de Cristo, como la historia de los hijos de Adán. Ve solamente aquello que según Pablo, pertenece al mundo del pecado y de la muerte.

A fin de entender correctamente ese contraste entre muerte y vida, entre el eón de la muerte y el eón de la vida, es preciso tener en cuenta que Pablo habla aquí de la muerte en un sentido más amplio y profundo del que estamos acostumbrados a poner en esta palabra. No se refiere meramente a la terminación de esta vida. Pronuncia un juicio que comprende también esta vida. No dice meramente que tenemos vida por un tiempo determinado, después del cual ésta queda trunca por algo que se llama muerte; ni tampoco está interesado en explicar el hecho de esa muerte. Lo que dice Pablo acerca de que el pecado ha entrado en el mundo por Adán, y por el pecado la muerte, se ha interpretado a menudo como si un interés teórico lo hubiera llevado a buscar en el pasado una explicación para el fenómeno de que los hombres, luego de vivir por un tiempo más o menos largo tengan todos que morir. Pero esta es una interpretación errónea de sus palabras. Lo que realmente quiere decir es que todo lo que llamamos vida, con todo lo que abarca, está sujeto al poderío de la muerte. Descubre que toda la vida de la humanidad a partir de Adán hasta ahora, está sujeta a la condición de la muerte y señalada por ella. La muerte gobierna soberana en este mundo —y es errado preguntar si se trata de la muerte física, espiritual o eterna. La muerte es la situación de todos los que pertenecemos a este eón, los hijos de Adán.

Contra este fondo se destaca con gran nitidez el significado del evangelio. A nosotros, esclavos de esta era de la muerte, nos llega el evangelio con su mensaje de que ha irrumpido la nueva era, el eón de la vida. Así como debido a *un solo* hombre, Adán, la muerte se ha convertido en nuestro destino, así también Dios nos confiere ahora *la vida* por medio de *un solo* hombre, Cristo. Así como Adán encabeza el viejo eón (ὁ αἰών οὗτος), Cristo, por medio de su resurrección, es el autor y perfeccionador del nuevo eón (ὁ αἰών ὁ μέλλων). Mientras la mirada estaba fija en "el que había de venir", el nuevo eón sólo podía ser denominado "la era venidera". Ahora, después de su venida, ha dejado de ser algo exclusivamente futuro. A partir de la resurrección de Cristo el nuevo eón se ha convertido en una realidad en nuestro mundo. Cristo está en el límite de ambas eras; termina con la antigua y allana el camino para la nueva. En Cristo pertenecemos al nuevo eón. Pablo lo expresa en 2 Corintios 5:17 con las siguientes palabras: "De modo que si alguno está en Cristo, nueva criatura es; las cosas viejas pasaron; he aquí todas son hechas nuevas".

Adán y Cristo —podemos decir resumiendo— representan para Pablo estas dos eras universales, estos dos eones. En el eón antiguo que tiene su punto de partida en Adán, la muerte gobierna con poder ilimitado sobre todos los descendientes de Adán. En el nuevo eón que irrumpe sobre los hombres con la resurrección de Cristo, la vida ha alcanzado un dominio más poderoso aún.

En este punto se hace necesaria una observación sobre los términos. Si en lo que antecede hemos empleado la expresión "los dos eones" a pesar del sonido extraño de esa palabra, no lo hicimos solamente por ser la expresión que el mismo Pablo emplea, sino ante todo porque traduce mejor que la palabra "época" o "era" el asunto del que aquí se trata. El empleo de la palabra "época" conduce el pensamiento con facilidad en dirección a distintas épocas históricas. Pero la palabra que usa Pablo ayuda a ver claramente que habla de dos diferentes órdenes de existencia, uno bajo el dominio de la muerte y el otro bajo el de la vida.

Ahora bien: no sólo la palabra tiene para nosotros un sonido particular, extraño, sino que el significado en sí es muy difícil de captar. Este es el lugar para manifestar categóricamente que todo el concepto de los dos eones es

totalmente extraño para nosotros. Ello se debe al proceso de secularización que se ha producido desde hace algunos siglos en nuestro ámbito cul-
tural occidental. Si bien es cierto que las raíces de ese proceso se remontan
hasta épocas mucho más tempranas, los efectos tangibles sólo se hicieron
sentir en los últimos siglos. Al hablar aquí de secularización no nos apar-
tamos de la cuestión en consideración, ya que *saeculum* es la palabra latina
que corresponde a la griega eón (αἰών). Paso a paso la vida humana ha
llegado a ser considerada en la perspectiva mundana. *Este* mundo, *esta* era,
este saeculum, llegó a ser el único en que se pensaba. En el fondo esto significa un enorme acortamiento de la perspectiva humana. Se ha hablado de
la "perspectiva corta" característica del cristianismo primitivo, y es cierto
que éste, con su expectativa escatológica de un fin cercano de esta *era*, no
pensó en un continuo desarrollo mundano, en el sentido evolutivo. Pero lo
cierto es que el cristianismo primitivo pensaba en términos de una perspectiva amplia, puesto que no sólo reconocía lo terreno, sino también lo
supramunclano, lo eterno. Ese concepto secularizado está aprisionado y
atado en su corta perspectiva de intramundanidad.

Como es natural, esta secularización ha dejado sus huellas también
en la teología y la interpretación del cristianismo. En consecuencia, para
muchos el evangelio ha quedado reducido a un asunto de importancia
sólo para la escena terrenal. Se lo ha interpretado como una cosmovisión
al lado de otras; o como una doctrina estática acerca de Dios y de su naturaleza. Un concepto terreno de la religión se inclina a interpretarla como
una experiencia subjetiva del alma, que debe ser nutrida y cuidada si es que
ha de andar bien con la vida en su totalidad. Pero no es éste el concepto
que el cristianismo tiene de sí mismo. Si procedemos a leer los escritos
neotestamentarios partiendo de tan falsa presuposición, sólo obtendre-
mos una imagen tergiversada de su significado. Frente a esta interpretación
secularizada del cristianismo debemos tener presente que el evangelio no
es meramente una doctrina acerca de la naturaleza de Dios, una elevada
norma de ética, o el camino hacia una vida espiritual rica y refinada, o cosa
parecida. El evangelio es la proclamación de la acción realizada por Dios
cuando envió a Cristo al mundo. Es el mensaje de la intervención dinámica
efectuada de esta manera por Dios en nuestra existencia. El evangelio es
el mensaje de cómo Dios ha introducido algo totalmente nuevo en medio

de esta era; de que por medio de Cristo ha introducido entre nosotros la nueva era —una era que comienza en medio nuestro, pero culminará en la gloria.

Para los hombres de la Reforma esta interpretación del sentido del evangelio lo mismo que la idea de los dos eones, eran realidades vivas. Ellos operaban con las mismas presuposiciones naturales que Pablo, y por ello estaban en armonía con su concepto. En cambio los hombres de nuestro tiempo que gracias a la secularización han perdido en gran medida ese entendimiento, tienen que volver a recuperarlo mediante un penoso proceso. Sin embargo es posible que precisamente ahora resulte más fácil que en la época inmediatamente anterior compenetrarse con el concepto de Pablo. Ahora podemos preguntar si es realmente correcto contraponer —como lo hace Pablo— el viejo y el nuevo eón, como la era de la muerte y la de la vida. ¿Está esto de acuerdo con nuestra experiencia real? ¿Pertenece realmente la vida natural del hombre al reino de la muerte? ¿No pasamos por alto lo mucho de valor permanente que ha edificado la cultura humana? Con argumentos como éstos, en períodos optimistas y anhelantes de cultura, los hombres han rechazado el concepto de los dos eones. Creyeron que con recursos humanos, podían establecer el reino de los cielos en la tierra, el dominio de la vida.

Pero ahora la situación mundial nos ha enseñado a juzgar con mayor realismo. Y podemos ver más fácilmente que nuestro mundo, librado a sí mismo, cae bajo el poder soberano de la muerte. Si los pueblos vuelcan muerte los unos sobre los otros, en el sentido literal de la palabra, resulta evidente para el concepto cristiano que no solamente lo que ha sido derribado de ese modo, sino también aquello que se construye sobre las ruinas, está señalado por la muerte y lleva en sí su propio juicio y aniquilamiento. Pablo dice que la muerte es dueña soberana en nuestro mundo. Los hechos demuestran que su juicio presenta el cuadro más realista que se haya hecho de nuestra existencia humana y de sus condiciones.

Si queremos entender del todo lo que Pablo quiere decirnos en Romanos, debemos empezar por tomar muy en serio esta afirmación acerca de los dos eones. Los dos hechos contenidos en ella y fundamentales para el concepto de Pablo son: 1) En este mundo nos hallamos bajo el dominio de la muerte, y 2) Mediante Cristo, Dios hizo irrumpir en medio de nuestro mundo el dominio de la vida, y mediante el evangelio nos llama ahora a entrar en él con El. Después de señalar de esta manera el fondo y las presuposiciones lógicas de Pablo, podemos trazar en breves rasgos, la línea de su pensamiento en esta epístola.

5. La línea del pensamiento de la Epístola a los Romanos

Antes de pasar a la consideración de las varias divisiones de Romanos es aconsejable presentar una breve orientación en cuanto a la línea de pensamiento rigurosamente consecuente que encontramos en la misma. De otro modo, como les sucede a muchos, podemos conocer las afirmaciones que en ella se encuentran, pero tratarlas como perlas, ensartadas, una tras otra, sin ver la rigurosa armonía que las une. En cierto modo puede haber contribuido a ello una circunstancia exterior: la división en versículos del texto. Esta tiene una ventaja y una desventaja. Por un lado facilita en grado sumo la cita y ubicación de textos y ayuda a memorizar la Escritura. Pero por el otro lado contribuye a que los versículos sean interpretados como sentencias separadas, aisladas, como una colección de "máximas bíblicas". Sobre todo cuando se trata de penetrar en un escrito del alcance de Romanos, semejante tratamiento atomístico es particularmente perjudicial. La exposición de Pablo aquí no es un conglomerado de aforismos dedicados a cuestiones diversas. Pablo nunca escribió una serie de "sentencias bíblicas" —menos aún en la Epístola a los Romanos. Paso a paso, con lógica y firmeza, se abre camino a través de la abundancia de pensamientos que se le presentan cuando trata de explicar el significado de la obra de Dios en Cristo. Vale la pena abstenernos de concentrar la atención en los pensamientos que acuden a nuestra mente con la palabra que leemos, y escuchar en lugar de ello simplemente lo que realmente está escrito; es decir, evitar las asociaciones que pueden evocar palabras separadas del contexto y seguir resueltamente el pensamiento de Pablo, observando cómo construye su mensaje. De otro modo no pueden entenderse las declaraciones individuales, ya que su significado depende del contexto en que aparecen.

El punto de partida más indicado para obtener una vista de conjunto del significado de Romanos es —como lo hemos mencionado— el párrafo acerca de Adán y Cristo en el capítulo cinco. En él tenemos la clave de toda la Epístola. Ya antes hemos señalado ese pasaje como culminación de la misma. Una vez escalada esa cumbre, todo lo que antecede y todo lo que sigue se extiende ante nosotros de manera que lo podemos abarcar con una sola mirada. Vemos cómo una parte engrana en la otra; cómo el pensamiento paulino avanza paso a paso bajo su inherente compulsión. Con este pasaje como punto de orientación podemos con más segura comprensión recorrer la epístola de principio a fin.

Comprendemos inmediatamente lo que el apóstol quiere decir cuando da su lema y texto para toda la epístola: (ὁ δὲ δίκαιος ἐκ πίστεως ζήσεται) "el justo por la fe vivirá". Las palabras que la anteceden de inmediato y que hablan precisamente de la justicia divina (δικαιοσύνε), muestran que la justicia a que se refiere es la que se comenta arriba, "la justicia que viene de Dios". De aquel que posee la fe en esta justicia se dice que vivirá. El significado es claro por lo que antes se ha dicho: es arrebatado del poder de la muerte y trasladado a la relación de la nueva vida que ha sido revelada y se ha hecho realidad en Cristo. Obsérvese que la declaración empleada por Pablo como lema de su carta ha sido tomada del Antiguo Testamento, de la profecía de Habacuc. Ya en la Escritura del pacto antiguo encuentra Pablo referencias a lo que desea exponer e interpretar en esta carta: "El justo por la fe vivirá". Sólo a los tales les ha sido prometido el acceso al eón de la vida. El hombre ya sabía que el justo vivirá y que el pecador está sometido al poder de la muerte. Ya sabía que la justicia y la vida van juntas, así como el pecado y la muerte. Pero cuando Dios resucitó a Cristo para que, como primicia, triunfara sobre la muerte sacando a luz la vida y la inmortalidad por medio del evangelio, nos abrió un nuevo camino de vida. No es quien es justo por sus propias obras el que vivirá, sino quien es justo por la fe, el que está unido a Cristo por la fe. Aquí se contraponen nuestra propia justicia por un lado y la justicia divina o "justicia de Dios", por el otro. Lo recto y lo bueno que hacemos son nuestra propia justicia; pero esta no nos ayuda a entrar en la vida. Es una justicia que tiene valor en este eón. Pero por justo que se pueda llegar a ser en este eón, no por ello se llega a entrar en el reino de Dios. En él rige una justicia muy distinta.

Cristo es la justicia de Dios. Quien cree en él ha sido liberado con él del poder de la muerte. El que cree en él ha sido recibido por medio de él en el reino de la vida. Participa ya aquí en el nuevo eón y vivirá en él cuando éste sea perfeccionado en la gloria. Tal es el tema de Romanos. Toda la epístola está dedicada al desarrollo de este tema: "El justo por la fe vivirá". La exposición se desarrolla en cuatro grandes divisiones.

1) La tarea primordial de Pablo consiste en trazar la imagen del *justo por la fe*. Lo hace en los capítulos 1:18-4:24. En seguida nos encontramos con el contraste entre los dos eones, en vista de que Pablo intercala como fondo para su discurso acerca de la justicia por la fe una descripción del estado de cosas en el antiguo eón, es decir antes de que fuera revelada "la justicia que proviene de Dios": trátase de la humanidad *bajo la ira de Dios,* bajo el dominio de la muerte. Esto vale para *los gentiles* (1:18-32); ellos volvieron la espalda a Dios sin preocuparse de honrarlo y adorarlo como corresponde. Por eso Dios los abandonó. Sin embargo también vale para *los judíos* (2:1-3:20); también ellos se gloriaban de poseer la ley de Dios y creían poder abrirse así camino hacia la vida; están, lo mismo que los gentiles, bajo el dominio de la muerte y bajo la ira de Dios. Por consiguiente el apóstol concluye que judíos y gentiles "todos están bajo pecado" (3:9). Respecto a esto tampoco la ley puede producir cambio alguno. Ella ha sido dada "para que toda boca se cierre y todo el mundo quede bajo el juicio de Dios; ya que por las obras de la ley ningún ser humano será justificado delante de él" (3:19-20). Tanto la injusticia de los gentiles como la justicia por la ley de los judíos están bajo la ira de Dios. Toda la humanidad está en culpa ante Dios, este es pues, el estado de cosas en el antiguo eón.

Pero entonces se produjo el gran cambio al ser revelada por medio de Cristo "la justicia de Dios". A este respecto dice el capítulo 3 vers. 21 y 22: "Pero ahora, aparte de la ley, se ha manifestado la justicia de Dios... por medio de la fe en Jesucristo". Este cambio, esta transformación total, no se ha producido por ninguna obra nuestra. "Porque no hay diferencia; por cuanto todos pecaron, y están destituidos de la gloria de Dios" (3:22-23). El cambio, la transformación, se ha producido mediante una intervención por parte de Dios. En medio de este mundo de muerte, a la hora fijada por su voluntad, ha instituido a Aquel que es Príncipe de la vida. Y ahora hace anunciar a todo el mundo: "Creed al evangelio, creed en el mensaje gozoso de que el tiempo de servidumbre ha concluido". Quien cree en él y se convierte en suyo, ha pasado del reino de la muerte al de la vida.

Ya antes hemos recalcado que no se debe identificar la diferencia entre el antiguo y el nuevo eón con la diferencia que la historia universal hace entre antes y después del nacimiento de Cristo. También en la era del antiguo pacto existía la fe. El mismo Pablo recurre a la profecía veterotestamentaria para fundamentar su testimonio acerca de la justicia por la fe. Y precisamente en el mensaje que acabamos de citar —el de la gran transformación operada por la intervención de Dios mismo— tropezamos con una palabra que señala al testimonio del Antiguo Testamento. En la primera oportunidad la hemos pasado por alto pero ahora nos volvemos a referir a ella. Hablando de que había sido revelada una justicia proveniente de Dios por medio de la fe en Jesucristo añade Pablo: una justicia "manifestada por la ley y los profetas". Según Pablo la ley y los profetas no son opuestos a la fe en Cristo, antes dan testimonio de él. En el capítulo cuarto Pablo nos muestra de qué manera ocurre esto; en él presenta a Abraham como tipo y ejemplo del justo por la fe, pese a haber vivido antes de Cristo. Gracias a no hacer caso a sí mismo y sus propias posibilidades, sino a lo que Dios había preparado para él y por creer que él "da vida a los muertos, y llama las cosas que no son, como si fuesen" (4:17), y gracias a dar "gloria a Dios" (4:20), Abraham podía ser citado como padre de todo aquel "que no obra, sino cree en Aquel que justifica al impío" (4:5). A pesar de tratarse de un patriarca del Antiguo Testamento, pertenece al eón nuevo, o para expresarlo con las palabras del evangelio según Juan: "Abraham vuestro padre se gozó de que había de ver el nuevo día, el día de Cristo: y lo vio, y se gozó".

2) El tema de la epístola es pues éste: El justo por la fe vivirá. La primera parte del mismo está expuesta en los primeros cuatro capítulos. Esa parte concluye con la presentación de Abraham como el padre de todos los creyentes. Con ello la imagen del justo por la fe ha tomado forma concreta.

En la segunda división principal que comprende los siguientes cuatro capítulos, 5-8, se procede al desarrollo de la segunda parte del tema. Aquí se afirma que el justo por la fe *vivirá* (ζήσεται).

Ya el ímpetu poderoso con que comienza el capítulo 5 demuestra cuánto esto significa. "Justificados, pues, por la fe, tenemos paz para con Dios por medio de nuestro Señor Jesucristo; por quien también tenemos entrada por la fe a esta gracia en la cual estamos firmes, y nos gloriamos en la esperanza de la gloria de Dios". La nueva vida es diametralmente lo contrario del estado anterior: *antes* ira de Dios (ὀργὴ θεοῦ) que se derrama desde el cielo contra toda la impiedad e injusticia humanas, como dice el primer capítulo; *ahora* acceso a la gracia de Dios y a la paz con Dios. *Antes* carecíamos de la gloria de Dios (δόξα θεοῦ)); *ahora*, dice el apóstol, podemos preciarnos de la gloria de Dios, aunque por ahora tan sólo en esperanza. El reino de Dios *ha comenzado*, pero aún no existe en toda su perfección.

El justo por la fe *vivirá*. ¿Qué dicen los cuatro capítulos al respecto? ¿Y qué significa vivir en Cristo? Podemos expresarlo de la manera más sencilla y más aproximada a las propias exposiciones de Pablo con las siguientes formulaciones negativas: vivir en Cristo significa:

1. ser libre de la ira de Dios   (cap. 5)

2. ser libre del pecado   (cap. 6)

3. ser libre de la ley   (cap. 7)

4. ser libre de la muerte   (cap. 8)

Y ahora un breve comentario sobre cada uno de estos capítulos:

En el capítulo 5 hallamos el punto culminante. *La nueva vida* se describe según su contenido gracia, paz y la esperanza de la gloria de Dios; y su base, el amor de Dios. Sobre todo en la muerte en la cruz de Cristo ve revelado Pablo el milagro del amor divino. Rasgo particular de ese amor es que se le brinda, no a quien en alguna forma lo ha merecido, sino precisamente a aquellos que merecen la ira de Dios; se dispensa a los pecadores y los débiles, a los impíos, los enemigos de Dios. Pero —prosigue Pablo— si siendo sus enemigos Dios nos mostró tal amor por Cristo "mucho más, estando ya justificados en su sangre, por él seremos salvos de la ira". La ira de Dios ha sido quitada de los que están en Cristo. Luego sigue lo que todo el tiempo estuvo oculto en el fondo, constituyendo la presuposición de todo lo que antecede: el pasaje de los dos eones, de Adán y Cristo, del dominio soberano de la muerte en este mundo y del dominio soberano de la vida que irrumpió en Cristo.

Después de demostrar, en los últimos versículos del capítulo 5, que la ley pertenece al antiguo eón, a lo que gracias a Cristo pertenece al pasado, se pregunta Pablo: ¿Significa esto que hemos de permanecer en el pecado? De esto es de lo que trata el capítulo 6. La ley es el poder que se opone al pecado. Si la ley es relegada a su modesto lugar en el plan de la salvación, ¿el resultado no es liberar al pecado de su restricción? ¡De ninguna manera!, contesta Pablo, señalando que en el bautismo somos incorporados a Cristo, somos hechos uno con él. "Porque en cuanto murió, al pecado murió una vez por todas; mas en cuanto vive, para Dios vive. Así también vosotros consideraos muertos al pecado, pero vivos para Dios en Cristo Jesús, Señor nuestro" (6:10-11). Aquí estamos de nuevo frente al viejo contraste entre muerte y vida, pero aplicado directamente al pecado. El pecado forma parte del antiguo eón, del cual nos hemos apartado mediante Cristo. La ley trataba de poner coto al pecado, mas no lo conseguía, pues ella también pertenece al eón antiguo. Cristo nos ha liberado de la esclavitud del pecado y nos ha puesto al servicio de la justicia. En consecuencia, en el último versículo Pablo puede establecer la oposición absoluta entre el pecado y la vida en Cristo, con la frase siguiente: "Porque la paga del pecado es muerte, mas la dádiva de Dios es vida eterna en Cristo Jesús Señor nuestro" (6:23).

Después de haber aclarado así el contraste entre la vida cristiana y el pecado, Pablo puede exponer en el capítulo 7, libremente y sin temor a ser mal interpretado, la libertad del cristiano de la ley. Este capítulo ha sido en todos los tiempos motivo de aflicción para los intérpretes. Se han preguntado de quién afirma Pablo "Mas yo soy carnal, vendido al pecado... yo sé que en mí, esto es, en mi carne, no mora el bien. Porque no hago el bien que quiero, sino el mal que no quiero". Lutero sostenía que Pablo habla aquí de su vida como cristiano. Más adelante se ha optado generalmente por seguir el camino opuesto, afirmando que Pablo describe aquí el conflicto que gobernaba su vida bajo la ley. ¿Sería posible que Pablo hablara tan desdeñosamente de la vida cristiana? ¿Tendría un concepto tan pobre del poder de Cristo para vencer el pecado en la nueva vida? La verdadera causa de esta dificultad reside en que no se ha tomado en cuenta lo que está en el fondo de todo cuanto Pablo dice aquí, es decir, el hecho de los dos eones. En lugar de ello se lo interpreta como si el apóstol hiciera aquí una descripción psicológica de un conflicto del alma. Pero el significado es sencillo y claro si se presta atención al contexto y al fondo. La tensión aquí descrita no es más que una expresión de la tensión entre los dos eones; y el reconocimiento de que la vida del cristiano está condicionada por ellos. Es cierto que Cristo ha comenzado el eón *nuevo*; pero esto no significa que el justo no siga permaneciendo también en "*este* eón". Por ello Pablo puede agregar a renglón seguido el lamento "¡Miserable de mí! ¿Quién me librará de este cuerpo de muerte?" y el agradecimiento: "¡Gracias doy a Dios, por Jesucristo Señor nuestro!" (7:24-25). Luego, pese a su concepto realista sobre las condiciones de la vida cristiana, Pablo puede comenzar el capítulo 8 con la expresión triunfante: "Ahora, pues, ninguna condenación hay para los que están en Cristo Jesús". Porque lo que podría condenar sería la ley. Mas he aquí que un cristiano no es justificado por la ley, sino por lo que Dios hizo en Cristo. "Porque lo que era imposible para la ley, por cuanto era débil por la carne, Dios, enviando a su Hijo en semejanza de carne de pecado y a causa del pecado, condenó al pecado en la carne" (8:3). A pesar de que en este eón permanezcamos sometidos al poder de la muerte, los sufrimientos de esta era nada significan comparados con la gloria, la δόξα de Dios que habrá de revelarse en la nueva creación. Todavía debemos esperar entre gemidos la adopción, la liberación final de este cuerpo de muerte. Pero en todo esto alcanzamos una victoria maravillosa por Jesucristo, nuestro Señor.

Con ello Pablo ha llegado al final de la segunda sección de la epístola. El círculo se ha cerrado; de nuevo ha alcanzado el punto de partida del capítulo 5 con su confrontación del poder de la muerte y el de la vida. Ha demostrado lo que significa *vivir* en Cristo. Quien vive en Cristo ha pasado del dominio de la muerte al de la vida. Con ello parecería agotado el tema "El justo por la fe vivirá". Sin embargo, Pablo no ha terminado aún; le quedan por agregar dos partes extensas.

3) Durante mucho tiempo se han considerado los capítulos 9-11 como un gran paréntesis. Los estudiosos realizaron grandes esfuerzos para explicar cómo hizo Pablo para desviarse de su argumentación principal, a esta línea lateral. Pero la verdad es que estos capítulos no son un paréntesis o una digresión, son un desarrollo consecuente de la misma idea principal.

Pablo anuncia que la promesa de Dios se ha cumplido en Jesucristo. El nuevo eón es el tiempo del cumplimiento. La promesa había sido dada a Israel. "De los cuales son la adopción, la gloria, el pacto, la promulgación de la ley, el culto y las promesas (9:4). Pero ahora se enfrenta con el misterio de que, al parecer, Dios quebranta su promesa precisamente en el momento en que tendría que cumplirla. Porque la llegada de Cristo no trajo como consecuencia la restauración de Israel, sino su reprobación. ¿Es pues, la justicia por la fe, contraria a las promesas de Dios? ¿Retira Dios con su nueva revelación lo que antes había prometido? Pablo rechaza este pensamiento: "No que la palabra de Dios haya fallado" (9:6). No, la justicia por la fe concuerda maravillosamente con las promesas *cuando éstas son interpretadas correctamente*. En esta conexión Pablo presenta tres grandes argumentos que guardan una estrecha relación y se confirman mutuamente.

1. Es erróneo alegar las promesas de Dios *en contra* de Dios que las ha dado, ya que es precisamente en las promesas donde se revela la soberanía de Dios. En su soberanía, Dios determinó, al dar la promesa, que les sería cumplida a quienes creyeran en Cristo. Únicamente éstos son los "hijos de la promesa".

2. Ahora bien: si Dios ha determinado que la justicia se alcanza por el camino de la fe, y a pesar de ello Israel busca la justicia por el camino de la ley, la culpa es de Israel si es reprobado y no alcanza el cumplimiento de la promesa.

3. Esta reprobación no es irrevocable, sino que señala a una eventual aceptación futura. Pero por de pronto es necesario que Israel sea reprobado, porque mientras tenía la posibilidad de apoyarse en algo —ya sea el cumplimiento de la ley, su linaje, el pacto o las promesas dadas a los padres— el camino hacia Dios estaba cerrado. Pero la reprobación de Israel abre el camino a una eventual aceptación por la libre misericordia de Dios. "Porque irrevocables son los dones y el llamamiento de Dios" (11:29).

Sólo así el tema ha sido tratado en todos sus aspectos, pues sólo así se ha demostrado con toda claridad que la justicia proveniente de la ley no basta, y que sólo el justo por la fe vivirá. Con ello Pablo ha llegado al punto desde el cual puede dirigir —en la cuarta parte— sus amonestaciones a la congregación romana.

4) Después de lo que hemos observado acerca del contenido principal de Romanos, no nos asombra que Pablo inicie sus amonestaciones con la afirmación que resume lo esencial: "No os conforméis a este siglo, sino transformaos por medio de la renovación de vuestro entendimiento" (12:2). Esta es la regla fundamental de la ética paulina: no conformarse a este siglo, sino transformarse en concordancia con el nuevo eón. Todas las amonestaciones que siguen no son otra cosa que una explicación más detallada de esta regla básica. ¿Cómo concordará nuestra conducta con el nuevo eón? Lo hará si vivimos "en Cristo", como miembros del "cuerpo de Cristo". Un cristiano no es nada de por sí; lo que es lo es "en Cristo". "Así nosotros, siendo muchos, somos *un* cuerpo en Cristo y todos miembros los unos de los otros" (12:5). Ahora bien: "vivir en Cristo" es lo mismo que vivir en amor. "Amaos los unos a los otros con amor fraternal" (12:10). Es pues tarea del cristiano vivir, en medio de *este* eón y sus órdenes, la vida del nuevo eón. Debe vivir en amor al prójimo porque "el cumplimiento de la ley es el amor" (13:10).

Después de haber así demostrado por medio de admoniciones cómo se revela esta renovación en la vida concreta del cristiano, Pablo vuelve a su punto de partida: "es ya hora de levantarnos del sueño... La noche está avanzada, y se acerca el día. Desechemos, pues, las obras de las tinieblas, y vistámonos las armas de la luz" (13:11-12). La noche está avanzada: esto quiere decir que esta era toca a su fin. Se acerca el día: es decir, la nueva era está a la puerta, más aún, ya ha comenzado. Este hecho debe imponer su sello también a nuestra conducta: "Andemos como de día, honestamente" (13:13). Si creemos en Cristo y en la llegada del nuevo reino de Dios por medio de él, también nuestra vida debe ser transformada en armonía con él. Por esto Pablo amonesta: "Vestíos del Señor Jesucristo" (13:14).

La circunstancia de que aun las admoniciones de Pablo ajusten perfectamente dentro del marco del pensamiento anteriormente presentado, es quizá la mejor prueba de la total coherencia que caracteriza esta epístola desde el principio hasta el fin.

A fin de demarcar una vez más y con toda exactitud el curso del pensamiento de Pablo y tenerlo más presente, agregamos un bosquejo esquemático del contenido de la epístola, acompañado por un esquema paralelo utilizando los términos característicos de Pablo.

Esquema de la Epístola

Introducción:

La obligación de Pablo de proclamar el evangelio en Roma. 1:1-1:15

Tema:

El justo por la fe vivirá 1:16-1:17

I. El justo por la fe 1:18-4:25

  1. El antiguo eón -- bajo la ira de Dios 1:18-3:20

    (1) La injusticia del hombre 1:18-1:32

    (2) La justicia por la ley 2:1-3:20

  2. El eón nuevo — la justicia de Dios 3:21-4:25

    (1) La justicia de Dios revelada por Cristo 3:21-3:31

    (2) La justicia de Dios atestiguada por la ley y los profetas: Abraham como tipo de aquellos que son justos por la fe 4:1-4:25

II. El justo por la fe vivirá 5:1-8:39

  1. Libres de la ira 5:1-5:11

    Los dos eones: Adán y Cristo 5:12-5:21

  2. Libres del pecado 6:1-6:23

  3. Libres de la ley 7:1-7:25

  4. Libres de la muerte 8:1-8:39

III. La justicia por la fe no contradice la promesa de Dios 9:1-11:36

Esquema Paralelo

Introducción:

La obligación de Pablo de proclamar el evangelio en Roma

Tema:

ὁ δίκαιος ἐκ τίστεως ζήσεται

I. ὁ δίκαιος ἐκ τίστεως

1. El eón antiguo — ὀργὴ θεοῦ
    (1) ἀδικία τῶν ἀνθρώπων
    (2) δυκαιοσύνη ἐκ νόμου

2. El eón nuevo — δυκαιοσύνη θεού
    (1) Revelado por Cristo
    (2) Atestiguado por la ley y los profetas:
    Abraham, tipo de ὁ δίκαιος ἐκ πίστεως

II. ὁ δίκαιος ἐκ τίστεως ζήσεται

1. ἐλεύθερος ἀπὸ τῆς ὀργῆς᾽Αδάν
    ὁ τύπος τοῦ μέλλοντος

2. εἐλεύθερος ἀπὸ τῆς ἁμαρτίας

3. ἐλεύθερος ἀπὸ τοῦ νόμου

4. ἐλεύθερος ἀπὸ τοῦ θανάτου

III. δικαιοσύνη ἐκ πίστεως no contradice la promesa de Dios

1. Precisamente en Su promesa Dios muestra Su soberanía: la promesa es sólo para aquellos que creen 9:6-9:29

2. El rechazo de Israel se debe a su propia culpa, porque busca su justificación por la ley 9:30-10:21

3. A su tiempo Israel será aceptado por la libre misericordia de Dios 11:1-11:36

IV. La conducta de aquellos que son justos por la fe 12:1-15:13

1. Conforme al nuevo eón 12:1-13:14

(1) En Cristo (como miembros del cuerpo de Cristo) 12:3-12:8

(2) En amor 12:9-12:21

(3) Aun en el presente siglo con sus instituciones 13:1-13:7

(4) El amor, cumplimiento de la ley 13:8-13:10

(5) "Vestidos del Señor Jesucristo" 13:11-13:14

2. La realización concreta: los débiles y los fuertes 14:1-15:3

Conclusión 15:14-16:27

1. Precisamente en la promesa se muestra la soberanía de Dios: sólo οἱ ἐκ πίστεως τέκνα son τῆς ἐπαγγελίας

2. La reprobación de Israel se debe a su propia culpa, en vista de que en lugar de ello busca δικαυσύνε ἐκ νόμου

3. A su tiempo Israel será aceptado por la libre misericordia de Dios.

IV. ὁ δίκαιος ἐκ πίστεως περιπατεῖ

  1. κατά τὸν αἰῶνα μέλλοντα

    (1) ἐν Χριστῷ (como miembros en el σῶμα Χριστοῦ)

    (2) ἐν ἀγάπῃ

    (3) Aun en ὁ αἰὼν αὗτος con sus instituciones

    (4) πλήρομα νόμου ἡ ἀγάπη

    (5) ἐδύσασθε τὸν κύριον Ἰησοῦν Χριστόν

  2. La realización concreta: los débiles y los fuertes.

Conclusión

II | INTRODUCCIÓN A LA EPÍSTOLA

La obligación de Pablo de predicar el evangelio en Roma
1:1-15

En vista de que en esta carta Pablo se dirige a una comunidad con la que hasta entonces no había mantenido ninguna relación personal directa, considera su deber empezar explicando sus motivos. Por consiguiente, es natural que el tradicional saludo del principio se extienda considerablemente. Dos cosas en particular lo inducen a ello. En primer lugar, tiene que presentarse a la congregación en forma más circunstanciada de lo que por lo común era necesario. Luego tiene que demostrar qué derecho tiene a ocupar de esa manera la atención de la comunidad. Estas dos cosas están íntimamente ligadas. El las relaciona con la gracia y el apostolado que le han sido conferidos. Estos no sólo le dan derecho a predicar el Evangelio a la iglesia de Roma, sino que aun le imponen la obligación especial de hacerlo. Por ello ya las palabras introductorias adquieren una gravedad excepcional. No sólo se trata de un preámbulo formal, sino que vez tras vez aparece en ellas el importantísimo tema de la epístola. El problema objetivo ya se hace presente desde el principio.

Como las demás cartas de Pablo, la epístola comienza con su nombre. Pero él no viene en su propio nombre, sino en el de su Señor y por orden del mismo, como "siervo de Jesucristo". Ya en la combinación de estos dos nombres, Jesús y Cristo, hay algo de inaudito. Nosotros pasamos por alto fácilmente esta yuxtaposición porque estamos familiarizados con ella y la

43

tradición lo ha hecho algo natural. Para nosotros el nombre de "Cristo" por lo general significa sólo un nombre propio de la conocida figura de Jesucristo. De esta manera, los dos nombres se fusionan y se consideran poco más que un mero nombre. Pero para Pablo y su época, el concepto del Cristo o el Mesías tenía un significado vital independientemente de Jesús y anterior a él. El hecho de que Pablo combine el nombre de Cristo con el de Jesús, significa algo inaudito: el Mesías, al cual Israel había esperado durante siglos, había venido en Jesús y con él la era mesiánica. De modo que precisamente durante la vida de Pablo se había producido el mayor milagro de Dios quien lo había escogido a él para anunciarlo. Cristo es el Señor (κύριος), y Pablo, su siervo y esclavo (δοῦλος). En el lenguaje cristiano posterior, la denominación de Cristo como el Señor, y del hombre como su siervo, ha cobrado con frecuencia un significado harto gastado. Para Pablo no era así. Para él estos términos expresaban la realidad más grande, la que más profundamente afecta la vida. Lo que significaba para Pablo ser "siervo de Jesucristo" está implícito en el hecho de que Cristo es el Señor. Los dos términos, Señor y siervo, son conceptos correlativos. Mas la relación entre Pablo y Cristo no consiste tan sólo en una común relación de servicio, puesto que Cristo no es un señor como otros señores y soberanos. Es *el Señor* en sentido absoluto; es el Kyrios. En el capítulo 2 de la epístola a los Filipenses vemos lo que entiende Pablo por este nombre. Los versículos 9 y siguientes dicen de Cristo que "Dios lo exaltó y le dio un nombre que es sobre todo nombre". Dios le concedió la denominación reservada a él mismo, el nombre de *Señor, Kyrios*. Desde que Pablo encontró al Señor en las cercanías de Damasco, ya no fue dueño de sí mismo, sino siervo del Señor. La única tarea que a partir de entonces sería la misión de su vida, era la de propagar en el mundo el mensaje del Señor Jesucristo.

No era él quien había elegido este cometido, sino que había recibido un llamado especial de Dios. Por esta razón añade: "llamado a ser apóstol". En su caso el llamamiento a ser discípulo había sido seguido por un encargo especial, el de la función apostólica. Mientras Jesús vivía en esta tierra se rodeaba de un grupo de discípulos que habrían de ser sus testigos y emisarios. Entre ellos se destacaban los doce a los cuales les confió la misión apostólica. Pablo sabe que él ha recibido un llamado tan inmediato como aquéllos. Empero, mientras ellos eran enviados a Israel, a él se le había asignado como campo de acción el mundo de los gentiles. Se hace evidente la imperiosa conciencia de su elección cuando Pablo habla de su llamado a ser apóstol. Su mandato es único y no tiene igual en parte alguna. Es una misión que le ha sido confiada precisamente a él, y en conformidad con el carácter particular del cometido, Dios lo ha llamado de un modo particularísimo. En un pasaje de la epístola a los Gálatas, Pablo nos revela claramente la conciencia de su elección. Después de hablar de su época precristiana y de cómo había perseguido a la iglesia de Dios, añade: "Cuando agradó a Dios, que me apartó desde el vientre de mi madre, y me llamó por su gracia, revelar a su Hijo en mí, para que yo predicase entre los gentiles, no consulté en seguida con carne y sangre" (Gál. 1:15-16). La voz "apartar", el mismo término que Pablo emplea en este pasaje para indicar que Dios lo eligió para una obra especial, vuelve a aparecer ahora en Romanos, en íntima conexión con lo expuesto sobre su ministerio de apóstol: "Apartado para el evangelio de Dios". Su empleo de esta palabra precisamente, no es casual. "Apartado" (ἀφωρισμένος) tiene la misma significación que el nombre fariseo (φαρισαῖος). Aun antes de ser cristiano, él había sido un "apartado". Como fariseo se había apartado él mismo para la ley. Pero ahora Dios lo había apartado para algo completamente distinto, a saber, para el Evangelio. En nuestra traducción de la Biblia (la sueca), las palabras correspondientes se han representado como sigue: "apartado para predicar el Evangelio de Dios".[1] Mientras el texto griego dice simplemente "para el evangelio", no "para predicar el evangelio". Esta traducción errónea podría llevarnos a poner el énfasis donde no corresponde, es decir en la predicación. Pablo no dice que ha sido apartado para ser predicador. Dice que ha sido "apartado". Una vez comprendido el significado del término "apartado" repararemos de inmediato también en el contraste al que

---

1. Nota de los traductores:

1) Texto griego: (ἀφωρισμένος εἰς εὐαγγέλιον θεοῦ).
2) Texto sueco: avskild till att för kunma Guds evangelium.
3) Texto alemán: ausgesondert, zu predigen das Evangelium.
4) Vulgata: segregatus in Evangelium Dei.
5) Reina Valera: apartado para el evangelio de Dios.
6) Versión hispanoamericana: separado para el Evangelio de Dios.
7) Nacar-Colunga: elegido para predicar el Evangelio de Dios.
8) Straubinger: separado para el Evangelio de Dios.

alude. Pablo que se había apartado para la ley, fue separado por Dios para el evangelio. De modo que ya en el primer versículo de la carta hallamos la oposición fundamental entre ley y evangelio que, desde cierto punto de vista, es el tema de Romanos.

El evangelio es la gran nueva realidad que Dios hizo irrumpir en el mundo. ¡Pero esa realidad no deja de tener relación con lo que antecede! No es algo que acaece de improviso. Ya con anterioridad Dios había hecho prometer por medio de sus profetas que alguna vez proclamaría ese evangelio. Por ello, el evangelio llega como cumplimiento de promesas hechas con anterioridad. Lo que se había prometido *antes* ha llegado *ahora* a convertirse en realidad.

A menudo ha resultado difícil comprender la verdadera posición de Pablo con respecto al Antiguo Testamento. Por una parte, asevera que ha sido totalmente superado por Cristo; el evangelio evidencia que el camino de salvación señalado por la ley es erróneo. Por otra parte, empero, Pablo no quiere abandonar el Antiguo Testamento. Lo conserva como revelación de Dios mismo. Desde un punto de vista meramente estático e impersonal, esto puede parecernos una contradicción. Para Pablo en cambio, con su viva concepción de Dios, no existe tal contradicción. No es necesario que Dios obre siempre del mismo modo o que lo dé todo de una sola vez. Es el Dios viviente y activo que por su actividad crea algo nuevo. Cuando le plugo darnos algo que no había concedido al pueblo del antiguo pacto, no tenemos que minimizarlo como si no fuera realmente nuevo — por mantener la continuidad con lo antiguo — ni necesitamos menospreciar lo antiguo, para que se vea que lo que ahora nos es dado es absolutamente nuevo. Tanto en un caso como en el otro es el mismo Dios el que nos habla. Esto se ve en el hecho de que lo nuevo que nos da es el cumplimiento de la promesa antigua. Promesa y evangelio se señalan el uno al otro. Las promesas anuncian el evangelio; el evangelio es el cumplimiento de las promesas. Para Pablo, como para todos los primeros cristianos, había algo de importancia vital en el hecho de que las Escrituras del Antiguo Testamento, contuvieran así las promesas de lo que Dios estaba haciendo en medio de ellos. Así, Pablo dice en (1 Cor. 15:3-4): "Que Cristo murió por nuestros pecados conforme a las Escrituras; y que fue sepultado, y que resucitó al tercer día, conforme a las Escrituras". La insistencia en que esas cosas habían sucedido "conforme a las Escrituras" demuestra cuánta importancia otorgaba Pablo a este hecho. Otro pasaje ilustrativo lo encontramos en Hechos 13:32-33 donde dice "Y nosotros también os anunciamos el evangelio de aquella promesa hecha a nuestros padres, la cual Dios ha cumplido a los hijos de ellos, a nosotros, resucitando a Jesús, como está escrito..." Vemos aquí por qué la primitiva teología cristiana tomó en tan gran medida la forma de "prueba escritural". Se examinaban las Escrituras para hallar en ellas un testimonio de Cristo.

El Evangelio tiene un solo centro alrededor del cual gira todo. Desde el principio hasta el fin trata del *Hijo de Dios*. Con su venida ha comenzado la nueva era. La ley habla del hombre y de lo que éste debe hacer. El Evangelio habla de Dios y de lo que éste hizo al enviar a su único Hijo al mundo. De modo que Pablo puede caracterizar simplemente el contenido del evangelio de Dios con sólo afirmar que es el evangelio del Hijo de Dios. En cuanto hombre, perteneciente a nuestra común humanidad (κατά σάρκα), Jesús era del linaje de David —de acuerdo con la promesa divina del Antiguo Testamento que llama al Mesías hijo de David—. Pero Cristo no pertenece *exclusivamente* a nuestra humanidad común. Por medio de él Dios permitió que entrara algo totalmente nuevo en nuestro mundo. Por ello sería del todo erróneo ver en él solamente lo que pertenece a la vieja era. No basta con sólo decir lo que Cristo es "según la carne" (κατά σάρκα). Hay que agregar algo más grande acerca de él: "según el espíritu"; "según el espíritu de la santidad" (κατά πνεῦμα, κατά πνεῦμα ἁγιωσύνης). Aquel que según la carne, en cuanto a su existencia humana, pertenecía a la estirpe de David, estaba destinado por Dios a algo diferente, a una función superior. Dios lo instituyó como "Hijo de Dios con poder". Esta dignidad le fue certificada en su resurrección. Por cierto era también antes Hijo de Dios, pero en debilidad y humillación. La gloria de Dios que en aquel tiempo estaba oculta, se reveló a partir de la resurrección. Desde ese momento es Hijo de Dios en otro sentido: Hijo de Dios "con poder"; Hijo de Dios en gloria y en plenitud de poderío.

La resurrección de Cristo es para Pablo la obra mas poderosa de Dios. Con ella ha comenzado definitivamente la nueva era. En Efesios 1:19-21, encontramos un pensamiento que nos explica el concepto de Pablo referente a este punto. En este pasaje se habla de "la supereminente grandeza de su poder..., la cual operó en Cristo, resucitándolo de los muertos y sentándolo a su diestra en los lugares celestiales, y lo hizo Señor sobre todo nombre que se nombra, no sólo en este siglo, sino también en el venidero".

Cuando aquí, al principio de Romanos, Pablo habla de la resurrección de Cristo, usa una expresión que puede parecernos sorprendente. Habríamos esperado que empleara la frase: "su (la de Cristo) resurrección de entre los muertos". En lugar de ello habla en un sentido completamente general de la "resurrección de los muertos". Mientras hubiéramos esperado hallar la expresión ἐξ ἀναστάσεως αὐτοῦ ἐκ νεκρῶν, Pablo en cambio dice: ἐξ ἀναστάσεως νεκρῶν. Sin embargo, la resurrección de Cristo y la de los muertos son dos cosas diferentes. La frase "resurrección de Cristo" indica un acontecimiento en un punto determinado de la historia. Su resurrección de entre los muertos significa precisamente, como lo dice la misma frase, que fue quitado de la comunidad de los muertos. Éstos siguen estando donde están; mas él es "quitado de entre los muertos". La expresión "resurrección de los muertos", en cambio señala un suceso universal al que nuestra imaginación coloca al final de esta era, el "día del juicio final", por el cual todos los muertos vuelven a ser llamados a la vida. Por tanto, en este pasaje damos con la situación extraña de que Pablo, queriendo hablar de la resurrección de Cristo, empieza en cambio a referirse a la resurrección de los muertos. De Cristo afirma que desde la resurrección de los muertos, Dios lo ha instituido como Hijo suyo con poder. Pero evidentemente quiere decir "desde su resurrección de entre los muertos".[2]

Para superar esta dificultad se ha recurrido a varias interpretaciones diferentes. Según una de ellas, Pablo habría elegido esta expresión simplemente por "eufonía y brevedad". Otra pretende que en realidad Pablo no quiere referirse a un acontecimiento único e históricamente localizable

---

2. Nota de los traductores:

Reina Valera traduce: ἐξ ἀναστάσεως νέκρων por "la resurrección de entre los muertos". Versión moderna: por su resurrección de entre los muertos.
Nacar-Colunga: "a partir de la resurrección de entre los muertos". Strau-binger: "desde la resurrección de los muertos", agregando la nota: "Como observa San Crisóstomo, la complejidad de los términos oscurece el sentido de la frase".

que se denomina "resurrección de Cristo", sino que al hablar de la resurrección de los muertos habría tratado solamente de caracterizar la índole del acontecimiento gracias al cual Cristo alcanzó su dignidad de Hijo de Dios con poder. En consecuencia, el sentido de esta expresión sería que Cristo, mediante una resurrección de la misma índole y carácter que la que espera a todos los muertos, habría recibido el poder y la gloria que correspondían a su posición de Hijo de Dios. A su vez, otras interpretaciones afirman que Pablo simplemente pecó de cierta ligereza, al decir la resurrección de los muertos cuando evidentemente quiso decir la resurrección de Cristo.

Pero realmente es innecesario recurrir a tales interpretaciones, que aparecen como disculpas. Precisamente así, tal como figuran las palabras, dan expresión a una posición característicamente paulina. Es evidente que el apóstol se refiere a la resurrección de Cristo como a un hecho cumplido. La resurrección traza el límite, define el momento a partir del cual Cristo fue instituido como Hijo de Dios con poder. Sin embargo, tal como lo dice, Pablo piensa también en la "resurrección de los muertos" en el sentido común del término. Que pueda referirse tanto a lo uno como a lo otro se explica por el hecho de que para él la resurrección de Cristo y la de los muertos no son dos cosas distintas. En último análisis ambas son una misma realidad. La resurrección de Cristo es para Pablo el comienzo de la resurrección de los muertos. Con Cristo ha comenzado la era de la resurrección. Quien cree en el Hijo de Dios, "ha pasado de muerte a vida" (Juan 5:24), habría podido decir también Pablo. También en este punto podemos encontrar una explicación en el pasaje de la epístola a los Efesios que acabamos de citar. Inmediatamente después de esta cita, según la cual Dios resucitó a Cristo de los muertos y lo puso sobre todo nombre, no sólo en este mundo sino también en el venidero, sigue la declaración de que Cristo es cabeza de la Iglesia, y ésta es su cuerpo (Ef. 1:22-23). Lo que aconteció con la cabeza sucederá también con el cuerpo. En Cristo somos hijos de la resurrección. Aquí alcanza su cabal significación la comparación entre Cristo y Adán. Así como la muerte de Adán significó la muerte para toda su descendencia, así también la resurrección de Cristo significa la resurrección para aquellos que por él han llegado a ser miembros de la nueva era. Por tanto la resurrección ya ha comenzado, aunque todavía esté limitada a Aquel que es la cabeza; no obstante, es realmente válida y significativa también para los que son miembros de su cuerpo. En esta unidad entre la resurrección de Cristo y la de los muertos se funda también la argumentación de Pablo en 1. Cor. 15 frente a los que, si bien reconocían la resurrección de Cristo, negaban la de los muertos. Si no existe la resurrección de los muertos, tampoco Cristo ha resucitado, puesto que su resurrección es precisamente el comienzo de la resurrección de los muertos. Pero si Cristo no ha resucitado, nuestra fe es vana; seguimos permaneciendo en nuestros pecados. Si Cristo no ha resucitado, nada real ni significativo ha acaecido para la transformación de nuestro mundo. En este caso no ha comenzado el nuevo eón de la vida sino que estamos aún en la era antigua y vivimos sólo en este mundo del pecado. "Mas ahora", prosigue Pablo; "Cristo ha resucitado de los muertos, primicias de los que durmieron es hecho. Porque, por cuanto la muerte entró por un hombre, también por *un* hombre la resurrección de los muertos" (1 Cor. 15-21).

Esta palabra acerca de Cristo como "primicias" contiene cuanto es necesario para la explicación de la dificultad que nos ocupa. Cristo fue el primero en resucitar. El introdujo la resurrección. De ello podemos desprender cuan bien elegido, cuan acertado es el término de Pablo cuando habla de la "resurrección de los muertos". Si por su resurrección Cristo fue instituido como Hijo de Dios con poder, de seguro esto no sucedió en virtud de su resurrección solamente, como si la exaltación tuviera que ver sólo con él individual y personalmente. Cristo llegó a ser Hijo de Dios con poder por el hecho de que precisamente por su resurrección el eón de la resurrección y de la vida irrumpió en este mundo de muerte. *De este modo la resurrección es el punto que marca el comienzo de una nueva época en la existencia del Hijo de Dios.* Siendo antes Hijo de Dios en debilidad y humillación, por la resurrección llegó a ser Hijo de Dios con poder. *Mas la resurrección significa el momento crucial en la existencia de la humanidad.* Antes la humanidad entera estaba bajo el dominio soberano de la muerte, pero en la resurrección de Cristo la vida se impuso victoriosa, y comenzó un nuevo eón, el eón de la resurrección y la vida.

Con razón puede decirse que en Romanos 1:4 tenemos en forma concisa el contenido de toda la epístola. Pablo quiere explicar el contenido del evangelio mostrándonos qué es lo que poseemos por el hecho de habernos sido dado Cristo. En este versículo cuatro, da la respuesta con breves palabras, señalando a la resurrección de Cristo como punto de partida de una nueva era y de una humanidad renovada.

Cuando en los escritos de Pablo damos con los antínomos "carne-espíritu" (σάρξ; πνεῦμα), nosotros — dada nuestra concepción del hombre basada en la tradición antigua — nos sentimos poderosamente inclinados a ver en ellos dos partes distintas del hombre. Según esta concepción "la carne" representa el lado corporal de nuestro ser, nuestra naturaleza sensual más baja. "El espíritu", en cambio, señala nuestras facultades espirituales superiores, nuestra esencia racional, lo más íntimo de nuestro ser. En consecuencia, cuando Pablo afirma que "según la carne" Cristo ha nacido de la simiente de David, pero que "según el espíritu" fue designado Hijo de Dios con poder, se piensa que con ello se afirma que según su naturaleza humana Jesús había nacido de la estirpe de David, mas como ser espiritual era Hijo de Dios. Por la resurrección habría sido liberado de todo lo bajo y terreno y exaltado, transformándose en un santo ser espiritual. Como hombre poseía cuerpo y espíritu, pero después de la resurrección que lo liberó del cuerpo, fue un puro ser espiritual.

Acerca de esta interpretación debe afirmarse, sin embargo, que difiere por completo de lo que Pablo quiere decir con tales palabras. Tanto él como los escritos bíblicos en general desconocen la concepción antropológica en que se basa semejante explicación. Como es lógico, Pablo y los otros escritores neotestamentarios reconocían la diferencia entre lo exterior y lo interior del hombre. Pero Pablo no se refería a esa distinción al hablar del contraste entre carne y espíritu. Para entenderlo correctamente no debe perderse de vista el trasfondo del Antiguo Testamento, donde nunca se establece un contraste entre diferentes partes de la naturaleza del hombre. El contraste es entre Dios y el hombre. Dios es "Espíritu". Y el hombre es "carne" lo que vale para todo lo humano, sin distinción entre lo superior y lo inferior. "Carne" significa el hombre en cuanto a su totalidad, e incluye sus diversas facultades exteriores e interiores, corporales y psíquicas, sensorias y racionales. La palabra "carne" señala la debilidad y la nulidad del hombre librado a sus propios recursos. Y no hay mucha distancia entre éste y otro significado de la voz "carne" que se refiere al hombre en su estado pecaminoso, en su extrañamiento de Dios, en su deseo de vivir sólo para sí mismo y de acuerdo con sus propias posibilidades. Vivir en esta forma, sin Dios, quiere decir vivir según la carne. Vivir según el espíritu, en cambio, es vivir en comunión con Dios y de acuerdo con su voluntad, y recibirlo todo de su mano.

Una circunstancia que en seguida llama la atención en este sentido es la similitud existente entre el contraste "carne-espíritu" por una parte y el de "eón antiguo y eón nuevo" por la otra. El eón antiguo es la esfera de la carne; en el eón nuevo, en cambio, impera el espíritu, el pneuma. Aun allí donde las frases "según la carne" y "según el espíritu" se emplean en un sentido más neutral, de alguna manera siempre está presente la idea de las dos eras. Esto vale también para el pasaje que nos ocupa ahora. Cuando en él se dice que Cristo nació de la simiente de David "según la carne" ello significa que descendía de la estirpe de David en calidad de hombre; copartícipe de nuestra común humanidad y del presente eón. Pero cuando leemos que "según el Espíritu" fue instituido Hijo de Dios con poder por la resurrección de los muertos, esto indica que desde entonces se hizo cargo del poder soberano en el nuevo eón, el eón de la resurrección que empezó con su propia resurrección.

Puesto que el evangelio en su totalidad gira alrededor de un solo centro, el Hijo de Dios, Pablo puede terminar resumiéndolo todo en el nombre de "Jesucristo, nuestro Señor". Todo el evangelio se encierra en el hecho de que Jesús es el Cristo, el Mesías prometido, y que por la resurrección, Dios lo ha instituido como su Hijo con poder, dándole el nombre que es sobre todos los nombres: *el Señor*. Ya nos hemos ocupado de la significación de este nombre, para dar el trasfondo adecuado a las palabras de Pablo cuando él mismo se llama esclavo y siervo de Jesucristo. Sin embargo, sólo ahora usa Pablo este nombre en su exposición. A lo arriba expuesto nos limitamos a añadir que se trata del "nombre que es sobre todos los nombres" en un sentido absolutamente literal, puesto que el título que en este pasaje se le atribuye a Jesucristo es nada menos que el nombre del Dios del Antiguo Testamento, el SEÑOR (Adonai-JHVH), que la Septuaginta traduce por *Kyrios*.

Como "siervo de Jesucristo, llamado a ser apóstol, apartado para el evangelio de Dios", Pablo se presenta a la comunidad romana. Caracteriza el contenido del evangelio señalando al Hijo de Dios a quien por su resurrección le fue conferida la dignidad de *Kyrios*, Señor, al cual se ha dado toda potestad en el cielo y en la tierra. Cuando en el versículo 5 Pablo vuelve al tema de su apostolado, se puede ver toda la riqueza y amplitud de esa función a la luz del mensaje que ha de anunciar. Es del *Señor* de quien ha recibido Pablo tanto la gracia como el apostolado. Ambos términos son esenciales para él, ya que no toda persona partícipe de la gracia es por ello llamada al apostolado. Pero en el caso de Pablo coinciden ambas cosas. No fue llamado primero a ser cristiano y después a ser apóstol. Cuando el Señor se le reveló en el camino a Damasco, recibió simultáneamente, en el mismo acto, por una misma revelación, el doble llamado a ser cristiano y apóstol. El Señor lo había escogido para una tarea especial y por ello le fue concedida esta revelación extraordinaria, destinada exclusivamente a él. Su misión se dirigía a los gentiles, los paganos. Pablo recibió su apostolado del *Señor* mismo, de Aquel que está sobre todo, tanto en este siglo como en el venidero. De ahí la universalidad de su cometido. Su tarea consiste en anunciar el evangelio de este Señor y de su gobierno a todos los pueblos paganos del orbe, llevarlos así a la fe en él y someterlos a su obediencia. Cuando Dios exaltó a Jesucristo y le dio un nombre que es sobre todo nombre, lo hizo con el fin de que en su nombre se doblase toda rodilla y que toda lengua confesara que él es el Señor. La predicación de Pablo persigue el mismo fin: todos han de someterse a Cristo en la obediencia de la fe.

Se ha discutido el significado de la frase "obediencia de la le". Sin embargo, el contexto lo esclarece. El hombre siempre le debe obediencia a Dios. Ya era así en los tiempos del Antiguo Testamento. Entonces se pensaba en primer lugar en la obediencia a la ley de Dios, en la obediencia al Pacto. Pero también es necesaria la obediencia en el nuevo eón inaugurado por Cristo. Ahora sin embargo, la obediencia tiene un nuevo significado. Ahora la obediencia a Dios consiste primordialmente en recibir en fe lo que Dios nos quiere dar por medio de Cristo. Esta es la "obediencia de la fe". Pablo sabe que es su obligación establecerla entre los gentiles. Con ello el apóstol ha llegado al punto en que puede dirigirse directamente a la iglesia de Roma. Como apóstol de los gentiles tiene también un mandato para la congregación de Roma. Los romanos eran gentiles, y los gentiles tenían su centro en Roma; la metrópoli también formaba parte de su campo de acción. Esto bastaba para que les escribiera. Pero no se dirige a ellos como gentiles, sino como cristianos. Gracias al llamado de Dios han llegado a pertenecer a Cristo. Para definir su posición de cristianos, Pablo emplea tres términos característicos: ellos son "llamados", son "amados de Dios" y son "santos". Cada una de estas expresiones merece un examen más detenido.

Han sido "llamados". ¿Cómo se llega a ser cristiano? Al responder a esta pregunta nos resulta natural señalar en primer lugar la actitud del hombre determinada por la voluntad. Pablo considera esta cuestión de manera diferente. Para él, lo mismo que para la cristiandad primitiva, el que alguien llegue a ser miembro del reino de Cristo es un hecho que no depende de la voluntad o de los anhelos del hombre, sino de la misericordia de Dios. Por más esfuerzos que uno haga; por más que busque y luche por la justicia ante Dios con todo su afán sólo conseguirá apartarse cada vez más de Dios, como lo demuestra el ejemplo de los judíos con su celo por la ley. Esta situación no cambia sino cuando interviene Dios dirigiendo su llamado al hombre. De modo que la denominación de "llamados" se ha convertido para Pablo en un término que abarca a los cristianos en general. Mediante el llamado de Dios se han transformado en propiedad de Cristo. La mejor interpretación del término "llamados" la tenemos en 2 Tim. 1:9-10 donde se dice: "...nos llamó con llamamiento santo, no conforme a nuestras obras sino según el propósito suyo a la gracia que nos fue dada en Cristo Jesús antes de los tiempos de los siglos, pero que ahora ha sido manifestado por la aparición de nuestro Salvador Jesucristo".

Además son los "amados de Dios". No es difícil descubrir la causa por la cual Pablo emplea este término para denominar a los cristianos. Está en armonía con la posición dominante que su pensamiento acuerda a la idea del amor de Dios, el *ágape* divino. Este concepto central imprimió su sello a toda esta epístola. Todo el mensaje de Romanos es que Dios por medio de Cristo nos ha liberado de los poderes que nos tenían aprisionados en el eón antiguo, y nos ha dado el nuevo eón, la justicia divina y una nueva vida

— y que todo esto tiene su origen y su más íntima razón exclusivamente en el amor de Dios. Fue el amor lo que impulsó a Dios a entregar a su propio Hijo por nosotros (8:32): "Mas Dios muestra su amor para con nosotros, en que siendo aún pecadores, Cristo murió por nosotros" (5:8). Aquello que aconteció, pues, significa el punto a partir del cual se transforma la historia de la humanidad. Gracias a esta intervención del amor de Dios hemos quedado libres de la ira, del pecado, de la ley de la muerte, o sea de todos los poderes que gobernaban en el antiguo eón, y hemos sido trasladados al nuevo eón que es todo amor. En Col. 1:13, este mismo hecho se expresa de la siguiente manera: "nos ha librado de la potestad de las tinieblas y trasladado al reino de su amado Hijo". Obsérvese el término que se emplea con referencia a Cristo. Es llamado el amado Hijo de Dios, o como reza literalmente, "hijo de su amor" (ὁ υἱὸς τῆς ἀγάπης αὐτοῦ). Con Cristo el amor de Dios ha intervenido en nuestra existencia y ha hecho totalmente nuevas sus condiciones. Pertenecer a Cristo, pues, significa pertenecer a los "amados de Dios". En el punto culminante de su carta, Pablo puede decir a los cristianos de Roma: "El amor de Dios ha sido derramado en nuestros corazones por el Espíritu Santo que nos fue dado" (5:5). Este amor abarca ahora toda su vida. Ninguna potestad, sea cual fuere, nos podrá separar en adelante del amor de Dios que es en Cristo Jesús (8:35-39). Al denominar a los cristianos "amados de Dios", Pablo emplea esta frase en su sentido más profundo y más amplio. Este nombre caracteriza toda su existencia como cristianos.

Y por último son "santos". Aquí sin embargo, acecha el peligro de una interpretación errónea. Al oír la palabra "santos", nuestras ideas fácilmente se dirigen en una dirección moralista. Estamos inclinados a concebir la santidad como una cualidad inherente al hombre, quizá como algo que se aproxima a la impecabilidad. Pero debe afirmarse que todas esas ideas son contrarias al pensamiento de Pablo. El no conoce "santos" en el sentido católico. No llama santos a determinados cristianos excepcionalmente avanzados en su santificación personal. Todos los cristianos sin excepción son llamados santos. No son sus propios esfuerzos ni sus cualidades éticas los que los han convertido en santos. Han llegado a serlo exclusivamente debido al llamado de Dios. Por este llamado fueron separados del mundo y apartados para ser propiedad de Dios. Por llamado y elección divinos fueron hechos miembros del santo pueblo de Dios. En esto y únicamente en esto consiste su santidad.

En lugar de poner término al curso de su pensamiento con un saludo tradicional, Pablo concluye con la bendición apostólica: "Gracia y paz a vosotros, de Dios nuestro Padre y del Señor Jesucristo". Al hacerlo se basa en el saludo de paz judío, pero lo amplía y lo llena de contenido cristiano. Ya de esto se desprende que no puede ser correcta la frecuente interpretación del término "paz" en el sentido tan sólo de un estado subjetivo de tranquilidad psíquica no perturbada. Tampoco es acertado concebir esta bendición como un mero deseo insubstancial. Trátase más bien de la transmisión de una realidad espiritual. En este saludo introductorio encontramos en forma condensada el contenido del evangelio desarrollado en la epístola.

La mejor manera de aprehender el verdadero sentido de estas palabras consiste en relacionarlas con la forma en que Jesús emplea el saludo de paz. Para él la paz es un don que otorga a sus discípulos: "La paz os dejo, mi paz os doy" (Juan 14:27). Los discípulos habrían de transmitir a su vez este don a otros. Cuando los envió, les indicó que iniciaran su predicación con el saludo: "Paz sea en esta casa" (Luc. 10:5). La declaración añadida de que ese don, de no ser aceptado, volvería a sus discípulos, muestra que era más que un deseo, la transmisión de una realidad espiritual. Pablo procede de un modo parecido. Sus primeras palabras directamente dirigidas a la comunidad romana son el saludo de paz. El hecho de que con la paz mencione también la gracia en forma especial probablemente se deba a la posición central que ésta ocupa en su teología. Debemos recordar, sin embargo que la yuxtaposición de gracia y paz figura ya en la "bendición sacerdotal" de Aarón (Núm. 6:25-26: "...tenga de ti misericordia... ponga en ti paz")[3]: Tal vez fuera esa la fuente de esta idea de Pablo. En este pasaje, gracia y paz constituyen una unidad, que expresa en forma inclusiva la plenitud de la salvación. Procede de Dios y por medio de Cristo ha venido a nosotros. Desde antiguo se ha considerado que esta bendición es una de las pruebas más seguras de que Pablo sostenía la deidad de Cristo. Sólo bajo

---

3. En la biblia alemana se dice en lugar de "y tenga de ti misericordia": "... und sei die gnädig". "Gnädig" deriva de "Gnade" - gracia. (Nota de los traductores).

esta presuposición le fue posible colocar sin reserva a Cristo al lado del Padre. Indudablemente esta observación es correcta y está corroborada además por el hecho de que según Pablo, Cristo tiene derecho de llevar el nombre divino: el Señor. Este nombre encierra la confesión inequívoca de la dignidad divina de Cristo.

Hemos llegado al final de la primera y más importante mitad de la introducción. De la segunda parte (vers. 8-15) podemos hablar más brevemente, ya que no presenta importantes problemas teológicos ni otras dificultades esenciales de la interpretación.

Pablo comienza dando gracias a Dios, y esta expresión de agradecimiento se refiere a la congregación de Roma. "Por todo el mundo", dondequiera llegara en sus largos viajes misioneros, se hablaba de la fe de esa iglesia. Sobre todo para él, que había puesto su vida al servicio del anuncio del evangelio de Cristo por todo el orbe, sería fuente de alegría que el evangelio fuese aceptado con fe también en la capital del mundo. Esta afirmación de Pablo de que por todo el mundo se hablaba de la iglesia de Roma, ha sido interpretada con frecuencia como testimonio de que la fe de ésta era excepcionalmente fuerte y que por esta razón Pablo la señalaba como modelo para las demás comunidades. Pero no hay evidencias de esto en el texto. El simple hecho de que el evangelio se haya abierto camino hasta Roma, siendo aceptado allí con fe, es para él suficiente motivo para dar gracias a Dios. Si bien él mismo aprecia en poco el poder y el esplendor de este mundo, y desde este punto de vista Roma no lo atrae de modo particular, es lo suficientemente realista como para comprender la importancia que tendría para la misión cristiana que en la capital del mundo hubiera una congregación que creía en Cristo. Desde luego esta circunstancia había despertado también en él el anhelo de establecer relaciones personales con los cristianos de Roma. Por ello ruega a Dios que por fin le otorgue una oportunidad favorable para visitarlos.

Si respondiendo a la costumbre del estilo epistolar de la época, Pablo añade a su saludo palabras de acción de gracias a Dios por los destinatarios, le interesa especialmente que los lectores no tomen por frase rutinaria lo que dice con celo santo. Por ello invoca a Dios como testigo. Dios sabe que desde hace tiempo, desde hace ya muchos años (véase 15:23), la iglesia de

Roma siempre ha estado presente en el pensamiento y en las oraciones del apóstol.

Pablo tenía un motivo especial para tratar de establecer relaciones con la comunidad romana, en vista de sus planes referentes a España. Mas no habla todavía de ello. Sólo hacia el final de la carta (15:24) comunica tales planes a la congregación. En la introducción se limita a hablar de su deseo de visitar a Roma. Para esto había motivos suficientes sin que fuera preciso aducir también sus ulteriores planes misioneros en occidente. Pablo explica su deseo de visitar a los cristianos de Roma diciendo que compartiría con ellos, para su fortalecimiento, algo de los dones que él mismo ha recibido de Dios y de Cristo. Pero para evitar que se le interpretara erróneamente en el sentido de que él solo tenía algo que dar, mientras la congregación romana sólo tenía que recibir, se apresura a precisar su expresión mediante el aditamento: "...esto es, para ser mutuamente confortados por la fe que nos es común a vosotros y a mí".

En esta insistencia en la reciprocidad se ha pretendido ver desde tiempos antiguos un ejemplo del tacto peculiar y de la delicadeza del apóstol: después de decir que su intención era impartir a los lectores un don especial, advierte que ello podría parecer presuntuoso y causar desagrado. Entonces explica inmediatamente su propósito insistiendo en el beneficio mutuo del encuentro con ellos. Por cierto, sus palabras constituyen una buena prueba de su tacto y discreción. Pero sería un error ver en ellas insinuación de cálculo alguno. En el fondo, su tacto y discreción consisten tan sólo en expresar la verdad de la situación. Que como apóstol del Señor él tiene algo que impartir: hecho sencillo e ineludible que ninguna falsa modestia pudo impedirle manifestar. Pero esto no es una negación de la reciprocidad; también él busca fuerza y confortamiento en la fe de ellos y a continuación insiste en el beneficio que él, por su parte, espera obtener de la reunión con los cristianos de Roma. Asevera que se ha propuesto "tener algún fruto" entre ellos como entre los demás gentiles. No es posible expresar con mayor precisión que también él es parte recipiente y que considera la estada entre ellos como beneficio personal. Pero esto no anula su primera afirmación de que desea impartirles algún don espiritual. No es necesario rectificar esta afirmación. Basta con puntualizarla para evitar interpretaciones erróneas. Sin revocar ninguna de sus afirmaciones, las coloca una al lado de la otra. Sólo así; juntas, dan una imagen acertada de la situación real.

En verdad Pablo se había propuesto repetidas veces viajar a Roma — él mismo lo afirma en el versículo 13 —; pero siempre se presentaba algún impedimento. Subraya el hecho de que no dependía de él mismo. El estaba dispuesto, pero Dios no lo quería así. Hasta entonces Dios le había encomendado tareas distintas. Puede resultar interesante recordar aquí que no sólo en Romanos tenemos evidencias de su intención. En Hechos 19:20, se citan las siguientes palabras suyas: "Después que haya estado allí — en Jerusalén — me será necesario también ver a Roma". Algo de ese "me será necesario" resalta también en Romanos. ¿Por qué tiene Pablo tanto empeño en insistir en su disposición de ir a Roma? ¿Por qué tanto afán por destacar que no por su propia voluntad ha dejado de hacerlo? Se ha conjeturado que sus enemigos (¿los judaizantes?) habían aprovechado la situación para presentarlo ante la comunidad romana bajo una luz desfavorable, afirmando, que no quería ir con su evangelio a Roma o que no se atrevía a hacerlo. La razón del celo de Pablo se explicaría entonces por el deseo de defenderse contra los ataques de los adversarios. Se podría ver una evidencia de esto en 1:16: "No me avergüenzo del evangelio de Cristo". Sin embargo no sabemos nada cierto al respecto. Lo que sí sabemos es que Pablo quería preparar con esta carta su llegada a Roma y que tenía interés en que la congregación no interpretase como señal de indiferencia el hecho de que no hubiera ido antes.

Pablo aclara también que el motivo del viaje proyectado es algo más que su deseo. La razón fundamental es la conciencia de un deber ineludible. Sólo cuando ha señalado esto da por terminada su introducción. A ello tiende todo cuanto antecede. El hablar de la obligación tiene un trasfondo imponente en lo que Pablo sostiene acerca de Jesucristo como el Señor y de sí mismo como siervo suyo. Jesucristo lo obliga; el evangelio lo obliga; su propio ministerio de apóstol lo obliga. Por ello termina su introducción afirmando: "A griegos y no griegos, a sabios y no sabios soy deudor. Así que en cuanto a mí, pronto estoy a anunciaros el evangelio también a vosotros que estáis en Roma". Algunos han preguntado en qué grupo incluye el apóstol a los romanos: en el de los griegos o el de los bárbaros; de los sabios o de los no sabios. Esta pregunta se superflua. Evidentemente Pablo no tiene intención de servirse de esos términos para dividir a la humanidad en diferentes categorías con el fin de ubicar a la comunidad romana en una de ellas. Por lo contrario, se trata de un intento de señalar la universalidad de su obligación. Nadie queda excluido: ya sean griegos o bárbaros, personas cultas o ignorantes: a todos ellos Pablo se siente obligado. Cuando Cristo lo llamó a ser apóstol, encomendándole el mundo de los gentiles como campo de acción, también los romanos estaban incluidos en ese cometido. En virtud de ese llamado y de esa obligación, les escribe ahora para prepararlos para su visita.

En su exposición de este pasaje afirma Lietzmann: "La significación de toda esta introducción sólo aparece en su verdadero aspecto cuando se considera junto con 15:14-24. Si bien Pablo era el apóstol de los gentiles, se había mantenido alejado hasta entonces de toda congregación que no hubiera fundado él mismo (15:20) para no edificar sobre fundamento ajeno". Ahora, tratándose de la comunidad de la capital del mundo, se aparta por primera vez de su principio ¡cosa harto comprensible! Por ello siente la necesidad de explicar este paso en detalle; de ahí su modestia casi exagerada (1:12); de ahí también el cambio de su costumbre anterior (1:13) y la imposibilidad para el exegeta de decir con precisión qué es lo que Pablo proyecta hacer y no hacer en Roma; puesto que no lo dice con claridad ni tampoco puede hacerlo. La dificultad reside en la situación de Pablo, no en las circunstancias peculiares de la iglesia de Roma". Debemos insistir en que la verdad es precisamente lo contrario. Pablo explica con toda claridad qué es lo que lo impulsa a viajar a Roma, y toda la exposición precedente conduce consecuentemente a ese punto. Pablo se dirige a la congregación de Roma en virtud de la autoridad que le confiere su apostolado. Su cometido consiste en "establecer la obediencia de la fe entre los gentiles", y es esto lo que ahora lo lleva a Roma. Como dijimos arriba: aún no habla de la ayuda que espera de esta visita a Roma para su actividad misionera en España. Por de pronto se dirige a los romanos por ellos mismos, y sólo por esa razón.

Con esto termina Pablo su introducción y llegamos al punto en que indica concisamente el tema de la epístola.

II | TEMA DE LA EPÍSTOLA:

"EL JUSTO POR LA FE VIVIRÁ"
1:16-17

Cuando, después de su detallada introducción Pablo desea dirigir la atención hacia el tema principal de la carta, halla la transición natural en la declaración: "No me avergüenzo del evangelio de Cristo". Con ello alude a un razonamiento sobre el que se ha extendido antes en 1 Cor. 1:17-2:16. Para los que no creen, el evangelio es una locura. Esto empero, no puede disuadir a Pablo de anunciar el evangelio, pues sabe que "es poder de Dios para salvación a todo aquel que cree". Es una transición bien escogida. Mientras con esta declaración sigue conservando el razonamiento de la introducción y rechaza las injustificadas conjeturas referentes a la causa de la larga demora de su viaje a Roma, ha llegado ya a su tema principal: el del evangelio como poder salvador de Dios. "Casi imperceptiblemente pasa de la referencia personal a la exposición doctrinal" (Jülicher). Sin embargo, debemos tener cuidado de no exagerar la importancia de estas palabras. En el contexto sólo desempeñan el papel de una hábil transición. Es cierto que desde el punto de vista formal, tienen una importancia fundamental, y toda la epístola puede considerarse como la explicación de Pablo de por qué no se avergüenza del Evangelio. Desde luego no puede decirse que éste sea el único propósito de la carta. Pero influidos por el sentimiento de que esta afirmación es de importancia capital, algunos le han concedido una importancia excesiva y la han tomado como punto de partida para toda clase de adornos psicológicos sin fundamento. Se ha supuesto que Pablo se sentiría inhibido de ir con su sencillo Evangelio a un centro de tan brillante cultura como era Roma; y para desterrar la sensación de inseguridad así originada, se habría recordado a sí mismo y a la comunidad romana que el evangelio, pese a su aspecto modesto encerraba el poder de Dios y no era algo de lo que uno tuviera que avergonzarse. Pero tal construcción no tiene apoyo en el texto. Nada indica que el apóstol tuviera motivos tan mundanos para predicar el evangelio. Con razón observa Schlatter: "Motivos para reflexionar si debía avergonzarse del evangelio que le fuera confiado, se le presentaban en la más pobre de las sinagogas judías no menos que en el foro de Roma. Provenían del contenido de su mensaje, de lo que él llamaba la locura de la predicación".

El evangelio: de esto es de lo que Pablo quiere hablar en su carta. Recordamos que ya en la introducción ha caracterizado su contenido y su forma. Trata del hijo de Dios, el cual por la resurrección ha llegado a ser "Hijo de Dios con poder" υἱὸς θεοῦ ἐν δυνάμει, y del nuevo eón que nos ha sido dado por Dios. Por ello Pablo puede denominar también el evangelio "poder de Dios para salvación" δύναμις θεοῦ εἰς σωτερίαν. Los dos términos: "Hijo de Dios con poder" y "poder de Dios para salvación" (el evangelio) están relacionados entre sí. El evangelio recibe su fuerza de Cristo y de la acción de poder que Dios ha realizado por medio de él. Sin embargo, para entender la palabra en todo su alcance hay que tomar en cuenta que para Pablo el evangelio guarda siempre una relación ineludible con la ley. Allí donde está el evangelio está siempre — si bien en el trasfondo — también la ley. Vimos esto en la Introducción Pablo, que se había apartado a sí mismo para la ley, fue apartado por Dios para el evangelio. Ahora cuando habla del poder del evangelio, está en el fondo la idea de la impotencia y la incapacidad de la ley. "Lo que era imposible para la Ley" (τὸ ἀδύνατον τοῦ νόμου) lo llevó a cabo Dios enviando a su Hijo" (8:3). El intervino con su poder para obrar nuestra salvación. Es éste el mensaje que nos trae el evangelio. Pero no sólo trata del poder de Dios, sino que es el poder de Dios; es *dynamis* divina. Cada vez que se anuncia el evangelio, el poder de Dios se hace efectivo para obrar la salvación. El evangelio no es la presentación de una idea, sino la operación de un poder. Cuando es predicado, no se trata solamente de una palabra que se pronuncia, sino de algo que *acontece*. El propio poder de Dios está obrando para salvación de los hombres, arrancándolos de las fuerzas de la perdición (δυνάμεις, ἐξουσίαι) y transfiriéndolos a la nueva era de la vida.

¿Pero para quién, en realidad, es el evangelio ese poder salvador de Dios? Pablo contesta: "para todo aquel que cree". Creer significa simplemente aceptar el evangelio y con ello participar de la nueva vida de Cristo. En la introducción, Pablo señalaba que su tarea era "establecer la obediencia a la fe". Ahora vuelve a su tema verdadero, al concepto de "fe" que a continuación cobrará una importancia tan decisiva. Pone un énfasis especial en esta palabra repitiéndola no menos de cuatro veces en los versículos. Es de la mayor importancia prestar atención especial a lo que Pablo dice y lo que no dice acerca de la fe. Una interpretación errónea puede dar una imagen falsa del conjunto. ¿Qué significan, pues, las palabras: "para todo aquel que cree"?

Los intérpretes opinan casi al unísono que aquí Pablo quiso dejar constancia de lo que *se exige* de parte del hombre para poder ser salvado. Por tanto la fe se conceptúa como *condición* necesaria para la salvación. Se ha dado la siguiente interpretación al pensamiento de Pablo: es cierto que en el evangelio viene a nosotros el poder de Dios para la salvación, pero para que sea eficaz, el hombre debe cumplir a su vez la condición implícita en la exigencia de que tenga fe. Aun siendo la redención íntegramente una acción de Dios, ofrecida gratuitamente al hombre; éste debe hacer al menos lo que se le exige: debe creer en lo que el evangelio proclama. La mejor forma de demostrar cuan universalmente difundida es esta interpretación del pasaje que nos ocupa, consiste en reunir algunas sentencias representativas.

"La fe es la condición indispensable y a la vez única de la salvación" (Althaus). "La fe se declara que es la condición única e infaliblemente eficaz para alcanzar la salvación" (Jülicher). "La fe es la condición de parte del hombre sin la cual el evangelio no puede tener poder para él" (B. Weiss). "No se necesita otra cosa que fe para experimentar la justicia de Dios" (von Hofmann). "El evangelio sirve para la salvación de todo aquél que cree, es decir, es eficaz para todos sin excepción a condición de tener fe". "Sólo es necesario decir que además de las condiciones diariamente cumplidas independientemente de los hombres, cuando es predicado el evangelio, la fe del que oye es también condición ineludible" (Zahn). En dirección parecida avanza Kühl quien habla del "logro de la fe" como la condición de parte del hombre para la justificación. Y. O. Moe sostiene que en este pasaje Pablo quiere insistir en que "no se exige otra condición que la fe". En otras palabras, la cuestión es la "suficiencia de la fe para la salvación".

Todo este coro de voces se muestra unánime en la interpretación de la intención de Pablo al insertar en este contexto la palabra fe. Según ellos habría sido su propósito destacar lo que por parte del hombre es indispensable como prerrequisito y condición para ser redimido. En contra de tal teoría debe insistirse con todo énfasis en que nada estaba más lejos de la mente de Pablo que esto. Para él la fe *no* es algo que el hombre ofrece como condición para su justificación. No es necesario ahondar mucho para ver la diferencia entre las palabras del apóstol y la interpretación que se les ha dado. Mientras Pablo afirma positivamente que el evangelio es poder de Dios para la salvación de todo aquel que cree, en todas estas interpretaciones y formulaciones asoma algo negativo: sin fe, el evangelio no puede convertirse en poder salvador; el hombre es redimido tan sólo a condición de tener fe, etc. Y la situación no es mucho mejor cuando se trata de formulaciones aparentemente más positivas acerca de la "suficiencia de la fe para la salvación"; pues también en ese caso se trasluce el sentido negativo: "no se exige otra cosa que la fe".

Podría parecernos que sólo ha habido un desplazamiento de acento, de poca importancia. Pablo afirma que el evangelio es un poder salvador para todo aquel que cree. ¿Es acaso una modificación tan grande decir en cambio: "sólo para aquel que cree, el evangelio resulta un poder salvador"? ¿No tenemos derecho a afirmar que la fe es la condición que se exige al hombre para su salvación? La diferencia puede parecer sutil. Sin embargo entraña una tergiversación funesta de toda la posición paulina. De ese modo se consigue que las palabras del apóstol afirmen lo contrario de lo que él quiso decir.

Cuando se habla de la "suficiencia de la fe para la salvación" se quiere expresar claramente lo que Lutero denominó "sola fide", "por la sola fe". La justificación del hombre se efectúa por la fe, no por las obras de la ley. En cuanto a esto están en perfecta consonancia con Pablo. Sin embargo, en esta expresión hay algo totalmente ajeno al pensamiento de Pablo y de Lutero. El sentido de la expresión "sola fide" es combatir todo legalismo. Y sin embargo aun "sola fide" puede ser interpretada en sentido legalista. Ello sucede en cuanto se considera la fe como algo que se le *exige* al hombre. Afirmar que "basta con creer" es un pensamiento legal; sólo que entonces se concibe la fe como otra clase de exigencia, quizás más liviana de lo que establece la ley. La orientación legal resalta también en el hecho de que se suele declarar que la fe lleva a realizar cuanto la ley exige, y que en consecuencia no hay peligro en llamar a la "sola fe" el camino de redención. Se dice que para que la fe sea suficiente no basta con el "assensus", con el "tener por cierto" de la razón, sino que debe agregarse la "fiducia", la confianza del corazón en la gracia de Dios en Cristo. La "fiducia" lleva consigo la renovación moral del hombre y sólo en virtud de esta significación ética la fe es "suficiente" como única condición para la salvación. Con ello se ha llegado de nuevo al legalismo que Pablo quería combatir precisamente con su afirmación sobre la fe, y contra la cual se dirigió Lutero con su frase "por la sola fe".

La razón de que uno extravíe así el camino en la interpretación de lo que significa la fe para Pablo, es evidentemente que uno tiene un concepto fijo, dogmático sobre la fe, y da por sentado que eso es lo que dice Pablo. De esa fuente procede el concepto psicológico de la fe, que hace de ella una cualidad subjetiva del hombre, condición necesaria para su salvación. Partiendo de esta posición —por decirlo así— se han repartido los papeles entre Dios y el hombre y se ha tratado de determinar cuál es la contribución del uno y cuál la del otro en la obra de la salvación. En el evangelio Dios va al encuentro del hombre con sus mensaje de salud pero mientras el hombre no haya fijado su posición frente él, sigue siendo una palabra sin eficacia. La cuestión decisiva consiste en cómo se conduce el hombre por su parte frente al evangelio. Sólo cuando lo acepta en fe, el evangelio se convierte en poder para la salvación.

Pablo pensaba de un modo completamente distinto. Cuando afirma que el evangelio es "un poder de Dios para la salvación de todo aquel que cree", está muy lejos de equilibrar la participación de Dios y la del hombre en la salvación. Para él la fe no es cualidad subjetiva, que debe estar presente en el hombre para que el evangelio pueda mostrar su poder. Más exacto es afirmar que la fe es un testimonio de que el evangelio *ha* ejercido su poder sobre él. No es la fe del hombre la que da su fuerza al evangelio, sino que por el contrario el poder del evangelio hace posible que el hombre tenga fe. Fe es sólo otra manera de decir que el hombre pertenece a Cristo y por él participa del nuevo eón. Pablo ve la fe en una perspectiva más amplia de la que nosotros estamos acostumbrados a tener, una perspectiva que descansa en su concepto de los dos eones.

En el eón antiguo el hombre está sometido a los poderes de la perdición, las δυνάμεις, ἐξουσίαι y ἀρχαί, que reinan en este mundo del pecado y de la muerte. No hay posibilidad de que pueda emprender nada para su liberación. Todo su actuar está determinado por la era y las potencias bajo las cuales vive y a cuya merced queda abandonado. Pablo tiene de la situación del hombre el mismo concepto que Jesús, expresado en Luc. 11:21-22: "Cuando el hombre fuerte armado guarda su palacio, en paz está lo que posee". De salvación y liberación se puede hablar únicamente suponiendo que "viene otro más fuerte que él y lo vence". Esto es lo que ha realizado Cristo. Siendo más fuerte ha superado los poderes que nos tenían cautivos. Tal es el concepto dinámico que hay detrás de la afirmación de Pablo de que el evangelio es un poder de Dios, una *dynamis* divina para la salvación de todo aquel que cree. Por ello ambas: salvación y fe, adquieren una determinación más exacta. La salvación no consiste en el anuncio de ciertos pensamientos e ideas a los cuales nos adherimos por la fe procurando su poder y victoria. En tal caso podría hablarse de la fe como condición imprescindible para la salvación. Pero la salvación consiste en que Cristo nos redime de la servidumbre del eón antiguo mediante el poder de Dios y nos coloca en el nuevo. Esto se verifica por el evangelio. Ser sacado así del reino de las tinieblas y colocado en el reino de Cristo... precisamente esto se llama creer.

"A todo aquel que cree" dice el apóstol e inmediatamente añade: "Al judío primeramente y también al griego". Los griegos o helenos se colocan aquí en contraste con los judíos; el término tiene la significación general de gentil. Es natural que Pablo lo empleara con este significado, puesto que para él el mundo helenista representaba precisamente al paganismo. Durante su obra misionera el paganismo se le ha presentado casi siempre bajo su forma helenística. A ésta se refiere también en primer lugar cuando a continuación de este capítulo describe la situación reinante en el mundo gentil. El contraste entre judíos y gentiles le sirve asimismo a Pablo para mostrar que tanto los gentiles como los judíos están bajo la ira de Dios y que a ambos se les ofrece de igual manera la salvación por la fe en Cristo.

Cuando Pablo menciona así a los dos grupos principales en que puede dividirse la humanidad desde el punto de vista religioso: judíos y gentiles, lo hace en última instancia para mostrar que no hay diferencia entre ellos. Y eso, a pesar de que existía entre ellos una desigualdad casi absoluta. Los judíos poseían la revelación de Dios y habían recibido sus promesas; Dios había concertado su pacto con ellos y ellos habían compartido una historia sagrada con él. De todo esto carecían los gentiles. Los judíos tenían la ley de Dios y eran celosos por la justicia, mientras los gentiles estaban entregados a la injusticia. Nadie puede negar que estas diferencias eran reales y profundas. Pero todas ellas desaparecen ante el evangelio. Cuando, como dice Pablo en 1:17, el evangelio trae una nueva justicia, "la justicia de Dios", se desvanece el contraste entre la justicia por la ley de los judíos y la injusticia de los gentiles. A ambos les falta la justicia proveniente de Dios de la cual todo depende, y cuando ésta es ofrecida en el evangelio, es para ambos un don divino igualmente grande e inmerecido. Aquí no hay distinciones. La identidad de ambos grupos halla su expresión lingüística en las palabras de Pablo τε - καί. Lo que vale para un grupo rige también —y de la misma manera— para el otro.

Pero, si Pablo quiere afirmar que a la luz del evangelio queda anulada toda diferencia entre judíos y gentiles, ¿por qué agrega entonces este vocablo singular y al parecer separador: πρῶτον "al judío *primeramente*"? ¿Es que después de todo el judío goza de una preferencia especial en la salvación? No puede ser esto lo que Pablo quiere decir. Quizás el recuerdo de la posición peculiar de Israel en la historia de la salvación le haya dictado tales palabras. En ese caso sería un πρῶτον, que se anula cuando Cristo determina la posición especial de Israel en la historia de la salvación. "Ya no hay judío ni griego", todos son uno en Cristo Jesús (Gal. 3:28). "De ambos pueblos hizo *uno*" creando de los dos un nuevo hombre (Ef. 2:14; 15). La fe en Cristo significa algo nuevo no sólo para el paganismo, sino también para el judaismo. Con ello queda abolida la prioridad de los judíos.

Puede parecer extraño que Pablo, siendo apóstol de los gentiles y contando expresamente a los romanos "entre los pueblos paganos" (1:5-6), en una carta dirigida a la comunidad romana, muestre tanto empeño en exponer la posición de los judíos, y que parezca concederles cierta preferencia al emplear la expresión "primeramente". La explicación está en el celo con que Pablo insiste en la unidad del camino de la salvación. Quiere hacer imposible que alguien piense que el evangelio es solamente para los gentiles y que los judíos poseen en la ley otro camino de salvación. Pablo niega que la ley tenga "poder para la salvación". Ni siquiera Abraham fue justificado por la ley (cap. 4). Ahora que la promesa se ha cumplido en Cristo, se aplica "primeramente" a los judíos; pero ello no quiere decir que tenga menos validez para los gentiles. Debido a que el pensamiento de Pablo abarca así a judíos y gentiles, es que dice al mismo tiempo πρῶτον y τε - καί, que parecen anularse mutuamente. La intención de Pablo es declarar lo mismo acerca de ambos. Los judíos son llamados "primeramente" por las promesas a recibir la nueva justicia que Dios nos ofrece por medio de Cristo. Pero los gentiles están igualmente llamados. Ninguno tiene preferencia sobre el otro.

Con ello ha llegado Pablo al punto en que puede introducir su concepto principal: "la justicia de Dios". La justicia es siempre la cuestión central en la relación entre Dios y los hombres. Así era en los tiempos del antiguo pacto. En su centro estaba la ley, y lo que ésta exige al hombre es precisamente la justicia. Sólo cuando el hombre cumple con la voluntad y los postulados de Dios, su relación con él es recta. Pero también ahora, desde que ha venido Cristo y ha comenzado el nuevo eón, todo gira en torno a la justicia. Creer que el evangelio insiste menos que la ley en la justicia es una interpretación errónea. Todo lo contrario. En el evangelio no se trata de otra cosa que de la justicia. Así lo sugieren las palabras de Jesús dirigidas a sus discípulos: "Si vuestra justicia no fuere mayor que la de los escribas y fariseos, no entraréis en el reino de los cielos". Sin embargo, aquí se trata de otra clase de justicia distinta: "la justicia por la ley". Es la justicia del reino de los cielos que en cuanto tal corresponde a la nueva era; no es la de los hombres, sino "la justicia de Dios". No es una justicia que proviene de nosotros y se realiza por medio de nuestras acciones y nuestro cumplimiento de la ley, sino que es una justicia que Dios nos ha preparado por su acción en Cristo. En resumen: no es una justicia nuestra sino una "justicia que proviene de Dios".

El mismo Pablo aportó la mejor contribución a la interpretación de este concepto "la justicia que es de Dios", central para él, con las siguientes palabras: "...no teniendo mi propia justicia que es por la ley, sino la que es por la fe en Cristo, la justicia que es de Dios por la fe" (Fil. 3:9). Este pasaje nos da simultáneamente una visión de lo arraigado que está este concepto en la propia vida de Pablo —compárense al respecto las páginas 15-20— y cómo yuxtapone conceptos opuestos: "La justicia de Dios" es puesta en contraste con la justicia propia y la justicia por la ley. "La justicia de Dios" δικαιοσύνη θεοῦ, es idéntica a la "justicia que procede de Dios" δικαιοσύνη ἐκ θεοῦ y ambas son lo contrario de δικαιοσύνη ἐκ νόμου "la justicia de la ley".

Con ello nos libramos de la alternativa que hasta entonces había dificultado en sumo grado la interpretación. Ya no nos vemos en la necesidad de preguntar si Pablo se refiere a la justicia propia de Dios en el sentido de una cualidad inherente a él o alude a que el hombre tiene así una justicia en virtud de la cual puede permanecer ante Dios. Desde luego se trata de la justicia propia de Dios, pero no en el sentido de una cualidad que reside en él. Este concepto es natural para nosotros debido a nuestra dependencia del pensamiento griego; pero es totalmente ajeno a Pablo. La justicia de Dios es una justicia que él nos revela, haciéndonos partícipes de ella, de ahí que sea también innegablemente también del hombre. La prueba más evidente de ello es que acto seguido Pablo habla del "justo" que vivirá. Es una justicia del hombre, mas no en el sentido de que sea suya propia, conquistada por él, sino en el sentido de que le es ofrecida y que él recibe por la fe. No se trata, sin embargo de que le haya sido infundido un don divino y ahora lo tiene como una propiedad o una cualidad interior. Por el contrario: la justicia es una relación objetiva que nos ha sido ofrecida por Cristo y en la cual somos recibidos por la fe en él. Así como por él vino el reino de Dios, ha llegado también la justicia de Dios. Esta justicia no es algo meramente individual, sino el distintivo universal de toda la nueva era, del reino de Dios que ha venido por Cristo.

Ya en su época rabínica Pablo estaba familiarizado con la idea de la justicia como señal de la era mesiánica. En el Antiguo Testamento había encontrado el nombre "el Señor, justicia nuestra" como denominación del Mesías esperado. "He aquí que vienen días, dice Jehová, en que levantaré a David renuevo justo, y reinará como Rey, el cual será dichoso, y hará juicio y justicia en la tierra. Y este será su nombre con el cual se llamará: Jehová, justicia nuestra". (Jer. 23:5-6; compárese 33:15-16). Ahora esta promesa se ha cumplido en Jesucristo. En él Dios ha revelado su justicia. El mismo en su propia persona es "el Señor, justicia nuestra", o como Pablo lo expresa en 1 Cor. 1:30: "el cual nos ha sido hecho por Dios... justificación". Y la meta de su acción reconciliadora la señala Pablo de la siguiente manera: "para que nosotros fuésemos hechos justicia de Dios en él".

Aquí Pablo habla de la justicia de Dios en este sentido. Resumiendo podemos decir: la "justicia de Dios" es una justicia que proviene de Dios; que ha sido preparada por él, revelada en el evangelio y que allí se nos ofrece. Es la justicia de la nueva era. Ha venido a nosotros en Cristo, y quien le pertenece por la fe la posee como suya; si bien no en el sentido de una justicia alcanzada por él mismo, sino precisamente como una "justicia que es Dios". Pero con ello el concepto "el justo" ha adquirido un contenido totalmente nuevo. En esta aceptación, "justo" no es aquel que se ha mostrado recto ante Dios por el cumplimiento de la ley, sino el que por la fe pertenece a Cristo, ya que sólo "en Cristo" existe la nueva era con su justicia. Por lo tanto el justo es "el justo por la fe". "La justicia que es de Dios" es la "justicia por la fe"; la δικαιοσύνη θεοῦ es lo mismo que la δικαιοσύνη ἐκ πίστεως.

Al principio del versículo 17 Pablo combina cuatro conceptos de extraordinaria importancia: evangelio, justicia de Dios, revelación y fe. "En el evangelio la justicia de Dios se revela por fe y para fe". Resulta extraño observar cómo una concepción intelectualista y estática puede confundir estos términos, cambiarlos y dar a cada uno por sí solo y a todos juntos un sentido completamente distinto del que tienen para Pablo. Así se ha interpretado el *evangelio* como "doctrina" o anuncio de verdades religiosas intemporales; *la justicia de Dios* como una propiedad inherente al ser divino; la *revelación* como comunicación teórica de hechos e ideas antes ocultos, y *la fe* como la aceptación de esa doctrina como cierta, como asentimiento a ideas religiosas universales. Si se pretende entender a Pablo se debe arrancar de raíz esta concepción estática e intelectualista. *El evangelio* —como ya hemos tenido oportunidad de señalarlo— no es tan sólo una enunciación de ideas, sino un acto del poder divino, una *dynamis* de Dios mediante la cual arrebata a su soberano las víctimas del pecado y de la muerte y las coloca en la nueva relación de la justicia y la vida. La *justicia de Dios* no es una propiedad residente en él sino una poderosa intervención de Dios en nuestra existencia, conducente a un cambio completo de su condición. "La justicia de Dios" es una realidad que Dios ha creado entre nosotros por medio de Cristo. Tan real como es la ira de Dios en el antiguo eón, es su justicia en el nuevo. Y cuando Pablo manifiesta que esa justicia se "revela" no se refiere a una revelación en el sentido de iluminación intelectual. Su idea de la revelación no es intelectualista ni estática, sino dinámica. La revelación es un *acto* de Dios. Pablo no parte de la idea de Dios como un desconocido, oculto —por decir así— detrás de un velo, y que al descorrerse ese velo percibimos cómo es Dios: que es justo. La revelación de Dios es más bien la poderosa manifestación de su voluntad: por una parte —en el eón antiguo— mostrando su ira contra la impiedad de los hombres; por otra parte —en el eón nuevo— mostrando su justicia en y con Cristo. Y finalmente en lo que concierne a la *fe*, no significa tan sólo un tener por ciertos —en el sentido intelectual— los pensamientos del evangelio, sino más bien que uno es asido y constreñido por el poder de Dios, e introducido así en la nueva era, en la vida de Cristo.

Evangelio y fe guardan una correspondencia inmediata entre sí. Por ello no es posible hablar de la fe como de algo que pueda existir aparte del evangelio. No es que sea preciso tener cierta predisposición psíquica, llamada fe, para poder aceptar el evangelio por medio de ella. Por el contrario: el evangelio es lo primario, lo que despierta y gana nuestra fe. Cuando el hombre escucha el evangelio y es conmovido y conquistado por él, eso se llama fe. La fe no puede existir anterior ni independientemente del evangelio; sólo nace mediante el encuentro del hombre con el evangelio.

Cuando Pablo habla aquí de la fe, utiliza una doble expresión: "por fe para fe" ἐκ πίστεως εἰς πίστιν. ¿Cuál es el motivo y qué pretende expresar con ella? Aquí hemos llegado a un punto en que la interpretación ha tomado por muchos caminos erróneos. ¿Es correcto distinguir entre las dos expresiones, como si Pablo, al decir "con fe" se refiriese a una cosa, y al decir "para fe" a otra diferente? En la oración son inseparables. Y su efecto evidente es poner un énfasis especial en el término "fe". La fe es el comienzo y la culminación. La forma de expresión sugiere algo así como *sola fide*. Si la justicia de Dios se revela en el evangelio, hay que creer y sólo creer.

"Por fe" ἐκ πίστεως, es la expresión que Pablo suele emplear al hablar de la justificación. Con ello intenta rechazar toda idea de justicia propia, alcanzada por la ley o por las obras, de toda δικαιοσύνη ἐκ νόμου ὁ ἐξ ἔργων. Con todo, la historia de la iglesia presenta muchos ejemplos de que es posible creer en la justificación por la fe de manera que todavía quede lugar para la justificación por las obras. Por ejemplo, cuando se recurre al argumento de que la intención de Dios, al enviar a Cristo, fue facilitarnos el cumplimiento de la ley. Se razona como sigue: por naturaleza el hombre carece de facultades y fuerza para cumplir la ley de Dios; de modo que no hay posibilidad alguna de que pueda justificarse por sus propias obras. La única esperanza reside en la "sola fe", en el pleno sentido de estas palabras. Por medio de la fe recibe la fuerza de que antes carecía; entonces es justificado mediante el cumplimiento de la ley hecho posible por ese poder. Aunque se afirme la justificación por la fe, el resultado será una manifiesta justicia por las obras. El cumplimiento de la ley se convierte en la meta; la fe es degradada a la categoría de medio para alcanzarla. Esta posición queda excluida por la declaración de Pablo de que la justicia de Dios se revela no sólo "por fe", sino también "para fe"; a ἐκ πίστεως se añade εἰς πίστιν. Gracias a esta combinación el último vestigio de la justicia por las obras es extirpado de raíz. Porque esta combinación evidencia que la fe es el fin, no meramente el medio. El magnífico y maravilloso don de Dios en Cristo no consiste en que por él nos sea concedida la posibilidad de cumplir con la ley; lo asombroso está precisamente en que Dios nos dio a Cristo y que por la fe somos suyos y participamos de la justicia por él revelada.

¿Con qué palabra del texto precedente debe enlazarse esta expresión "por fe para fe"? A primera vista la respuesta no está clara. En un sentido netamente lingüístico sería natural relacionarla con el verbo inmediatamente precedente. Su función sería entonces determinar con mayor exactitud la forma en que se efectúa la revelación de la justicia de Dios: que aquello que estaba oculto, se revela "por fe para fe". Sin embargo cabe preguntarse si es indispensable relacionar el término con una palabra del texto antecedente. Como ya demostramos arriba, la palabra "fe" cobra un énfasis especial por el hecho de que se repite con preposiciones distintas. A ello debe agregarse que toda la frase "por fe para fe" tiene cierto peso, destacándose como algo relativamente independiente. Podría escribirse así: (En el evangelio) justicia de Dios o saber, "por fe y para fe". Puesto que en lo antecedente el acento recae sobre el concepto "justicia de Dios", el resultado es que la mente con toda naturalidad una a esto lo que al final de la cláusula se dice de la fe. Por tanto, tratándose de destacar no tanto la forma de expresión como el pensamiento, podría parafraseárselo de esta manera: (En el evangelio) se revela la justicia de Dios a saber, una justicia "por fe para fe". En esa dirección señala también Rom. 3:21-22 donde Pablo vuelve al razonamiento de 1:17, relacionando no sólo en pensamiento sino con palabras específicas la fe con "la justicia de Dios". Allí dice: "Pero ahora aparte de la ley, se ha manifestado la justicia de Dios... la justicia de Dios por medio de la fe de Jesucristo". Al repetir aquí las palabras "la justicia de Dios" queda excluida cualquier duda acerca de la conexión que se indica. En la misma dirección señala también la cita del profeta que se aduce en 1:17. El profesor O. Moe dice con razón: "Para que haya concordancia entre lo que dice Pablo en la primera parte del versículo 17 y la cita de la segunda parte, es menester combinar ἐκ πίστεως con el concepto principal δικαιοσύνη θεοῦ. Recuérdese también que para Pablo δικαιοσύνη ἐκ πίστεως casi había llegado a tener el carácter de un término técnico (compárese, por ejemplo, 9:30 y 10:6). La justicia de Dios de la que aquí se trata, también puede denominarse justicia por la fe. El pensamiento central aquí versa acerca de la fe y exclusivamente de la fe, "por fe para fe".

Todo el mensaje de esta epístola está contenido en el versículo 17, y sobre todo en la cita del profeta ὁ δίκαιος ἐκ πίστεως ζήσεται "el justo por la fe vivirá". Con razón podemos señalar este dicho como el tema de la carta. Es el texto bíblico sobre el cual el apóstol construye su epístola.

Sería difícil hallar otra frase que haya tenido una historia tan singular y variada como ésta. Vez tras vez ha desempeñado un papel decisivo en las grandes encrucijadas de una evolución religiosa de más de 2500 años. Aquí sólo podemos indicar algunos de los rasgos más importantes de la historia decisiva de esta frase.

1. Por primera vez la encontramos en la profecía de Habacuc 2:4. Confrontado por la gran invasión caldea, el profeta sube a su atalaya para ver qué es lo que Dios le quiere comunicar. El Señor le declara que el soberbio y petulante conquistador perecerá pero que "el justo por la fe vivirá". Por la forma extraña en que se introduce este pensamiento, los investigadores han creído a veces que detrás de esta palabra del profeta se esconde otra época más antigua aun. Opinan que el profeta ha citado un proverbio corriente cuyo contenido se podría caracterizar como sigue: la soberbia precede a la caída, pero la justicia salva de la muerte; si nos consagramos humilde y fielmente a la justicia, tenemos la promesa de la vida. Aquí este dicho se aplica al caso concreto del invasor altanero y violento. Sea como fuere, tal como se la usa en Hab. 2:4 la expresión se aplica a la nación judía teocrática: mientras la soberbia humana conduce al pueblo a la perdición, la fiel consagración a Dios y sus mandamientos conduce a la vida y la seguridad.

2. En la *sinagoga* esta sentencia "el justo por la fe vivirá" llegó a desempeñar un papel bastante importante. Se la interpretó como resumen y expresión suprema de la piedad legal. Un ejemplo aclaratorio lo ofrece la siguiente tradición talmúdica: En el Sinaí recibió Moisés 613 mandamientos. Vino el rey David y los redujo a once (Salmo 15). Después llegó Isaías y los limitó a seis (Isaías 33:15-16). Miqueas los resumió en tres: "Oh hombre, él te ha declarado lo que es bueno, y qué pide Jehová de ti: solamente hacer justicia y amar misericordia, y humillarte ante tu Dios". (Miq. 6:8). Isaías volvió a condensarlos en dos: "Guardad derecho y haced justicia" (Isaías 56:1). Y finalmente Habacuc los resumió en una sola sentencia: "El justo por la fe vivirá".

Debe observarse que son precisamente los mandamientos del Antiguo Testamento los que se considera alcanzan su máxima expresión en estas palabras. La *sinagoga halla en Habacuc 2:4 la expresión adecuada de la justicia por la ley y sus obras.* Ve en esta sentencia un testimonio del poder salvador de la ley. El que guarde el mandamiento, vivirá. El justo tiene derecho a la vida por su fidelidad a la ley y al pacto. Por esta su fe, por esta su fidelidad, el justo vivirá.

3. Ahora bien: ¿qué hace Pablo con este sentencia profética? *La arrebata a los representantes de la justicia por las obras y la convierte en lema y expresión principal de una posición religiosa directamente opuesta: la de la justicia por la fe.*

¿Cómo le fue posible hacerlo? Para poder responder a esta pregunta debemos observar su manera de interpretar las afirmaciones de la Escritura. Pablo ha recibido una educación rabínica, debido a la cual se ha acostumbrado a la idea de la significación múltiple de la Escritura. En primer lugar, un pasaje bíblico tiene un significado histórico evidente. Pero si se quiere realmente entender la Escritura no hay que detenerse en esta simple significación verbal. Con frecuencia los santos escritores volcaban en sus metáforas y expresiones proféticas un sentido más profundo, y es tarea de la interpretación extraer el mismo. Pero tampoco aquí puede detenerse la búsqueda. La palabra es la propia palabra de Dios; por lo cual es menester desentrañar la intención de Dios en cada pasaje de la Escritura, aunque tal vez el autor humano no se haya dado cuenta de esa intención. En ello reside para Pablo la más profunda función de la interpretación. La Escritura no sólo quiere narrar lo que Dios hizo y habló con los padres. Ante todo tiene un mensaje para nosotros que vivimos en los tiempos extremos, "a quienes han alcanzado los fines de los siglos" (1 Cor. 10:11). A la luz de Cristo descubrimos que la Escritura ha hablado con anticipación de la justicia por la fe. La Escritura, previendo que Dios habría de justificar por la fe a los gentiles, dio de antemano la buena nueva a Abraham diciendo: "En ti serán benditas todas las naciones" (Gal. 3:8). Cuando esta palabra se pronunció por primera vez, su sentido más profundo permanecía aún oculto. Pero el velo que hasta entonces había escondido el sentido más recóndito fue quitado por Cristo (2 Cor. 3:14). Ahora se ha manifestado también el sentido más hondo de una sentencia como la de Habacuc 2:4. Si bien el profeta aún no alcanzaba a ver toda la importancia de la fe de la que hablaba, era la intención de Dios hablar con anticipación de la fe y de la justicia de la fe. A nosotros, los que vivimos en la fe en Cristo, y para quienes el velo ha sido quitado por él, se nos manifiesta el sentido más profundo de esta sentencia.

Pablo elige como tema y título de su carta la declaración: "El justo por la fe vivirá ὁ δίκαιος ἐκ πίστεως ζήσεται. Al hacerlo combina ambas expresiones ὁ δίκαιος γἐκ πίστεως en un concepto indivisible: ὁ δίκαιος y ἐκ πίστεως, "el justo por la fe", y de ese justo por la fe se afirma: ζήσεται, "vivirá". Ya nos hemos referido al significado de esta expresión, en la exposición introductoria sobre la línea de pensamiento de la Epístola (Págs. 28 y sgts.). Aquí nos limitaremos a señalar la diferencia entre la interpretación de Pablo y la del judaismo.

La sinagoga, para la cual el velo no ha sido quitado, entiende que el profeta se refiere a la justicia de la ley. En consecuencia, la referencia del profeta a la fe es interpretada como la fidelidad y perseverancia con que el justo se mantiene en su justicia. Pero Pablo no está de acuerdo. Empleando la técnica rabínica usual de interpretación, podríamos decir que exclama: No leas con la sinagoga "el justo vivirá por su fe (es decir, su fidelidad) ", sino ve con la iglesia, que el que es justo por la fe, ese vivirá". O en griego: no leas ὁ δίκαιος / ἐκ πίστεως ζήσεται sino ὁ δίκαιος ἐκ πίστεως / ζήσεται.

Ahora bien: no podemos ocultar que esta interpretación ofrece ciertas dificultades; tan reales que la mayoría de los intérpretes rechaza la idea de que Pablo combinara así los dos miembros ἐκ πίστεως y ὁ δίκαιος. La objeción más importante aduce que la construcción gramatical empleada por Pablo la contradice. Si hubiera querido decir lo que hemos afirmado, no lo hubiera dicho en forma tan torpe, ὁ δίκαιος ἐκ πίστεως; hubiera escrito ὁ ἐκ πίστεως δίκαιος, o ὁ δίκαιος ὁ ἐκ πίστεως. Bajo las circunstancias, cabe preguntar si hay razón suficiente para no hacer lo que sería natural, es decir, unir ἐκ πίστεως con el verbo. ¿Qué razones tenemos para unir ἐκ πίστεως con ὁ δίκαιος? Replicamos que las razones no sólo son bastante buenas para ser persuasivas; son decisivas.

Por de pronto el contexto exige que las palabras se unan en la forma arriba expuesta. Como ya hemos dicho, la palabra πίστις se repite no menos que cuatro veces en estos dos versículos que constituyen el tema de la epístola. Se le da así un énfasis especial. Si Pablo introduce en este contexto la cita de Habacuc 2:4, lo hace para obtener de la Escritura una prueba para la justicia por la fe mencionada por él, la δικαιοσύνη ἐκ πίστεως. Es como si dijera: "Está escrito". Si siguiendo el uso corriente hubiera unido ἐκ πίστεως con el verbo, la cita no contendría confirmación alguna de su posición. Lo que estaba tratando de subrayar y apoyar en la Escritura no es que "el justo vivirá". En este punto sus adversarios judíos estaban en un todo de acuerdo —aunque por cierto el acuerdo es sólo aparente, pues ellos, al hablar del "justo" pensaban en "el justo por la ley". Lo que Pablo realmente quiere acentuar es que el que es justo por la fe, ese vivirá, y para él esto es lo que quiso decir Habacuc. Esta circunstancia ya bastaría para convertir la interpretación arriba expuesta en la única posible. Porque no es de suponer que en un punto tan decisivo Pablo cite una sentencia de la Escritura que en un sentido estricto nada tiene que ver con el problema en cuestión.

En segundo lugar, hallamos el hecho más importante aún de que en el mismo desarrollo de la carta, Pablo da el comentario más inequívoco de dicho pasaje señalando precisamente en la dirección indicada. Al exponer en la carta el pensamiento tan concisamente presentado en este versículo, lo hace de una manera que sin duda alguna presupone la construcción gramatical a que hemos hecho referencia.

La estructura misma de Romanos y la carta como un todo prueban que en su tema ἐκ πίστεως *está conectado con* ὁ δίκαιος *y no con* ζήσεται. Con gran precisión Pablo se dedica en la primera parte de la carta (hasta el capítulo 4 inclusive) a la primera mitad de su tema; es decir, describe el ''justo por la fe". En la segunda parte (capítulos 5-8) afirma la segunda mitad del tema, lo que ha de sucederle al que es así justificado: "vivirá".

Podría sospecharse que el celo por la construcción sistemática nos ha llevado a ver esta clara división en la exposición del apóstol. ¿Somos culpables de subjetivismo y de una inadmisible tendencia a sistematizar? ¿O esta construcción está realmente apoyada y presentada por Pablo? Una investigación estadística puramente objetiva puede contestar esta pregunta. Si es cierto que los capítulos 1-4 tratan no solamente en un sentido general sobre la justicia y el "justo" sino acerca de el que es *justo por la fe*, y los capítulos 5-8 tratan de cómo éste "vivirá", es de suponer que la palabra "fe", πίστις pugne espontáneamente por colocarse en un primer plano en los primeros cuatro capítulos y que la palabra "vida", ζωή no aparezca con la misma frecuencia. Mientras en los cuatro capítulos siguientes en cambio, puede esperarse que el término ζωή ocupe involuntariamente una posición dominante, y que el vocablo πίστις quede relegado a un segundo plano o por lo menos que no sea la palabra principal. ¿Confirman los hechos estas suposiciones? ¡El recuento de palabras da un resultado en verdad sorprendente! En los capítulos 1-4 el término πίστις (o su correlativo πιστεύειν) aparece al menos 25 veces; en los capítulos 5-8, en cambio, sólo figura dos veces; y es significativo que una de esas veces se encuentra en el primer renglón del nuevo apartado (5:1), dando énfasis al contraste. Este versículo es la transición entre las dos partes. Conforme a su costumbre Pablo recapitula en pocas palabras el contenido del capítulo precedente y precisamente en esta relación usa el término πίστις. Quiere decir que en verdad éste no corresponde al nuevo curso de pensamiento sino que tiene la función de destacar aquello que figuraba como asunto principal en el razonamiento recién terminado.

Todo lo contrario sucede con la palabra ζωή (ζῆν, ζωοποιεῖν respectivamente). Si prescindimos del ζήσεται del tema sólo aparece dos veces en los capítulos 1-4, mientras que en los capítulos 5-8 figura más de 25 veces. De ello resulta con toda nitidez que el tema de los capítulos 1-4 es ὁ δίκαιος ἐκ πίστεως, y de los capítulos 5-8 ζήσεται. Luego, en 1:17 Pablo combina ἐκ πίστεως con ὁ δίκαιος no con ζήσεται.

Aparte de estas concluyentes consideraciones existe asimismo una serie de circunstancias más bien formales que demuestran la exactitud de la interpretación aquí expuesta. Entre éstas nos limitamos a mencionar la siguiente: En la transición de la primera a la segunda parte de la carta, y echando una mirada retrospectiva al curso de pensamientos expuestos, Pablo los resume en la siguiente fórmula: δικαιωθέντες οὖν ἐκ πίστεως "justificados pues por la fe" (5:1). Aquí estamos ante la combinación de ὁ δίκαιος (= δικαιωθείς) ἐκ πίστεως que se debe al mismo Pablo.

En comparación con estas razones que obligan a la interpretación de "el que es justo por la fe", poco pesan los argumentos que puedan aducirse en contra de esta tesis. En cuanto a la objeción de que Pablo, en caso de haber querido decir "el justo por la fe" hubiera tenido que expresarlo de distinta manera diciendo ὁ ἐκ πίστεως δίκαιος o ὁ δίκαιος ὁ ἐκ πίστεως, basta recordar que aquí se trata de una cita. Tal objeción sería justificada si Pablo hubiera estado formulando su pensamiento con entera libertad. En tal caso hubiera empleado indudablemente alguna de las expresiones propuestas. Pero se trata de una cita. Pablo no puede disponer libremente de ella, sino que debe atenerse al texto dado. Otro ha dicho: "No hay señales de que Pablo no haya entendido rectamente la oración semítica" (Schlatter), intentando mostrar lo que quiere decir Pablo dando el significado original del profeta. A esto contestamos que no se sugiere que Pablo no captara el sentido literal de la declaración, sino que también vio en ella un sentido más profundo. Tampoco se puede sostener que estamos presentando una interpretación que en los días de Pablo hubiera parecido forzada. Por el contrario, está en plena concordancia con los métodos universalmente aceptados en su época y tiene múltiples paralelos en la literatura rabínica. (Este hecho está específicamente mencionado por nuestra máxima autoridad en literatura rabínica, el profesor Hugo Odeberg.)

Presuposición para la fórmula "el justo por la fe vivirá" es que ἐκ πίστεως sea 1. separado de ζήσεται y que 2. sea ligado con ὁ δίκαιος. Estos dos momentos han dado lugar a objeciones.

Se ha afirmado que la unión de ἐκ πίστεως con δίκαιος origina un contraste para el cual a esta altura el terreno aún no ha sido preparado ni señalado. La expresión "el justo por la fe" sólo tiene real significación por oposición a "justo por la ley"; pero de ello no se ha hablado todavía en este contexto. En cierto modo, es verdad que el apóstol no ha hablado aún del "justo por la fe" en contraste con el "justo por la ley". Pero ello no quita que ya se vislumbre el contraste en lo que Pablo dice: ¿Cómo podría ser de otra manera? No es esta la primera vez que Pablo aplica Hab. 2:4 para apoyar la justicia por la fe. En la epístola a los Gálatas, cuando se hallaba en medio de la lucha contra la justicia por la ley y por las obras, usó el mismo pasaje expresamente como oposición a la justicia por la ley: "Y que por la ley ninguno se justifica para con Dios, es evidente, porque ὁ δίκαιος ἐκ πίστεως ζήσεται. El justo por la fe vivirá. Pablo se había visto envuelto en esa lucha y en parte lo está todavía. Ha opuesto decididamente "la justicia por la ley" a la "justicia por la fe", δικαιοσύνη ἐκ νόμου contra δικαιοσύνη ἐκ πίστεως y divide a los hombres en dos grupos: los pertenecientes a la esfera de la ley, οἱ ἐκ νόμου, y los que corresponden al ámbito de la fe, οἱ ἐκ πίστεως. ¿Cómo habría podido colocar lado a lado estos dos términos, δίκαιος y ἐκ πίστεως sin pensar en la justicia por la fe y su contraste, la justicia por la ley? Aquí no es su intención inmediata hablar de esta oposición; de modo que no es extraño que no aparezca en seguida en la superficie todo lo que el pasaje del profeta significaba para Pablo. A medida que avanza tiene amplia oportunidad para iniciar a sus lectores en esta doctrina y entonces expone cada vez con mayor atención la discrepancia entre la justicia por la fe y la justicia por la ley.

Se ha dicho también que separar ἐκ πίστεως de ζήσεται es restarle toda importancia a este último término, tornándolo "carente de toda significación para el contexto". Sin embargo, sucede todo lo contrario. Si se dice: "el justo vivirá por la fe" se pone un énfasis sólo relativo en el término "vivir". Si por el contrario se afirma: "el justo por la fe vivirá", este último término adquiere un énfasis que no puede ser exagerado. Con ello se evidencia que no se trata de la vida en general, sino de la vida en su sentido escatológico. Cualquier modificación de ese término único "vivir" significa un debilitamiento. Cuando Pablo dice que el que es justo por la fe "vivirá", ello significa que es liberado del dominio de la muerte y colocado en el eón de la vida que Dios ha traído en Cristo. Se reanuda así y se lleva a término lo que se ha dicho en el versículo 16 con respecto a la salvación (σωτηρία). Sólo entonces se hace evidente cómo el evangelio puede ser un poder de Dios para salvación de todo aquel que cree; pues por medio de la justicia por la fe así revelada se obtiene la entrada a la era de la vida.

4. Una vez más Hab. 2:4 habría de adquirir importancia decisiva en un punto crucial de la historia del cristianismo: la Reforma. Es sabido que Rom. 1:17 desempeñó un papel concluyente en la evolución religiosa de Lutero. Este pasaje le proporcionó la clave del evangelio. En él encontró el testimonio fundamental de la justificación por la fe, del Dios que justifica al pecador en Cristo. Al principio esta sentencia bíblica había tenido una significación completamente distinta para él. Cuando leía acerca de la "justicia de Dios" revelada en el evangelio, lo interpretaba como si se tratara de que Dios recompensa justamente al justo y castiga al pecador. El contenido mismo del evangelio estaba oculto para él. El mismo dice: Me esforzaba diligente y ansiosamente por entender las palabras de Pablo en Rom. 1:17 donde dice que la justicia de Dios se revela en el evangelio.

Buscaba incesantemente y llamaba ansiosamente; pues el término: *giustitia Dei*, "la justicia de Dios", me cerraba el camino. Y agrega: "Cada vez que leía este pasaje deseaba que Dios no hubiese revelado jamás el evangelio". Y cuando la primera parte 1:17 era para él la gran piedra de tropiezo, resulta interesante observar cómo la sentencia profética de Hab. 2:4, de más de 2000 años de antigüedad, fue la que le ayudó a entenderla.

En una de sus charlas de sobremesa Lutero describe vividamente cómo llegó a entenderla claramente. Por largo tiempo se debatía en la incertidumbre hasta que se detuvo ante la sentencia del profeta: *iustús ex fide vivet*. "Esto me ayudó", añade Lutero. Porque ahora veía de qué clase de justicia Pablo habla aquí. En el texto figuraba primero el término abstracto "justicia"; y en esta palabra fincaba toda la dificultad. Pero luego hablaba concretamente del "justo" y de la importancia de la fe para él. "Entonces uní lo abstracto y lo concreto y hallé la certidumbre; aprendí a discernir entre la justicia de la ley y la justicia del evangelio". Descubrió el significado del evangelio permitiendo que el dicho del profeta acerca de "el justo" arrojara su luz sobre el concepto de la "justicia de Dios": es por medio de la fe como es justificado uno delante de Dios. Hab. 2:4, pues, fue el pasaje que le enseñó a Lutero la diferencia (el *discrimen*) entre la ley y el evangelio, entre la justicia de la ley y la de la fe". Al hallar el *discrimen, quod aliud esset lex, aliud evangelium*, la diferencia que una cosa es la ley y otra el evangelio, "me abrió una brecha". Con ello la piedra de tropiezo quedó apartada del camino, y —como lo expresa Lutero en otra parte— "fue como si hubiera hallado abierta de par en par una puerta que conducía derecho al paraíso". Y mientras antes odiaba la expresión "justicia de Dios", ahora, en cambio, comenzó a "apreciarla y tenerla en alta estima como la palabra más querida y consoladora, al punto de que este dicho de San Pablo resultó ser para mí la auténtica puerta del paraíso".

Por caminos extraños ha avanzado el evangelio en el transcurso de los tiempos. Pablo dio a la sentencia profética del Antiguo Testamento su propia interpretación y la convirtió en la forma corriente de expresar la verdad del evangelio. Y cuando 1500 años después el evangelio se había oscurecido y desfigurado la declaración de Pablo, esta sentencia del profeta del Antiguo Testamento se convirtió en medio para redescubrir el evangelio y proclamar de nuevo la justicia por la fe anunciada por Pablo.

PRIMERA PARTE

El justo por la fe

1:18 - 4:25

La primera parte de la epístola trata del "justo por la fe". ¿Quién es, pues, este justo por la fe? Es aquel que participa de la "justicia de Dios", de la justicia que proviene de Dios, la que es revelada por Cristo. Esta es en su esencia misma la "justicia de la fe".

No obstante, parecería que Pablo hablara en este lugar de algo completamente distinto. Lo primero con que tropezamos en 1:18 es su afirmación acerca de la ira de Dios y de la impiedad e injusticia de los hombres. Aquí queda confirmada nuestra observación anterior de que con el término "el justo por la fe" se insinúa una antinomia. Se trataba entonces de la oposición entre "la justicia de la fe" y "la justicia de la ley y las obras". Pero como justicia de *Dios*, ella se opone a todo cuanto el hombre pueda realizar; no sólo a sus intentos de producir una justicia propia, sino también a toda su injusticia. Frente a *"la justicia de Dios"* que Pablo anuncia, están por lo tanto: 1, *la injusticia*, y 2, *la justicia de la ley*. Con ello queda establecido el esquema del curso de pensamientos de Pablo. Primero expone la vida humana, tanto en su carencia de toda justicia, su injusticia, como también en cuanto a su confianza en la propia justicia de la ley. Luego sobre este fondo, destaca la nueva "justicia de Dios".

Aquí debemos notar el punto de vista característico de Pablo. De acuerdo con lo expuesto se esperaría que al querer presentar la justicia de Dios, lo hiciera contrastándola con el carácter del hombre tal como se manifiesta, tanto en su injusticia como en la justicia de la ley. Tendríamos entonces el siguiente esquema del curso de sus pensamientos:

    (a) su injusticia

1. *Del hombre*
    (b) la justicia de la ley

2. *La justicia de Dios.*

Pero en la ilación de sus pensamientos Pablo observa un esquema un tanto diferente. En el fondo, aun tratando de la injusticia de los hombres y su justicia por las obras, habla siempre de *Dios*. A la justicia de *Dios* no se le opone esto o aquello en el hombre, sino que con la justicia de *Dios* se enfrenta la ira de *Dios*. Este es el punto de vista dominante para Pablo. En consecuencia, su esquema de pensamiento es el siguiente:

       (a) contra la injusticia

1. *La ira de Dios*
       (b) contra la justicia por la ley

2. *La justicia de Dios.*

Vivir en la injusticia y vivir en la justicia de la ley: ambas situaciones están bajo la ira de Dios. Ambas son características del eón antiguo, mientras que la vida en el nuevo eón se caracteriza por la "justicia de Dios".

1 | EL ANTIGUO EÓN BAJO LA IRA DE DIOS
1:18-3:20

Sólo explicando en primera instancia qué es el eón antiguo, puede Pablo expresar qué es el eón nuevo. Y solamente puede explicar lo que es "la justicia de Dios" señalando primero la ira de Dios que reina por todas partes donde no domina "la justicia de Dios". Por ello, al principio de Romanos, el concepto "ira de Dios" desempeña un papel importantísimo. Es el tema no sólo de la sección donde se ocupa de la injusticia de los hombres sino asimismo de la sección siguiente, donde se ocupa de la justicia de la ley. Hasta 3:20, el término "ira de Dios" figura como verdadero término principal. ¿Qué significa esta palabra en Pablo?

En un sentido muy general puede afirmarse que la ira de Dios es una y la misma cosa que su santa indignación por el pecado. Sin embargo, al usar esta circunlocución, debe tomarse en cuenta que Dios no se detiene en una desaprobación meramente pasiva del pecado. Para Pablo la ira de Dios es una realidad terrible. "Dios no puede ser burlado; pues todo lo que el hombre sembrare, eso también segará" (Gál. 6:7). Esta idea de la ira de Dios no es ningún aditamento arbitrario a la creencia de Pablo, que podría dejarse de lado sin que se perdiera gran cosa; es algo indisolublemente unido a toda su fe en Dios. Dios, por ser Dios, no puede ser indiferente a que su creación sea corrompida y hollada su santa voluntad. Por ello responde al pecado con su poderosa reacción destructora. A esto se agrega otra cosa aun: así como la "justicia de Dios" o la "justicia que es de Dios" señala la situación existente allí donde el hombre está en recta relación con Dios, así también la ira de Dios caracteriza un estado total, a saber, la situación de perdición en que se encuentra el hombre cuando se ha apartado de Dios. Entonces toda su existencia se caracteriza por el hecho de estar bajo la ira de Dios. Y esta perspectiva se amplía hasta abarcar a toda la humanidad. Toda la antigua humanidad sumida en el pecado está bajo la ira de Dios. De este modo Pablo puede usar el término ira de Dios hasta como denominación y característica de todo el orden cósmico, es decir, el viejo eón. Vivir en esta era y sus circunstancias es estar bajo la ira de Dios. Esto vale para todos sin excepción. En lo que sigue Pablo distingue claramente entre la injusticia de los gentiles y la justicia legal de los judíos. Pero en último análisis, frente a lo verdaderamente decisivo, no existe diferencia alguna entre ambos. Ambos están bajo la ira divina y reciben el mismo ofrecimiento de idéntica redención de la ira de Dios por la justicia de Dios, revelada en Cristo.

1. La ira de Dios contra la injusticia 1:18-32

(a) La injusticia de los gentiles

La ira de Dios se revela contra la injusticia —esto es lo primero que Pablo tiene que decir—. También en este caso se trata de una revelación divina, de la misma manera que poco antes se hablaba de la revelación de la "justicia que es de Dios", ἀποκαλύπτεται del versículo 17 tiene su equivalente en ἀποκαλύπτεται del versículo 18, y por ello la ira de Dios se pone en oposición a su justicia. Aunque el contenido de la revelación es diametralmente opuesto en los dos casos se trata en ambos de una revelación de la misma índole activa, dinámica. Cuando Dios revela su justicia por Cristo, no se trata —como hemos visto más arriba— de una nueva comunicación teórica de conocimientos, sino de una intervención activa de Dios para la redención del hombre. Lo mismo sucede en este caso. Cuando Dios revela su ira contra la injusticia humana no se trata tan sólo de una revelación intelectual, de que Dios está enfadado por el pecado, sino de una activa intervención divina. También la ira es una *dynamis* de Dios, un poder divino, pero no para redención *sino para perdición*.

¿Cuándo y cómo se realiza la revelación de la ira de Dios? ¿Piensa Pablo en la revelación de la ira aquí en el tiempo? ¿O tiene significación escatológica, aquí lo mismo que en 2:5? ¿Es una cólera que le toca al injusto ahora, durante esta vida, o es un furor que lo alcanzará en el "día de la ira"? Respecto a esto los intérpretes han emitido opiniones divergentes. Por una parte se ha insistido en que aquí se habla en la forma del presente acerca de la revelación de la ira. Esto, lo mismo que el paralelismo con el versículo 17 —ya que éste habla de una revelación que se efectúa ahora en el evangelio— nos prohibe interpretar el versículo 18 en otra forma que en una revelación de la ira de Dios que se realiza en el presente. Por otro lado, se insiste con igual firmeza en que indudablemente la ira de Dios es para Pablo un concepto escatológico, y que el paralelismo con lo que sigue —el versículo 2:5 da un claro testimonio de ello— hace imposible cualquier otra concepción.

No cabe duda de que el problema así planteado es artificial y carece de base en el texto. Pablo no da motivo para establecer tal alternativa entre la ira de Dios como realidad presente y como un acontecimiento escatológico. Aquí no se trata de una cosa o de la otra, sino de un "tanto esto como aquello". La mejor prueba de ello es precisamente el paralelo del versículo 17. Así como la "justicia que es de Dios" constituye tanto una *realidad presente* en este nuestro mundo como a la vez algo que aguarda su plena realización *en la eternidad*, lo mismo sucede con la ira de Dios. La cólera divina se revela ya en esta época contra toda injusticia humana, tal como dice Pablo más explícitamente al continuar este capítulo. Pero la revelación definitiva de la ira no tendrá lugar hasta el "día de la ira". No existe motivo para limitar la significación de esta expresión en un sentido u otro. Precisamente porque Pablo la emplea para señalar la situación del eón antiguo, su significación trasciende la antítesis entre presente y futuro.

Las dimensiones cósmicas de la ira divina se destacan con nitidez aún mayor al agregar Pablo que se revela "desde el cielo". De esa manera manifiesta para todos los que tengan ojos para ver, interviene Dios en forma inevitable, cuando los hombres lo menosprecian a él y su santa voluntad. Es el todopoderoso Dios mismo quien actúa en la condenación. Desde un punto de vista se podría decir con las palabras de Lutero que la ira es "obra ajena de Dios", mientras sólo el amor es "la obra propia de Dios" —la obra mediante la cual se ha manifestado su propia verdadera voluntad en su intención más íntima y sin estrellarse contra nada ajeno—. No obstante, desde otro punto de vista podemos y debemos decir que la ira de Dios es también su obra *propia* que él mismo ejecuta desde el cielo. No es un poder ajeno, sino Dios mismo quien pronunció el anatema contra el eón antiguo.

Esto sucedió a causa de la impiedad e injusticia humanas. El hecho de que Pablo emplee los dos términos: impiedad (ἀσέβεια) e injusticia (ἀδικία), se ha interpretado con frecuencia como si quisiera señalar que dos cosas distintas provocan la ira de Dios. Los que así piensan creen que la mejor manera de reproducir su opinión es interpretando la impiedad como irreligiosidad, y la injusticia como inmoralidad. Ahora bien: se puede afirmar sin temor a equivocarse que ésta no es la opinión de Pablo. Aunque en estos dos términos, examinados fuera del contexto, pueda haber algo de los matices de significación que se acaba de señalar, la distinción rigurosa entre irreligiosidad e inmoralidad, tan natural para la concepción de nuestros días, le es completamente ajena a Pablo. Más lejos aún de la verdad estaría el hallar en la supuesta distinción una razón para decir que para Pablo la irreligiosidad tiene su causa más profunda en la inmoralidad. Por el contrario, se esfuerza por demostrar que la errónea relación con Dios es en última instancia la causa de la depravación de la humanidad. El mayor acercamiento a la opinión de Pablo consiste seguramente en interpretar ambos términos como expresión enfática de una misma cosa. No se puede interpretar más erróneamente el concepto de "injusticia" que tomándolo por inmoralidad y prescindiendo de lo religioso, de la relación con Dios. Por el contrario, en el concepto de injusto tal como lo usa Pablo, está incluida precisamente la falsa actitud frente a Dios. Porque la injusticia humana se pone en contraposición con la "justicia que es de Dios" de la cual el apóstol acaba de hablar. Gracias a esta oposición con la δικαιοσύνη θεοῦ el concepto ἀδικία ἀνθρώπων adquiere su significado específico.

Sin que Pablo manifieste expresamente que aquí se refiere a los gentiles, todo el enlace de ideas señala que tal es el caso. Dios revela su ira desde el cielo contra la injusticia de ellos. Pero ¿cómo puede Dios hacer sentir su ira a quienes no lo conocen y que por no conocer su voluntad están viviendo en toda clase de injusticia? ¿No es ésta una ira inicua? No, porque Dios no cosecha donde no ha sembrado. El no ha ocultado la verdad, pero los hombres en su injusticia la suprimieron; no quisieron saber nada de ella. En su autonomía el hombre pretendió sacudirse la dependencia de Dios. No fue por falta de revelación divina que los hombres se apartaron de Dios. "Porque lo que de Dios se conoce les es manifiesto, pues Dios se lo manifestó". Aunque Dios es invisible, se le puede conocer, ya que el mundo no dejó de tener testimonio de él. Desde la creación del mundo ha revelado su eterno poder y su gloria divina. Se ha dado a conocer en sus obras.

Romanos 1:20 es uno de los pasajes del Nuevo Testamento expuesto a las interpretaciones más erróneas. De lo que Pablo dice acerca de cómo Dios se reveló a los gentiles se ha querido extraer toda una "teología natural" o una "religión natural". Pero también los que piensan que no hay en él ninguna idea de teología natural interpretan mal a Pablo. Por tanto debemos detenernos en este punto con mayor profusión de detalles. ¿Puede hablarse en Pablo de una "teología natural" o de un "conocimiento natural" de Dios? Para contestar esta pregunta hemos de dilucidar previamente la problemática que nos confronta en el concepto de un "conocimiento natural de Dios".

En un terreno completamente distinto del cristianismo y de entre otro mundo de ideas que las del cristiano surgió la creencia de que el hombre es capaz de lograr un conocimiento de Dios. Cuando esta concepción se encuentra con la revelación divina en Cristo, se plantea el problema de cómo conciertan ambas concepciones: el conocimiento natural de Dios y el suministrado por la revelación de Dios en Cristo. Una y otra vez hallamos este problema en la historia del cristianismo. Por ejemplo, lo vemos en la distinción de la ortodoxia entre *articuli mixti* y *articuli puri*. Según esa distinción, existen algunas cosas en nuestro conocimiento de Dios que son accesibles a la razón; otras, en cambio, presuponen una revelación divina especial. Hallamos el mismo problema en la "religión natural" o la "religión racional" de la época de la Ilustración, donde el conocimiento natural de Dios tiene tendencia a usurpar todo el campo, haciendo prácticamente superflua cualquier revelación cristiana especial. Pero también lo encontramos en los intentos más recientes tendientes a rechazar todo pensamiento de un conocimiento natural de Dios y negar toda otra revelación de Dios que la realizada en Cristo. Porque la cuestión es la misma, aunque la respuesta sea diferente. No resulta difícil demostrar que es así. Mientras en la ortodoxia había cierto equilibrio entre el conocimiento natural de Dios y la revelación en Cristo, en la Ilustración el énfasis se desplazó hacia el conocimiento natural de Dios, mientras el lugar de la revelación descendía hasta el punto cero de la escala. En la concepción teológica reciente a que aludimos en último lugar, el énfasis se corre en dirección opuesta, tendiendo a reducir a cero la posibilidad del conocimiento natural de Dios. De modo que sólo la conclusión es diferente; pero el problema es el mismo.

Con esta formulación preconcebida del problema se emprende la interpretación de Pablo, y se pregunta si habla o no de tal conocimiento natural. Pero ya sea que se conteste sí o no, la respuesta será falsa. Está claro que no se puede convertir a Pablo en defensor de ninguna clase de teología natural o religión natural en el sentido corriente de estos términos. Pero por otra parte, aquí dice que desde la creación del mundo el poder eterno y la deidad de Dios se ha manifestado y pueden conocerse por sus obras. Y en el segundo capítulo manifiesta que los gentiles que no tienen la ley, hacen *por naturaleza* aquello que ella exige, demostrando así que las exigencias de la ley están escritas en sus corazones. ¿No cuenta Pablo, pues, después de todo, con un conocimiento natural de Dios y con una moralidad natural?

Cuando de esta manera nos vemos obligados a responder tanto con un sí como con un no a la misma pregunta, es probable que el problema esté mal planteado. Este es uno de esos casos. Pablo no se ocupa para nada de la cuestión planteada. Aquellos que pensaron que estas palabras de Pablo encerraban una doctrina del conocimiento natural, se habían acercado a él con su propio concepto de una teología natural. Lo cierto es que Romanos no intenta tratar una serie de problemas dogmáticos de esa índole, en cuya consideración el apóstol habría llegado también a la doctrina del "conocimiento natural de Dios". Forzosamente la interpretaremos mal si tratamos sus palabras como "pruebas escriturarias" de una concepción dogmática. No deben ser desprendidas del contexto, como sentencias referentes a un problema que nosotros formulamos. Se las debe considerar en el contexto que las provocó, prestando atención al propósito con que el autor las utilizó.

No estamos a oscuras en cuanto al propósito del apóstol. Pablo quiere manifestar que en el nuevo eón Dios ha revelado por Cristo una nueva justicia, concediéndonos por medio de ella la vida. Pero anteriormente, en el eón antiguo, se reveló desde el cielo la ira de Dios contra toda injusticia. El versículo 20 habla en relación con esta declaración sobre la ira de Dios. ¿Por qué se revela la ira de Dios? Porque los hombres en su iniquidad han suprimido la verdad. Durante toda la historia de la humanidad Dios se ha dado a conocer repetidamente en sus obras y lo sigue haciendo también cuando revela su ira contra la injusticia. ¿Pero tuvo esto el efecto de que los hombres realmente conocieran a Dios? ¡No! Por el contrario, ellos "cambiaron la verdad de Dios por mentira" (versículo 25). Pero precisamente por el hecho de haber manifestado Dios su verdad para que los hombres la vieran, no tienen excusa si no la siguen. El problema que Pablo enfrenta aquí, con respecto al cual declara su posición es el siguiente: ¿Cómo puede la ira de Dios caer sobre los gentiles, víctimas de la ignorancia y la ceguera de las que no son culpables? No, contesta Pablo, no se trata de ninguna ceguera inocente. *No tienen excusa* puesto que Dios mismo se ha revelado en sus obras poderosas y se ha hecho presente ante ellos.

En relación con esto es interesante observar un detalle en el modo de expresarse de Pablo. Sus palabras εἰς τὸ εἶναι αὐτοὺς ἀναπολογήτους (v. 20) se traducen en nuestras versiones "de modo que no tienen excusa". Si bien esta traducción es posible, resulta más natural y concuerda mejor con la concepción de Pablo dejar que la expresión mantenga su sentido final: Dios se ha revelado a ellos "para que no tengan excusa". Aunque ésta es la interpretación más lógica, probablemente se la evitó porque se consideró irrazonable que este fuera el sentido y finalidad de la revelación de Dios. Sin embargo, según Pablo, realmente es la voluntad de Dios que aquél que se aparte de él no tenga excusa, y con su revelación, le ha quitado toda posibilidad de ello. De la misma manera se refiere Pablo en el capítulo 3:19 a los fines de la ley "para que toda boca se cierre y todo el mundo se quede bajo el juicio de Dios". Este tono concluyente en el modo de expresarse de Pablo concuerda perfectamente con el propósito que tiene en mente al hablar de la revelación de Dios en el contexto.

En cuanto aborda aquí el tema del conocimiento natural de Dios, no lo hace con la intención positiva de afirmar que el hombre natural posea la facultad de llegar a conocer a Dios. A este respecto su pensamiento se encuentra claramente expuesto en 1 Cor. 2:14; el hombre natural o "psíquico", no puede entender la verdad acerca de Dios. Pablo tiene más bien la intención negativa de declarar que el hombre no tiene excusa. Afirma que con razón está bajo la ira de Dios, ἀναπολογήτος "sin excusa" es la palabra decisiva en este contexto.

Pablo *roza* el tema del "conocimiento natural de Dios". Pero ¿entra realmente en él? Su idea no es, por cierto, que el "hombre natural" tenga la facultad de hallar su propio camino hacia Dios. ¿Qué ocurre cuando el hombre que se ha apartado de Dios desea volverse piadoso y devoto? Pablo responde que el tal se vuelve a la naturaleza y el resultado es idolatría. Pablo nunca dice que el hombre natural encuentra las marcas de Dios en la naturaleza.

Esta idea, atribuida por la "teología natural" a sus palabras, es totalmente contraria a lo que él quiere decir.

¿Quiere decir entonces, que según Pablo, Dios se revela únicamente en Cristo y en ninguna otra parte? ¡No! Pablo afirma expresamente: ἀποκαλύπτεται γὰρ ὀργὴ θεοῦ, la ira de Dios se revela desde el cielo. Trátase de una verdadera revelación divina, pero de otra índole que la revelación en Cristo. Habla también de una revelación divina que deja al hombre sin excusa. También ésta es otra clase de revelación que la dada en Cristo.

Se ve que Pablo rompe con la alternativa corriente en esta cuestión. Desde que se comenzara a hablar de una "teología natural" y del "conocimiento natural de Dios" siempre se ha pensado en esta alternativa. O bien hay un conocimiento natural de Dios, en el sentido de que el hombre natural conoce a Dios, y en este caso se puede y se debe hablar de una revelación también fuera de Cristo, o bien, si no se acepta que el hombre natural tenga ese conocimiento, debe negarse que exista cualquier revelación de Dios aparte de Cristo. Pablo no admite esta alternativa. Sabe que Dios se revela en todas sus obras, en la creación, en sus bendiciones temporales, en su ira y su juicio, y en la salvación. Pero precisamente porque cree en la revelación de Dios, no puede tomar por el camino de la "teología natural" y buscar a Dios *detrás* de la creación. Dios no se ha escondido detrás de su creación imponiéndonos así la tarea de buscar el camino hacia el Creador siguiendo sus huellas en su obra. El error del hombre no consiste en que no haya especulado acerca de Dios; que sea remiso en descubrir el camino de vuelta hacia el Creador del mundo, *via causalitatis, via negationis* y *via eminentiae.* Por el contrario, la falta que con justicia lo coloca bajo la ira de Dios es la de no haber querido alabarlo como Dios y darle gracias, por más que Dios se haya revelado en sus obras poderosas. La "teología natural" pertenece a lo que Pablo se refiere cuando dice: "profesando ser sabios, se hicieron necios". El Dios al que se llega por esos caminos es tan sólo una imagen ideológica vacía y vana, en el mejor de los casos un ídolo creado según la propia imagen del hombre.

Ahora resulta fácil comprender por qué Pablo no puede tener nada que ver con una "teología natural". La causa no es que ésta cuente con una revelación divina más amplia, mientras que Pablo limita estrechamente el terreno de la revelación de Dios, no hallando otra que la de Cristo. Por el contrario, se ha visto que el concepto paulino de la revelación de Dios es mucho más amplio que el de cualquier teología natural. Cree en un Dios vivo y siempre activo. No se le ocurre que Dios haya limitado su revelación a un punto determinado. La razón por la cual no hay relación alguna entre Pablo y la teología natural es que sostienen conceptos enteramente diferentes de Dios.

La teología natural supone una concepción deísta de Dios. Postula un Dios que después de la creación del mundo se retiró, ocultándose detrás de lo que había creado y considera a una humanidad librada a sí misma que no anhela nada más que hallar a Dios por medio de los vestigios dejados en la creación, para venerarlo y servirle.

Pablo en cambio cree en el Dios viviente y perpetuamente activo. Desde el comienzo del mundo ha estado interviniendo en la vida humana. En sus obras revela su poder eterno y su gloria divina. En cuanto a la humanidad, sostiene que pese a que Dios se le presenta todos los días y a toda hora no quiere alabarlo y agradecerle como a su Dios. Por el contrario, en su presunta sabiduría, que no es otra cosa que necedad, "cambiaron la gloria del Dios incorruptible en semejanza de imagen de hombre corruptible, de aves, de cuadrúpedos y de reptiles".

Es realmente necesario considerar tan detenidamente como lo hemos hecho el problema de la posición de Pablo frente a la teología natural. Este problema está tan arraigado en nuestros hábitos mentales que nos resulta natural interpretar a Pablo como moviéndose dentro de esa problemática. Si permitimos que esta cuestión señale el rumbo de nuestra exposición, falseamos el pensamiento de Pablo, sea que adoptemos una posición negativa o positiva en cuanto a la posibilidad de la teología natural. Pero no es éste el único punto en que la opinión que prevalece en nuestros días hace violencia a la concepción de Pablo. Se manifiesta también en su concepto del "gentilismo" (paganismo).

El concepto del paganismo ha perdido su significación característica bajo la influencia del estudio moderno de las religiones comparadas. Esta disciplina considera al paganismo como 'las religiones no cristianas" o "las religiones fuera del cristianismo". Esas religiones son consideradas como preparatorias para el cristianismo. Mientras el cristianismo constituye la revelación histórica de Dios en Cristo, el paganismo representa su revelación natural. En las religiones no cristianas encontraríamos la revelación universal de Dios; en el cristianismo su revelación especial.

Pablo se sabía llamado a ser el "apóstol de los gentiles". ¿Cuál era su juicio acerca del "gentilismo"? No veía en él revelación alguna de Dios. En las religiones "no-cristianas" no es Dios quien se revela, sino la perversión del hombre; no la verdad divina sino la mentira humana. "Cambiaron la verdad de Dios por la mentira, honrando y dando culto a las criaturas antes que al Creador, el cual es bendito por los siglos. Amén" (v. 25). Si asignamos al cristianismo un lugar en la serie de religiones humanas, tal vez como el escalón más alto de la serie, llegamos a un concepto completamente distinto del que tenía Pablo de las "religiones no-cristianas". Pues considerarlas como un escalón más bajo que el cristianismo, es asignarles al menos una verdad relativa. Pablo, en cambio, caracteriza las religiones humanas con la palabra "mentira". No constituyen un grado inferior de verdad ni una preparación para la verdad perfecta; son una perversión de la misma, algo diametralmente opuesto. Es cierto que existe una relación entre ellas y la verdad; pues no existirían si Dios no hubiera revelado su verdad. Pero esto no es concederles ningún valor positivo. Sólo deja a sus seguidores sin excusa delante de Dios, merecedores de su ira. Lejos de considerar el culto pagano como algo de valor positivo, Pablo lo juzga como expresión de la más profunda corrupción humana. El hombre no puede hundirse más hondo que cuando desprecia y ofende de ese modo la majestad de Dios, al venerar y rendir culto a la criatura más bien que el Creador. Hasta qué punto considera Pablo esto como un inaudito menosprecio de Dios, lo muestra el hecho de que aquí, en reacción, prorrumpa en una doxología. Tamaño menosprecio provoca más que cualquier otra cosa la ira de Dios.

b) La reacción de la ira de Dios.

¿Cómo se manifiesta la ira de Dios? En su forma definitiva se revelará en el "día de la ira". Pero ya aquí, en el tiempo, Dios da señales efectivas de su ira. Pablo lo indica repitiendo tres veces seguidos las fatídicas palabras: παρέδωκεν αὐτοὺς ὁ θεός , "por esto Dios los entregó". Cuando el hombre no se vuelve a Dios éste lo castiga entregándolo al pecado. A primera vista esto resulta sorprendente y difícil de entender. Una vez más se nos viene a la memoria la diferencia entre la opinión de Pablo y la concepción que prevalece hoy. Por lo general, al oír la palabra "injusticia" pensaremos en primer lugar en un desequilibrio moral, en el agravio que los hombres se han infligido mutuamente; en los ultrajes que socavan el fundamento de la convivencia humana. Y cuando se dice que la injusticia es seguida por el castigo de Dios, lo interpretamos con frecuencia en el sentido de que Dios no permite que tengan éxito los hacedores de iniquidad: el castigo sigue muy de cerca a la fechoría, ya sea que la desgracia temporal caiga sobre el injusto, o que en la eternidad quede excluido de la comunión con Dios. Esta unión con Dios se conceptúa como el "bien supremo" del hombre, como la suma bienaventuranza, la que corresponde a su más íntimo anhelo.

Pero la opinión de Pablo es totalmente opuesta en casi todos los puntos. Podríamos decir simplificando las cosas hasta cierto punto, que es como si los conceptos "injusticia" y "castigo de Dios" hubieran sido intercambiados. En primer lugar, la "injusticia" no constituye para Pablo un concepto moralista. En consecuencia, para él lo contrario no es la justicia del hombre, la buena conducta del hombre, sino la justicia de Dios. La injusticia, en su significado más profundo consiste en que el hombre se ha apartado de Dios; que no lo busca, que "no aprobaron tener en cuenta a Dios" (v. 28). ¿De qué manera castiga Dios tal injusticia? Pablo contesta: entregándolo al pecado. Y luego relata ese castigo describiendo con vivos colores precisamente la conducta que generalmente llamamos impía. Cuando Pablo quiere indicar cómo revela Dios su ira contra la injusticia, no dice que Dios priva de su bendición al injusto y lo hace víctima de la desgracia, sino dice simplemente: Dios lo entrega al pecado que deshonra al hombre mismo (vs. 24-27) y destruye la comunidad humana, (vs. 28-31).

El hombre se cree libre cuando en su egoísmo y vanagloria rechaza la autoridad de Dios y le niega su fe y obediencia. Mas según Pablo esto es una vana ilusión. Somos propensos a pensar que Dios sólo tiene que ver con el hombre creyente y no con aquellos que, por incrédulos y desobedientes, se apartaron de él. ¡Cómo si el hombre pudiera destronar a Dios! ¡Cómo si hubiera algo que se le pudiera escapar de la mano contra su voluntad! No es así, pues también el hombre que se ha apartado de Dios sigue permaneciendo bajo su mano todopoderosa —sólo que entonces está bajo la ira de Dios a causa de su injusticia. Cuando se aparta en su pecado, va por cierto adonde él mismo desea ir, pero no por ello está libre, sino doblemente esclavizado. Va adonde la cólera de Dios lo envía y su castigo cae plenamente sobre él. Dios, el Juez omnipotente, es quien lo entrega al pecado, lo abandona al poder del pecado.

Cuando el hombre trata de apartarse de Dios para llegar a ser libre, el resultado es que por el contrario, se convierte en presa de las potestades de la perdición. Entre esos poderes Pablo menciona en primer lugar la *ira* de Dios, y todo lo que sigue tiene por finalidad mostrar lo que significa estar bajo la ira de Dios. A continuación de la ira divina pone Pablo *el pecado*. El pecado no es un desliz individual o una acción humana contraria a la normalidad. Pablo lo considera un poder universal de la perdición a cuyo poder Dios entrega al hombre injusto. Luego la ira de Dios y el pecado están íntimamente ligados entre sí. En el último versículo de este capítulo se hace referencia a dos potestades más que mantienen en servidumbre al hombre. Allí se afirma de los hombres injustos que conocen "el juicio de Dios, que los que practican tales cosas son dignos de la muerte". La *ley* está contra el hombre injusto. La santa ley divina será para él una ley condenatoria, un poder de perdición que lo entregará a la *muerte*.

La ira, el pecado, la ley, la muerte, son los cuatro horribles poderes de destrucción que reinan sobre el hombre en el antiguo eón. Al continuar la carta, Pablo tiene motivos de ocuparse detenidamente de esos poderes. Cuando el hombre descubre que por el camino emprendido por él ha de llegar forzosamente a la perdición, se le impone la idea de volverse atrás tomando una nueva decisión, es decir, eligiendo el camino que conduce a la vida. Porque él es libre, según su propia opinión. Por ello cree que la vida está a su alcance. Ese espejismo es lo que Pablo quiere desarraigar. De ninguna manera el hombre es libre. Está entregado al poder de los poderes de destrucción. Él no tiene control sobre el pecado. No puede elegirlo o rechazarlo. Por el contrario: es una potestad que lo subyuga. Todo cuanto el hombre haga y resuelva por su voluntad está bajo la ira de Dios y bajo el poder condenatorio del pecado, la ley y la muerte. Una nueva situación puede producirse sólo si Dios la crea revelando su justicia. Y esto es lo que ha hecho en Cristo. En él ha llegado el nuevo eón donde no reina la "ira de Dios" sino la justicia divina. Precisamente por el hecho de demostrar Pablo que en el antiguo eón el hombre está sometido sin reservas a la potestad de los poderes hostiles se destaca con mayor claridad aún que la justicia no puede provenir del hombre, sino que sólo la "justicia que es de Dios", revelada en el evangelio, puede dar redención y vida, σωτηρία y ζωή. De ahí que la mejor introducción para lo que Pablo tiene que decir acerca de la justicia de Dios en el nuevo eón, sea lo que ha dicho acerca de la ira de Dios en el antiguo.

Es un cuadro lúgubre el que Pablo describe refiriéndose a la injusticia de los gentiles. El material se lo brindaron los fenómenos que cualquiera podía observar en la vida pagana con su idolatría y su depravación moral. Pero también pudo referirse en esta conexión al Antiguo Testamento y a la literatura sapiencial judía (compárese sobre todo Sabiduría caps. 13 y 14) donde se ataca directamente al paganismo y su idolatría, componiendo "catálogos de vicios". Cabe preguntar sin embargo, si este cuadro sombrío del estado pagano no es unilateral. ¿Acaso no acusa también la humanidad pagana rasgos muy distintos y más luminosos —pensemos tan sólo en la cultura griega— que Pablo se complace en pasar por alto en silencio? Quien así pregunte debe tomar en cuenta que las palabras de Pablo referentes al estado perdido no son un intento de hacer una descripción de costumbres ni tampoco una reseña general de historia de la cultura. En este caso sí se tendría derecho a acusarlo de cierta unilateralidad. Con esta descripción Pablo no ha intentado dar una imagen objetiva y bien meditada de la vida humana en un terreno determinado, repartiendo equitativamente luces y sombras; ni tampoco ha querido denigrar al nombre natural ni demostrar cuan mísera era su situación y cuan grande su caída en el vicio. Su propósito fue más bien mostrar qué es lo que significa estar bajo la ira de Dios. Por ello recopila aquí los rasgos que revelan la cólera divina por la impiedad e injusticia de los hombres. Y desde este punto de vista su descripción es en todo sentido acertada. Cualquiera puede reconocer y testimoniar los caracteres de la vida humana apartada de Dios. "Una religión que vive de la mentira, un cuerpo envilecido, una comunidad en que moran el odio y la guerra, esto es la revelación de la ira de Dios" (A. Schlatter).

2. La ira de Dios contra la justicia por la ley
2:1-3:20

a) Tampoco los judíos tienen excusa.

A todo lo que Pablo ha aducido hasta aquí contra la idolatría e injusticia de los gentiles, el judío podía adherir sin reparos y de todo corazón. Los gentiles no tienen excusa por su impiedad y su depravación moral; con razón los alcanza la ira de Dios. Pero ahora Pablo aplica idéntico criterio a los mismos judíos. Precisamente por estar de acuerdo con él en el juicio sobre la injusticia de los gentiles, los judíos no tienen excusa y ellos mismos han caído bajo la ira de Dios.

Damos por supuesto que al comienzo del segundo capítulo Pablo pasa a hablar de los judíos. Sin embargo, esto no es evidente por sí, ya que sólo en el v. 17 dirige sus palabras expresamente a los judíos, mientras que al principio del capítulo emplea el vocativo general "oh hombre". En el sentido formal existen dos posibilidades: o referimos 2:1-16 a lo que antecede relacionándolo así con los gentiles, o consideramos que pertenece a lo que sigue, haciéndolo valer para los judíos. La investigación ha seguido ambos caminos. Pero es bastante seguro que aquí Pablo se dirige ya a los judíos. A favor de esta teoría no sólo habla la circunstancia de que así el sentido sería más claro y espontáneo, sino también y ante todo la relación existente entre este pasaje y el libro de Sabiduría, capítulos 11-15. Esta última consideración es incondicionalmente decisiva. Estos capítulos del libro de la Sabiduría proporcionan la clave del segundo capítulo de Romanos.

Ya en el capítulo anterior hemos llamado la atención sobre la íntima relación existente entre las palabras de Pablo sobre la idolatría y la corrupción moral de los gentiles y lo que afirman los capítulos 13-14 de la Sabiduría acerca de lo mismo. El paralelismo es notable. Ambos hablan de la necedad de la idolatría y de que la creación da testimonio de su Creador. "Vanidad son ciertamente tdos los hombres en quienes no se halla la ciencia de Dios, y que por los bienes visibles no llegaron a conocer a Aquel que es; ni considerando las obras, reconocieron al artífice de ellas... Pues por la grandeza y hermosura de las criaturas, se puede a las claras venir al conocimiento de su Creador" (Sab. 13:1:5).[1] Ambos recalcan que los gentiles no tienen excusa (Rom. 1:20, Sab. 13:8) y los dos describen la corrupción moral de los paganos en forma de catálogos de vicios. No obstante, sobre la mera base de esos puntos de contacto e igualdades no nos atreveríamos a afirmar que Pablo se refiere directamente a este capítulo del libro de la Sabiduría. Pasajes parecidos se encuentran en muchos lugares de la literatura propagandística judía. El hecho de que la descripción de Pablo guarde una relación muy peculiar con el libro de la Sabiduría no se manifiesta sino al principio del segundo capítulo, donde se dirige a los judíos. Pues... ¿cómo aplica el libro de la Sabiduría a los judíos aquello que se afirma de los gentiles? Cuatro rasgos merecen ser destacados en esta relación: (1) La ira de Dios se dirige contra los gentiles, mas no contra los judíos; (2) lo que protege a los judíos de la cólera divina es su conocimiento de Dios y de su voluntad; (3) también en su ira Dios es indulgente a fin de conceder a sus

---

1. Traducción de Juan Straubinger, Buenos Aires.

enemigos la oportunidad de enmendarse; (4) cuando el judío condena a otros debe tener en cuenta esa bondad e indulgencia de Dios.

Ilustremos cada uno de estos rasgos con citas del libro de la Sabiduría: (1) La ira de Dios se dirige contra los gentiles pero no contra los judíos. "Pues viéndose ellos (los israelitas) puestos a prueba y afligidos, bien que con misericordia, echaron a ver cómo los impíos eran atormentados y castigados con indignación. Verdaderamente que a unos los probaste como padre que amonesta; mas a los otros pusístelos en juicio, y los condenaste como rey inexorable" (Sab. 11-10-11). "Así cuando a nosotros nos das alguna corrección, a nuestros enemigos los castigas de mil maneras" (Sab. 12:22) - (2) Lo que salva a los judíos de la ira es su conocimiento de Dios y de su voluntad. "Si pecamos, tuyos somos, sabiendo como sabemos tu grandeza... Porque conocerte a ti es la justicia consumada" (15:2 ss.). (3) También en su furor Dios es indulgente a fin de dar a sus enemigos la oportunidad de corregirse. "Pero tú tienes misericordia de todos, por lo mismo que todo lo puedes, y disimulas los pecados de los hombres, a fin de que hagan penitencia" (11:24). "Castigándolos poco a poco, dabas lugar a la penitencia, bien que no ignorabas cuan malvada era su casta y connatural su malicia, y que no se mudarían jamás sus ideas. Pues venían de una raza maldita desde el principio" (12:10 ss). (4) Cuando los judíos condenan a otros siempre deben tener presente esta bondad e indulgencia de Dios "...para que reflexionando consideremos tu bondad cuando juzgamos" (12:22).

Sobre este trasfondo, las palabras de Pablo en el segundo capítulo adquieren un sentido muy claro y concreto. No es un adversario fingido contra el que pugna Pablo. No pone palabras inventadas por él mismo en boca de los judíos, sino que se limita a citar lo que aquéllos efectivamente han manifestado. Al decir Pablo: "oh hombre que juzgas", se dirige contra los judíos tal como éstos realmente se nos presentan en el libro de la Sabiduría. Los judíos sienten que gozan de enorme preferencia en comparación con los gentiles. Sienten que están del lado de Dios y responden afirmativamente al juicio de Dios sobre el pecado de los paganos. Y ejerciendo el oficio de jueces se sienten seguros ante Dios. Que Dios derrame su ira sobre los gentiles —"Derrama tu ira sobre las naciones que no te conocen y sobre los reinos que no invocan tu nombre" (Sal. 76:6) — para en cambio tratar con indulgencia al pueblo de su propiedad. A los judíos que piensan así, Pablo les dice: el hecho de juzgar no os da seguridad frente a Dios. Por el contrario, precisamente por estar conformes con el juicio contra la injusticia de los gentiles, os condenáis a vosotros mismos.

Esta interpretación elimina asimismo una dificultad que ha sido causa de preocupaciones para los comentaristas de este pasaje. Pablo comienza su discurso con un "por lo cual", un διό. Por esta razón el nuevo razonamiento parece estar íntimamente ligado a lo que antecede y basarse en ello. En consecuencia los intérpretes se veían ante la siguiente alternativa: o se conserva el sentido lógico del vocablo y en ese caso 2:1 y ss. rige también para los gentiles, o se debe abandonar el carácter lógicamente conjuntivo del mismo y concebir el διό como mera partícula de transición; una partícula indiferente que indica que se abandona una cuestión para pasar a otra distinta. Aun siendo posible esta última interpretación hallamos, considerando lo precedente, que un enfático "por lo cual", cobra buen sentido dentro del contexto. *Precisamente por ser cierto* lo que se acaba de afirmar acerca de los paganos y que los judíos reconocen como exacto, precisamente por ello estos últimos carecen de excusa al juzgar. Por el hecho de juzgar a otros se condenan a sí mismos. Pues, como leemos en el libro de la Sabiduría, el judío también peca; pero cuenta con que Dios juzgará su pecado de otra manera que el de los gentiles... "porque si pecamos tuyos somos, sabiendo como sabemos tu grandeza" (Sab. 15:2). Pablo contesta con ironía mordaz: "¿Y piensas esto, oh hombre, tú que juzgas a los que tal hacen, y haces lo mismo, que tú escaparás del juicio de Dios?" (v. 3). No; el juicio de Dios es justo y responde a la realidad (κατὰ ἀλήθειαν, v. 2), "porque no hay acepción de personas para con Dios" (v. 13).

Los judíos dicen: "Mas tú, oh Dios nuestro, eres benigno (χρηστός), veraz y longánime (μακρόθυμος), y todo lo gobiernas con misericordia". Y añaden además las palabras que acabamos de citar: "porque si pecamos, tuyos somos, sabiendo como sabemos tu grandeza" (Sab. 15:1-2). Pablo contesta: "¿Menosprecias las riquezas de su benignidad (χρηστότης), paciencia y longanimidad?" (v. 4).

Los judíos dicen: "Pero tú tienes misericordia de todos y disimulas los pecados de los hombres, a fin de que hagan penitencia" (εἰς μετάνοιαν) (Sab. 11:24). Pablo contesta: "Ignoras que su benignidad te guía al arrepentimiento" (εἰς μετάνοιαν, v. 4).

Los judíos dicen: "Dios pone a prueba a los gentiles en su ira; con nosotros es otra cosa; estamos libres de su cólera; cuando a nosotros nos da una corrección, lo hace con benignidad" (Sab. 11:9 y ss.; cf. 12:22). Pablo responde: "Pero por tu dureza y por tu corazón no arrepentido, atesoras para ti mismo ira para el día de la ira y de la revelación del justo juicio de Dios" (v. 5).

Lo citado bastará para demostrar que en este pasaje Pablo se dirige en efecto a los judíos. Luego, la situación es la siguiente: cuando en el capítulo 1:18-32 hablaba de la ira de Dios por la injusticia pensaba en primer lugar en los gentiles y su injusticia; si bien no los nombra directamente, lo que dice revela que se refiere a ellos. En idéntica forma ahora, al disponerse a hablar en el cap. 2:1 y ss. de la ira de Dios contra la justicia de la ley. Sin mencionar directamente a los judíos —en lugar de ello dice "oh hombre"— su exposición da a entender que se refiere a ellos y a su justicia por la ley.

A ambos —judíos y gentiles— los coloca ante el mismo tribunal. Así como pudo decir de los gentiles que no tienen excusa (ἀναπολογήτους, 1:20), así también afirma aquí refiriéndose al judío: "Por lo cual eras inexcusable" (ἀναπολόγητος, 2:1). Y así como pudo decir que la ira de Dios se revela contra la injusticia de los gentiles, dice también aquí lo mismo respecto a los judíos: atesoran la ira para sí mismos para el día de la ira. Los dos están en la misma situación ante Dios; ambos están bajo la misma ira divina que reina en este eón. Ninguno de ellos puede alegar una excusa que pudiera protegerlos de la ira de Dios.

En este párrafo Pablo revela su empeño especial en destruir la presunta protección que los judíos desean invocar. No los protege el hecho de condenar la injusticia de los gentiles y manifestar de esa manera su solidaridad con la voluntad divina; al contrario, por el hecho de sentenciar a otros se condenan ellos mismos. No tienen derecho a apelar a la benignidad e indulgencia de Dios, puesto que el juicio divino es justo y no hay en él acepción de personas. Pero además Pablo pone el dedo en la llaga cuando afirma que ni siquiera el hecho de que los judíos posean la ley divina puede protegerlos en lo más mínimo de la ira de Dios. El v. 17 reza: "He aquí, tú tienes el sobrenombre de judío y te apoyas en la ley". Con ello Pablo descubre el punto débil de los judíos, al cual dedica todo el capítulo segundo: *la confianza de los judíos en la ley, en la justicia legal*. Debemos ahora prestar estrecha atención a esto, observando el ataque de Pablo.

b) La ley no protege de la ira de Dios.

Era una idea profundamente arraigada en los judíos que los gentiles, que no tienen la ley y desconocen al verdadero Dios, están bajo la ira divina. En contraste, consideran que su mayor gloria consiste en conocer a Dios y poseer la ley. En esto —sobre todas las cosas— estriba su presunta superioridad frente a otros pueblos. "Cuando oirán todos estos estatutos, dirán: 'ciertamente pueblo sabio y entendido, nación grande es ésta'. ¿Qué nación grande hay que tenga dioses tan cercanos a ellos como lo está Jehová, nuestro Dios, en todo cuanto le pedimos? Y ¿qué nación grande hay que tenga estatutos y juicios justos como es toda esta Ley?" (Deut. 4:6-8). Desde luego los judíos no son tan necios ni ciegos como para creer que satisfacen a la perfección todas las exigencias de la ley divina. El hecho de que confíen en la justicia por la ley no significa que con sólo sus obras puedan sostenerse ante el juez, si ha de pronunciarse un veredicto de estricta justicia. No debe interpretarse la justicia legal de un modo tan superficial. Debemos cuidarnos de cometer tal error. Los judíos tienen plena conciencia de omitir de muchas maneras el cumplimiento de la ley y de que estarían perdidos si Dios en su misericordia no se mostrara indulgente para con ellos. Pero, es precisamente *la posesión de la ley y el conocimiento de Dios* lo que los llena de confianza y les confiere el sentimiento de seguridad. Conocen el camino recto; y a diferencia de los paganos, no se han apartado de Dios vagando errabundos. De ese modo se encuentran —a lo menos en lo esencial— en la posición correcta frente a Dios y son justos en tal sentido. Más allá, confían en la benignidad indulgente de Dios.

Una buena exposición de ese sentimiento y esa concepción la tenemos en Sab. 15:1-4: "Tú, oh Dios nuestro, eres benigno, veraz y longánime, y todo lo gobiernas con misericordia. Porque si pecamos, tuyos somos, sabiendo como sabemos, tu grandeza; y si no pecamos, sabemos que nos cuentas en el número de los tuyos. Porque conocerte a ti es la justicia consumada, y conocer tu justicia y poder es la raíz de la inmortalidad. Y así no nos ha inducido a error la humana invención de un arte malo, ni el vano artificio de una pintura (ídolos)". Aquí se habla de *la justicia consumada que consiste en la posesión del conocimiento de Dios y de su voluntad* —justicia que poseen los judíos a diferencia de los gentiles— y del pecado y la imperfección que deben apelar a la misericordia divina.

Pablo dirige su ataque contra esa justicia legal, contra esa confianza del judío en que conoce la ley. Esto lo observamos no solamente a partir del v. 17 ni tampoco a partir del v. 13, sino desde el principio del capítulo. *Poseer la ley y conocer la voluntad de Dios no es la justicia consumada.* Para la ley lo decisivo es *la acción.* Por ello, desde el primer versículo de este capítulo, Pablo vuelve siempre de nuevo a la cuestión del hacer y obrar del hombre: "tú que juzgas *haces* lo mismo" (v. 1). "Mas sabemos que el juicio de Dios contra los que *practican* tales cosas es según la verdad" (v. 2). "Tú que juzgas a los que tal hacen, y *haces* lo mismo" (v. 3) ; y así a lo largo de todo el capítulo.

En el día del juicio se pondrá de manifiesto que Dios es un juez justo. De nada servirá entonces invocar el hecho de haber poseído la ley y haber conocido la voluntad de Dios. Escrito está: "Tú pagas a cada uno *conforme a su obra*" (Sal. 62:12). Pablo expone lo que esto significa en ambos sentidos: "Vida eterna a los que, perseverando en bien hacer, buscan gloria y honra e inmortalidad, pero ira y enojo a los que son contenciosos y no obedecen a la verdad, sino que obedecen a la injusticia". Por un lado son confrontados aquí aquellos que buscan lo que es de Dios, a saber, gloria (δόξα), honra e inmortalidad; por el otro lado los que son contenciosos (οἱ ἐξ ἐριθείας). Este pensamiento tiene su paralelo exacto en 1:18 y ss. El arbitrio egoísta conduce a la supresión de la verdad en la injusticia, y contra ello se revela la ira y el enojo de Dios. Una vez más en los vs. 9-10, Pablo se refiere al mismo contraste, pero en orden inverso. "Tribulación y angustia sobre todo ser humano que hace lo malo, el judío primeramente y también el griego, pero gloria y honra y paz a todo el que hace lo bueno, al judío primeramente y también al griego"; cf. 1:16.

Dios pues, no hace distinción entre judíos y gentiles cuando comparecen ante su tribunal. Ambos serán juzgados conforme a los mismos principios: si han hecho lo que es bueno o lo que es malo. "Porque no hay acepción de personas para con Dios"; ante Dios no hay preferencias, ni parcialidad como suponían los judíos. Pero ¿acaso no debe haber diferencia entre los que conocen la ley y los que la ignoran? La hay pero esa diferencia no resulta favorable a los judíos. Pues "todos los que sin ley han pecado, sin ley también perecerán, y todos los que bajo la ley han pecado, por la ley serán juzgados" (v. 12). Dios no es injusto; no condenaría a quienes no conocen la ley como si la hubiesen conocido. Pero los judíos conocen la ley y no obstante han pecado. Por ello serán juzgados por la ley. Lejos de salvarse por su conocimiento de la ley, ésta se convertirá en juicio para ellos. La ley en que confiaban resulta ser el poder que los condena y los entrega a la ira de Dios. Su conocimiento de la ley los privará de toda excusa en el juicio. La ley no puede salvarlos de la perdición. "Porque no son los oidores de la ley los justos ante Dios, sino los hacedores de la ley serán justificados" (v. 13).

En último análisis, pues, en el juicio no hay diferencia fundamental entre gentiles y judíos. Básicamente están en la misma situación. ¿Les será imputado a los gentiles el hecho de no tener la ley? Más bien podríamos preguntarnos: ¿No los protegerá la circunstancia de no tener la ley? No, contesta Pablo, no tienen excusa. Es cierto que no se les puede condenar conforme a la ley; no obstante, recibirán su merecido por sus delitos. Quien peca careciendo de la ley perecerá sin ella. Los judíos, en cambio, que pecan aunque conocen la ley ¿quedarán sin castigo? ¿Les servirá la ley de protección? No, serán juzgados por ella. Así la ley será su acusadora, su perdición.

La ventaja del judío es que tiene la ley, mientras que el pagano no la tiene. Pablo no niega esta diferencia. Habla del que pecó con la ley y del que pecó sin ella. Pero reduce esta distinción a su justa medida. El hecho de que los gentiles no tengan la ley, no significa que carezcan de todo conocimiento de la voluntad divina. La conocen hasta el grado de saber que no tienen excusa, cuando obran mal. Ya en 1:20 ss. Pablo ha demostrado que es así. Ahora vuelve a enfocar la cuestión considerando en especial el problema que se acaba de tratar: el de la posición distinta de gentiles y judíos frente a la ley. No sólo los judíos son capaces de distinguir entre el bien y el mal. También los gentiles conocen esta diferencia y la aplican en su vida diaria. Acerca de este particular manifiesta Pablo: "Porque cuando los gentiles que no tienen ley, hacen por naturaleza lo que es de la ley, éstos, aunque no tengan ley, son ley para sí mismos, mostrando la obra de la ley escrita en sus corazones, dando testimonio su conciencia, y acusándoles o defendiéndoles sus razonamientos (vs. 14-15).

Sin embargo, en este punto es de suma importancia prestar la máxima atención a lo que Pablo dice y a lo que no dice. Aquí se le han atribuido a menudo ideas y conceptos que le son del todo ajenos. Se ha afirmado por ejemplo, que aquí Pablo proclama claramente una *lex naturae* en el sentido estoico, ya que habla de que por naturaleza (φύσει) los paganos cumplen la ley precisamente debido a que la ley natural, *lex naturae*, está escrita en sus corazones; sin embargo ésta es una ilustración más de cómo cuando alguien se acerca al texto con una teoría elaborada, cree reencontrarla aun en los casos en que no existe o donde hasta se quiere decir lo contrario. Este hecho se hace evidente por poco que se considere el contexto. Como hemos visto en lo que antecede, Pablo está criticando a los judíos que confían en la ley y se vanaglorian de Dios. A ellos les dice que para Dios no hay acepción de personas. Los que pecaron sin ley perecerán sin ella, y los que pecaron bajo la ley, serán juzgados por ella, porque no son justos ante Dios los oidores de la ley sino los hacedores. Lo esencial no es *tener* la ley sino *actuar* de acuerdo con ella, cumplirla. Pero, sigue Pablo —y lo que aquí aduce no es tan sólo un caso hipotético sino algo que sucede con bastante frecuencia y no puede ser negado por nadie— si un gentil, pese a no tener la ley, hace precisamente lo que ella manda *hacer*: si por ejemplo honra a sus padres, como sucede en todas las naciones, independientemente del conocimiento de la ley — ¿es posible que Dios diga entonces: "No *tiene* la ley; por lo tanto lo que hace es malo"? No, lo que importa es *obrar* de acuerdo con la ley, de modo que debe decirse, en cuanto a ese gentil, que se encuentra en concordancia con la ley, pero de una manera completamente distinta del judío que la *tiene* pero no la cumple. En el momento de obrar este gentil hace de un modo perfectamente natural aquello que debe hacerse, es decir, algo que es bueno y concuerda con la ley. En otras ocasiones obra en contra de lo que postula la ley; pero aquí Pablo no trata eso. Cuando obra conforme a la ley, su solidaridad con los postulados de la misma está íntegramente testimoniada. Esto no se podría expresar mejor o más vigorosamente de lo que lo hace Pablo al decir: son ley para sí mismos. De manera alguna se insinúa con ello que tengan la ley. Pablo afirma lo contrario en el v. 14 y lo hace dos veces para mayor seguridad. Tampoco habla de una ley escrita en el corazón; pues en tal caso los gentiles poseerían realmente la ley y de una manera más íntima que los judíos que la tenían en tablas de piedra o en el libro sagrado. Evidentemente el apóstol pensaba en la sentencia de Jeremías 31:32 acerca de la ley escrita en el corazón. Sin embargo evita mencionar en forma directa el término "ley". No dice ὁ νόμοσ, sino τὸ ἔργον τοῦ νομοῦ. Según Pablo no es la ley misma la que está escrita en el corazón de los gentiles, sino la obra de la ley, que ellos ejecutan.

Resulta evidente que aquí el razonamiento de Pablo nada tiene que ver con la idea de una *lex naturae*. Con tales palabras no ha querido sentar una teoría general respecto a los gentiles, en el sentido que éstos hagan por naturaleza lo que manda la ley. Sólo habla del caso concreto de que efectivamente un gentil, en la situación en que lo coloca la naturaleza, hace aquello que la ley manda. Lo que Pablo está poniendo en contraste es el hecho de que el gentil hace lo que la ley exige, aunque no tenga la ley, con la confianza del judío en el mero hecho de que *conoce* la ley. Por la misma razón por la que no puede hablar de una "teología natural" tampoco puede referirse a una "lex naturae". Estos dos conceptos presuponen un concepto, de Dios ajeno al concepto de Pablo. La idea de una *lex naturae* también implica una concepción deísta de Dios. Parte de la imagen de un Dios que en el acto de la creación grabó ciertos principios éticos universales en el corazón del hombre. Y aun en su apartamiento de Dios tiene en sí esos principios y puede ajustar su vida a ellos. Pablo, en cambio, cree en el Dios viviente y siempre activo con los hombres —aun con los gentiles— en las circunstancias concretas de la vida, mostrándoles qué es lo bueno y qué se les exige. Dios no ha escrito "la ley" en los corazones de los gentiles en el sentido de que tuvieran por naturaleza un principio general al cual sujetar su situación concreta y sacar conclusiones acerca de cómo actuar en esa situación. Escribió en sus corazones "la obra de la ley", de modo que si en el caso concreto obran de manera distinta, tengan conciencia de que han hecho lo malo. "Dando testimonio su conciencia". Pablo no piensa que los gentiles vivan en completa oscuridad y no sepan distinguir entre lo bueno y lo malo, entre lo negro y lo blanco. Precisamente por el hecho de que lo que exige la ley está escrito en sus corazones poseen un sentido concreto acerca de cómo deben obrar en la situación dada. Si obran en sentido contrario y tratan de justificarlo ante otros y aun ante sí mismos, saben no obstante en su fuero íntimo cuál es la realidad. Su conciencia como testigo objetivo revela que sabían perfectamente que su obrar era incorrecto. Así Pablo habla también sobre los pensamientos que surgen en la polémica interior y que acusan o defienden al gentil. Si cuando ha hecho algo correcto y bueno, se lo acusa como si hubiera hecho algo malo, sus pensamientos se yerguen en seguida en actitud de defensa; y si es elogiado por algo malo que ha hecho es posible que por fuera simule estar contento; pero sus pensamientos más íntimos no pueden dejar de acusarlo.

Tres son los factores que dan testimonio: 1) el hecho que indica que la "obra de la ley" está inscrita en el corazón; 2) la conciencia y 3) los razonamientos que acusan o defienden. Estos tres testigos concuerdan para demostrar que los gentiles no tienen excusa cuando obran mal. Con ello queda probado también que el juicio de Dios es justo al colocar bajo la ira divina lo mismo a los gentiles que a los judíos.

En relación inmediata con lo que dice aquí de los gentiles, Pablo añade las palabras "en el día en que Dios juzgará por Jesucristo los secretos de los hombres, conforme a mi evangelio". La conexión aquí causa dificultades. Por cierto todo el razonamiento de Pablo desde que en el v. 5 comenzara a hablar del "día de la ira", está dominado por el pensamiento en el juicio final. Pero precisamente los vers. 14-15 que tratan de lo que está escrito en el corazón de los gentiles y de los pensamientos que acusan y defienden, parecen versar sobre cosas pertenecientes al presente. ¿Por qué agrega en seguida el v. 16 que parece postergar lo dicho hasta el día del juicio?

Para evitar esta dificultad se ha señalado que los versículos 14 y 15 tienen en cierto modo el carácter de una intercalación o de un paréntesis, y que el v. 16 debiera ir inmediatamente después del v. 13. En tal caso la relación sería la siguiente: "No son los oidores de la ley los justos ante Dios, sino los hacedores de la ley serán justificados... en el día en que Dios juzgará por Jesucristo los secretos de los hombres, conforme a mi evangelio". Otra explicación es que lo que aquí se dice de los gentiles aún no es evidente para todos, pero que en el juicio final se revelará que es así. Y todavía otra sugestión —sumamente dubitable— hace que el mismo v. 16 se relacione con lo presente y no con el juicio final: cada vez que se anuncia el evangelio, Cristo juzga los secretos de los hombres. Este último intento de interpretación se malogra ante la circunstancia de que poco antes, en el v. 5, Pablo ha hablado del "día de la ira". Si ahora se refiere al día "en que Dios juzgará por Jesucristo los secretos de los hombres" no puede sino contar con que los lectores vean en él una referencia al día del juicio. Si otra hubiera sido la intención de Pablo es indudable que se hubiera expresado de otra manera. Pero ninguna de las muchas otras interpretaciones propuestas puede resolver enteramente la dificultad existente. Nadie puede decir con seguridad cuál es la conexión que Pablo mismo intentaba establecer en cuanto al v. 16. Por ello nos limitamos a demostrar que la idea del día del juicio predomina en este párrafo y que Pablo la conservaba aún después de pronunciarse respecto a los gentiles.

Aquí tenemos las palabras del mismo Pablo como evidencia de que él considera la declaración acerca del juicio como parte del evangelio. A menudo se ha creído que la justificación por la fe anunciada por Pablo es irreconciliable y debe excluir toda idea de juicio, sobre todo cualquier juicio referente a las obras humanas. Por ello también se ha pretendido que lo que Pablo dice aquí no es lo que realmente cree, sino una acomodación a la opinión judía corriente. Esto significa desconocer por completo la concepción de Pablo. Para él, como para el Nuevo Testamento en general, el juicio final es un hecho ineludible que no puede discutirse. Sólo mediante el juicio será consumada la obra de la creación y de la redención divinas. Y aun esa acción definitiva de juicio es parte de la obra de Cristo. La posición de Pablo es la misma de Juan 5:27; "El padre le dio autoridad de hacer juicio, por cuanto es el Hijo del Hombre". Dios juzgará al mundo por medio de Cristo. El juicio tiene una finalidad universal. No se refiere sólo a judíos y gentiles. También de los cristianos se dice: "Porque es necesario que todos nosotros comparezcamos ante el tribunal de Cristo, para que cada uno reciba según lo que haya hecho mientras estaba en el cuerpo, sea bueno o malo" (2 Cor. 5:10).

Para Pablo no existe oposición entre la justificación por la fe y el juicio final. Para el cristiano la primera no hace innecesario este último. Con la justificación por la fe, Dios no ha abolido el juicio sobre las obras humanas. "Porque todos compareceremos ante el tribunal de Cristo... De manera que cada uno de nosotros dará a Dios cuenta de sí" (Rom. 14:10-12). De ningún modo la justificación es para los cristianos una carta blanca, en el sentido de que Dios ya no preguntará acerca de sus obras. Más bien el pensamiento del juicio debe mantener alerta a los cristianos. Nunca deben olvidar que algún día habrán de rendir cuenta de sus obras ante el Señor.

Pero ¿no dice Pablo que los hombres serán juzgados por su fe o su incredulidad? También esta pregunta se basa en un desconocimiento de la concepción paulina. Para Pablo la fe no es un merecimiento que se le exige al hombre en lugar de las obras. Pensar de esta manera es estar aún dentro de la mentalidad legal, substituyendo un mérito por otro. Pablo puede hablar sin vacilar de un juicio de las obras de los hombres, por la sencilla razón de que esta palabra no está en loco *justificationis*, para emplear el término de Lutero. Pero entonces se desprende de ello con toda nitidez que el pensamiento del apóstol no puede circunscribirse como lo hace P. *Althaus* al establecer la fórmula: "Todo proviene de la fe, pero a la vez todo depende de las obras". Esta es la posición de Agustín, no la de Pablo. El apóstol jamás podría decir con Agustín que la ley nos fue dada para que buscáramos la gracia y que ésta a su vez fue ofrecida para que se cumpliera la ley. Pablo no combina la ley y el Evangelio de tal modo que la ley contenga la verdadera voluntad de Dios que, sin embargo, no podríamos cumplir; por lo cual nos ha dado el evangelio a fin de que con su ayuda cumpliéramos la ley, siendo justificados al fin por las obras realizadas con esta ayuda. Jamás el apóstol considera la fe en Cristo como un mero medio para alguna otra cosa, de la cual en última instancia todo habrá de depender. Para él la fe es tanto principio como fin. La fe es todo cuanto importa; de ella depende todo. La mejor expresión de ello la dio el mismo Pablo, ἐκ πίστεως εἰς πίστιν, "por fe y para fe". Creer en Cristo, vivir "en Cristo", y participar por él del nuevo eón es en sí y por sí plena justificación. Esto ya es por sí solo la "justicia de Dios"; no llega meramente a serlo en virtud de obras realizadas por medio de ella. Para Pablo todo depende efectivamente de este "estar en Cristo". Pero de ello no habla aún en este contexto, y tiene sus razones para no hacerlo. Desde todo punto de vista habría sido más oportuno que los intérpretes hubiesen seguido el ejemplo del apóstol, evitando introducir aquí la cuestión de la justificación por la fe. Lamentablemente se ha convertido en tradición oponer la idea que Pablo tiene del juicio al anuncio de la justificación por la fe, basándose en este texto. A consecuencia de ello se fue debilitando la idea del juicio o la doctrina de la justificación, y hasta ambas. Para prevenir en lo posible semejante embotamiento nos hemos visto obligados a tocar esta cuestión.

Si echamos una mirada retrospectiva a los versículos 12-16, podemos comprobar que en ellos luchan entre sí dos tendencias diferentes. Este es el motivo por el cual desde un punto de vista las manifestaciones de Pablo acerca de los gentiles causan una impresión favorable y decididamente negativa desde el otro. Muchos se han extrañado de que Pablo pueda hablar de los gentiles con un juicio tan positivo luego de colocar sin reservas la injusticia pagana bajo la ira de Dios en el primer capítulo. Es posible que ello se deba a que en el fondo se dirige aquí contra la justicia por la ley, de los judíos. El hecho de que el apóstol se refiera a los gentiles no se debe a que quiera hablar de que ellos cumplen la ley. Por el contrario señala el ejemplo de los gentiles para demostrar cuan injustificada es la confianza de los judíos en la ley. Es bien cierto que los judíos tienen la ley y que los gentiles no la poseen. ¿Pero qué significa esta diferencia, puesto que lo que importa en última instancia es que realicen las obras de la ley? Como golpe mortífero contra la confianza de los judíos en que *poseen* la ley, llega la advertencia de Pablo de que los gentiles, aun sin poseerla, *hacen* no obstante a veces por naturaleza lo que la ley manda. El significado específico de estas palabras descansa sobre el contexto del segundo capítulo, donde se contrasta el *conocimiento* de la ley con el *cumplimiento* de la misma.

Con todo, Pablo no ha olvidado que estas palabras son parte de un contexto más amplio, y que éste es negativo. Tanto judíos como gentiles son pecadores; ambos pertenecen al antiguo eón y están bajo la ira de

Dios. Esta característica negativa da a los mencionados versículos su nota especial que aparece con mayor nitidez en el versículo 12: "Todos los que sin ley han pecado, sin ley también perecerán; y todos los que bajo la ley han pecado, por la ley serán juzgados". "Bajo la ley" y "sin ley" —ahí está la diferencia. Todos han pecado —ahí está lo que tienen en común—. No es por mera casualidad que Pablo elige esta expresión negativa. ¿Acaso no habría podido decir que todos los que sin la ley hayan obrado lo bueno serán declarados justos sin ella, y todos los que hayan practicado lo bueno bajo la ley serán declarados justos por ella? ¿Por qué no lo dice? Porque Pablo sabe que unos y otros, tanto los judíos como los gentiles, están bajo el pecado (3:9). No ignora que todos se desviaron, que todos llegaron a ser indignos y que "no hay justo, ni aun uno" (3:12). Sabe que "por las obras de la ley ningún ser humano será justificado delante de Dios" (3:20). En última instancia, lo positivo que se pueda decir de judíos y gentiles se convierte en algo negativo. De los judíos puede afirmarse en sentido positivo que conocen la ley, pero precisamente esto se transforma en perdición para ellos. De los gentiles se puede aseverar en sentido positivo para ellos. De los gentiles se puede aseverar en sentido positivo que ellos mismos son ley; más precisamente por eso también carecen de excusa ante Dios si pecan a pesar de ello.

Ahora, en el versículo 17, Pablo pasa de los gentiles que no tienen la ley, a los judíos que la poseen, diciendo: "He aquí, tú tienes el sobrenombre de judío, y te apoyas en la ley y te glorías en Dios, y conoces su voluntad, e instruido por la ley apruebas lo mejor, y confías en que eres guía de los ciegos, luz de los que están en tinieblas, instructor de los indoctos, maestro de niños, que tienes en la ley la forma de la ciencia y de la verdad" (vers. 17-20).

Con ello ha llegado al punto hacia el cual se encaminaba desde el comienzo del capítulo. Como lema del segundo capítulo podríamos encabezarlo con las palabras iniciales de este párrafo: "tú tienes el sobrenombre de judío, y te apoyas en la ley". Con frecuencia se ha creído percibir cierto tono de ironía en la larga enumeración de las ventajas de los judíos que sigue a estas palabras. Pero no es probable que tal fuera la intención de Pablo. El no considera como algo indiferente y hasta despreciable, digno de ser tratado con ironía, la posición especial de los judíos, debido a la acción y la revelación de Dios. Es algo que en su época de fariseo él mismo consideraba como "ganancia" y de lo cual se apartó no como de algo que se desecha por inútil, sino como de algo precioso que se sacrifica para ganar lo único esencial (Fil. 3:4-9; cf. más arriba págs. 17 y sgts.). Sin duda es algo grande e importante conocer a Dios y su voluntad; haber sido instruido en la ley, pudiendo así juzgar qué es lo más correcto. Con toda razón Israel puede considerarse maestro de las naciones, ya que posee en la ley, por revelación divina, la expresión correcta del conocimiento y de la verdad. Sin embargo, Pablo sabe que se mezcla mucho orgullo carnal en la alegría de los judíos por pertenecer al pueblo elegido de Dios, y es precisamente contra esa confianza de los judíos en su conocimiento de la ley, contra lo que se dirige el apóstol. También sabe que hay mucho auto-elogio condenable en el "gloriarse de Dios" de los judíos. Pero no se refiere irónicamente a las ventajas de los judíos. Todo lo contrario: esta recopilación servirá de fondo para dar más énfasis al contraste entre el conocimiento de la ley y su cumplimiento. El error del judío no era que apreciara la ley y considerase su conocimiento como una gran ventaja. Razón tenía para dar gracias a Dios por ello. Su error consistía en conformarse con el conocimiento de la ley. Su falta era que ponía su confianza en la ley. No es en la ley en lo que hay que confiar, pues a pesar de ella existe la realidad del pecado. "Tú, pues, que enseñas a otro ¿no te enseñas a ti mismo? Tú que predicas que no se ha de hurtar ¿hurtas? Tú que dices que no se ha de adulterar ¿adulteras? Tú que abominas de los ídolos ¿cometes sacrilegio?" Esta es la gran desproporción en la vida de los judíos: por un lado, envanecerse de la ley y "gloriarse de Dios"; pero por el otro "tú con infracción de la ley deshonras a Dios". A esto Pablo le aplica las palabras de la Escritura: "El nombre de Dios es blasfemado entre los gentiles por causa de vosotros". Cuanto más se jacta el judío de su relación con Dios, a la vez que desobedece su voluntad, tanto más menospreciarán a ese Dios aquellos que no lo conocen. ¿Cómo no ha de alcanzarlos la ira de Dios?

c) La circuncisión no protege de la ira de Dios.

Todo cuanto puedan invocar los judíos para protegerse de la ira de Dios parece, en consecuencia, carecer de eficacia. No les sirve el hecho de colocarse de parte de Dios en el juicio sobre la injusticia de otros. Tampoco la indulgencia divina les ofrece protección, puesto que el invocarla para permanecer en el pecado constituye una blasfemia que no puede provocar sino la cólera divina. Y ahora acabamos de ver que tampoco el conocimiento de la ley divina protege de la ira de Dios, sino que por el contrario les priva de toda posibilidad de excusa.

¿Pero la *circuncisión* no es una protección eficaz contra la ira de Dios? ¿No concertó Dios su pacto con Israel y le dio la circuncisión como signo? ¿Puede Dios enfadarse con el pueblo de su propiedad que lleva el signo de la circuncisión como prueba de su pertenencia a él? ¿Es posible que la circuncisión no tenga importancia alguna? No por cierto: la circuncisión tiene su utilidad, contesta Pablo. Pero el pacto cuyo signo es la circuncisión es un pacto de la ley. Por ello los que son de la circuncisión deben obedecer la ley. "La circuncisión aprovecha, si guardas la ley" (v. 25). Pero precisamente este es el problema. ¿Y cuál es la consecuencia? ¿Es realmente posible —tal como parecen imaginarse los judíos— que Dios se muestre indulgente frente a sus infracciones a la ley, sólo porque ellos ostentan exteriormente el signo de la circuncisión? ¿No considerará más bien Dios, el juez justo, como circunciso a un gentil que guarda la ley, mientras el judío desobedece la ley como si no estuviera circuncidado?

Aquí los papeles se han invertido. Como lo vimos al principio de este capítulo, los judíos se consideraban autorizados para juzgar a los gentiles. Pablo dice: "El que físicamente es incircunciso, pero guarda perfectamente la ley, te condenará a ti, que con la letra de la ley y con la circuncisión eres transgresor de la ley" (v. 27). En Mateo 12:41 se dice "Los hombres de Nínive se levantarán en juicio con esta generación, y la condenarán; porque ellos se arrepintieron a la predicación de Jonás". Parecería que Pablo hubiese pensado en estas palabras de Jesús. De todos modos emplea aquí el mismo pensamiento contra los judíos que se apoyan en la ley y la circuncisión: los incircuncisos que no tienen la ley y la circuncisión, en el día del juicio se levantarán contra ti y te condenarán.

Se ha preguntado quiénes son estos incircuncisos que, no obstante, cumplen la ley. Con frecuencia se ha contestado que Pablo se refería exclusivamente a los gentiles que habían llegado a creer en el evangelio; porque sólo de ellos puede afirmarse que cumplen en verdad la ley. Se afirma que Pablo no habla aquí de un cumplimiento casual de los postulados de la ley, al que se refiere el v. 14, sino de un cumplimiento total, puesto que dice νόμον τελεῖν.

"Evidentemente Pablo habla del hecho real de que algunos nacidos en el paganismo e incircuncisos, en sus relaciones colectivas obedecen el mandamiento de Dios. ¿Pero dónde se han de hallar los paganos que así cumplan la ley, avergonzando con ello a los judíos? En el énfasis dado a ἐκ φύσεως ya se insinúa que a su ser natural se ha agregado algo nuevo, una circuncisión espiritual; siguen siendo gentiles sólo en el sentido en que Pedro y Pablo eran todavía judíos (por φύσει), según Gál. 2:15; y lo que los ha elevado por encima de su natural estado gentil sólo puede ser su fe cristiana" (O. Moe, siguiendo a Zahn). Está claro que tal interpretación pierde de vista por completo lo que Pablo quiere expresar en este lugar. En primer lugar, hace violencia a todo el contexto. En la ilación de ideas rigurosamente cerrada que Pablo desarrolla en 1:18-3:20, donde se limita a hablar de la ira de Dios en el eón antiguo, no cabe tal referencia a los gentiles que creen en Cristo y cumplen la ley. Es indudable que aquí la idea está fuera de lugar. Pero, por otro lado no es menos inexacto decir que este concepto está totalmente fuera del pensamiento de Pablo. Aquí se trata de que a los judíos que juzgan a los gentiles y a diferencia de ellos se creen protegidos de la ira de Dios merced a que tienen la ley y la circuncisión, se les ha de decir que el gentil que guarda la ley los condenará. Ahora bien: si en lugar de "gentil" ponemos "el gentil convertido a Cristo", se pierde el efecto de contraste que se intenta lograr. A esto debemos agregar en tercer lugar que Pablo (pese a Fil. 3:3) no podría decir de los cristianos que Dios los considera como circuncisos. La declaración de que el incircunciso será considerado como circunciso ante Dios sólo tiene sentido en la situación del eón antiguo. Pues en Cristo, en la situación del nuevo eón, la cuestión de circunciso o incircunciso ha perdido toda significación (Gál. 5:6).

"El hombre ve lo que está a la vista, pero el Señor mira el corazón". Pablo aplica este principio a la circuncisión. "No es judío el que lo es exteriormente, ni es la circuncisión la que se hace exteriormente en la carne, sino que es judío el que lo es en el interior, y la circuncisión es la del corazón, en espíritu, no en letra" (vrs. 28-29). En verdad Pablo no dice nada esencialmente nuevo. En el Antiguo Testamento encontramos varias afirmaciones de este carácter; por ej., Deut. 10:16; 30; Jer. 4:4; 9:25-26. Lo que hace es recordar a los judíos que se apoyan en la circuncisión, que según el propio testimonio de la Escritura no es la pertenencia exterior al pueblo peculiar de Dios lo que importa. Cuando distingue así entre los judíos que con justicia son llamados así y los que sólo exteriormente pertenecen al pueblo elegido, muestra con máxima claridad cuan lejos está de él toda ironía. También para él el nombre de judío es un título de honor que Dios acuerda sólo a aquel que tiene circuncidado y purificado el corazón. De él se dice: "La alabanza del cual no viene de los hombres, sino de Dios".

La transición del segundo capítulo al tercero no señala línea divisoria alguna en el curso de ideas. El hecho de que aquí se haya trazado el límite del capítulo conduce más bien a dificultar la comprensión. Es absolutamente normal que el lector, al pasar a un capítulo nuevo, espere hallarse ante un nuevo tema. Sin embargo esto no sucede aquí. El capítulo 3:1-20 forma una unidad con el capítulo 2 y se limita a seguir el razonamiento iniciado. La línea divisoria decisiva no esta marcada sino en 3:21.

Los judíos se apoyan en la ley. Pablo contesta que el poseer la ley no protege contra la ira de Dios. Este es el primer paso en el razonamiento de Pablo. El segundo paso lo da con 2:25. Los judíos confían en la circuncisión. Pablo responde: tampoco la circuncisión protege contra la ira divina. Sólo tiene valor si se guarda la ley. Es lo mismo que antes se dijo acerca de la ley. De ese modo la cuestión de la circuncisión se reduce al problema de la ley.

¿Pero opina realmente Pablo que la circuncisión carece de toda importancia? En 2:25 había por lo menos una insinuación de que pudiera tener cierta utilidad. Si el hombre infringe la ley recibida de Dios, ésta no puede serle útil, sino que lo condena. Pero en cuanto a la circuncisión, la relación parece ser distinta en parte. Es Dios quien dio el signo de la circuncisión.

Con ello apartó a Israel como pueblo de su propiedad. ¿Para qué serviría esto si todo depende del cumplimiento de la ley? En tal caso la circuncisión llegaría a ser completamente insignificante en comparación con la ley. Es cierto que la ley desempeña un papel importante en relación con la circuncisión. Mediante el fiel cumplimiento de la ley, el hombre ha de demostrar que por su parte es fiel al pacto. Pero este es tan sólo un aspecto del asunto, ya que la circuncisión tiene dos: por un lado, la promesa divina, por el otro la exigencia de que se guarde la ley. Si el hombre no cumple con lo que le impone la ley, por cierto quebranta por su parte el pacto; de ello acaba de tratar Pablo en lo que antecede. ¿Pero basta eso para anular la acción y la promesa de Dios manifestadas en la circuncisión, dejando al judío como si Dios jamás hubiera establecido su pacto ni dado su promesa? Este es el tercer problema que Pablo enfoca en su tercer capítulo.

"¿Qué ventaja tiene, pues, el judío? ¿o de qué aprovecha la circuncisión?" pregunta. Lo antedicho podría tentarnos a creer que su respuesta sería: "¡Nada en absoluto!", pues se ha esforzado por privar a los judíos de toda gloria y colocarlos en un mismo nivel con los gentiles. Pero ahora Pablo contesta: "Mucho, en todas maneras". Porque la ventaja de los judíos no depende de lo que sean o hagan ellos mismos, sino de lo que Dios ha hecho con ellos. El hecho de que Dios escogió a Israel como su pueblo peculiar y le dio sus promesas, no puede ser cambiado ni anulado. Aunque los judíos no tengan derecho a invocar lo que en tiempos pasados Dios hiciera con sus padres, como si esto les asegurara una posición especial en el juicio, no por ello varía el hecho de que Dios concedió a Israel una posición especial en la historia de la salvación. Y esto no se debe tener en poco. Por grande que sea el interés de Pablo en equiparar a judíos y gentiles ante el juicio de Dios, le es totalmente ajena la idea de eliminar la diferencia entre ambos. Los judíos tienen una prioridad que jamás se les puede quitar, esto es que fue a ellos a quienes Dios confió primero su palabra de promesa. Esto da una nueva perspectiva a la circuncisión. Por ella Israel se convirtió en el pueblo de la promesa. Recibió como precioso depósito la promesa de Dios que no estaba destinada sólo a Israel sino a todos los pueblos, y que ahora ha sido cumplida por Jesucristo. Ahora les ha sido confiado también este hecho. Y aun cuando ellos por su parte no hayan aceptado el depósito, esta circunstancia no anula la fidelidad de Dios. Pablo alude aquí a una

121

cuestión de la que más adelante se ocupará detalladamente en los capítulos 9-11. Aquí simplemente pregunta: "¿Su incredulidad habrá hecho nula la fidelidad de Dios? De ninguna manera", para luego dar en seguida otra dirección a su pensamiento. La infidelidad del hombre —contribuye por el contrario a hacer más manifiestas la fidelidad y veracidad divinas.

Pablo expresa esta idea con las siguientes palabras extrañas: "Antes bien sea Dios veraz y todo hombre mentiroso". Por lo general se ha tratado de suavizar esta sentencia porque en su forma literal puede parecer ofensiva en dos sentidos. Por lo pronto, puede parecer insólita la expresión "que Dios sea veraz", como si no fuera veraz de por sí. Segundo, parece imposible que Pablo desee que todo hombre sea mentiroso. Sin embargo, ninguna de esas objeciones es concluyente. Pablo no habla aquí de la veracidad como propiedad de Dios, sino de las promesas divinas que perderían su veracidad si la infidelidad de los hombres pudiera anular su validez, pero que resultan veraces puesto que Dios las cumple efectivamente —pese a la infidelidad de los hombres. Pablo expresa esta idea con sumo acierto al decir: "Sea Dios veraz". Y luego agrega: "Y todo hombre mentiroso". Pablo extrae la idea de que "todo hombre es mentiroso" de Sal. 116:11, pero le da un sentido más profundo. El desea realmente que todos los hombres sean mentirosos ante Dios, puesto que es la condición previa para que la veracidad de Dios resalte en toda su gloria. Es también la presuposición para la redención del hombre. Aquel que está contra Dios no se salva vindicándose a sí mismo, ni tampoco esforzándose por enderezar su relación con Dios sino únicamente porque en su acción y con ella Dios revela al hombre su propia injusticia y lo convierte en lo que realmente es: un mentiroso, un pecador. Esta es para Pablo una idea tan central que no cabe duda de que expresa su verdadera opinión al decir: "Que todo hombre sea mentiroso".

No es a pesar de la mentira del hombre, sino precisamente a causa de ella que es ensalzada la veracidad de Dios. Esta idea puede parecer extraña; mas Pablo sabe que es un hecho y que también la Escritura da testimonio de ello. Piensa ante todo en el Salmo 51, el gran salmo de penitencia, la confesión de pecados de David, cuando el profeta Natán le había hecho ver su depravación. Después de confesar David: "Contra ti, contra ti solo he pecado, y he hecho lo malo ante tus ojos", añade inmediatamente: "para que seas reconocido justo en tu palabra y tenido por puro en tus juicios" (Sal. 51:4). Por tanto la intención de Dios al permitir que cayera en el pecado había sido la de poner de manifiesto la justicia divina. Pablo no cita todo el pasaje, pues está seguro de que una leve alusión basta para que todo lector comprenda de inmediato la relación con este salmo tan conocido. Sólo da la última parte, tal como está en la Septuaginta: "Para que seas justificado en tus palabras y venzas cuando fueres juzgado". Aunque el pecado humano signifique rebelión contra la voluntad de Dios, después de todo debe servir a la glorificación de la verdad y la justicia divinas.

Pero de ello surgen dos problemas nuevos. Primero: si realmente es cierto que el pecado del hombre puede contribuir a la glorificación de Dios, ¿no es una injusticia por parte de Dios castigarlo con su ira? Segundo: ¿no tendríamos que pecar más para contribuir aún más a la glorificación de Dios? Pablo formula estas dos preguntas con el único fin de rechazarlas en forma terminante. Considera innecesario ocuparse con mayor detención de ninguna de ellas.

Pablo ofrece dos versiones de la primera pregunta. Comienza por referirse a nuestra injusticia y la justicia divina: "Y si nuestra injusticia hace resaltar la justicia de Dios ¿qué diremos? ¿Será injusto Dios que da castigo?" Ya antes de contestar esta pregunta Pablo quiere hacer comprender al lector cuan insubstancial y hueca resulta para él. Por ello añade en paréntesis: "Hablo como hombre", κατὰ ἄνθρωπον λέγω. También es posible que quiera atenuar la impresión blasfema de que se hable de injusticia en relación con Dios. Sea como fuere, Pablo llama la atención del lector sobre el hecho de que esta cuestión encierra algo humano, demasiado humano. De otro modo cada cual debería comprender que una cosa es que el hombre haga lo malo, y otra cosa que Dios se sirva de ese mal para sus fines. Pero en efecto es así como piensan los hombres: el mal es excusable, realmente, tiene buenas consecuencias. Por lo tanto, es injusto que Dios castigue al pecador. Pablo rechaza este modo demasiado humano de ver las cosas. En ninguna manera; de otro modo ¿cómo juzgaría Dios al mundo? Dios es el juez del mundo. Él juzga la injusticia. ¿Cómo es posible imaginar que condene algunas iniquidades y deje impunes otras? ¿Y cómo se le puede acusar de injusticia porque su ira castigue la injusticia aunque el mal sea obligado a servir contra su voluntad a los fines divinos? El mismo razonamiento que Pablo rechaza así se repite en el versículo 7, en una versión nueva, ahora con referencia especial a la verdad de Dios y a la mentira del hombre: "Pero si por mi mentira la verdad de Dios abundó para su gloria, ¿para qué aún soy juzgado como pecador?

Esto lo pone frente a la segunda pregunta: si nuestro pecado puede contribuir a la glorificación de Dios, ¿no debiéramos perseverar en el pecado a fin de aumentar la honra de Dios? Semejante consecuencia se ha querido derivar del anuncio de la gracia por Pablo, al parecer con cierta razón. En 5:20, por ejemplo, dice: "Mas cuando el pecado abundó, sobreabundó la gracia". Pero en el capítulo 6 demuestra detalladamente que ello no conduce a tales consecuencias. Aquí se conforma con rechazar de modo contundente esta cuestión: "Justamente son condenados".

d) El resultado: todo el mundo es culpable ante Dios.

Como ya se ha expuesto, Romanos se caracteriza por una homogeneidad extraordinaria y una ilación de ideas severamente consecuente. En el aspecto exterior esto se manifiesta de dos maneras: 1) A menudo Pablo comienza una serie de ideas con una breve sentencia que servirá de título para lo que sigue. 2) Al concluir el razonamiento gusta de resumir en pocas palabras el resultado obtenido.

Esta técnica facilita en sumo grado la comprensión del contenido de la carta. Con sólo prestar atención a las indicaciones que el mismo Pablo nos brinda por medio de esos títulos y resúmenes, no podemos equivocarnos en lo tocante al curso de su pensamiento. Todo queda a la vista, claro y abierto.

Hemos llegado al final del razonamiento iniciado en el capítulo 1:18. Resulta instructivo observar cómo aplica Pablo aquí el método expuesto.

Su encabezamiento es: "La ira de Dios". Ya en el primer versículo del apartado tropezamos con esta palabra: "La ira de Dios se revela desde el cielo" (1:18). Desde 1:18 hasta 3:20 Pablo quiere mostrar que en el eón antiguo todo, sin excepción, está bajo la ira de Dios. Todo y todos están bajo la ira divina —esto rige tanto para gentiles como para judíos. No es difícil demostrar que los paganos están bajo la ira de Dios. Basta señalar aquello que es evidente para todos; por ello puede ser breve respecto a este punto. La segunda mitad del primer capítulo basta para tratar esta cuestión. Los gentiles son culpables ante Dios y nada tienen que puedan invocar frente a la ira divina. La verdadera dificultad aparece cuando Pablo se dirige a los judíos tratando de demostrar que también ellos están bajo la ira de Dios. Porque los judíos poseen realmente algo a qué apelar, es decir, algo que al parecer pueden invocar con justicia como protección contra la ira de Dios. La tarea de Pablo consiste en convencer a los judíos de que las ventajas que sin duda poseen en comparación con los gentiles —a las cuales está lejos de restar importancia —no son aptas para ser aducidas en este contexto. Aquí está para Pablo el centro de gravedad, y por ello se ve obligado a ser más extenso. No sólo dedica a este asunto todo el capítulo segundo sino también la mayor parte del tercero. Los judíos apelan a la ley, pero ésta no puede protegerlos de la ira de Dios. Invocan la circuncisión, el signo que Dios mismo dio para su pacto, pero tampoco ella puede brindarles protección.

Y ahora Pablo llega al final de su razonamiento. Puede resumir toda la exposición anterior y deducir la conclusión. Pregunta: "¿Qué, pues? ¿Somos nosotros mejores que ellos?" Contesta: "En ninguna manera. Pues ya hemos acusado a judíos y gentiles que todos están bajo pecado". En este sentido son idénticos, y por ello la ira de Dios los alcanza de igual modo. Y cuando los judíos se oponen a que de esa manera se los coloque en un mismo nivel con los gentiles, Pablo les señala lo que dicen las propias Escrituras de Israel acerca de la pecaminosidad universal. Presenta seis citas del Antiguo Testamento:

1) Jehová miró desde los cielos sobre los hijos de los hombres, / Para ver si había algún entendido, / Que buscara a Dios. / Todos se desviaron, a una se han corrompido; / No hay quien haga lo bueno, no hay ni siquiera uno (Sal. 14:2-3).

2) Sepulcro abierto es su garganta, / Con su lengua hablan lisonjas (Sal. 5:9).

3) Veneno de áspid hay debajo de sus labios (Sal. 140:3).

4) Llena está su boca de maldición, / y de engaños y fraude (Sal.10:7).

5) Sus pies corren al mal, se apresuran para derramar la sangre inocente... destrucción y quebrantamiento hay en sus caminos. / No conocieron camino de paz (Is. 59:7-8).

6) No hay temor de Dios delante de sus ojos (Sal. 36:1).

Desde luego los judíos podrían tratar de refugiarse en la afirmación de que estas palabras de las Escrituras se refieren a los gentiles, no a ellos. Pero Pablo les corta la retirada explicando: "Sabemos que todo lo que la ley dice, lo dice a los que están bajo la ley, para que toda boca se cierre (v. 19). Es decir, los pasajes citados por él se refieren *precisamente* a los judíos. La Escritura coloca a todos bajo el pecado. Aunque en lo demás existan muchas diferencias entre judíos y gentiles, se asemejan en el sentido de que ambos son pecadores y están bajo la ira de Dios. Los judíos cometen un gravísimo error al invocar la ley como protección contra la ira divina. Dios ciertamente no ha dado la ley para que el hombre pueda jactarse de poseerla, o utilizarla como excusa. Puede decirse más bien que la intención de Dios fue precisamente lo contrario, a saber: "que toda boca se cierre y todo el mundo quede bajo el juicio de Dios". La finalidad de la ley consiste precisamente en que el hombre *calle* delante de Dios, reconociendo la justicia de su juicio. Enmudezca el hombre en cuanto a la justicia y sus pretensiones; más bien reconozca que es pecador.

Mientras la posición del hombre delante de Dios es determinada sólo por la ley, hay sólo un juicio posible: "Y no entres en juicio con tu siervo; porque no se justificará delante de ti ningún ser humano" (Sal. 143:2). Refiriéndose libremente a estas palabras de la Escritura dice Pablo: "Por las obras de la ley ningún ser humano será justificado delante de él". Quien como los judíos cree que puede adquirir justicia por medio de la ley ha interpretado mal lo que ésta significa. La ley, como dice Pablo, fue dada "para que toda boca se cierre". Pero —preguntan los judíos— "si la ley no nos ayuda a alcanzar la justicia ¿para qué sirve?" Pablo contesta: para revelar el pecado y conducir a su conocimiento. Y no se trata solamente de la revelación de los pecados singulares cometidos por los hombres. No se refiere al pecado en un sentido moralista, sino que piensa ante todo en el pecado como un poder, como δύναμις. En el eón antiguo el pecado predomina con poder ilimitado, y sólo mediante la ley comprenden los hombres que el pecado es el poder fundamental que rige su vida. Esto es lo que Pablo quiere decir cuando expresa: "Porque por medio de la ley es el conocimiento del pecado". La ley le enseña al hombre a comprender que es pecador. Se sobrentiende que los gentiles "que no tienen la ley" son pecadores y en consecuencia incurren en la ira de Dios. Ya que ahora se les tapa la boca también a los que tienen la ley y tienen que confesar sin ambages que son pecadores, el resultado está claro: "que todo el mundo quede bajo el juicio de Dios"; todos sin excepción han incurrido en la ira de Dios.

2 | EL NUEVO EÓN
LA JUSTICIA DE DIOS

3:21-4:25

Pablo ha llegado ahora al punto decisivo en que una era da paso a la otra. Hasta ahora se ha ocupado exclusivamente del eón antiguo. Toda su exposición ha estado dominada por la idea de la ira de Dios que se revela tanto contra la injusticia de los gentiles como contra la justicia legal de los judíos. Todo lo que antecede lleva a "que todo el mundo quede bajo el juicio de Dios". La ira de Dios es el juicio que abarca a toda la era antigua.

"Pero ahora —prosigue el apóstol— se ha manifestado algo completamente nuevo en la historia de la humanidad". "Se ha manifestado la justicia de Dios", δικαιοσύνη θεοῦ. Con ello ha irrumpido una nueva era. "Las cosas viejas pasaron; he aquí todas son hechas nuevas". Estas palabras de 2 Cor. 5:17 son aplicables aquí en su sentido más auténtico, lo mismo que las que siguen en seguida: "Y todo esto proviene de Dios". El cambio ocurrido no se ha efectuado por alguna acción de parte de los hombres. Todo cuanto los hombres puedan proponerse está bajo la ira de Dios, como Pablo lo ha demostrado antes. El cambio se ha efectuado gracias a la intervención de Dios mismo, por la acción que llevó a cabo en Cristo.

El enfático "ahora" con que Pablo da comienzo a este nuevo apartado no sólo tiene una significación lógica, sino también un sentido temporal. "Ahora", en los tiempos de Pablo se había producido el milagro. Dios había intervenido de un modo completamente nuevo. Antes había revelado su ira desde el cielo; ahora ha manifestado su justicia en Cristo. Pero el hecho de que Dios haya revelado su justicia en Cristo no sólo significa que ahora conocemos una característica de Dios, antes oculta para nosotros. Es más bien el resultado de una acción de Dios lo que constituye esa nueva revelación. Esto se ve claramente, por ejemplo, en la yuxtaposición con la ira de Dios. Así como la ira divina en el eón antiguo, la justicia de Dios en el nuevo es una intervención divina sumamente activa y efectiva que afecta toda nuestra existencia humana y sus circunstancias.

Siguiendo su costumbre Pablo da en seguida un título al nuevo curso de ideas. Así como encontramos los términos ὀργὴ θεοῦ la ira de Dios, que a modo de título dominan el pasaje 1:18-3:20; ya en el primer versículo, del pasaje 3:21-4:25 hallamos la rúbrica que constituye el tema de todo el pasaje δικαιοσύνη θεοῦ, "la justicia de Dios". Sin embargo Pablo no se limita a este título general. En seguida agrega algunas palabras que marcan la línea de su razonamiento posterior. Son dos las afirmaciones que se hacen en 3:21 con respecto a la justicia de Dios: (1) que ha sido revelada por Cristo; (2) que ha sido testificada por la ley y los profetas. Ambos puntos son desarrollados en la exposición siguiente: el primero en el resto del capítulo 3 de la Epístola, y el otro, en el capítulo 4.

1. La justicia de Dios revelada por Cristo 3:21-31

a) La justicia de Dios no es por la ley.

El Mesías ha venido; ha llegado el reino de Dios; la justicia de Dios ha sido revelada —estas tres sentencias de un mismo significado— indican el carácter del gran cambio que Pablo dice se ha producido. ¿Pero cuál es su significado? Significan que Dios ha establecido una relación totalmente nueva con la humanidad; relación que no se caracteriza ya por la ira de Dios, sino por su justicia. Señala que al viejo eón que estaba bajo la ira de Dios le ha sucedido una nueva era en la cual predomina la justicia de Dios.

La expresión empleada aquí: δικαιοσύνη θεοῦ, "la justicia de Dios", destaca con claridad meridiana que no se trata meramente de una nueva relación entre los hombres. Sería fácil incurrir en tal interpretación errónea. Cuando hablamos de justicia nos referimos a algo que está en oposición al pecado. Pero en vista de que el pecado es una realidad en la vida del hombre y expresa su íntima condición, fácilmente pensamos que también la justicia es una cualidad del hombre. Si el pecado se concibe como una perversión del hombre, una cualidad interior que desagrada a Dios, es muy natural interpretar de un modo análogo la justicia como la cualidad interior que brinda la complacencia de Dios. Esta posición sin embargo se aparta por completo de lo que Pablo quiere decir por "justicia". Por otra parte, también su concepto del pecado es totalmente diferente del que aquí se indica. El pecado es más que una condición interior del hombre: es también una potestad de perdición objetiva, que tiene al hombre en su poder. Y en grado aún superior, se puede afirmar lo mismo de la justicia. No es una cualidad del hombre, sino un poder objetivo por el cual Dios ha dado al hombre, mediante Cristo, una nueva posición. La justicia es de Dios y no primariamente del hombre. Pablo no habla de la justicia humana, sino precisamente de la "justicia de Dios". Además, para él, esta "justicia de Dios" está en oposición no sólo al pecado del hombre sino también a la justicia propia del hombre. Pablo está hablando todo el tiempo de Dios: primero de la ira de Dios, y ahora de su justicia. No obstante, esto no significa que no diga nada del hombre. Por el contrario, habla continuamente del hombre: primero del hombre bajo la ira de Dios, y ahora del hombre trasladado al reino de la justicia de Dios.

En consecuencia, podemos decir que con el término "justicia de Dios" Pablo no se refiere a la justicia únicamente como propiedad de Dios ni como propiedad o cualidad del hombre. Esta última interpretación errónea queda eficazmente eliminada por las mismas palabras: es la "justicia de Dios" y no del hombre. Para prevenir la primera interpretación errónea —de que se trata exclusivamente de una propiedad de Dios— creemos que la traducción más fiel de δικαιοσύνη θεοῦ es la expresión "justicia de Dios". La justicia de Dios es una realidad en medio de nosotros, que Dios ha manifestado en la Tierra. Proviene de Dios y se revela por Jesucristo. Así como la "ira de Dios" es la condición total de la era antigua, la "justicia que es de Dios" es la característica del nuevo eón.

Ya en el tema de la carta, cap. 1:17, Pablo introdujo el concepto de la "justicia que es de Dios", dando a entender con ello que este concepto es fundamental para toda la epístola. Debido a su importancia central repetidamente hemos tenido que ocuparnos de este concepto. Aquí debemos contentarnos con referirnos a dichas exposiciones, en especial las de las págs. 15 y ss. y págs. 68 y ss.

¿Pero cómo se ha revelado esta justicia entre nosotros? ¿Cómo se ha convertido en realidad entre nosotros? Lo primero que Pablo quiere destacar al contestar esta pregunta es que la justicia divina está en contraste directo con la que se adquiere por la ley y que por tanto se realiza sin intervención de ésta.

Desde la misma introducción del concepto "justicia de Dios" en el tema de la epístola, se siente el contraste con la justicia legal —acentuado por el hecho de que la justicia de Dios es denominada también "justicia por la fe". Pero este contraste no se señalaba de modo directo. Ahora el apóstol lo expresa clara y rotundamente. Si Dios revela su justicia lo hace *aparte de la ley*. Esta determinación tiene en Pablo una significación rigurosamente fundamental. Su intención no es admitir que haya otras maneras, además de la ley, para obtener la justicia de Dios. Su opinión no es que la justicia de Dios se puede alcanzar con la ley o aparte de ella. La verdad es más bien que la justicia de Dios no se puede alcanzar por vía de la ley. Donde quiera se halle esta justicia, se ha operado sin ayuda alguna de la ley. La justicia de Dios ha venido y se ha revelado por Cristo, La ley no participa en ella; se ha realizado en el sentido más profundo de la palabra "aparte de la ley". La justicia de Dios y la justicia por la ley son opuestas y se excluyen mutuamente. Donde está la una no puede estar la otra. Para Pablo es de importancia decisiva que todos entiendan desde el principio que lo nuevo de que ahora habla se ha realizado "aparte de la ley". La ley siempre habla de lo que se le exige al hombre. Pero ahora, en el nuevo eón, ya no se trata de la ley, sino de Cristo y de la fe en él; no de lo que hace o no hace el hombre, sino de lo que Dios ha hecho por Cristo. Allí donde reina la ley está la ira de Dios, no su justicia. Allí donde impera Cristo —o donde está la fe, que significa lo mismo— y sólo allí, está la justicia de Dios.

Dios ha revelado su voluntad en la ley. Pablo no tiene intención alguna de negarlo. En este sentido la ley no es abolida por el evangelio. Pero ahora la cuestión es cómo se ha revelado la "justicia que es de Dios" y cómo hemos llegado a ser partícipes de ella. Lo importante radica pues en que esto no se haya realizado por la ley sino únicamente por el evangelio, por la acción de Dios en Cristo. Afirmar que la justicia de Dios se revela y se concreta "aparte de la ley" no es rebajar la ley ni atacarla. ¿Pero quién ha dicho que seríamos justificados por la ley? Esa es sólo la opinión del hombre pecador. En su Palabra Dios no dice eso, sino todo lo contrario. Aquí Pablo se refiere a las Sagradas Escrituras del pacto antiguo, a la "ley y los profetas" como las llama con la designación tradicional de las dos divisiones principales del canon. La justicia por la ley no se encuentra en ellas. Aun la "ley y los profetas" dan testimonio de la justicia de Dios, la cual ahora se revela por Cristo, dado que el tiempo se ha cumplido. Pablo busca los testimonios fundamentales de su evangelio precisamente en estos dos grupos principales de escritos veterotestamentarios: de "los profetas" ha tomado el tema de la carta en su forma más concisa: "El justo por la fe vivirá" (1:17). Y de "la ley", es decir, de los libros de Moisés, saca las ilustraciones que le permiten trazar una imagen del "justo por la fe". Abraham, tal como se nos presenta en la narración del Génesis, llega a ser para Pablo el verdadero "prototipo" e ideal del "justificado por la fe" (cf. Rom. cap. 4). Luego, tanto la ley como los profetas dan testimonio contra la justicia legal.

b) La justicia de Dios es la justicia por la fe.

Pablo ha presentado el lado negativo: la justicia de Dios no es la justicia por la ley; cuando Dios reveló su justicia lo hizo sin el concurso de aquélla. Ahora pasa a presentar el lado *positivo*: la justicia de Dios es justicia por la fe. Lo que "la ley y los profetas" anunciaron desde antaño, por Cristo ahora, se ha tornado realidad presente. "La justicia que es de Dios" ha sido revelada por él. Sin embargo —como ya dijimos—, cuando Pablo habla de la revelación realizada por Cristo, no se trata meramente de una comunicación teórica de conocimiento. La justicia que es de Dios no sólo se ha revelado para que tengamos conocimiento de ella, sino para ser compartida con nosotros y para que se convierta en nuestra. Pero precisamente por el hecho de que se trata de un don, esa comunicación se efectúa por una vía completamente distinta de la de la ley. Se realiza por la fe.

Así como las obras se vinculan con la ley, la fe se relaciona a Cristo. En 1 Cor. 1:30 se presenta a Cristo como la justicia que proviene de Dios. Pero no sólo "para sí", sino "para nosotros", es decir, con el fin de que "nosotros fuésemos hechos justicia de Dios con él" (2 Cor. 5:21; cf. antes, págs. 69 y ss.). Esto es lo que se lleva a cabo cuando creemos en él. Entonces su justicia se hace nuestra.

Es evidente que a Pablo le interesa mucho encarecer que todo depende aquí de la fe. Por ello no se limita a afirmar que la nueva justicia es una "justicia de Dios por medio de la fe en Jesucristo". Con ello se ha dicho en verdad todo cuanto habría que decir; pero Pablo tiene interés en que se comprenda bien que aquí se trata realmente de la fe y de ninguna otra cosa. Por esto agrega, en forma que al principio parecería redundante: "para todos los que creen en él". Tal vez este agregado fuera originalmente más explícito, detallado y por ello aún más acentuado. Los manuscritos muestran en este punto variantes algo diferentes y hay muchas indicaciones para creer que la forma más larga —εἰς πάντας καὶ ἐπὶ πάντας τούς πιστεύοντας — "para todos y sobre todos los que creen" es la variante original. En vista de que cualquier agregado puede parecer redundante y superfluo, es más fácil suponer que una de las frases, bastante parecidas εἰς πάντας y ἐπὶ πάντας, se haya omitido por descuido, y no que el agregado original fuera ampliado mediante la combinación de dos frases tan semejantes. Por lo demás, es característico de Pablo repetir un nombre con preposiciones distintas cuando se trata de recalcar una cosa de modo especial. Un ejemplo de ello lo tenemos en 1:17 con su combinación de las expresiones ἐκ πίστεως y εἰς πίστιν, "por fe y para fe".

Si es correcta nuestra conclusión de que la variante más explícita es la original, surge la pregunta: ¿qué quiso expresar Pablo al emplear las dos preposiciones εἰς y ἐπί? ¿Qué quiere decir al afirmar "para todos lo que creen" y qué más quiere agregar al continuar: "sobre todos los que creen"?

No es evidente por sí mismo que con cada una de estas expresiones Pablo haya querido recalcar una cosa distinta. Puede que sólo quisiera aumentar el énfasis. La palabra que se repite es "todos". El efecto más evidente de la repetición es acentuar la universalidad de la justicia por la fe. Esto es lo que Pablo ha dicho ya en su tema en 1:16 donde se dice que "el evangelio es poder de Dios a todo aquel que cree", παντὶ τῷ πιστεύοντι. Cuando se anuncia el evangelio, cuando se revela la justicia de Dios, cuando viene Cristo, entonces se aproxima la salvación para aquel que cree y, en efecto, para todos los que creen, para cada cual sin excepción ni distinciones. Esto coloca una importancia extraordinaria sobre la fe. Todo depende de la fe y de la fe sola. Aquí el pensamiento de Pablo puede expresarse de la manera más sencilla y acertada mediante la fórmula "sola fide", "por la sola fe". Esto presenta el contraste con que Pablo opera aquí: aparte de la ley —por la fe.

Que la justicia de Dios viene "a todos los que creen" en Cristo, y se hace de ellos, es un pensamiento claro y sencillo que no ofrece dificultad a la interpretación. Menos claro resulta el significado de la frase "sobre todos". Muchos han expresado su extrañeza por que Pablo haya empleado en este contexto la preposición "sobre". Parecería no adaptarse muy bien a lo que se dice en cuanto a la justicia. ¿Qué puede significar que la justicia divina se revele "sobre todos los que creen"? Podemos hallar la respuesta en el capítulo 1:18 donde figura un exacto paralelo del versículo en consideración. Allí se dice que "la ira de Dios se revela desde el cielo contra toda impiedad e injusticia de los hombres". Los dos pasajes hacen afirmaciones exactamente paralelas con relación, respectivamente, a la antigua y la nueva era. En ambos casos rige idéntica universalidad. Todos están bajo la ira de Dios; y *todos* los que creen en Cristo participan en la justicia de Dios. En ambos se emplea la misma preposición ἐπί, "sobre". Es evidente que la coincidencia es intencional por parte de Pablo y el paralelismo se ha conservado estrictamente en cada punto. *Sobre* todo el eón antiguo impera la ira de Dios; *sobre* todo el eón nuevo reina la justicia divina. Así como en el eón antiguo *todo* está puesto bajo el poder del pecado y de la muerte, en el eón nuevo *todo* está colocado bajo la potestad salvadora de la justicia de Dios. De lo alto, desde el cielo, viene la ira divina contra toda injusticia de los hombres. Y de lo alto viene la justicia de Dios a todos los que creen. Esa justicia procede de Dios y desciende hacia nosotros por Cristo. En ambos casos la palabra ἐπί se refiere a algo que desde arriba desciende sobre el hombre, se apodera de él y lo domina. De este modo la expresión "sobre todos los que creen" se convierte en un nuevo testimonio de la naturaleza de la justicia revelada por Cristo. Por fe en él somos recipientes de la justicia que de Dios desciende hacia nosotros. No es una cualidad interior de nosotros mismos, sino una intervención activa de Dios por medio de la cual él transforma nuestra existencia y la pone bajo otras condiciones. Antes la ira de Dios perseguía desde el cielo a la humanidad condenada a muerte. Ahora por medio de Cristo, el cielo de la justicia y de la vida se extiende sobre todos los que creen. Por la gracia de Dios el hombre es incluido en la justicia de Dios. Así como la ira es un poder objetivo que ejerce su potencia para la destrucción del hombre, la justicia de Dios es también una potencia objetiva que ejerce sobre él su poder para redención y vida.

Mientras los hombres están bajo la ley siempre hay diferencias entre ellos. Hay diferencia entre los justos y los pecadores, entre los que se esfuerzan por guardar la ley y los que la infringen. En cuanto al cumplimiento o violación de la ley hay una interminable gradación de más o menos obediencia o transgresión. Pero toda diferencia de esa clase se desvanece ante la nueva justicia de Dios. "No hay diferencia". Todos sin excepción son pecadores delante de Dios. "Todos pecaron" —éste es el punto de partida de toda la obra salvadora de Dios. Nadie posee nada que pudiera servir para motivar el amor divino. En este sentido todos están equiparados. La justicia propia del hombre, que por lo demás puede ser de gran importancia tratándose de la convivencia humana, no desempeña papel alguno como fundamento de la acción salvadora de Dios. Ésta depende solamente de él. El único motivo está en Dios mismo, en su voluntad benigna.

Este pensamiento se torna aún más claro con la declaración de que "todos pecaron y están destituidos de la gloria de Dios". Allí donde está Dios, está su gloria, δόξα θεοῦ. El reino, el poder y la gloria son de Dios. Pero nosotros somos partícipes de esa gloria. Dios no nos ha creado para que vivamos bajo el dominio de poderes ajenos, en tinieblas y muerte, sino para que moremos en su reino y participemos en su gloria. "Pero gloria y honra y paz a todo el que hace lo bueno" —así caracteriza Pablo en 2:10 la intención de Dios para con la humanidad. Pero el pecado ha impedido la realización de este propósito. Puesto que todos pecaron, están excluidos de aquello que Dios había destinado para ellos. Todos han caído en la servidumbre del pecado y de la muerte.

Esta era la situación cuando Dios reveló su justicia. Pablo considera este estado inicial de máxima importancia. Lo único que en tal relación se puede decir de la humanidad es: "todos pecaron, y están destituidos de la gloria de Dios". Ahora bien: si Dios los reviste de una nueva justicia, o —lo que es igual— los justifica, no puede hablarse de que éstos hayan contribuido en alguna forma a ello. Los que son justificados son *pecadores* en el sentido más propio de la palabra. ¿Cómo sucede esto? "Son justificados gratuitamente por su gracia, mediante la redención que es en Cristo Jesús". Salta a la vista que detrás de esta afirmación hay una negación. En lo que antecede Pablo se ha empeñado por excluir toda idea de que el hombre haya merecido de alguna manera la justificación. Y ahora que está por exponer el fundamento positivo de la justificación en la acción de Dios en Cristo, le guía el mismo interés. Expresamente acumula determinaciones apropiadas para excluir todo pensamiento de mérito o dignidad humanos. Lo hace con la intención positiva de destacar claramente que está hablando de un don. Es algo que se nos da gratuitamente, sin mérito nuestro, y por la gracia de Dios. Sin que para nada intervenga nuestra propia colaboración, Dios nos ha colocado en una nueva situación. Y si a ello se añade que esto se hizo "mediante la redención que es en Cristo Jesús", el término redención encierra la reminiscencia del estado servil en la cual se encuentra el hombre y que le hace imposible abrirse por sí mismo el camino hacia la justicia de Dios.

De este modo lo positivo y lo negativo conducen al mismo punto. Cuando Pablo quiere manifestar que la justificación es obra de Dios, sólo puede hacerlo con eficacia repitiendo constantemente que *no* es obra del hombre. Cada afirmación negativa referente a la ley y las obras; cada palabra acerca del pecado del hombre y su alejamiento de la gloria divina, sirve al único fin positivo de glorificar la obra de Dios en Cristo. Allí el pensamiento de Pablo se condensa en una sola gran afirmación. La justicia es algo que desciende de lo alto, de Dios. Si fuese una justicia lograda por el hombre, sería la base de distinciones entre los seres humanos y reclamaría su alabanza. Unos podrían presentar una justicia mayor; otros una justicia menor. Ahora empero queda excluida toda justicia "de abajo", toda justicia lograda por el hombre. "Todos pecaron" y la ira de Dios cae sobre todos. En lo negativo están comprendidos todos, sin excepción. Pero no sólo allí.

Ahora que Dios ha revelado su justicia en Cristo, tampoco allí existe diferencia alguna: todos son justificados por gracia mediante la fe en Cristo. Todos los que están "en Cristo" participan de su justicia, no unos más ni otros menos; pues no depende de lo que el hombre haga, sino de lo que recibe de la libre gracia de Dios. Lo que el hombre *hace* lo presenta como pecador delante de Dios; lo que *recibe* de Dios lo caracteriza como justo.

Pero volvamos a las palabras de Pablo sobre la "redención que es en Cristo Jesús". Para Pablo, la justicia que es de Dios y la redención están indisolublemente unidas. Así como en 1 Cor. 1:30 dice que Cristo nos ha sido hecho justificación y redención aquí también coloca juntos estos conceptos. Es una redención, una liberación que se ha realizado "en Cristo". Este término ἀπολύτρωσις, "redención", no ha sido elegido arbitrariamente. Su uso reconoce la situación de la humanidad en el antiguo eón, su servidumbre bajo los poderes de la perdición, y quiere mostrar que esta situación ha cambiado completamente "en Cristo". "La redención que es en Cristo Jesús" es algo que aconteció en un punto determinado de la historia de la humanidad, pero a la vez algo que se extiende a través de toda esa historia. Aquí se contempla en unidad lo que acaeció una vez en la muerte y resurrección de Cristo y que sigue aconteciendo cuando los hombres son incorporados en él y se convierten en miembros de su cuerpo. "En Cristo" fue destruida de una vez por todas la potestad de los poderes adversarios de Dios. Por consiguiente, es cierto también que los que están "en Cristo", están por ello libres de todos los poderes que en el antiguo eón mantenían presa a la humanidad.

En los capítulos 5-8 Pablo tiene amplia oportunidad de retomar este tema. Allí puede hablar detenidamente de los poderes de perdición de los cuales nos hemos liberado "en Cristo": la ira, el pecado, la ley, la muerte. Aquí, en el capítulo 3, se limita a mostrar *cómo* se verificó esta liberación y cómo se reveló la justicia que es por la fe.

c) ¿Como se manifestó la justicia que es por la fe?

¿Cómo procedió Dios al revelar su justicia? Pablo responde: *puso delante de todo el mundo a Cristo como "propiciación".*

En esta relación emplea un término cuyo sentido general es perfectamente claro, pero cuyo empleo particular en este caso admite interpretaciones distintas. Se trata de la palabra ἱλαστήριον. La dificultad de saber a ciencia cierta qué quiso expresar Pablo con esta palabra, aumenta por el hecho de que figura pocas veces en el Nuevo Testamento. Aparte de este versículo —el único en que Pablo mismo la usa— figura una sola vez en el Nuevo Testamento, a saber, en Heb. 9:5. Algunas traducciones de la Biblia sugieren que Pablo emplea la voz ἱλαστήριον en un significado general y abstracto. Dios nos ha dado a Cristo como "propiciación" —medio de expiación—. [1] Otra interpretación, que aparece en otras versiones, se basa en los Padres griegos (p. ej. Orígenes), y fue aceptada por Lutero, afirma que Pablo emplea el término en su significación concreta de propiciatorio o "asiento de la misericordia". Razones convincentes apoyan esta última. La Septuaginta emplea ἱλαστήριον como término técnico para designar el propiciatorio o "asiento de la misericordia", la cubierta del arca del pacto que estaba detrás del velo en el lugar santísimo. En este sentido concreto se usa también en Heb. 9:5. Se impone la idea de que Pablo la ha empleado aquí con esa significación. Se adapta particularmente bien a este contexto y por su concreción concuerda mucho mejor con el modo de pensar y de expresarse de Pablo que el otro sentido que tan poco refleja su vigor característico.

La razón principal por la cual los exegetas se mantienen en una posición dubitativa con respecto a este sentido más natural y concreto del término es que han considerado chocante que Cristo fuera comparado con un utensilio de culto como es el propiciatorio. Se ha opinado, además, que el verbo "puso" está claramente en contra de esta interpretación. El propiciatorio no se exponía a la vista pública sino que era ocultado a las miradas del pueblo en el lugar santísimo. Pero éstas y otras dificultades son de poco peso cuando prestamos atención a lo que constituye el punto principal en las palabras de Pablo. Y cuando se propone —ya que en todo caso la situación es dudosa— que lo más seguro sería usar el término general "medio de expiación" y dejar que el contexto señale su significación (Lietzmann), debe objetarse que precisamente el contexto muestra que Pablo quiso

---

1. Así Reina Valera, e Hisp. Amér. La V. Moderna dice: "expiación por el pecado". (Nota de los traductores).

decir "propiciatorio". En efecto, Pablo se mueve aquí todo el tiempo dentro de un círculo de ideas que se agrupan alrededor de ese pensamiento. La comparación con el Antiguo Testamento lo aclara inmediatamente.

En Israel el propiciatorio era el lugar donde Dios se manifestaba. En Ex. 25:22 Dios le dice a Moisés: "De allí me declararé a ti, y hablaré contigo de sobre el propiciatorio, de entre los dos querubines que están sobre el arca del testimonio, todo lo que yo te mandare para los hijos de Israel". En el propiciatorio Dios revela su "gloria". Por ello, cuando en la fiesta de la expiación el sumo sacerdote entra en el lugar santísimo, debe llevar consigo incienso, "y la nube del perfume cubrirá el propiciatorio que está sobre el testimonio, para que no muera" (Lev. 16:18), y debe rociar la sangre de la víctima siete veces ante el propiciatorio para hacer expiación por el pueblo y apartar la ira de Dios por sus pecados.

Dentro de este círculo de representaciones se mueven los pensamientos de Pablo. Todos los conceptos que aparecen aquí —la manifestación de Dios, la ira de Dios, su gloria, la sangre y el propiciatorio— aparecen también en Pablo. Antes de esto ha hablado de una humanidad que está bajo la ira de Dios y "está destituida de la gloria de Dios" (v. 23). A esta humanidad le ha revelado Dios su justicia; lo ha hecho dando a Cristo como propiciatorio. En Cristo, Dios se revela en su gloria. No la oculta como antes en el lugar santísimo tras una nube de incienso. Por el contrario, ahora ha "puesto" a Cristo, ante todo el mundo como nuestro ἱλαστήριον, nuestro propiciatorio. Quien cree en él ya no está bajo la ira de Dios sino que, como dice 5:2, puede gloriarse en la esperanza de compartir su gloria.

Cuando Pablo habla de que Dios puso a Cristo como propiciatorio, piensa en un punto preciso de la historia. Aquí no se trata primordialmente de la encarnación de Cristo, sino de su muerte. Por "su propia sangre" Cristo llegó a ser nuestro propiciatorio. El Cristo crucificado y resucitado es nuestro *Redentor y Reconciliador*. Es importante que se digan las dos cosas; y Pablo habla de ambas en nuestro contexto. Pero no es menos importante tener en cuenta que para él, redención y reconciliación no son dos cosas distintas. En un solo aliento habla de ambas. Trata de "la redención en Cristo Jesús a quien Dios puso como propiciatorio" (reconciliador). La obra de Cristo es llamada redención porque mediante ella somos liberados de la servidumbre de los poderes hostiles. Pero como la misma obra nos liberta de la ira de Dios y nos da paz con él, puede ser denominada también reconciliación (cf. 5:1, 9-11). Aquí, como en todas partes Pablo recalca que la reconciliación es obra de Dios. El fue quien puso a Cristo como propiciatorio. "Dios estaba en Cristo reconciliando consigo al mundo" (2 Cor. 5:19).

¿Qué finalidad perseguía Dios al poner así a Cristo como propiciatorio? Pablo contesta: con ello quiso mostrar y revelar su justicia ante todo el mundo. Obsérvese el papel central que le es asignado a la idea de la manifestación, la presentación pública y la demostración en todo este pasaje (3:21-31). En el título se menciona que la justicia de Dios se ha manifestado por Cristo y después vuelve a aparecer el mismo pensamiento en múltiples variaciones en el transcurso de la exposición. Se habla de cómo Dios presentó a Cristo manifiesta y públicamente como propiciatorio, y ahora se dice que con ello Dios muestra y revela su justicia. Luego, desde la muerte y resurrección de Cristo la justicia de Dios es una realidad presente y manifiesta en nuestro mundo. Ha comenzado la nueva era del cumplimiento, de la gracia y de la justicia.

Según Pablo existe una relación entre la actuación presente de Dios y la anterior. El eón antiguo era la época de la ira de Dios. Sin embargo, ello no significa que la humanidad haya experimentado durante este tiempo exclusivamente la ira divina. En su longanimidad Dios se mostró indulgente con los pecados de los hombres y se abstuvo de destruirlos inmediatamente. Esto lo hizo como anticipo de la justicia que había de revelar por medio de Cristo cuando cumpliera el tiempo. Desde sus principios la historia de la relación de Dios con la humanidad tiende a esta nueva revelación. Dios quiso revelar su justicia en "el tiempo actual", es decir, en el eón que comenzó con Cristo, para mostrarse justo él mismo y para justificar al que cree en Jesús como en el Cristo.

Esta línea de pensamiento que en cuanto a su forma de expresión es uno de los pasajes más difíciles de Romanos nos permite formarnos una buena idea de lo que Pablo quiere decir con δικαιοσύνη θεού, "justicia de Dios". Esto era difícil de entender en cuanto estábamos limitados a la alternativa de considerar la justicia o como propiedad de Dios o como cualidad correspondiente al hombre que lo hace acepto a Dios. Su sentido sería entonces aproximadamente el siguiente: la justicia de Dios exigiría que la humanidad pecaminosa fuera destruida por su ira. Pero eso habría reducido a la nada su propósito para el hombre. Por eso se mostró indulgente con el pecado y ha pasado por alto la injusticia humana. Pero también esto entraña un peligro. Pues podría parecer que Dios realmente no tomó en serio su juicio sobre el pecado, y que por lo tanto no es verdaderamente justo. Era necesario, pues, que alguna vez "mostrara su justicia". Esto lo hizo al presentar a Cristo como medio de expiación. Con la muerte expiatoria de Cristo, quedaría definitivamente establecido que en efecto Dios juzga el pecado y, sin embargo, puede perdonar sin sacrificar su justicia. "Con ello se logran dos cosas a un mismo tiempo: Dios se muestra como el Justo y a la vez atribuye justicia al pecador que cree en Cristo" (Althaus). Por medio de Jesucristo, Dios ha justificado su acción y no ha dejado duda alguna en cuanto a su justicia. Aunque su moderación y clemencia pudieran hacer suponer lo contrario, ahora con la muerte de Cristo ha demostrado "que es justo".

Hay en este razonamiento un sentido claro y armónico. Hasta se podría aplicar el *nihil rationabilius* de Anselmo. Es una demostración lógica de la necesidad de la muerte reconciliatoria de Cristo, a partir de la justicia punitiva de Dios. Pero contiene dos errores: no tiene apoyo en el texto y por su contenido no corresponde al pensamiento de Pablo. Este no está tratando de dar una prueba racional de la necesidad de la muerte de Cristo. Habla de lo que Dios *ha* hecho, no de lo que *tenía que hacer*. No habla de algo que Dios haya hecho para justificarse a sí mismo, sino de lo que ha hecho para justificarnos a nosotros. Se ha pretendido ver en estas palabras de Pablo una "teodicea", una defensa de la acción de Dios para con la humanidad antes de Cristo. Pero Pablo no conoce teodicea alguna, ni siquiera en los caps. 9-11 y menos aun en este lugar. El texto no dice que Dios quisiera demostrar que es justo sino que presentó a Cristo como propiciatorio para ofrecer su justicia (εἰς ἔνδειξιν τῆς δικαιοσύνης αὐτοῦ). La justicia de que aquí se trata (v. 25) no es otra que la mencionada en el v. 21, la misma que encontramos por todas partes en Romanos. Se trata siempre de la "justicia de Dios" con todo lo que ella implica. Y cuando en el v. 26 Pablo resume el propósito de Dios al presentarnos a Cristo como propiciatorio, no dice "para que Dios sea *hallado justo*" sino que simplemente dice: para que de ese modo "Dios sea el justo, y el que justifica al que es de la fe de Jesús". La justicia que Dios revela por Cristo es su propia justicia. El mismo es justo, y esa su justicia la participa ahora mediante Cristo a todo aquel "que se encuentra dentro de la esfera de la fe". Tal vez fuera esta la mejor forma de traducir la expresión aquí empleada: τὸν ἐκ πίστεως

De este modo para Pablo todo se fusiona en una gran unidad: el punto de partida es la justicia de Dios. Por Cristo, la "justicia de Dios", que él es en su propia persona, ha venido a nosotros y se ha convertido en realidad manifiesta en nuestro mundo. Y οἱ ἐκ πίστεως, es decir, aquellos que por fe han llegado a ser miembros de Cristo y viven su vida "en Cristo", son justificados por él; se transforman como él en "justicia que es de Dios". Mas su justicia no es propia de ellos, como si ellos la hubieran producido, sino que es de Dios. No es justicia por la ley, sino de la fe, δικαιοσύνη ἐκ πίστεως. Aquí vemos, tal vez con mayor claridad que en cualquier otra parte, cómo el concepto que Pablo tiene de la "justicia de Dios" rompe totalmente la alternativa tradicional: "la justicia de Dios o la justicia del hombre". La justicia de la nueva era es a la vez la justicia propia de Dios y la que nos ha sido conferida por medio de Jesucristo. Es la justicia propia de Dios y no obstante es una realidad en medio de nosotros, así como la ira de Dios es una realidad en nuestro mundo, mientras dure la era antigua.

d) La justicia por la fe excluye toda jactancia.

"Dónde, pues está la jactancia?" Esta es la próxima pregunta de Pablo. Desde su época de fariseo sabía con cuánta facilidad se pasa de la justicia a la jactancia. Los judíos se gloriaban del simple hecho de tener la ley (2:23), pues aunque personalmente no la cumplan, el poseerla los coloca en cierta relación con la justicia. Y más aun, aquel que guarda la ley y es justo, tiene en la opinión de los judíos algo de que gloriarse.

Por esto Pablo se ve obligado a plantear la pregunta. Por medio de Cristo entró la justicia en nuestro mundo. No sólo nos enfrenta como un postulado o un ideal, sino como un hecho, como una realidad presente. ¿Quien cree en Cristo *es* justo? ¿Qué ocurre entonces con la jactancia? ¿Queda lugar para ella? No, responde Pablo, "queda excluida". Y por lo que ya ha dicho, es evidente que esa tenía que ser la respuesta. "No hay diferencia, por cuanto todos pecaron y están destituidos de la gloria de Dios". Y cuando son justificados, es un don, de modo que no hay ocasión para que se jacten. Mas ahora después de haber aclarado cómo procedió Dios al revelar su justicia, Pablo puede explicar aun mejor por qué no hay lugar para la jactancia.

Toda jactancia queda excluida. La mera posibilidad se ha desvanecido. ¿Cómo ha sucedido esto? O para citar literalmente a Pablo: "¿Por cuál ley? ¿Por la de las obras? No, sino por la ley de la fe". La "ley de las obras" es la misma que Pablo por lo general denomina sencillamente "la ley". Por tanto no es la ley la que excluye la jactancia. Es cierto que la ley fue eficaz también para este fin: para aniquilar la jactancia, y lo ha logrado en gran medida. Recordemos que Pablo ya ha dicho antes: "Porque por medio de la ley es el conocimiento del pecado". La función y propósito de la ley es "que toda boca se cierre y todo el mundo quede bajo el juicio de Dios". La ley cumplió con éxito extraordinario esta tarea de destruir toda jactancia. Si alguien quisiera vanagloriarse ante Dios, la ley le saldría al encuentro con su exigencia de santidad y lo haría enmudecer.

No obstante Pablo dice que por la ley no se excluye la jactancia. ¿Por qué no? Porque la ley no puede extirparla en forma definitiva. Puede aniquilar la jactancia *efectiva* pero no *fundamentalmente*. En un caso tras otro la ley puede mostrarle al hombre que no está a la altura de lo que Dios requiere; que no tiene de qué jactarse; que no ha alcanzado la justicia íntegra y total. Pero mientras el hombre se mantenga en el nivel de la ley, siempre le queda al menos la posibilidad teórica de responder mejor en lo futuro a los postulados de la ley. Cada palabra condenatoria que ahora le cierra la boca y le quita la posibilidad de jactarse, se convierte a la vez en un llamado a aumentar sus esfuerzos para obtener la justicia. Si por el camino de la ley el hombre pudiese llegar a la justicia —y en la medida en que lo consiguiera— tendría algo de qué jactarse, puesto que la finalidad de la ley es la justicia. Al menos hipotéticamente, pues, el hombre podría aspirar a un futuro en el cual se justificara la jactancia. Está en la naturaleza misma de la ley el que no pueda excluir esta posibilidad. Porque "las obras de la ley" son obras propias del hombre, la justicia de la ley propia del hombre, y motivo para que se gloríe.

Pero la fe termina de una vez por todas con todo esto. Aquí existe una justicia que no sólo es posible hipotéticamente. Una justicia ya real; no una justicia que quizás pueda lograrse alguna vez, sino que existe en este momento y en esta nuestra tierra. Pero no cabe la posibilidad de jactarse, ya que esa justicia no es producto del hombre mismo. Ha descendido a él de lo alto, de Dios. Aunque, puesto que le ha sido dada, es en cierto modo suya, y en Cristo él mismo es hecho "justicia de Dios", es suya simplemente como algo que ha recibido y por lo cual debe agradecer a Otro. No hay razón para que se jacte. Sólo cuando se ve este hecho se hace imposible la jactancia.

La causa más profunda por la cual toda jactancia queda excluida, la indica Pablo en el v. 28: "El hombre es justificado por fe sin las obras de la ley". La exclusión de las obras de la ley y la de la jactancia son correlativas. Si en la justificación quedara algún lugar para las obras de la ley, también habría una oportunidad para la jactancia. Pero ahora, Pablo ha excluido totalmente de esta esfera la ley y sus obras mediante las palabras χωρὶς ἔργοων νόμου.

Para usar acertadamente la expresión de Lutero: *in loco justificationis*, las obras de la ley nada pueden hacer. En la justificación es cuestión de la fe y *de la sola fe*.

Es sabido que los católicos romanos reprocharon acerbamente a Lutero el haber empleado en el v. 28 la expresión *allein durch den Glauben* (por la sola fe). Hasta se le acusó de falsificar el texto. Pero muy al contrario, la frase "sola fide", "por la sola fe" expresa exactamente lo que Pablo quiere decir aquí. Quiere decir precisamente que en la cuestión de la justificación todo está excluido, salvo la fe; y precisamente esto es lo que dice la fórmula "por la sola fe". La mejor prueba de que esto es lo que significa el texto, lo constituye el hecho de que ya mucho antes de Lutero diversos exegetas de las más distintas orientaciones elegían con toda espontaneidad la locución "sola fide" cuando se trataba de expresar el pensamiento de Pablo en ese lugar. Baste con mencionar los nombres de Orígenes, Pelagio y Marsilio Ficino. El hecho de que estos hombres cuya posición era tan diametral-

145

mente opuesta a la de la Reforma emplearan con toda naturalidad y sin titubear la fórmula "sola fide", muestra más claramente que ninguna otra cosa que cuando Lutero dijo: "por la sola fe", no se hizo culpable de introducir subrepticiamente una idea extraña para ayudar a la Reforma. Se trata tan sólo de la manera natural de expresar lo que el apóstol quiere decir.

Por lo contrario, la oposición a "sola fide" debe considerarse como manifiesta tergiversación del pensamiento de Pablo. Pues ¿por qué se ha objetado el "por la sola fe"? Para dar lugar a la "fe formada por la caridad", a la *fides caritate formata*, Y ¿por qué tanto afán por introducir en esta relación también la "caridad" mientras que Pablo sólo habla de la "fe"? Porque "la caridad es el cumplimiento de la ley". Los hombres no se han conformado con prescindir de la ley, a pesar de las repetidas declaraciones de Pablo en el sentido de que Dios, al revelar su justicia, lo hizo sin la colaboración de la ley (χωρὶς νόμου, v. 21; χωρὶς ἔργων νόμου, v. 28). No han podido sentir que la fe en Cristo es la justicia completa y cabal. Han insistido en que, si por la fe llegamos a ser partícipes de la justicia divina, ello ha de deberse a que la fe incluye en efecto el "cumplimiento de la ley". Pero esto es afirmar precisamente lo contrario de lo que Pablo dice aquí.

En la fe en Cristo ha hallado Pablo aquello que une a los judíos y a los gentiles, superando la gran hostilidad entre ellos. "En su carne abolió las enemistades, la ley de los mandamientos expresados en ordenanzas para crear en sí mismo de los dos *un solo* y nuevo hombre, haciendo la paz y mediante la cruz reconciliar con Dios a ambos en *un solo* cuerpo" (Ef. 2:15-16). También desde este punto de vista es importante que la ley quede excluida. Si la ley realmente contara, los judíos tendrían una verdadera ventaja, por cuanto a diferencia de los gentiles, ellos la han recibido. De ahí que para Pablo fuera esencial afirmar que ese hecho no les abría a ellos otro camino de justicia y redención que el que estaba abierto a los gentiles. Sólo en Cristo, solamente por la fe en él, les es dada la justicia de Dios. "¿Es Dios solamente Dios de los judíos? ¿No es también Dios de los gentiles? Ciertamente, también de los gentiles". Así como Dios es *uno*, también existe *un solo* camino para toda la humanidad. En este sentido no hay diferencia entre judíos y gentiles.

Pablo ha eliminado la justicia por la ley y establecido la justicia de la fe. ¿Anula con ello la ley? Todo lo contrario. Ya hemos visto que "la ley y los profetas" no pueden aducirse como autoridades para la justicia legal. La ley misma da testimonio en *contra* de la justicia legal, y *a favor* de la justicia por la fe. Lo expuesto ofrece ahora a Pablo la posibilidad de determinar esta relación en forma más precisa. El fin para el cual Dios dio su ley a la humanidad que se hallaba bajo el poder del pecado fue conducir a los hombres al conocimiento de su pecado "para que toda boca se cierre y todo el mundo quede bajo el juicio de Dios". La justicia legal está en contraste absoluto con este significado de la ley. En lugar de ello conduce a que el hombre se jacte ante Dios. Estamos pues aquí ante el hecho extraño de que precisamente la justicia legal que con tanta firmeza cree estar basada en la ley y que tanto celo muestra por su cumplimiento, la aniquila. En cambio la justicia por la fe realmente actúa, en la misma dirección de la ley, cuando ésta es concebida en su verdadero sentido. La justicia por la fe hace lo que la ley debería hacer: excluye toda jactancia. Demuestra que la ley tiene razón al cerrar toda boca. Así exalta la ley y le da validez. Más adelante Pablo tendrá oportunidad de señalar que también en otro sentido existe una relación positiva entre la ley y la justicia por la fe. En este contexto, donde trata de mostrar que la justicia por la fe excluye toda jactancia, le basta con haber comprobado que en este sentido ley y fe son solidarias y se apoyan mutuamente. La fe en Cristo no destruye la ley; sino que la confirma y le ayuda a lograr el resultado para el cual fue dada.

2. La justicia de Dios atestiguada por la ley y los profetas 4:1-25

a) La justicia de Abraham fue justificada por la fe.

Toda la historia de salvación de Dios con la humanidad constituye para Pablo una gran unidad. Hay una unidad interior entre el antiguo y el nuevo. La justicia por la fe confirma la ley y le confiere validez —con esta sentencia cerró Pablo el curso de sus pensamientos en el tercer capítulo. Ahora en el cuarto, reanuda la cuestión desde el lado opuesto, y refiriéndose a la frase

147

de 3:21 mostrará que "la ley y los profetas" confirman la justicia por la fe. ¿Cómo procede en este caso?

Ya antes hemos encontrado a Pablo en una situación parecida cuando, en 1:17, tomó el tema de su carta de una sentencia del Antiguo Testamento. Esa frase del profeta — "el justo por la fe vivirá"— ya la había reclamado para sí la piedad legal judía, usándola como expresión sintética de su posición religiosa. Pero con su interpretación — "el que es justo por la fe, vivirá"— Pablo la arranca a los representantes de la justicia legal convirtiéndola en lema y título principal para la justicia por la fe (cf. ante pág. 74). De manera exactamente análoga procede aquí.

Los judíos veían representada su relación con Dios en la figura de Abraham. Con orgullo se llamaban "hijos de Abraham". No sólo era el fundador de la raza, del cual el pueblo judío descendía por vía hereditaria (κατὰ σάρκα), sino que de él también derivaban sus ventajas espirituales. Con él Dios había convenido el pacto en el cual se basaba la posición privilegiada de Israel como pueblo escogido de Dios. Este acto de elección divina también era el origen de "la ley y los profetas". Cuando querían explicar lo que significa la verdadera justicia ante Dios, les bastaba con señalar a Abraham. Tanto por el testimonio de las Escrituras como por las interpretaciones de la teología judía, Abraham era el "justo" por antonomasia. Y puesto que el pacto de Dios con Israel era un pacto legal, Abraham se convertía en el *prototipo del justo por la ley.*

Pablo concede que Abraham es justo y reconoce su típica significación como patriarca del pueblo elegido; pero niega que los judíos tengan derecho alguno a invocar la justicia de Abraham como dechado de su propia justicia legal. Lo que Pablo hace en el capítulo cuarto puede caracterizarse de la siguiente manera: arranca a Abraham a los representantes de la justicia legal, y lo presenta como el *prototipo del que es justo por la fe.* Para ello parte de la cuestión de la jactancia que acaba de tratar.

"¿Qué, pues, diremos que halló Abraham, nuestro padre según la carne? Porque si Abraham fue justificado por las obras, tiene de qué gloriarse". Aquí resurge pues la jactancia, esa jactancia de la cual poco antes decía Pablo que la ley y la fe tienden a hacerla imposible y a excluirla. Pero por otra parte resulta innegable que si Abraham alcanzó por las obras su posición de justo, posee realmente algo de qué gloriarse. Posee algo propio en qué apoyarse.

Pero es precisamente esto lo que Pablo se propone negar. Delante de los hombres Abraham puede tener gloria, "pero no para con Dios". Ante Dios no puede haber gloria humana alguna. Pablo puede negar la conclusión, puesto que no reconoce las premisas en que se basa. Porque en verdad la justicia de Abraham no provenía de la ley ni de las obras, sino de la fe. No sólo lo dice Pablo, sino también lo atestiguan las Escrituras. Pablo tiene de su lado lo que dicen de Abraham y de su justicia "la ley y los profetas". "Porque ¿qué dice la Escritura? *Creyó* Abraham a Dios, y le fue contado por justicia". En el pasaje citado de la Escritura (Gen. 15:6) no se menciona obra alguna de Abraham; sólo se menciona su fe. Creyó en Dios cuando éste le dio su promesa: "Multiplicaré tu descendencia como las estrellas del cielo", y *esto* le fue contado por justicia. Así fue cómo según las Escrituras, Abraham llegó a ser "justo". Precisamente en el término le fue "contado", Pablo ve una indicación de que se trata de un acto de la gracia divina. "Contar" significa lo mismo que "contar por gracia". Por ello Pablo continúa: del que realiza obras no puede afirmarse que el premio le es "contado por gracia" sino que lo recibe en virtud de su mérito; "mas al que no tiene obras, sino que cree en Aquel que justifica al impío, su fe le es contada por justicia".

Pablo ha llegado aquí a un punto de suma importancia en su interpretación. Aquí no puede tolerar la menor falta de claridad. Debe exigir líneas puras y claras. No tolera indecisión alguna entre fe y obras, sino que insiste en un nítido sí o no. O depende de las obras —y continúa la jactancia, pues el hombre se declara justo en virtud de sus merecimientos, y no por la gracia. O depende de la fe —y entonces queda excluido todo lo demás: obras, mérito, premio y gloria; entonces se trata realmente de la justificación *del pecador*. En otras palabras: ya no es *nuestra* acción, sino la de *Dios*. La fe siempre tiene como correlación la obra divina. La fe es lo que es, por su vinculación con Dios. Cuando Pablo habla de la fe no se trata nunca de una mera función psíquica —por decirlo así— pues siempre la fe es determinada por su objeto. Así, pues, aquí habla de la fe como "fe en Aquel que justifica al impío". Solamente así, es decir, actuando Dios y dejándolo nosotros obrar, puede llegar a nosotros la justicia divina. Es natural que la justicia de Dios no pueda ser otra cosa que la justicia de la *fe*. De ello dan testimonio las palabras de la Escritura citadas por Pablo: "Creyó Abraham a Dios, y le fue contado por justicia".

Muchas veces se ha considerado sorprendente que hablando del justo Abraham, Pablo insista tanto en que Dios justifica al impío. ¿Dónde dice la Escritura que Abraham fuera "impío"? Pero esta pregunta es completamente superflua. Es evidente que Pablo no tiene intención de declarar a Abraham pecador en un grado especial. Obsérvese que en el texto no se alude a Abraham al hablar del impío. Lo que Pablo quiere probar por las Escrituras, al citar el ejemplo de Abraham, es que su justicia era la justicia de la fe. Aclarado esto, pasa a hablar en general de la naturaleza de la justicia por la fe. Que el "impío" o pecador sea justificado por Dios, está en armonía con cuanto Pablo ha expuesto anteriormente. Es verdad que a sus adversarios fariseos debería parecerles blasfemia lo que para Pablo es una verdad irrenunciable con la cual su evangelio como un todo se mantiene o se derrumba. Si es un hecho que la justificación es obra de Dios y no nuestra, ello significa que Dios da su justicia al que no la tiene, al que está bajo el poder del pecado. El hombre no es justo ni puede hacerse justo a sí mismo: "Todos pecaron, y están destituidos de la gloria de Dios, siendo justificados gratuitamente por su gracia".

Para Pablo la esencia de la justificación es el *perdón de los pecados*. Si Dios imputa el pecado a un hombre, ello significa que éste está bajo la ira divina y el poder de la muerte. Pero cuando el pecado es perdonado y no le es imputado, quiere decir que el hombre ha sido liberado de la ira de Dios y puesto bajo su justicia. Por tanto el imputarle la justicia o no contarle el pecado es una y la misma cosa, expresada positivamente la primera vez y en forma negativa la segunda. Cuando Dios perdona el pecado, al hacerlo establece su justicia; y por otra parte el pecado puede ser perdonado sólo porque Dios revela su justicia. Así como antes Pablo ha dicho que la justicia se imputa al hombre por un acto de la gracia divina y ha apoyado su declaración señalando el ejemplo de Abraham, ahora busca otra referencia de la Escritura que habla del perdón de los pecados. "Bienaventurado aquel cuya transgresión ha sido perdonada, y cubierto su pecado. Bienaventurado el hombre a quien Jehová no culpa de iniquidad" (Sal. 32:1-2). Lo que relaciona estas palabras con las que anteceden es que en ambos casos se trata de un "inculpar" y de un "no inculpar" respectivamente.

Tanto Abraham, el eminentemente "justo", como David, el varón conforme al corazón de Jehová (1 Samuel 13:14), podían ser puestos como testigos de la justicia de la fe. Abraham fue justo porque la fe le fue contada por justicia; David fue justo porque Dios no le imputó el pecado. Ambos casos muestran que la justicia de la cual dan testimonio "La ley y los profetas" es la justicia por la fe. Ante Dios no existe otra justicia que la de la fe.

Pero los judíos, como hijos de Abraham, confiaban en dos cosas: *la circuncisión* y *la ley*. En el capítulo 2, Pablo ha comenzado a tratar de estas dos cosas rechazando las pretensiones que en ellas se basan: ni la circuncisión ni la ley pueden proteger de la ira de Dios. Ahora vuelve sobre la cuestión y muestra que los judíos no tienen derecho alguno a invocar a Abraham en este sentido. Ni por la circuncisión (vers. 9-12) ni por la ley (vers. 13-17) se volvió justo Abraham.

b) Abraham no llegó a ser justo por la circuncisión.

Abraham representa para los judíos el gran signo de separación en la historia de la humanidad. Antes de él, la humanidad constituía, por así decirlo, una masa indiferenciada. De esa masa fue separado Abraham por la elección divina. Con ello se colocó el fundamento de algo nuevo que de Abraham se propagó a su descendencia por medio de la circuncisión. Ésta indica y asegura que sus descendientes serían su progenie no sólo en el sentido natural, sino también espiritualmente. Serían uno con él y participarían de la bendición dada a él. Por la circuncisión Israel fue marcado con el sello de Dios mismo. Ella es el signo exterior de pertenencia al pueblo propio de Dios. Así, pues, Abraham señala la bifurcación de caminos en la historia de Dios con la humanidad. A partir de este punto ésta se dividió en dos grupos: (1) *los circuncisos*, que pertenecían al pueblo elegido de Dios; y (2) *los incircuncisos*, a quienes Dios dejaba ir por sus propios caminos. Ésta era la opinión del judaismo acerca de la posición de Abraham y el significado de la circuncisión.

Pero ahí surge la pregunta: ¿lo que se dijo arriba de la imputación del perdón de los pecados y de la justificación vale tan sólo para los circuncisos, únicamente para aquellos que por su descendencia natural pertenecen a Abraham y poseen la señal y sello de la circuncisión como evidencia de que pertenecen al pueblo de Dios, o rige también para los incircuncisos, es decir los gentiles? Para Pablo, la respuesta a esta pregunta depende íntegramente de cómo Abraham llegó a ser justificado. ¿Cómo sucedió que "la fe le fuera contada por justicia"? ¿En qué situación se encontraba cuando Dios hizo que le ocurriera esto? ¿Fue antes o después de circuncidado? Las Escrituras nos informan claramente al respecto. Pablo señala el orden de las diferentes declaraciones en el Génesis. En el capítulo 15 damos con las palabras de que Abraham creyó a Dios y "le fue contado por justicia"; sólo en el capítulo 17 encontramos el relato de la institución del signo de la circuncisión; entre ambas oportunidades media un lapso bastante considerable. Está claro, pues, que no fue hecho por la circuncisión. Aconteció cuando aún se encontraba en la incircuncisión, antes de que pudiera invocar su circuncisión o estuviera ligado a la ley por ella. La fe y la justicia por la fe antecedieron. Después siguió la circuncisión "como señal, como sello de la justicia de la fe que tuvo estando aún incircunciso".

Aquí podemos hacer una observación interesante acerca de la posición de Pablo frente a la circuncisión. No la rechaza en principio como se podría opinar. Hay cierto paralelismo entre su concepto de la circuncisión y su concepción de la ley. Así como la ley, bien entendida, no se opone a la justicia por la fe sino que da testimonio de ella, tampoco la circuncisión, rectamente interpretada, es nada contraria a la justicia por la fe, sino que es precisamente un "sello de la justicia de la fe", tal como se dice aquí. Pero para ello debe concebírsela en forma verdaderamente correcta. Porque también existe un modo de concebir y valorar la circuncisión que la pone en irreconciliable oposición a la justicia por la fe.

Pablo no intenta privar a los judíos de su circuncisión. Pero deben usarla como si no tuvieran necesidad de ella. De otro modo entra en conflicto con la fe. Si los judíos quieren imponer por la fuerza la circuncisión a los gentiles, demuestran con ello que la usan de manera incorrecta. Confían en la circuncisión, en lugar de confiar en Dios y en Cristo. De este modo quedan afuera, mientras que Abraham con su fe y los gentiles con la suya forman una unidad. Si los judíos dicen que hay un solo camino para hacerse partícipes de la bendición de Abraham y de su justicia, a saber, la circuncisión, y así en consecuencia exigen de los gentiles que se circunciden antes de poder pertenecer al pueblo de Dios, Pablo contesta: sí, existe sólo un camino —el mismo para los judíos y los gentiles— pero ese camino es el de la fe.

Los judíos se jactan de ser hijos de Abraham y sostienen que él es padre sólo de los circuncisos. Las Escrituras, en cambio, dicen que el mismo Abraham no estaba circuncidado a la hora en que la fe le fue contada por justicia. Es decir, lo colocan en la misma posición que los gentiles que creen. Mas con ello se amplía la perspectiva. La promesa acerca de la "descendencia" de Abraham es mucho más amplia de lo que podría creerse en el primer momento. No sólo significa que sería el progenitor de todo un pueblo, sino que por la fe sería el padre de todos los creyentes, de οἱ ἐκ πίστεως sin excepción, ya sean judíos o gentiles, circuncisos o incircuncisos.

Por cierto la circuncisión tenía el propósito de formar un fuerte lazo entre Abraham y su posteridad. Pero bien entendido que se trata de Abraham como el *creyente* que recibió la circuncisión como signo de la fe y de la justicia por la fe. Por ello no basta para sus descendientes el mero hecho de ser circuncidados. Abraham no sólo estaba circuncidado, sino que *creyó*; y su fe era el fundamento de su circuncisión. Cuando sus descendientes sólo están circuncidados, poseen únicamente el signo, pero no la cosa en sí. Poseen lo exterior, pero se ha roto el vínculo interior entre Abraham y ellos. El creyó; pero ellos están fuera del palio de la fe. Su justicia era justicia por la fe, mientras que ellos se esfuerzan por obtener una justicia por las obras.

¿De quiénes, pues, es padre Abraham? En el sentido exterior, κατὰ σάρκα, es desde luego padre de su posteridad. Pero en realidad éste no era el sentido específico de la promesa de Dios. La promesa significaba más bien que sería padre de todos los que creen, de cuantos siguen en las huellas de su fe. No es que por la promesa Abraham sea, por una parte, padre de todos los circuncisos y por la otra de aquellos incircuncisos que le siguen en la fe. La promesa se refiere tan sólo a los que creen. También para los circuncisos es la fe lo que los une con Abraham. Solamente aquellos que creen son hijos de Abraham en verdad y en el sentido de la promesa.

El resultado de este razonamiento de Pablo es entonces que Abraham, para los judíos el gran signo de separación en la historia de la humanidad, se convierte en lugar de ello en punto de reunión para todos los creyentes, sean circuncisos o incircuncisos. No hay diferencia: todos los que son justificados, lo son por la fe, sólo por la fe.

c) Abraham no fue justificado por la ley.

Por lo expuesto aquí ha quedado comprobado que Abraham no fue justificado por la circuncisión. Pero —continúa Pablo— tampoco lo fue por la ley. Al echar una mirada retrospectiva a las promesas dadas a Abraham (Gen. 12:2-3; 13:14-15; 15:5, 7, 18 y ss.), Pablo no halla en ninguna parte alusión a la ley; en cambio sí destaca que Abraham creyó a Dios. En ello ve Pablo un testimonio decisivo para su sentencia: no por la ley, sino por la justicia de la fe, οὐ διὰ νόμου, ἀλλὰ διὰ δικαιωσύνης πίστεως.

¿Cuál era, pues, el contenido de la promesa dada a Abraham? Pablo da la siguiente respuesta: "Que sería heredero del mundo" o "que recibiría el mundo como herencia". Es cierto que la promesa no figura en esta forma en el Antiguo Testamento, pero Pablo sigue aquí la interpretación tradicional de la teología judía. Con tanta mayor razón podía hacerlo por cuanto no era posible confundir su opinión y la concepción tradicional judía. Para Pablo esas palabras han perdido toda aspiración nacionalista. Para él, la promesa de que Abraham sería el heredero del mundo se refiere al reino mundial de Cristo, inseparablemente ligado a su misión mesiánica. En esta conexión debemos recordar las palabras del sermón del monte. "Bienaventurados los mansos, porque ellos recibirán la tierra por heredad" (Mat. 5:5). En este sentido es cierto que Cristo y los que en él creen o "siguen las pisadas de la fe de Abraham", heredarán el mundo.

Lo que a Pablo le interesa en este lugar no es tanto el contenido de la promesa como la cuestión de quiénes están incluidos en ella y en qué circunstancias se cumple. ¿Quiénes son los herederos de la promesa? Hay dos posibilidades: o el pueblo de la ley o el pueblo de la fe, οἱ ἐκ νόμου y οἱ ἐκ πίστεως. ¿Pero cuál sería la consecuencia si los de la ley fueran los herederos? En tal caso la fe sería vaciada de su contenido y aniquilada. Y no sólo esto, sino que también la promesa misma perdería su fuerza y validez. En la promesa en cuanto tal, Pablo ve una referencia a la fe. Está implícito en la naturaleza misma de la promesa que no tiene nada que ver con la ley. Si en relación con la promesa se habla de la ley, se introduce un elemento ajeno que la despoja de su sentido. Para explicarlo Pablo introduce dos series de tres miembros cada una, ordenadas de tal modo que los miembros que figuran en una de las series forman una unidad inseparable; en cambio no tienen lugar en la serie opuesta. De un lado coloca la fe —la promesa— la gracia; del otro, la ley —la transgresión— la ira. La promesa se da por gracia y en consecuencia sólo puede ser aceptada por fe. Pero la operación de la ley tiene un efecto diametralmente opuesto: "la ley produce ira". Pablo no necesita comprobar que es así. Bastante ha hablado de ello en lo que antecede, al tratar de la situación en el antiguo eón; cuando Dios reveló su ira no solamente contra la injusticia, sino también contra la justicia legal. Es cierto que la ira de Dios por el pecado se revela aun donde no se conoce la ley. Pero la idea de que uno pudiera librarse de la ira de Dios mediante la ley es tanto más irrealizable cuanto que según Pablo, la ley no quita el pecado, sino que por el contrario hasta lo incrementa. Es cierto que hay pecado aun allí donde no se conoce la ley; pero aquí no se puede hablar todavía de transgresión, puesto que ésta presupone una ley que se infringe. Lo que ocurre cuando la ley entra en vigencia, es que el pecado aumenta y se torna infracción. En consecuencia, la ley agrava también la ira.

Así muestra Pablo la relación existente dentro de una de las series: la ley, el pecado y la ira se corresponden mutuamente y son inseparables. Ahora se vuelve a la otra serie, comprobando en forma sumaria que también allí existe una correlación inevitable y que ésta señala la necesidad de la fe. "Por tanto, es por fe, para que sea por gracia, a fin de que la promesa sea firme". Los tres miembros de esta serie: fe, gracia y promesa, están en efecto más estrechamente entrelazados en el texto griego, breve y escueto: Διὰ τοῦτο ἐκ πίστεως ἵνα κατὰ χάριν, εἰς τὸ εἶναι βεβαίαν τὴν ἐπαγγελίαν. Literalmente: "Por lo tanto por la fe, para que sea por gracia, con el fin de que la promesa sea firme".

La promesa dada a Abraham decía que "sería un padre de muchos pueblos". Por de pronto esta promesa significa que sería padre de muchas tribus, en sentido físico. Pero ahora se ha cumplido en un sentido mucho más grande y glorioso. Abraham ha llegado a ser el padre de "muchos pueblos", a saber, de todos los creyentes. No sólo es el padre de todos los que han recibido la circuncisión y la ley y que de un modo exterior son su descendencia física, κατὰ σάρκα, sino que es también el padre de cuantos anden en las huellas de su fe.

En el sentido más profundo la promesa de Abraham no se cumplió sino en los tiempos de Pablo cuando los gentiles vinieron a la fe en Cristo y llegando así a ser hijos del creyente Abraham. Pablo escribe en Gál. 3:8: "Y la Escritura previendo que Dios había de justificar por la fe a los gentiles, dio de antemano la buena nueva a Abraham, diciendo: "En ti serán benditas todas las naciones". Así es como entiende Pablo las Escrituras. Las palabras bíblicas no sólo se refieren a algo pretérito, sino más aún al presente. Tratan de lo que es y sucede ahora. Resulta entonces que en vista de que las Escrituras preveían que los gentiles serían justificados por la fe y no por las obras, hablan con anticipación de la fe de Abraham y prometen que habría de ser el padre de todos los que creen. De modo, pues, que la promesa es válida para *toda* su descendencia, παντὶ τῷ σπέρματι. Si la ley fuera lo importante, la promesa se hubiera aplicado exclusivamente a oí οἱ ἐκ νόμου, "sólo a los que están bajo la ley". Ahora en cambio, siendo la fe lo que importa, también rige para οἱ ἐκ πίστεως, "también para los que son de la fe de Abraham.

d) Abraham, el prototipo del "justo por la fe".

El tema de la primera parte de Romanos es ὁ δίκαιοσ ἐκ πίστεως, el "justo por la fe". Ahora, al señalar a Abraham como prototipo e ideal del "justo por la fe", Pablo ha llegado a la meta de toda esta exposición. Lo característico de Abraham, lo que le dio su posición peculiar en la historia del pueblo de Dios, fue el hecho de que "creyó". Por la fe llegó a ser el padre de todos los creyentes.

En consecuencia, en los versículos siguientes (17-25) la intención de Pablo es mostrar en Abraham, como paradigma, lo que es la fe y lo que significa. ¿Cuál era pues la situación en que Abraham se encontraba y en que su fe podía hacerse evidente? Dios le había dado una promesa. Le había prometido que sería el padre de muchos pueblos: "Así será tu descendencia". Pero cuando Abraham se consideraba a sí mismo y sus posibilidades humanas, la promesa de Dios tenía que parecerle simplemente imposible. ¿Cómo podría ser el padre de muchedumbres estando casi muertos su cuerpo y el de Sara? Sin embargo no dudó, sino que creyó.

¿Qué es entonces lo característico de la fe de Abraham? Se ha dicho a veces que el creer en lo imposible. No creyó en lo que desde el punto de vista humano parecería lo más probable, sino que por el contrario, creyó en lo que se presentaba improbable en grado sumo y aun absurdo. Se ha dicho que, en general, la fe se caracteriza porque se opone directamente a todos los cálculos y probabilidades humanas. Fe y paradoja son conceptos intercambiables. La opinión de Pablo acerca de la fe podría expresarse con la sentencia: "*Credo, quia absurdium*".

Sin embargo, en esta forma general la respuesta no resulta exacta. La fe de que Pablo está hablando aquí no consiste simplemente en creer lo improbable, lo imposible, lo inconcebible. No fue ésta la naturaleza de la fe de Abraham. El tenía una *promesa* de Dios y en ella creía. Sólo a la luz de este hecho se puede hablar de lo que es humanamente imposible. Puesto que tenía la promesa de Dios, la circunstancia de no ver posibilidades humanas no podía inducirlo a dudar de Dios. Esto es fe: atenerse a las promesas divinas, aun cuando no se tenga nada humano en que basarse y cuando todos los cálculos humanos hablen en contra. Cuando Abraham creyó, no lo hizo porque existiera una esperanza para él desde el punto de vista humano. Por el contrario, creyó aunque humanamente no *existía* esperanza alguna. Aunque las circunstancias eran tales que hacían que toda esperanza pareciera imposible, se atuvo a ella; y podía hacerlo, porque no la fundaba en otra cosa que en la promesa de Dios. Esta doble situación de que por una parte no había esperanza y por la otra, sin embargo, esperaba, es según Pablo, esencial para la fe. En nuestra traducción esta idea se reproduce así: "El creyó en esperanza contra esperanza" (παρ᾿ ἐλπίδι ἐπίστευσεν).

Sin esperanza y no obstante con esperanza: ésta es la señal de la fe verdadera. Sólo allí donde ambas luchan entre sí existe la fe. Cuando el hombre puede valerse de sus propios medios, no se trata de fe; la fe no es confianza en sí mismo. La fe es más bien precisamente lo contrario de la confianza en sí mismo, lo opuesto a la confianza en la capacidad y los recursos propios.

A menudo se ha pensado que es característico de la fe el poder prescindir de la realidad; el no querer ver la realidad manifiesta y palmaria, y el refugiarse en otro mundo. De acuerdo con esta opinión se ha intercalado a veces en este punto del texto una negación; un *no*, que falta en los mejores manuscritos. El sentido sería entonces que, *no* mirando su incapacidad, Abraham, se hizo fuerte y pudo aferrarse a la promesa de Dios. Pero Pablo dice todo lo contrario. Para él, la fe no significa un cerrar de los ojos ante la realidad. Nada tiene que ver la fe con un optimista auto-engaño o con la irreflexiva idea de que al fin y al cabo todo se arreglará en alguna forma. Abraham veía la realidad tal como era y se daba cuenta de todo cuanto parecía convertir en imposible la promesa de Dios.

"Pero —dice Pablo— no se debilitó en la fe" (v. 19) y en el versículo siguiente agrega: "sino que se fortaleció en la fe".

¿Cómo sucede que la fe se debilita? ¿Y cómo se fortalece? Obsérvese que Pablo da aquí una explicación completamente diferente de la que se podría esperar. Sería natural pensar que la fe se debilitaría cuando se le oponen dificultades en aumento, y que cedería a la duda cuando éstas son tan grandes, tan avasalladoras que parece imposible el cumplimiento de la promesa. Y que viceversa, cuando las perspectivas mejoran y el cumplimiento vuelve a parecer posible, también la fe vuelve a fortalecerse. Pablo afirma lo contrario: cuando nuestras propias posibilidades disminuyen, la fe aumenta; porque no descansa en nosotros mismos ni en nuestras capacidades, sino en Dios y sus promesas. Precisamente porque Abraham no confió en sus propias posibilidades pudo ver la imposibilidad de su situación sin que por ello se debilitara su fe, pues tenía la promesa de Dios a la que podía atenerse. Así es cómo, según Pablo, actúa la fe.

Dios y la fe forman para Pablo una unidad inseparable. No se puede hablar de la fe sin referirse simultáneamente a Dios. La fe es lo que es, por estar ligada a Dios. De ello se desprende que para Pablo la fe jamás puede restringirse a una función meramente psíquica o una cualidad interior del hombre. En la opinión de Pablo es imposible separar la acción de fe (*fides qua creditur*) y el objeto de la fe (*fides quae creditur*) como si fuesen dos magnitudes independientes entre sí. No hay acción de fe que prescinda del objeto —de Dios y su promesa. Pero cuando se dice que la fe es siempre fe en Dios, debe añadirse que no se trata solamente de una fe en Dios indefinida y general sino precisamente de una fe en el Dios que "da vida a los muertos y llama las cosas que no son, como si fuesen" (v. 17). Este era el Dios en quien creía Abraham. El creyó que Dios, por su promesa poderosa, podía vivificar su cuerpo y la capacidad de Sara para concebir, y hacerlo padre de muchos pueblos.

Por el hecho de creer en la promesa de Dios, Abraham dio a Dios la honra que le corresponde. La honra (δόξα) y la gloria son distintivos de Dios. "A él sea la gloria y el imperio por los siglos de los siglos" (1 Ped. 5:11). Esta era la gloria de la que los hombres habían privado a Dios mediante el pecado. Pablo lo ha destacado ya antes (1:21, 23): "Pues habiendo conocido a Dios, no le glorificaron como a Dios..." y cambiaron la gloria del Dios incorruptible (δόξα θεοῦ) por imágenes a las cuales rindieron culto en lugar de él. Pero, lo que el pecado le ha robado a Dios, la fe se lo devuelve. Ella reconoce a Dios en su gloria divina. A Dios le corresponde hacer promesas; a nosotros nos incumbe creer en ellas. Es la única honra que el hombre puede dar a Dios. Sólo en la fe el hombre es "recto" en su relación con Dios. Por esta razón Pablo puede hablar al mismo tiempo de la fe y la justicia de Abraham: Dio "gloria a Dios, plenamente convencido de que era también poderoso para hacer todo lo que había prometido, por lo cual también su fe le fue contada por justicia" (vers. 20-22).

Esto es lo que dice Pablo de Abraham y su fe. Mas no debe creerse que sólo vale para él. Porque el ejemplo de Abraham se invoca en este caso por la única razón de ser él el prototipo del "justo por la fe". Por consiguiente continúa Pablo: "Y no solamente con respecto a él se escribió que le fue contada, sino también con respecto a nosotros a quienes ha de ser contada, esto es, a los que creemos en el que levantó de los muertos a Jesús, Señor nuestro, el cual fue entregado por nuestras transgresiones, y resucitado para nuestra justificación" (vers. 23-25).

Según Pablo, hay una correspondencia precisa entre la fe, tal como la vemos en Abraham, y la fe en aquellos que creen en Cristo. Abraham creyó en el Dios que "da vida a los muertos". He aquí el punto en que, según

Pablo, la fe de Abraham tiene significación ejemplar y típica. Algo semejante valdrá para nosotros, los que por Cristo pertenecemos al nuevo eón. Cuando creemos en Jesús como el que "fue entregado (a la muerte) por nuestras transgresiones y resucitado para nuestra justificación", creemos en el Dios que "da vida a los muertos". Dios resucitó primero a Jesús. Pero este acto divino no sólo tiene significación para él personal e individualmente. Pues mediante su resurrección de los muertos Jesús fue instituido "nuestro Señor", cabeza de una nueva humanidad. Lo que sucedió con él también se refiere a nosotros. Por la fe hemos sido constituidos hijos de la resurrección. Hemos pasado de muerte a vida.

Por consiguiente, la fe en Cristo no sólo significa que creemos en él como resucitado de los muertos. Creemos también que por él somos liberados del poder del pecado y de la muerte e introducidos en la era de la justicia y de la vida. Dios trató con nosotros por medio de Cristo; a los que estábamos muertos, nos dio vida con Cristo. Este es en resumen el sentido de la justificación. La justificación es la revelación de la nueva justicia de Dios. El pecador que estaba bajo la ira de Dios es colocado por Cristo en la nueva realidad que recibe su carácter de la "justicia de Dios". Ahora comprendemos con claridad por qué, según Pablo, la justificación debe ser precisamente justificación *del pecador*. El es el muerto al que Dios da vida. "Estando nosotros en pecados, nos dio vida juntamente con Cristo" (Ef. 2:5).

Debe observarse que aquí Pablo pone nuestra justificación ($\delta\iota\kappa\alpha\acute{\iota}\omega\sigma\iota\varsigma$) en la más estrecha relación con la resurrección de Cristo, así como, por otra parte, conecta nuestros pecados con la muerte de Cristo. El "fue entregado por nuestras transgresiones y resucitado para nuestra justificación". Por lo demás, en el pensamiento de Pablo generalmente encontramos la justificación vinculada con la muerte de Cristo (cf. p. ej. 3:24-25 y 5:9). Por ello se ha preguntado a veces cómo puede Pablo asociar aquí la justificación con la resurrección. Pero esta pregunta revela un modo de ver completamente ajeno a Pablo. El no conoce semejante alternativa. Para él muerte y resurrección forman una unidad inseparable. Juntas constituyen el fundamento de la justificación. ¿Cómo fue que Dios reveló su justicia e introdujo la nueva era? En 3:24-25 responde que Dios presentó a Cristo como nuestro propiciatorio; aquí se trata, pues, de la muerte de Cristo. Pero Pablo dice también que acaeció cuando Dios resucitó a Cristo, porque éste es el comienzo del nuevo eón, de la era de la resurrección y la vida (cf. 1:4). Para Pablo la muerte de Cristo no sería nada sin la resurrección. "Si Cristo no resucitó, vuestra fe es vana" (1 Cor. 15:17; cf. Rom. 8:34).

SEGUNDA PARTE

El justo por la fe vivirá

5:1-8:39

El tema de Romanos (1:17) reza: *"El justo por la fe vivirá".* En la parte de la carta que nos ha ocupado hasta ahora Pablo ha presentado la primera mitad de este tema. Ha delineado la imagen del "justo por la fe". Ese fue el propósito de lo que se ha dicho de Abraham en el capítulo 4 pues se lo presentó como en cuanto el prototipo del "justo por la fe". En los primeros cuatro capítulos el cometido de Pablo fue exponer cómo nosotros, que a causa del pecado estábamos *bajo la ira de Dios,* ahora por Cristo hemos sido incluidos en la justicia de Dios. Lo que ha acontecido por medio de Cristo es que ahora estamos bajo el dominio de la justicia de Dios. Esto, y nada más, es lo que quiere decir Pablo cuando dice que por Cristo fuimos hechos justos. El llamarnos justos en Cristo no tiene otro sentido que decir que hemos sido justificados. En el concepto mismo de *"justificación"* está implícito que la justicia no es originalmente propiedad nuestra sino que se nos atribuye por una acción de Dios. No somos justificados por algo que hayamos hecho nosotros, sino por lo que Dios obró en Cristo. El hecho de que la justicia no se produjera por nuestras obras puede expresarse diciendo que: se reveló sin la cooperación de la ley, χωρὶς νόμου; no es la justicia de la ley, δικαιοσύνη ἐκ νόμου. El haberse realizado por la acción de Dios equivale a decir que vino por el evangelio; es la justicia de la fe, δικαιοσύνη ἐκ πίτεως. "Justo" es el que cree en Cristo. No se llama así en virtud de su propia perfección ética o carencia de pecado, sino porque es justificado por la acción de Dios en Cristo. Por lo tanto el "justo" es el justificado, ὁ δίκαιος es ὁ δικαιωθείς.

Todo esto Pablo lo ha explicado en la primera parte de su exposición. Ahora, en el cap. 5 pasa a una parte nueva. Los cuatro capítulos siguientes tienen el propósito de mostrar lo que significa afirmar que el justo por la fe "vivirá" (ζήσεται). Allí donde rige la ira de Dios hay muerte; donde reina la justicia de Dios hay vida. Lo primero ya lo ha expuesto Pablo de varias maneras. Ahora se dispone a mostrar lo que significa lo último. Quien cree en Cristo ha pasado de muerte a vida. Cristo vive en él (Gal. 2:20) y él vive "en Cristo" (ἐν Χριστῷ). Por Cristo fue liberado de la era de la muerte y ha entrado en la era de la vida. ¿Pero qué significa "vivir" en este sentido fecundo? Esta es la cuestión que Pablo se dispone a examinar. Cada uno de los cuatro capítulos siguientes contribuye a la respuesta. El cap. 5 responde: significa "estar libre de la ira"; el cap. 6 contesta: significa "libre del pecado"; el cap. 7: dice que está "libre de la ley"; el cap. 8: vivir "libre de la muerte".

Al pasar ahora de una parte a la otra es particularmente interesante observar cómo establece Pablo conexión entre ambas. "Resucitado para nuestra justificación" —así termina la primera parte. Con estas palabras Pablo ha unido la justicia o la justificación con la resurrección de Cristo. Ahora bien: como la resurrección de Cristo es el comienzo de la nueva era de la *vida*, vemos que Pablo ha llevado su exposición al punto preciso en que, en la segunda parte, deberá mostrar cuál es el significado de la vida nueva. En las palabras finales de la primera parte ya se insinúa la cuestión a la cual se contestará en la segunda: ¿Qué significa que el que es justo por la fe "vivirá"?

Pero así como las palabras finales de la primera parte conducen a la cuestión que se ha de estudiar en la segunda, las palabras iniciales de esta última remiten a su vez a la primera y son un resumen de su contenido. Ya hemos observado la costumbre de Pablo de condensar el contenido de una exposición en un resumen conciso. Lo mismo hace aquí al decir: "Justificados, pues, por la fe" δικαιωθέντες οὖν ἐκ πίστεως. Todo cuanto ha dicho entre 1:18 y 4:25 puede resumirse en las palabras "el justo por la fe vivirá". Si que dara alguna duda sobre este punto, debe desaparecer cuando ahora en la transición a la próxima sección oímos el resumen que hace el mismo Pablo. Emplea casi la misma palabra en la exposición y en el resumen: ὁ δίκαιος = ὁ δικαιωθείς.

El que es justo por la fe *vivirá*. ¿Qué significa esto en detalle? Fijemos ahora nuestra atención en las respuestas que Pablo da a esta pregunta. La primera es ésta: *vivirá libre de la ira de Dios*.

1 | LIBRES DE LA IRA DE DIOS
5:1-21

Lo primero que afirma Pablo al comenzar a describir la vida a la cual tenemos acceso por Cristo, es que significa *libertad de la ira de Dios*. En cierto modo esto ya ha sido aclarado en la exposición anterior, donde confrontó la era antigua caracterizada por la ira divina con el nuevo eón condicionado por la revelación de la justicia de Dios en Cristo. Está claro que estar bajo la ira de Dios y estar bajo la justicia divina son dos cosas diametralmente opuestas y mutuamente excluyentes. Allí donde reina la justicia de Dios ya no queda lugar para su ira. Pero Pablo tiene sumo interés en que esta situación quede absolutamente clara. No se conforma con el hecho de que resulte una consecuencia plausible de su exposición anterior, sino que le dedica atención especial en esta conexión. Desarrolla su pensamiento en tres pasos: Primero, manifiesta positivamente lo que significa esta libertad de la ira de Dios: "Justificados, pues, por la fe tenemos *paz para con Dios* (vers. 1:4). Después muestra que la nueva situación tiene su fundamento en el *amor de Dios* (vers. 5-8). Y finalmente saca de ello las consecuencias para la condición eterna del cristiano: *también en el día del juicio éste está liberado de la ira de Dios* (vers. 9-11).

1. Liberado de la ira de Dios por el amor divino
5:1-11

a) Paz con Dios.

"Justificados, pues, por la te, tenemos paz para con Dios" con estas palabras comienza Pablo su nueva exposición. Donde la ira de Dios ha sido quitada, reina la paz para con él. "Paz para con Dios", es pues el lema de la nueva vida.

Cuando oímos la palabra "paz", nos resulta natural concebirla como expresión de cierto estado anímico subjetivo. La paz es lo opuesto a la discordia y la intranquilidad. Es un estado de ánimo tranquilo y sublime. No negamos que esto esté incluido en las palabras de Pablo. Pero si nos detenemos aquí, no penetraremos en su sentido más profundo. Para Pablo la paz no es sólo una condición interior. Es un concepto que implica relación; que habla de la relación recta para con Dios, el resultado es una condición de quietud y tranquilidad; pero esto es una consecuencia, no el hecho fundamental. Lo primordial es la relación de paz con Dios; y de ella es de la que Pablo habla principalmente en este lugar.

Antes de venir Cristo trayéndonos paz para con Dios, reinaba la discordia. La relación entre Dios y el hombre se caracterizaba por la desunión y la enemistad y estaba perturbada por ambos lados. Es cierto que Pablo no habla de enemistad de parte de Dios —Dios nunca ha sido nuestro enemigo— pero habla de la ira de Dios contra una humanidad que le es hostil. De parte del hombre, en cambio, se trata de una verdadera enemistad contra Dios. "Siendo enemigos fuimos reconciliados con Dios por la muerte de su Hijo" (v. 10). Gracias a la acción reconciliadora de Cristo, la relación entre Dios y el hombre fue regularizada de ambos lados. El justo por la fe ya no está bajo la ira divina; ni tampoco es ya enemigo de Dios. Ambas cosas están incluidas en el hecho de que el hombre tiene paz con Dios. Pero no cabe duda de que para Pablo el acento está en la parte objetiva, en el hecho de que Cristo ha quitado la ira de Dios. Vivir en Cristo significa estar libre de la ira divina. Y en esta oportunidad debemos recordar que para Pablo la ira no significa una manifestación del santo desagrado de

168

Dios por el pecado, sino que es también, y ante todo, una reacción divina eficiente que coloca a la humanidad pecadora bajo la condenación de Dios. En consecuencia, se trata de la ira como poder de perdición objetivo. De éste, Cristo nos liberó, de esa maldición nos redimió. Pretender que Pablo, con una teoría subjetiva de la expiación, dice que la acción redentora de Cristo trató solamente de eliminar la hostilidad del hombre hacia Dios, sin que fuera necesario ningún cambio de parte de éste es interpretar mal el pensamiento del apóstol. Pablo sabe que la ira divina es una realidad terrible y que en el caso de no ser removida, ningún cambio de parte del hombre puede originar una verdadera comunión entre él y Dios.

Es verdad que en el texto figura una palabra que parece señalar en dirección subjetiva y que por ello requiere una atención especial. Las palabras que en la traducción de la Biblia se reproducen por "tenemos paz" figuran en los manuscritos más numerosos y mejores bajo la forma εἰρήνην ἔχωμεν y no, como sería de esperar en virtud del contexto, bajo la forma εἰρήνην ἔχωμεν. Es decir, el verbo figura en subjuntivo. Por ello algunos intérpretes de la Escritura traducen: "tengamos paz para con Dios", o "conservemos la paz para con Dios". No obstante ya desde el punto de vista lingüístico esta traducción resulta imposible aun prescindiendo de la dificultad de ajustaría al contexto dado, ("en esta relación carece de todo sentido", Lietzmann). Pues εἰρήνην ἔχειν es algo completamente distinto de εἰρήνην φυλάσσειν. Pero aunque pudiera comprobarse que la carta originalmente decía ἔχωμεν, ello no probaría que Pablo quiso expresar eso. El no escribió esta carta con su propia mano, sino que la dictó. Lietzmann observa con razón: "Ya que en el siglo I ya no se distinguía, al hablar la *omicrón* de la *omega*, no se puede probar que en el original de la carta hubiera una omega; y menos aún que Pablo lo haya dictado así. Pudo haber dicho "ejomen", o sea ἔχωμεν, pero Tercio escribió ἔχωμεν. Aunque se lograra establecer el empleo de la ω en la carta original, podría muy bien tener esta explicación. También en este caso el sentido debe prevalecer sobre la letra: sólo ἔχωμεν representa el sentido genuino de Pablo".

"Por medio de nuestro Señor Jesucristo" —dice Pablo— tenemos paz para con Dios". Una y otra vez se repiten después en los capítulos 5-8 las palabras "mediante Jesucristo, nuestro Señor". Sobre todo debe prestarse atención especial al hecho de que cada capítulo concluye precisamente con estas palabras. Cuando Pablo habla aquí de la nueva vida del cristiano, se empeña en destacar que todo lo que afirma, sólo tiene valor "en Cristo" y por medio de él. Sin Cristo estaríamos aún presos bajo los poderes de este mundo. Pero si Jesucristo se ha convertido en nuestro Señor, termina de una vez por todas el dominio de los poderes de la perdición; ya no estamos bajo su potestad. Cuando Cristo es nuestro Κύριος, Señor, ya no queda lugar para otro κυριότης. Son derribados todos los antiguos tiranos —la ira, el pecado, la ley y la muerte— y somos de Cristo y vivimos en su reino, sirviéndole en perpetua justicia. Hemos sido liberados de los poderes de la perdición; estamos libres de la ira, el poder funesto que preocupa particularmente a Pablo en este capítulo.

Tener paz para con Dios significa también que por medio de Cristo tenemos acceso a la gracia divina. Gracia y paz forman para Pablo una unidad indisoluble. Ya antes hemos dado con esta unión, a saber, en el saludo de paz que Pablo dirigiera a la iglesia de Roma (1:7); también allí gracia y paz forman una unidad indisoluble. "Estar en la gracia" de Dios es contrario de estar bajo su ira. Pablo lleva el contraste hasta sus últimas consecuencias cuando habla de la "gloria de Dios", ἡ δόξα τοῦ θεοῦ. Esto es lo más grande y sublime que puede decirse de la vida cristiana: que es una participación en la "gloria de Dios". La gloria, δόξα, es de la propia esencia de la vida divina, y nosotros hemos logrado tener participación en ella por medio de Jesucristo. Si anteriormente, en el tiempo del antiguo eón, podía decirse "todos pecaron y *están destituidos de la gloria de Dios*" (3:23), ahora, desde que ha venido Cristo y con él el nuevo eón, puede decirse: *nos gloriamos de la gloria de Dios*. El gran hecho positivo que Cristo nos ha traído es el de hacernos partícipes de la propia vida eterna de Dios. Sin embargo —añade Pablo— la tenemos todavía sólo "en esperanza". Porque lo característico de la nueva vida reside en que es algo a la vez presente y futuro; algo ya existente y a la vez algo que espera su perfección futura. Con Cristo esta nueva era entró en nuestro mundo como una realidad; con la resurrección de Cristo ha comenzado el eón de la resurrección. Pero como una cualidad esencial de éste es "la gloria", no ha alcanzado aún su perfección. Hacia ese fin tiende la esperanza cristiana, no como a algo incierto, sino como a algo seguro y cierto de lo cual ya ahora se puede "gloriar".

"Y no sólo esto, sino que también nos gloriamos en las tribulaciones" —añade Pablo—. La vida en Cristo tiende hacia la perfección y la "gloria". Pero esto no significa que huya del mundo. También la vida presente es transformada por la esperanza cristiana. Quien vive su vida sólo en *esta* época y para quien *este* mundo es el todo, sólo puede ver algo negativo en las aflicciones que le sobrevienen. Para el cristiano en cambio, el sufrimiento es precisamente el punto en el cual se hace más evidente la fuerza de la esperanza. El sabe "que las aflicciones del tiempo presente, no son comparables con la gloria venidera que en nosotros ha de manifestarse" (8:18). El padecimiento adquiere un sentido nuevo; se convierte en un medio en la mano de Dios para conducirnos a la perfección. Cuando Dios coloca al hombre bajo la opresión del sufrimiento, lo hace para ejercitarlo en la paciencia y en la constancia. Es precisamente la congoja la que hace que el cristiano ponga con mayor ardor aún su esperanza en la "gloria" que la promesa divina le propone. Por tanto la tribulación no es algo de lo cual tenemos que avergonzarnos. La esperanza la convierte en algo positivo, de lo cual hasta podemos gloriarnos. Si no existiera la aflicción, la esperanza jamás tendría oportunidad de desarrollar su poder. En el padecimiento, la esperanza es probada y templada. Su función en la vida cristiana consiste en producir la paciencia; "la paciencia produce prueba; y la prueba, esperanza".

b) El amor de Dios.

En lo que antecede Pablo ha demostrado que por medio de Cristo Dios ha creado una relación nueva, caracterizada por la justicia y la paz. ¿Pero es posible que Dios reciba en su pacto de paz a aquellos que hasta entonces habían sido sus enemigos y estaban bajo su ira? En este proceder de Dios hay algo difícil de entender. Pero es precisamente lo que Dios ha hecho por medio de Cristo. Jamás se nos hubiera ocurrido concebir tal cosa si no hubiese sucedido en realidad.

¿Cuál es la causa de esta actitud de Dios? Pablo señala aquí el amor divino. Pero —se podría seguir preguntando— ¿cuál es el motivo del amor de Dios? A esta última pregunta, empero, no recibimos respuesta alguna. El amor divino tiene su causa única en Dios mismo. No puede ser reducido a ninguna cosa distinta o atribuido a algo más allá de Dios. No vale la pena racionalizar y tratar de hacer más comprensible el amor divino indicando paralelos humanos. Porque no existen. Si a pesar de ello se hace la prueba, el resultado será innegablemente una tergiversación del amor divino. Aquí fracasan todas las analogías y paralelos humanos. Es cierto que Pablo también hace una comparación entre el amor divino y el humano; pero la hace con el único fin de demostrar que son diferentes.

Ahora bien: si el amor de Dios del que Pablo habla aquí es absolutamente único y no se le puede encasillar en categorías humanas, ¿cómo podemos hablar de él? Podemos hacerlo porque Dios mismo lo ha revelado. Pero al mismo tiempo debemos insistir en que no se trata de un tipo de conocimiento intelectualista. "Mas Dios muestra su amor para con nosotros, en que siendo aún pecadores, Cristo murió por nosotros" (v. 8).

Para todo lector no ligado a opiniones preconcebidas resultará evidente que en esta parte (vers. 5-8) se trata del propio amor de Dios, del amor que Dios nos brindó por medio de Cristo. De él se dice en el 5: "El amor de Dios ha sido derramado en nuestros corazones por el Espíritu Santo que nos fue dado". Luego la expresión "amor de Dios", ἡ ἀγάπη τοῦ θεοῦ debe concebirse como un genitivo subjetivo, no objetivo. Habla del amor de Dios para con nosotros, no de nuestro amor para con Dios.

Sin embargo, a menudo se ha dado una interpretación distinta en este punto. Agustín ha tenido una influencia infortunada. Su razonamiento es, en pocas palabras, el siguiente:

En substancia el amor es la exteriorización más elemental de la vida humana. Porque amar significa buscar su felicidad y su satisfacción, y no existe nadie que no busque su propia dicha. Para Agustín esto equivale a decir que "no hay nadie que no ame". Pero todo depende de qué es lo que se ama, a qué objeto se dirige el amor. El amor puede ser bueno o malo. El amor bueno es el amor a Dios. Por haber sido creado por Dios, el hombre tiene el destino de buscar y hallar su bien en él, pues Dios es por naturaleza el sumo bien; en él está comprendido todo cuanto podamos desear y anhelar. Este amor dirigido hacia arriba es pues el verdadero —Agustín lo llama "caritas"—. Pero en el hombre pecador, el amor tiene una dirección opuesta. Por naturaleza no está dispuesto a amar a Dios sobre todas las cosas. En lugar de ello busca satisfacción en las cosas bajas y terrenas. Este amor dirigido hacia abajo es falso —Agustín lo llama "cupiditas"—. Desde la caída, este último amor es el único que el hombre natural puede rendir por sus propias fuerzas. Le es natural, puesto que las cosas terrenales le están tan cercanas y ejercen una atracción tan irresistible que no puede sino amarlas y buscarlas más bien que a Dios. La consecuencia es que el hombre al dirigir su amor hacia abajo y buscar su bien en las cosas terrenas, experimenta fracasos y pierde el bien que busca. Porque las cosas terrenales y perecederas jamás pueden satisfacer realmente su corazón creado para los valores eternos. Por el contrario: su corazón permanecerá intranquilo hasta hallar su paz en Dios. Estando el hombre ligado a las cosas sensuales, el verdadero amor dirigido hacia Dios sólo puede surgir si Dios lo crea y lo despierta en su interior. Esto es lo que Dios hace al darle el Espíritu Santo; porque, esto significa que Dios, que en sí mismo es amor, infunde amor, "caritas", en su corazón. De este modo el hombre recibe la fuerza para dirigir los anhelos de su amor hacia arriba, hacia Dios y las cosas celestiales.

Todo esto cree hallarlo Agustín en Rom. 5:5, donde, según su opinión, se trata del "amor hacia Dios" y de cómo éste se origina en el hombre cuando Dios lo infunde en su corazón. Por ello esta sentencia de la Biblia se convierte para Agustín en la palabra favorita entre todas. Una y otra vez vuelve a ella y en ella apoya en gran parte su teoría de la gracia que infunde amor en el hombre (*infusio gratiae, infusio caritatis*).

Pero toda esta interpretación es absolutamente contraria al pensamiento paulino. En este concepto del amor Agustín tiene menos de Pablo que de la antigua concepción del amor, del *eros*. El punto de partida de Agustín es el amor humano, al que conceptúa como deseo que en todo busca su propia satisfacción. El concepto paulino del amor en cambio es completamente opuesto: "El amor no busca lo suyo" (1 Cor. 13:5). El concepto de Pablo toma por punto de partida el amor divino, manifestado superlativamente en la entrega de Cristo. Semejante discrepancia en cuanto al punto de partida hace que Agustín y la tradición teológica dependiente de él no puedan entender correctamente lo que Pablo quiere decir al hablar del amor.

En lo que se refiere a 5:5 en particular, es evidente que Pablo habla aquí del amor que es propio de Dios. Cuando advertimos que nunca usa el término agape para expresar el amor del hombre a Dios no podemos pensar que en este versículo el apóstol hable del amor del hombre. Agape, el amor que Dios nos brindó en Cristo, es para Pablo una realidad tan grandiosa que por lo general se cuida de emplear ese término para denominar nuestro amor hacia Dios. Ya es una señal de una tergiversación que Agustín y la tradición que le siguen pongan su *"infuso"* en lugar del *"derramado"* (ἐρχέειν) del texto. Pablo tiene un doble motivo para hablar aquí de un "derramamiento" del amor. *Por una parte* esta palabra aparece con frecuencia cuando se trata de la ira de Dios. De la misma manera en que en el antiguo eón Dios derramaba su cólera sobre sus enemigos, ha derramado ahora su amor por medio de Cristo. *Por otra parte* es el término técnico para "el derramamiento del Espíritu Santo". Que Pablo tenía presente esta circunstancia es evidente por el hecho de que con el término "derramar el amor", relaciona inmediatamente la explicación de que eso sucedió "por el Espíritu Santo que nos fue dado".

En Cristo, el amor de Dios rebosó y se derramó sobre nosotros. Manó del corazón de Dios y buscó el camino hacia nuestros corazones, de acuerdo con la propia índole del amor. El amor de Dios tiene ahora un representante en nuestros corazones: "el Espíritu Santo que nos fue dado". Pues la función del Espíritu Santo es según Pablo, ser en nuestros corazones la garantía ("arras", 2 Cor. 1:21-22) de que pertenecemos a Cristo y estamos "en él". Cuando el amor de Dios está presente en nosotros como una realidad inamovible, es por obra del Espíritu Santo.

Pero Pablo no se detiene en esta presencia activa del amor divino en nosotros. Vuelve nuestra atención hacia atrás, hacia la poderosa acción de Dios por la cual su amor se abrió camino hacia nosotros. Si preguntamos qué es el amor de Dios, el *agape* divino, Pablo responde señalando a Cristo y su muerte por nosotros. En ninguna otra parte hay una revelación del amor divino comparable con la muerte de Cristo en la cruz. Allí y sólo allí hemos conocido el amor de Dios en su sentido más profundo. Pablo dice aquí lo mismo que se expresa en Juan 3:16: "En esto hemos conocido el amor, en que él puso su vida por nosotros". Si no hubiéramos encontrado el amor revelado en la cruz de Cristo no sabríamos qué es *agape*. Sabríamos qué es el amor en general, pero ignoraríamos qué es el amor divino.

La índole del amor de Dios se revela con suma claridad si reparamos en la condición de aquellos a quienes Dios brindó su amor por medio de la muerte de Cristo. Pablo dice: "Cristo cuando aún éramos débiles, a su tiempo (el previsto por Dios) murió por los impíos" (v. 6). Cuando Cristo se ofreció por nosotros éramos débiles e impíos. En esto resalta con máxima nitidez que el amor divino es de índole completamente distinta del amor humano. "Ciertamente apenas morirá alguno por un justo; con todo, pudiera ser que alguno osara morir por el bueno" (v. 7). Pablo no pretende negar que el amor humano también puede impeler a alguien a sacrificarse por otro. Pero en tal caso debe existir una fuerte motivación. Uno no sacrifica su vida por un ser cualquiera; apenas tal vez por un hombre justo, aunque su valor personal justifique tal sacrificio. Es más fácil que lo haga por un pariente cercano o por un benefactor. ¿Pero por quién sacrificó Cristo su vida? No por benefactores, sino por sus enemigos; no por justos, sino por pecadores e impíos. Este es en verdad el amor "inmotivado". Desde luego, en última instancia, tampoco este amor carece de motivos. Hay algo que lo pone en acción. No obstante, se lo puede llamar "inmotivado", ya que su objeto no ofrece nada que pudiera servir para explicar tal amor. La enemistad del hombre para con Dios, su pecado y su impiedad, ciertamente no le hacen digno del amor de Dios.

Pablo tiene interés en destacar este carácter "inmotivado" del amor divino. Para ello acumula expresamente términos negativos con el fin de indicar cuan indignos eran aquéllos por los cuales Cristo fue a la muerte. Los llama *débiles* e *impíos* (v. 6), *pecadores* (v. 8) y *enemigos* de Dios (v. 10). Lutero halló una expresión sobremanera acertada para establecer la diferencia que aquí se intenta expresar entre el amor divino y el humano. Denomina al amor humano "amor ganado", y al amor divino espontáneo o "amor surgente". El amor de Dios surge espontáneamente de su propia fuente y no es motivado por ninguna buena cualidad o propiedad del hombre a quien se lo da.

En lo que antecede hemos hablado en forma intercambiable del amor de Cristo y el de Dios. Esto ha sido posible debido a que en Pablo ambos son expresión de una misma realidad. El amor revelado en la muerte de Cristo no es un hecho independiente de Dios, sino que él mismo es sujeto de este amor. No se trata solamente de que Cristo demostrara su amor por el hecho de ir a la muerte por nosotros. Pablo dice: "Dios muestra su amor para con nosotros en que Cristo murió por nosotros" (v. 8). La obra de Cristo es obra de Dios. El amor de Cristo es amor de Dios. Cuando Dios quiso redimir a la humanidad de la potestad de los poderes de perdición, lo hizo entregando a su Hijo y presentándolo como propiciatorio por nosotros. Esta es la obra más elevada y la más incomprensible del amor divino. En consecuencia, después de la muerte redentora de Cristo, ya no podemos hablar del amor de Dios sin señalar a la cruz de Cristo; y tampoco podemos hablar del amor de Cristo revelado en su muerte sin ver en ella el propio *agape* de Dios. Los dos son uno. Pablo ha insistido más que nadie en ello, y el pasaje que estamos tratando puede ser llamado el texto clásico de la unidad del amor de Dios y la cruz de Cristo. La forma más sencilla de expresarlo es el "*agape* de la cruz".

c) Salvados por Cristo de la ira venidera.

Sigue ahora la aplicación de lo que antecede. Pablo puntualiza el significado de lo dicho para la posición del cristiano en el juicio futuro.

Cuando en los vers. 5-8 habló del amor de Dios que nos ha sido revelado por la muerte de Cristo, lo hizo porque este amor es la base última para el apartamiento de la ira de Dios y nuestra recepción en la nueva relación de paz para con él. Por él tenemos acceso a su gracia y podemos gloriarnos ya aquí "en la esperanza de la gloria de Dios" (vers. 1-4). Empero la ira es una realidad que no solamente es válida para esta vida presente. Es cierto que aun ahora la ira de Dios se revela, desde el cielo, sobre toda impiedad e injusticia humanas. Pero mientras dure esta vida temporal, el tiempo de la ira divina, es siempre a la vez la época de su paciencia e indulgencia. Esto significa que aún no se ha pronunciado la última palabra de la ira de Dios. El día vendrá en que el ardor de la cólera divina consumirá todo lo malo. Pablo llama a este día el "día de la ira" (2:5) y agrega que entonces se ha de revelar que Dios es un juez justo que pagará a cada uno conforme a sus obras. ¡Pero, qué pasará con aquél que está incorporado en Cristo por la fe y "vive en él"? Por Cristo ha sido liberado de la ira de Dios aquí en este siglo. ¿Podrá sostenerse ante Dios en "el día de la ira"?

La respuesta a esta pregunta resulta para Pablo una simple consecuencia de lo que ya dijera acerca del amor divino mostrado por medio de Cristo. Si es realmente cierto que Dios nos mostró tal amor que entregó a la muerte a su Hijo cuando éramos aún sus enemigos y estábamos al servicio de la injusticia, ¿cómo podría entregarnos al eterno poder de perdición de la ira ahora que ya no somos sus enemigos, sino participantes en su justicia? La conclusión de Pablo pues, es que: "Mucho más, estando ya justificados en su sangre, por él seremos salvos de la ira" (v. 9).

La relación con lo que antecede es manifiesta. Con las palabras δικαιωθέντες οὖν, "justificados, pues", empezó el capítulo. En el versículo 9 Pablo vuelve a referirse a este comienzo. Repite las mismas palabras y las conecta inmediatamente con nuestra liberación de la ira: δικαιωθέντες νῦν. "Pues mucho más, estando ya justificados en su sangre, por él seremos salvos de la ira". Esta es pues la situación en la que fuimos colocados por Cristo. (1) No estamos más bajo el poder de perdición de la ira; hemos sido sacados del antiguo eón, en el que impera la ira de Dios (ὀργὴ θεοῦ) y colocados en el nuevo eón donde reinan la justicia divina (δικαιοσύνε θεοῦ) y la paz; en otras palabras: hemos quedado justificados (δικαιωθέντες). (2) Pero esto tiene también sus consecuencias para nuestra situación en el día del juicio. Entonces también seremos liberados por Cristo de la ira en su última y definitiva revelación (σωθησόμεθα ἀπὸ τῆς ὀργῆς). "Cuando la ira de Dios limpie a la humanidad de todos los malhechores, Jesús será el Salvador de los justificados, no por lo que hayan hecho en su servicio, sino porque él murió por ellos". (Schlatter). La ira de la que Pablo trata aquí y de la que habremos de ser redimidos por Cristo es la misma que llama en otra parte "la ira venidera" (ἡ ὀργὴ ἡ ἐπχομένη, 1 Tes. 1:10). Por ello habla de la redención como de algo venidero. Quien por la fe pertenece a Cristo ya está redimido ahora, pero sólo la salvación de la ira venidera significa la redención completa, final y definitiva. Sólo entonces la obra de Cristo alcanza su plenitud.

Una vez más Pablo repite lo mismo con otras palabras; pero simultáneamente da un paso más en el desarrollo de la cuestión. "Porque si siendo enemigos, fuimos reconciliados con Dios por la muerte de su Hijo, mucho más, estando reconciliados, seremos salvos por su vida" (v. 10). Jesús murió para quitar de en medio la enemistad y establecer la reconciliación. Reconciliación que tuvo lugar —dice Pablo— "siendo enemigos". Esta es una declaración molesta para las teorías subjetivas de la reconciliación que sólo ven en ella un cambio de la actitud del hombre frente a Dios. Cuando Pablo habla de la reconciliación lo hace de una manera que destruye la alternativa tradicional de "reconciliación subjetiva u objetiva". La reconciliación no consiste en que Dios cambie de opinión a causa del cumplimiento del hombre, ni en que el hombre se persuada al ver el amor de Dios en Cristo. La reconciliación no se realiza por el cambio de nuestros sentimientos, de enemistad para con Dios a amor hacia él. Ya se ha realizado; cuando se realizó éramos aún enemigos de Dios. Pero, por otra parte, no se puede hablar de un cambio en la mente de Dios por la reconciliación, ya que para Pablo la reconciliación es obra exclusiva de Dios. "Todo esto proviene de Dios, quien nos reconcilió consigo mismo por Cristo... Dios estaba en Cristo reconciliando consigo el mundo" (2 Cor. 5:18-19) Pablo conoce una objetividad completamente distinta de la que figura como parte de la alternativa que acabamos de señalar. Sabe que la ira de Dios es una realidad objetiva que pesa gravemente sobre la humanidad sumergida en el pecado. Mas también sabe que Dios tuvo pensamientos de paz para con aquellos que eran sus enemigos y que ahora ha establecido por Cristo un nuevo pacto de la paz con ellos, también ésta es una realidad objetiva. La paz para con Dios no es tan sólo un sentimiento subjetivo en nosotros. Si creemos en Cristo, estamos por ello en una posición completamente objetiva y nueva frente a Dios. Estamos justificados, es decir, colocados bajo el poder de la justicia de Dios y estamos reconciliados con Dios, es decir, liberados de la ira de Dios y puestos en una relación de paz para con él. En verdad los dos términos: justificación y reconciliación significan una misma cosa contemplada desde diferentes puntos de vista. Los justificados por la fe en Cristo ya no son enemigos de Dios sino que fueron reconciliados con él. Son tanto δικαιωθέντες como καταλλαγέντες.

Por consiguiente, aunque el tenor de los versículos 9 y 10 sea análogo, de modo que en verdad ambos afirman lo mismo, en el versículo 10 la cuestión ha adelantado en forma esencial, gracias al hecho de que aquí se introduce la idea de la vida de Cristo, acompañada y confrontada por el pensamiento en su muerte. Estamos justificados "por su sangre" y por ende por su muerte (v. 9). Fuimos reconciliados con Dios "por la muerte de su Hijo" (v. 10). Pablo continúa: si todo esto se ha podido realizar por la muerte de Cristo, tanto más "seremos salvos por su vida". Cristo no sólo murió por nosotros sino que también resucitó por nosotros y vive y nos da participación en esta su vida. Del justo por la fe se afirma que vivirá precisamente por su unidad con el Cristo vivo. Vive en nosotros, y nosotros vivimos "en él" (ἐν αὐτῷ ἐν Χριστῷ). "Por su vida" (ἐν τῇ ζωῇ αὐτοῦ), obtenemos la redención definitiva. Pues vivir en Cristo significa estar libre de la ira presente que Dios revela ahora desde el cielo sobre toda impiedad e injusticia humanas, y de la "ira venidera" que se manifestará en el "día de la ira".

En esto es en lo que el cristiano puede justamente gloriarse. Toda jactancia propia queda excluida (3:27). Pero ahora puede "gloriarse en Dios" por el Señor Jesucristo. Dios ya no le es contrario sino que lo favorece. No puede gloriarse "ante Dios", pero sí "en Dios". No tiene nada propio en que apoyarse, ni en sus obras ni en su cualidad ética ni en su fe religiosa. Confía en Dios y en lo que Dios ha hecho y ha de hacer por medio de Cristo. Por ello Pablo, al hablar de cómo "hemos recibido la reconciliación" habiendo sido por ello liberados de la ira, tiene el propósito de inculcarnos al final que esto se ha efectuado única y exclusivamente por "el Señor nuestro, Jesucristo". Ya en el primer versículo de este capítulo hemos tropezado con la misma frase. Para mayor seguridad Pablo la repite aquí y a continuación vuelve a hacerlo una y otra vez a fin de que jamás se olvide que sólo "en Cristo" y debido a su obra estamos libres de los poderes de perdición. Únicamente debido al hecho de que Cristo llegó a ser "nuestro Señor", nuestro Kyrios, todos los otros señores han perdido su poder y su potestad sobre nosotros.

La frase "mediante Jesucristo, Señor nuestro" indica que ha tocado a su fin el curso de ideas que Pablo comenzara al principio de este capítulo. Estas palabras son el acorde final de su himno de alabanza. En cada uno de los capítulos del 5 al 8 inclusive, ocupan un lugar parecido y cumplen la misma función.

2. Los dos eones: Adán y Cristo 5:12-21

a) Adán, el prototipo de "aquel que habría de venir".

Ya en el capítulo 5:11 —tal como destacáramos arriba— Pablo ha concluido el curso de ideas iniciado a principios del mismo con el propósito de mostrar cómo el justo por la fe vive su vida en Cristo "libre de la ira". Pero ahora nos espera una sorpresa. En lugar de abandonar este punto y pasar a describir al cristiano como "libre de pecado" Pablo se detiene en su consideración anterior, pero la amplía de tal manera que a primera vista parece rebasar completamente el marco de la exposición. Los vers. 12-21, considerados de modo meramente formal, son tal vez la parte más extraña de toda la epístola. Los pensamientos del apóstol irrumpen aquí cual un torrente con fuerza tal que no siempre alcanzan a ser cuidadosamente formulados. En estos diez versículos se amontona todo lo tratado en los capítulos precedentes, tanto respecto a la ira como a la justicia de Dios, y a la vez todo cuanto está por exponer el apóstol en los capítulos siguientes. En efecto, toda la problemática de Romanos está encerrada en este breve pasaje rebosante de pensamientos esenciales.

No es extraño pues, que los intérpretes se hayan visto en dificultades con estos versículos. La impresión general ha sido que de alguna manera están al margen de la idea principal de la epístola. A ello se debe el que, lamentablemente, con frecuencia este importante pasaje haya sido tratado como un paréntesis, como un epílogo a lo anteriormente expuesto o como una simple introducción a lo siguiente; pero en todo caso como algo de lo cual se puede prescindir sin perder nada esencial. Hasta Lutero quien en lo demás está lejos de minimizar la significación de este pasaje, lo denomina en su célebre "Prefacio a la Epístola de San Pablo a los Romanos" como una excursión; como una "salida y un paseo divertidos".

Mas no sólo desde el punto de vista formal sino también en lo que concierne a su contenido objetivo, este pasaje ha causado dificultades a los intérpretes. El paralelismo entre Adán y Cristo expuesto por Pablo, les ha parecido tan extraño y de tan difícil acceso que ello los ha inclinado a tratar esta sección como un paréntesis. En forma más o menos inconsciente se ha partido de la suposición de que algo que es tan ajeno al pensamiento actual que parece irreal, tampoco pudo revestir importancia para Pablo. Por ejemplo, para explicar cómo pudo incurrir en esta digresión, se ha señalado la importancia que tiene la "especulación acerca de Adán" en el pensamiento rabínico. Se supone pues que en 5:12-21 Pablo no hizo otra cosa que recaer en el pensamiento rabínico tradicional. Otro ensayo interpretativo asevera que Pablo aceptó aquí la harto conocida noción helenística del "hombre primigenio". Sea cual fuere la interpretación que uno acepte, lo que Pablo dice aquí acerca de Adán y Cristo se considera con una desviación del pensamiento característicamente paulino y bíblico. De modo que se ha llegado a dejar de lado todo el pasaje.

Si el pensamiento de Pablo tuvo ciertos impulsos del pensamiento judaico o del helenístico es en extremo difícil de decidir. No hemos de olvidar que ya en las primeras páginas de la Biblia había leído acerca de Adán, por lo cual no es necesario buscar fuentes más remotas para su pensamiento. Sea como fuere es obvio que su pensamiento acerca de Adán y Cristo difiere totalmente —tanto por su contenido como por su estructura— de las concepciones judaicas o helenísticas usuales. Más bien es lo opuesto. Por ejemplo, el concepto helenístico del "hombre primigenio" esperaba que éste reapareciera en los últimos tiempos. Pablo, en cambio, no considera a Cristo como un Adán redivivo. Yuxtapone a Adán y Cristo, no para afirmar su identidad sino para demostrar lo contrario, para señalar el contraste entre ellos. Cuando uno llega a comprender lo que esto significa para Pablo, descubre inmediatamente que este pasaje no es un paréntesis o una digresión en el pensamiento del apóstol, sino que más bien hemos llegado aquí al punto culminante de la carta. Este es el punto en que convergen todas las líneas de su pensamiento, tanto de los capítulos anteriores como de los que siguen.

Debido a la importancia de este pasaje para la comprensión de toda la epístola, es que lo hemos usado en la introducción como la clave de nuestra exposición. De esta manera ha podido arrojar luz sobre los capítulos precedentes. Debido a ello podemos referirnos en un sentido general a nuestra exposición anterior (p. 16-26) en lo que a la idea central respecta. Pero quedan aún varios puntos por discutir, para entender claramente.

Ya las palabras iniciales ofrecen problemas. El párrafo comienza con un "por tanto", διὰ τοῦτο. Luego uno se pregunta, ¿a qué se refiere Pablo, de lo que antecede, con esta frase? ¿Qué ha dicho antes que pueda motivar la combinación de Adán y Cristo que sigue ahora? Algunos intérpretes han pensado en lo que le precede inmediatamente; otros, en todo el pasaje de 5:1-11; otros en todo cuanto se ha dicho a partir de 3:21. El sentido sería entonces que puesto que la obra redentora descrita surgió de Cristo, por tanto, Pablo se considera autorizado a atribuir a Cristo una posición que puede compararse con la de Adán. "Ya que se puede afirmar algo tan grandioso del nuevo orden de salud y sus efectos, hay un paralelo entre Cristo y Adán en cuanto a los efectos que de ellos proceden, de modo que se puede llamar a Cristo el segundo Adán, el iniciador de una humanidad nueva" (E. Kühl). Pero esto es atribuir a Pablo ideas que le son completamente ajenas. No hay el menor indicio de que él haya considerado tan elevada la posición de Adán, que tratara de reclamar para Cristo una posición similar por medio de un razonamiento peculiar. El mismo hecho de que no haya acuerdo acerca de a qué elemento de la exposición anterior se refiere el término en discusión es un fuerte argumento contra la interpretación sugerida. Por ello algunos intérpretes han sostenido que διὰ τοῦτο es una simple partícula de transición, que no intenta hacer referencia de nada de lo que antecede. Sin embargo, esto se parece demasiado a un escape por la tangente, ya que en última instancia significa prescindir de toda explicación. La conclusión segura es que Pablo tenía en mente algo que hacía que le resultara natural, el empleo de esta expresión particular que de otro modo hubiera sido una partícula de transición sin importancia. Y no es difícil dar con la explicación.

Todo el tiempo Pablo ha estado hablando de una presuposición perfectamente determinada. Todo lo que ha expuesto en los capítulos anteriores se basa en la diferencia entre los dos eones. Ha explicado lo que somos los hombres, como miembros de la perdida raza de Adán; todo lo humano está sumido en el pecado y está bajo la ira de Dios. Por otra parte, ha expuesto lo que hemos llegado a ser por Cristo; que por la fe en él hemos sido liberados del poder de la ira y puestos bajo la potestad de la justicia y de la vida: "El justo por la fe vivirá". La idea de los dos eones ha constituido el trasfondo de todo esto; pero aún no ha sido explícitamente presentada. En realidad ha estado implícita en todo lo que se ha dicho; pero hasta aquí solamente se vislumbraba. Pero ahora irrumpe del trasfondo al primer plano. Adán y Cristo están cada uno al principio de su respectivo eón; cada cual es la cabeza de su era. Adán es la cabeza del antiguo eón, de la era de la muerte; Cristo es el jefe del nuevo eón, de la edad de la vida. Así como por un solo hombre, Adán, vino al mundo el pecado y con él la muerte, así también por un *solo* hombre, Cristo, llegó al mundo la justicia de Dios y con ella la vida. Este es el contenido principal de la segunda parte del capítulo cinco. Un pensamiento retenido largo tiempo, ahora irrumpe vigorosamente —en parte sin intención. Porque esta idea de Adán y Cristo no forma parte orgánica de la exposición de la libertad de la ira de Dios que da la justicia. Por otra parte, sin embargo, tampoco está fuera de lugar pues no hace más que ampliar la perspectiva de lo que antedece. Se podría preguntar, por lo demás, dónde hubiera encuadrado mejor este pensamiento que donde ha sido introducido.

Podría opinarse que quedaría mejor al principio del primer capítulo, donde Pablo trata de la situación en el antiguo eón. Luego, lo que dice acerca de Cristo, al iniciarse los capítulos que versan sobre el nuevo eón. Pero tal procedimiento no habría sido posible para Pablo, ya que para él Adán no significa nada autónomo sin Cristo. Su intención es hablar de Adán sólo como el antitipo de Cristo. Por consiguiente, no puede ocuparse de Adán antes de haber hablado de Cristo.

También podría pensarse que el lugar adecuado para este párrafo sería el principio del capítulo cinco. Después los cuatro párrafos acerca de la libertad del cristiano de todo cuanto pertenece al antiguo eón de la ira, del pecado, de la ley y de la muerte —seguirían como ejemplos específicos de lo que afirma esa sección. Aunque desde el punto de vista del esquematismo exterior pudiéramos preferir tal orden de materias, debe admitirse que el orden que encontramos en Pablo es objetivamente superior a cualquier otro. Si la declaración culminante de la exposición sobre el antiguo eón fue "la ira de Dios", es natural que la primera respuesta a la pregunta acerca de lo que significa el nuevo eón sea: libertad de la ira. Hasta puede ser considerada como una sutileza especial de la exposición el hecho de que se dé primero la respuesta y sólo después el trasfondo contra el cual debe ser considerada. Es probable que el mismo Pablo no haya pensado en estos problemas de composición; llegado a un punto determinado de la exposición, el pensamiento subyacente simplemente se abrió paso, exigiendo ser expresado. Pero esto no impide que hiciera irrupción precisamente en el lugar más apropiado para el propósito en vista.

Pero volvamos a las palabras iniciales de este párrafo: διὰ τοῦτο. Resulta fácil comprender que contra el trasfondo dado esa partícula de unión tiene un sentido particularmente sencillo y bueno. Por un lado se trata en efecto de un enlazamiento con lo que antecede. Por el otro, no se refiere a un versículo o declaración determinados, sino que se relaciona con lo que durante todo ese tiempo fuera la presuposición no enunciada. La mejor manera de reproducirla en nuestra lengua sería haciéndolo con un "Así pues" fuertemente acentuado. "Así pues —como la muerte vino al mundo por Adán, así vino ahora la vida por Cristo".

Mas ya la palabra ὥσπερ, "como", que sigue de inmediato, nos presenta un nuevo problema. Porque este vocablo señala que se trata de una comparación. Ahora bien: aquí estamos frente a la extraña circunstancia de que falta el otro miembro de la comparación, el cual debería estar comprendido en la proposición principal. Esta se suprime y la oración comenzada termina en un anacoluto. Por cierto esto no causa dificultad alguna en cuanto al contenido, puesto que el contexto pone en evidencia cuál es el segundo miembro proyectado de la comparación. Para corroborar más aún este hecho, la comparación se repite en el v. 18 y allí se verifica correctamente. Sin embargo, subsiste la imperfección estructural del v. 12 —a la conjunción ὥσπερ no corresponde aquí ningún οὕτως— y causa dificultades al traductor.

A veces se ha querido superar este inconveniente con la simple exclusión del vocablo ὥσπερ, transformando así la comparación en una simple declaración. Pero con ello se pierde algo esencial, pues precisamente se trata de una comparación. La palabra "como" (ὥσπερ) cumple con la importante función de mostrar que aquí como en todo lo que ya se ha dicho Cristo es la persona principal. Adán sólo figura como antitipo de Cristo.

Si queremos comprender el beneficio que por medio de Cristo ha deparado Dios a toda la humanidad, entonces haremos bien en pensar, de acuerdo con Pablo, en la maldición que por Adán pasó a toda la humanidad. Esta comparación nos ayuda a captar el alcance universal de la obra de Cristo.

Pero para poder seguir aquí el pensamiento de Pablo, es necesario observar que su concepto del hombre es completamente distinto del concepto moderno individualista y atomístico. Pablo considera que la humanidad no es una colección cualquiera de *innumerables* individuos, comprendidos bajo un común concepto general. La ve como una unidad orgánica, un solo cuerpo bajo una cabeza común. Sólo en esta relación Adán cobra importancia para él. Adán no es tan sólo un individuo particular que existió alguna vez en los tiempos primitivos, sino que es ante todo la cabeza de la "vieja" humanidad, cabeza del presente eón (ὁ αἰὼν αὖτος). Lo que le sucedió a la cabeza vale también para el cuerpo. En Adán se decidió la suerte de la humanidad. Por este solo hombre vino el pecado al mundo y por él la muerte adquirió poder sobre todo lo humano. A partir de Adán el destino de nuestro género ha sido el de ser esclavos bajo los poderes de la perdición. Cuando el hombre vive en el pecado, se engaña creyendo tener poder y libertad para elegir en un momento el pecado, en el otro el bien; pero en realidad el pecado que comete evidencia que el pecado es el dueño y el hombre su esclavo. Lo mismo sucede con la muerte. El hornbre desea salvar su vida; siempre está buscando lo suyo; pero en verdad, todo cuanto hace está al servicio de la muerte. Ella es señora absoluta de toda su existencia. Es el destino común de la humanidad a partir de Adán.

Cuando Pablo expone cómo entraron el pecado y la muerte en el "cosmos", adquiriendo un poder ilimitado en todo el reino de lo humano, emplea dos verbos que debemos tener en cuenta, sobre todo porque volveremos a ocuparnos de ellos al final del capítulo. Del pecado y por tanto de la muerte dice: εἰσῆλθεν, "entró", hizo su entrada en el mundo. Y a continuación añade en cuanto a la muerte: διῆλθεν, "pasó", "se propagó" a todos los hombres, y los dominó por completo.

Las palabras finales del v. 12 nos confrontan con un problema más. ¿Qué significa: ἐφ᾽ ᾧ πάντες ἥμαρτον? Nadie puede contestar decisivamente. Hay dos posibilidades. Desde Orígenes se solía disolver la expresión ἐφ᾽ ᾧ en ἐπὶ τούτῳ ὅτι. Nuestra Biblia se atiene a esta interpretación y traduce: "por cuanto todos pecaron". De acuerdo con la otra interpretación —tal vez más probable— el contenido de estas palabras puede circunscribirse de la siguiente manera: "Y fue bajo estas circunstancias; bajo estos auspicios, que todos pecaron". Cualquiera sea la interpretación que se elija, la idea principal de Pablo está completamente clara e inequívoca: por un solo hombre, Adán, todos los hombres son pecadores y están sujetos a la muerte. Aun cuando se elija la primera interpretación, el significado no es que el pecado de Adán tuviera por consecuencia el someterlo a él mismo a la muerte, y que después, también todos los demás hombres fueron sometidos a ella, puesto que todos ellos pecaron. En tal caso estas últimas palabras anularían precisamente aquello que Pablo afirmara en lo que antecede. Más imposible aun resulta este pensamiento si se observa el paralelo con Cristo. Porque la intención de Pablo es de afirmar que así como por la caída de *un* hombre (Adán), la muerte llegó a ser el destino de todos, ahora, por la justicia de *un* hombre (Cristo) reina la vida. Si Pablo hubiera querido decir que todos fueron puestos bajo la muerte por los pecados que ellos mismos cometieron, la consecuencia lógica sería que también todos entrarían en la vida por la justicia que ellos mismos alcanzaran —idea que es *en un todo* contraria a cuanto Pablo afirma. Si optamos por la traducción "por cuanto todos pecaron", debemos entenderla como la entendió Agustín: "porque en Adán todos pecaron". En todo caso, para Pablo no cabe duda de que el destino de la humanidad depende de lo que sucedió a su cabeza y representante. Toda interpretación que de algún modo disuelva y debilite este pensamiento es sin lugar a dudas errónea.

Lo que Pablo dice a continuación es nueva evidencia de que tal es el caso. Añade: "Pues antes de la ley, había pecado en el mundo; pero donde no hay ley, no se inculpa de pecado. No obstante reinó la muerte desde Adán hasta Moisés, aun en los que no pecaron a la manera de la transgresión de Adán" (vers. 13-14). Adán había recibido de Dios un mandamiento especial, una prescripción determinada para su conducta. Por tanto, cuando pecó, su acción tuvo el carácter de una "transgresión" directa (παράβασις, παράπτωμα). Antes que se pueda hablar de "transgresión", debe haber un mandamiento o una ley. Tal presuposición existía para

Adán, pero no para sus descendientes, hasta que fue dada la ley de Moisés. Es cierto que en todo el tiempo intermedio hubo pecado en el mundo; pero —dice Pablo— no se inculpa de pecado allí donde no hay ley. Sin embargo, también en este período intermedio la muerte ejercía un poder ilimitado sobre la humanidad. Reinaba "aun en los que no pecaron a la manera de la transgresión de Adán". El pecado y la muerte existen aquí en el mundo como temibles tiranos, que no le preguntan al hombre si quiere reconocerlos o no, sino que reinan autocráticamente.

Lo que a Pablo le interesa sobre todo es el contraste entre este solo hombre a cuya acción se debe este pecado y todo el género humano que sufrió las consecuencias de lo que él hizo. La transgresión y la caída se produjeron por un solo hombre, pero sus consecuencias tuvieron dimensiones *cósmicas*. La acción de Adán afectó al "cosmos", como Pablo lo expresa, es decir, a toda la humanidad. Lo que aconteció en él tuvo consecuencias decisivas para el destino de todos los que pertenecen a su estirpe. Cuando Pablo yuxtapone aquí ambos poderes hay que tener presente que en esta conexión está pensando primordialmente en la muerte y su poder. La muerte es "el postrer enemigo" (ἔσχατος ἐχθρός, 1 Cor. 15:26). La gran oposición de la que Pablo trata en toda la epístola es *la muerte*. bajo cuyo poder estamos por naturaleza, y *la vida* que nos es dada por la fe en Cristo: "El justo por la fe vivirá". Lo que aquí ocupa a Pablo es la cuestión de cómo fue que la muerte llegó a dominar a la humanidad. Esto aconteció por intermedio del pecado. El pecado es el vasallo que precede y prepara el camino a la soberana, la muerte. Cuando por un hombre entró el pecado en el mundo; la muerte alcanzó su dominio. El pecado es "el aguijón de la muerte" (τὸ κέντρον τοῦ θανάτου, 1 Cor. 15:56), es el arma e instrumento por medio de los cuales la muerte ha sometido bajo su poder a la humanidad. Por el pecado la muerte ha vencido a la humanidad y ahora es en realidad su dueña. La muerte ascendió al trono aquí, en este mundo, y ejerce su terrible gobierno con ilimitado poder en toda nuestra existencia. En este capítulo Pablo repite una y otra vez, con creciente precisión, que la muerte adquirió poder de rey en nuestro mundo (ἐβασίλευσεν ὁ θάνατος, cf. los vers. 14, 17, 21).

De lo que antecede resulta que para Pablo la muerte no es sólo un acontecimiento que interviene en la vida y le pone fin. La muerte es un poder, un soberano. Algo parecido puede decirse también de los demás poderes malignos a los que con mayor o menor extensión se hace referencia en este capítulo: ira, ley, pecado. La ira no es tan sólo un estado anímico o una expresión de desagrado de parte de Dios; es un poder destructivo; es el estado de depravación absoluta que sobreviene cuando Dios alcanza eficazmente al pecador con su santa indignación. Y *el pecado* no es sólo —como piensa el moralismo—· los actos malos que uno comete, sino el objetivo poder pernicioso al cual el hombre, enemigo de Dios, está sometido, de modo que todo el hombre es pecaminoso. *La ley* no es solamente la expresión conjunta de la voluntad de Dios, sino que es un poder objetivo que juzga y condena al hombre.

Así como Adán es la cabeza del antiguo eón (ὁ αἰὼν αὖτος), Cristo es la cabeza del nuevo eón (ὁ αἰὼν ὁ μέλλον). Es para yuxtaponerlos que Pablo ha empezado aquí a ocuparse de la cuestión de Adán y de su posición dentro de la humanidad. Para él, Adán cuenta exclusivamente como "figura del que había de venir" τύπος τοῦ μέλλοντος, (v. 14). La expresión "que había de venir" (ὁ μέλλον o ὁ ἐρχόμενος) es una denominación corriente para designar al Mesías esperado. "¿Eres tú aquel que había de venir?" le pregunta a Jesús Juan el Bautista por medio de sus discípulos. Y la contestación que señala que ya existen los signos mesiánicos (Mat. 11:3-4) demuestra que Jesús interpreta las palabras en su sentido mesiánico. Cuando Pablo habla del eón nuevo, no suele emplear la expresión el "eón venidero" (ὁ αἰὼν ὁ μέλλον). Aquí, sin embargo, la designación de Cristo como el "que había de venir" señala en esta dirección, puesto que como ὁ μέλλον, es la cabeza de ὁ αἰὼν ὁ μέλλον.

En Adán y Cristo los dos eones están en nítida oposición. Así como el antiguo eón es el *poder de la muerte* (ἡ βασιλεία τοῦ θάνατοῦ, cf. ἐβασίλευσεν ὁ θάνατος, vers. 14, 17, 21), el nuevo eón es el *poder de la vida* (ἡ βασιλεία τῆς ζωῆς, cf. ἐν ζωῇ βασιλεύσουσιν, v. 17). Veremos ahora cómo Pablo confronta estas dos palabras en lo que sigue.

b) Los reinos de la muerte y de la vida.

Adán es el prototipo de Cristo. O hablando con más propiedad, su antitipo. Adán es "el tipo" de Cristo y éste es el "antitipo" de aquél. La idea "tipo-antitipo" expresa dos cosas. Por un lado, se sugiere de una correspondencia; y por el otro, de un contraste. En cierto modo Adán y Cristo forman una unidad y no obstante, son diametralmente opuestos el uno al otro. Lo que vale para Adán es válido también para Cristo; pero en un sentido directamente opuesto. Adán es la cabeza de la humanidad. Exactamente lo mismo se puede decir de Cristo. Adán es la cabeza de la humanidad en el sentido de que la humanidad se perdió con él. Cristo es su cabeza en el sentido contrario: la humanidad fue redimida en él. Adán es la cabeza de la humanidad, cabeza de la cual el contagio del pecado y de la muerte se transmite a todos los miembros. Cristo, en cambio, es la cabeza de la humanidad, de la cual la justicia y la vida se comunican a todos los miembros. El razonamiento de Pablo es muy semejante al que consta en 1 Cor. 15:21-22: "Porque por cuanto la muerte entró por un hombre, también por un hombre la resurrección de los muertos. Porque así como en Adán todos mueren, también en Cristo todos serán vivificados". La caída de Adán fue el comienzo de la era de la muerte; la resurrección de Cristo es el principio de la resurrección de los muertos (cf. 1:4), del nuevo eón de la resurrección, de la era de la vida. "En Adán" estamos bajo el poder absoluto de la muerte; "en Cristo" balo la potestad ilimitada de la vida.

Pero si este concepto de "tipo-antitipo" revela una tan complicada combinación de cosas correspondientes y contrarias, el cuadro resulta aún más complicado cuando se observa que el paralelo entre Adán y Cristo no puede ser sostenido siquiera allí donde estaba destinado a aplicarse. La causa de ello no está en que Pablo haya elegido un ejemplo inadecuado, sino en la naturaleza misma del caso. Es inevitable que toda comparación humana con Cristo falle. En último análisis no hay absolutamente nada que pueda colocarse en la misma categoría que él. Hay uno solo que puede ser comparado con Cristo en significación universal, a saber, Adán; y precisamente a él lo ha elegido Pablo para su comparación; aunque tampoco basta como ejemplo, ya que *Cristo es inmensamente más grande*. Sólo hay una cosa que pueda compararse con la bendición proveniente de Cristo, a saber, la maldición que se debe a Adán; empero también esta comparación resulta insuficiente, puesto que *la bendición debida a Cristo es incomparablemente mayor*. Esto da origen a una nueva duplicidad: por una parte ha de tratarse de un paralelo; por la otra no, ya que la contrafigura no alcanza en sentido alguno a aquel para quien habría de servir como prototipo. Adán se denomina τύπος, un patrón o modelo para Cristo; pero éste rompe todos los modelos. No hay nada que se le iguale.

Bajo tales circunstancias no es extraño que esta exposición de Pablo haya causado dificultades especiales. Apenas pronunciado su ὥσπερ "como" en el v. 12, ya se ve obligado a interrumpir la comparación. Y cuando luego, al final del v. 14, vuelve a la comparación señalando a Adán como "figura" de Cristo, la interrumpe de nuevo para en apariencia volver a retirarla por completo. Es cierto que el versículo 15 contiene una comparación. Pero ésta es por su contenido contraria a lo que podríamos esperar en virtud de lo que precede. La explicación que esperábamos habría tenido que rezar aproximadamente así: con el don de gracia ocurre lo mismo que antes con la caída. Empero Pablo no dice esto, sino precisamente lo contrario: "Pero el don no fue como la transgresión; porque si por la transgresión de aquel uno murieron los muchos, abundaron *mucho más* para los muchos la gracia y el don de Dios por la gracia de un hombre, Jesucristo" (v. 15). En un caso se trata de una acción *humana* realizada por un solo hombre, pero de consecuencias incalculables para todo el género humano; en el otro, se trata de una acción *de Dios* que éste hizo efectiva por medio de un solo hombre, Jesucristo. Por graves que sean las consecuencias de la caída de Adán, no son comparables con los efectos que Dios produjo por Cristo. Para "*la gracia y el don de Dios*" no existen medidas humanas, por grandes que sean en sí. Aun comparado con lo más grande y funesto que existe en la vida de la humanidad, o sea precisamente esa maldición que resultara de la caída de Adán, la bendición de Dios en Cristo debe considerarse como "superabundante".

Pero Pablo tiene que añadir una cosa más respecto a la diferencia entre la acción de Adán y la de Cristo. Vemos cuánto más poderosa es esta última, al observar cuan diferentes son los puntos de partida en ambos casos. Para la acción de Adán no hay antecedente alguno; la vida de la humanidad era aún una hoja en blanco. Pero la acción de Cristo es precedida por "la caída de muchos", a saber, todo el pecado y la transgresión de la historia humana. Adán comete su acción sin heredar carga alguna; sin embargo, la misma ha traído consecuencias tan fatales que la condena que recayó sobre ella condujo a la condenación de toda su estirpe. ¡Cuánto más poderosa es frente a ello la acción de Cristo! El comienza su obra cuando toda la humanidad estaba condenada. Por tanto la situación en que entra está gravada en todo sentido. No enfrenta la caída de uno solo, sino de muchos. Debe restaurar todo lo que se había quebrantado. Y a pesar de ello, la gracia y el don no sólo bastaron para regresar al punto en el que Adán había estado al principio e invalidar —por decir así— todos los acontecimientos posteriores, sino también para exigir en lugar de ello la justicia de Dios entre nosotros. También desde este punto de vista la bendición que nos vino de Cristo debe ser llamada "superabundante".

Ahora bien, siendo "la gracia y el don" tan abundantes, Pablo puede utilizar aun las terribles consecuencias de la ira para animar a la iglesia. Pues precisamente en ello puede conocerse la grandeza del don que le ha sido conferido. Gracias a él puede formarse una idea de las dimensiones de la obra de Cristo. Si la caída tuvo tales consecuencias, la superabundante gracia y el don habrán de surtir efectos mucho mayores aun. En consecuencia, Pablo continúa: "Pues si por la transgresión de uno solo reinó la muerte (ὁ θάνατος ἐβασίλευσεν), mucho más reinarán en vida por uno solo, Jesucristo (ἐν ζωῇ βασιλεύσουσιν) los que reciben la abundancia de la gracia y del don de la justicia" (v. 17).

La forma más sencilla de reproducir el pensamiento de Pablo aquí expuesto sería la siguiente: si el *dominio de la muerte* era grande en la estirpe de Adán, *el reino de la vida será mucho mas grande aún*, para los que pertenecen a Cristo. Pero Pablo se expresa de otro modo. No es difícil comprender la causa, pues existe otra diferencia entre el dominio de la muerte y el de la vida, que no quiere dejar pasar inadvertida. La muerte es un poder de destrucción; un tirano al cual vive sometido el hombre y bajo cuya servidumbre se halla. Y la vida también es una potestad bajo la cual el hombre es colocado por Cristo; pero no es un tirano. Para el que está sujeto al poder de la vida, ha pasado el tiempo de la servidumbre; es libre. Esta diferencia

entre el poder de la vida y la potestad de la muerte determina la formulación de Pablo; es el motivo por el cual adopta una construcción diferente
de la que esperaríamos. Cuando habla de la muerte, habla solamente de *su*
poder porque los que le están sujetos no participan de la potestad, sino que
son simplemente esclavos. Cuando habla de la vida se expresa de manera
distinta; afirma que los que han recibido de Cristo la gracia y el don de la
justicia, "reinarán en vida". También en esto el poder de la vida muestra su
inmensa superioridad.

Lo que antecede evidencia con toda la claridad deseable que Pablo no
tenía la menor idea de que comparando a Cristo con Adán, le aseguraba un
lugar más honorable. No está intentando demostrar la grandeza de Cristo,
como han sostenido muchos comentarios. Pablo está lejos de concebir
esta comparación con Adán como algo por lo cual Cristo recibe un título
de nobleza que no le corresponde. Por el contrario, insiste una y otra vez
en que esa comparación es inexacta por cuanto Adán no está a la altura de
Cristo. Antes bien, resulta que lo que se puede afirmar de Adán, es aplicable mucho más aún y de un modo superior a Cristo. Para Pablo Cristo es
primero, y cita a Adán como "figura del que había de venir".

Aquí es oportuno volver a considerar el v. 12. Si nos inclinamos a interpretar las palabras "por cuanto todos pecaron" en el sentido de que para
Pablo el poder de la muerte sobre todos los hombres se basa en el hecho de
que todos pecaron, en el v. 17 encontramos la refutación de tal interpretación. Pues aquí se dice claramente que no fue por la caída de los muchos
que reinó la muerte, sino por la de uno. De este destino de muerte común
para todos los hijos de Adán participa también el cristiano mientras viva
en esta era. Pero no es esto lo único en que participa. Gracias a Cristo tiene
participación en el nuevo eón en el cual la vida ha asumido el poder. Sin
embargo, tampoco esto se debe a los muchos, sino a uno solo: Jesucristo.
"El justo por la fe vivirá". Pero la justicia no es algo suyo, adquirido por él
mismo. Es algo que aquí se denomina "don de justicia". Pero este don, de
"justicia que proviene de Dios", nos lo ha traído Cristo; y con esa justicia
viene la vida. En consecuencia también los que por la fe están incorporados a Cristo reinarán con él en el nuevo eón de la vida.

En el v. 12 Pablo inició su comparación entre Adán y Cristo, pero no pasó del comienzo. La comparación iniciada con ὥσπερ ("como") fue inmediatamente interrumpida por un anacoluto. Y en su presentación ha prestado más atención al contraste entre Adán y Cristo que a los parecidos entre ellos. Pero ahora, después de haber señalado con esmero los puntos en que se rompe el paralelo, Pablo puede retornar a su comparación sin correr el riesgo de ser interpretado erróneamente. Esto ocurre en los versículos 18-19. Aquí tropezamos de nuevo con el ὥσπερ (ὡς) que iniciara esta exposición; pero ahora no está solo, sino que se complementa con un αὕτως. Encontramos aquí el segundo miembro de la comparación que faltaba en el v. 12. En forma muy breve Pablo resume su comparación en las siguientes palabras: "Así que, como por la transgresión de uno vino la condenación a todos los hombres, de la misma manera por la justicia de uno vino a todos los hombres la justificación de vida. Porque así como por la desobediencia de un hombre los muchos fueron constituidos pecadores, así también por la obediencia de uno, los muchos serán constituidos justos".

Pese a todas las limitaciones que Pablo ha indicado, el paralelo entre Adán y Cristo le ha brindado la posibilidad de evidenciar cuál les la importancia de Cristo para nuestra justificación y nuestra participación en el reino de la vida. Así como la existencia toda de Adán estuvo determinada por su apartamiento de Dios, es decir, por una "caída", así también toda la existencia de Cristo está caracterizada por el hecho de estar en recta relación para con Dios, es decir, por el hecho de que en su propia persona constituye la realización de la "justicia de Dios". Frente a la παράπτωμα de Adán está la δικαίωμα de Cristo. Y así como la condenación que pesa sobre todos los hombres en el antiguo eón y el poder de la muerte que en él reina, se basa en la caída de uno solo, a saber Adán, así también la justicia de uno solo, a saber Cristo, es la causa de la justificación que se nos dona en el nuevo eón y del poder de la vida que reina en él. Para denominar la bendición que nos fue dada por Cristo, Pablo usa la expresión "δικαίωσις ζωῆς", "la justificación de vida".

En esta breve expresión Pablo resume todo su mensaje. Nosotros, los que "en Adán" y a causa de su desobediencia tuvimos que figurar como pecadores, ahora, "en Cristo", y en virtud de su obediencia, ocupamos ante

Dios la posición de justos (δίκαιοι, v. 19). Y esta justificación es una "justificación de vida", de seguir las palabras: ὁ δίκαιος ἐκ πίστεως ζήσεται, "El justo por la fe vivirá".

c) La intervención de la ley.

Adán y Cristo expresan los dos grandes contrastes en la historia de la humanidad. Cada uno de ellos está al principio de su era. ¿Qué papel desempeña la ley en esta oposición? Ya en los vers. 13-14 se vislumbra esta cuestión. En él se habla del tiempo "desde Adán hasta Moisés". ¿Acaso la ley no inició una época completamente nueva en la historia de Dios para con la humanidad? Después que fue dada la ley, la situación fue, esencialmente diferente de la que reinaba antes de ella. Del mismo modo la situación "bajo la ley" era distinta de la que advino con Cristo. Porque se dice en Juan 1:17: "La ley por medio de Moisés fue dada, pero la gracia y la verdad vinieron por medio de Jesucristo". ¿No resulta de ello que no basta hablar de dos eras? ¿No tendríamos que distinguir entre tres épocas en las que imperan los nombres de Adán, Moisés y Jesucristo? Esta idea es la que prevalece en la tradicional división triple: "sin ley", "bajo la ley" y "bajo la gracia".

Pero esto sería, según Pablo, una interpretación totalmente errónea del papel de la ley. Adán y Cristo constituyen en realidad los dos opuestos que todo lo dominan. El poder de la muerte y la potestad de la vida son tan totalmente opuestos que no toleran ningún tercero. En este sentido la ley *no* representa una época nueva. Pablo afirma que "intervino" y se interpuso entre estos dos grandes contrastes. En el v. 12 hablaba de cómo el pecado y por él la muerte "entró" en el mundo (εἰσῆλθεν) y "pasó" a todos los hombres (διῆλθεν). Y ahora afirma de la ley que ella, a su vez, "se introdujo" pero *accesoriamente* —por decir así— "entre dos cosas" (παρεισῆλθεν). De hecho la ley tiene gran significación, puesto que es una expresión de la santa voluntad de Dios. Pero si la colocamos entre los dos eones, su posición en el plan de redención de Dios es relativamente modesta. De ningún modo puede constituir una era en sí.

La ley se interpuso entre Adán y Cristo, entre el poder de la muerte y el de la vida, entre la era del pecado y la de la justicia. ¿Cuál es pues su posición frente a esas dos fuerzas antagónicas entre sí? La ley condena el pecado y exige la justicia. Tiende a erigir una valla contra el pecado, para contribuir a la victoria de la justicia. En este sentido está evidentemente de parte de la justicia. Pero, por otra parte, la ley misma pertenece al antiguo eón; por lo cual es incapaz de producir justicia real alguna (cf. τὸ ἀδύνατον τοῦ νόμου, 8:33). A este hecho de pertenecer al antiguo eón se debe su impotencia. La ley puede exigir lo bueno, pero no es capaz de producirlo. Nunca fue intención de Dios que la ley constituyera un camino hacia la justicia y la vida. "Ya que por las obras de la ley ningún ser humano será justificado delante de él", dice Pablo en 3:20; y esto no sólo quiere ser un reconocimiento de la debilidad e impotencia del hombre para cumplir la ley, sino también la declaración de un principio en cuanto a la función y el significado de la misma. Pablo insiste siempre en que no hay ley que pueda dar vida (Gal. 3:21).

Según Pablo, la ley es el instrumento de Dios para refrenar el pecado. Pero sucede algo extraño: la ley, que debería oponerse al pecado, en realidad llega a colaborar con él. Porque ¿cuál es la consecuencia de la introducción de la ley? ¿Acaso disminuyó con ello el pecado? Es evidente que ocurre todo lo contrario: la ley aumentó el pecado en un grado sin precedentes y de diversas maneras. Pablo ha dicho ya que el pecado existía en el mundo antes que hubiera ley, pero —añade— "donde no hay ley no se inculpa de pecado" (v. 13). La ley tiene el efecto de agravar el pecado, convirtiéndolo en "transgresión" (παράβασις). Además, la experiencia muestra que los mandamientos de la ley provocan el pecado. Por tanto la consecuencia efectiva de la introducción de la ley fue la de hacer mayor la caída y brindar al pecado amplia oportunidad de hacerse poderoso en demasía.

¿Cómo se ha de entender esto? ¿Es que la ley ha tenido un efecto totalmente contrario a la intención original de Dios? No, contesta Pablo; lo expuesto no sólo fue el efecto real de la ley, sino precisamente lo que Dios quiso. La ley se introdujo "para (ἵνα) que el pecado abundase". Esta contestación resulta completamente incomprensible y parece poco menos que una blasfemia contra Dios y un ataque a la ley, mientras se mantenga una posición legalista. Pero para Pablo, que por la fe en Cristo había visto con claridad que existe algo mayor que la ley, resultaba evidente que en efecto ésa es la realidad. Dios asignó realmente a la ley la tarea de provocar el pecado y la instigó a desplegar todas sus fuerzas. Por cierto, antes que viniera la ley el pecado ya existía, pero —por decirlo así— éste estaba muerto e ineficaz. Pero es la voluntad de Dios que donde hay pecado, se manifieste (Gal. 3:19) y esto sucede cuando se encuentra con la ley. Entonces el pecado revive (Rom. 7:9). La ley da "ocasión" al pecado y contribuye así a excitarlo (7:8). En lo que sigue Pablo tiene oportunidad de ocuparse detenidamente de esta cuestión. Por el momento, se conforma con la concisa afirmación de que la ley vino para aumentar el pecado. Esta afirmación, aparentemente paradójica, encuentra su explicación en las siguientes palabras: "Mas cuando el pecado abundó, sobreabundó la gracia".

Con ello la situación se trasforma por completo. Si antes podía parecer que la ley trabajaba a favor del pecado, ahora queda patente que en lugar de ello obra en beneficio de la gracia. La ley, perteneciendo ella misma al antiguo eón, no puede vencer al pecado. Este sólo puede ser superado por Aquél que es más fuerte, a saber, Jesucristo. Todo lo que la ley pudo hacer fue llamar al pecado al campo de batalla e incitarlo a desplegar toda su fuerza. Con ello terminó la obra de la ley y la lucha subsiguiente debe quedar a cargo de la gracia. Pero, por el mismo hecho de que posibilitara la movilización de todas las fuerzas del pecado, la ley contribuye a su modo a la derrota completa del mismo, dando a la gracia mayor oportunidad de triunfar.

En el concepto del papel de la ley que así presenta Pablo, hay una total armonía entre ley y evangelio. Si la ley misma pudiese vencer al pecado, y en consecuencia la justicia y la vida pudieran venir por su intermedio, la ley se opondría a la promesa de Dios y sería un camino de salvación en competencia con el evangelio. En cambio, así concebida la ley llega a ser un poder de destrucción al lado de la ira, del pecado y de la muerte. Se convierte en un tirano que lleva al hombre al intento infructuoso de quebrar por su propio esfuerzo la servidumbre del antiguo eón. Pero con ello no hace más que atarlo más estrechamente a la naturaleza del antiguo eón, impidiéndole recibir "la justicia que proviene de Dios" que Cristo le trae; le impide entrar con Cristo en la nueva era, la era de la justicia y de la vida. Contra este concepto de la ley lucha Pablo. Aquí, habla de la ley como perteneciente al antiguo eón y al parecer al servicio del pecado; pero la realidad de las cosas es que la ley concuerda con el evangelio y contribuye a su arrolladora victoria por el hecho mismo de hacer desbordar el pecado. La ley, como camino de salvación no es otra cosa que el instrumento de la ira divina que entrega al hombre a ésta. En cambio la ley tal como Pablo la describe en este lugar, es en última instancia un medio de la gracia divina, puesto que no mantiene al hombre en su servidumbre, sino que lo entrega a Cristo para que la gracia pueda superabundar aun más.

Este es el camino por el cual Dios ha conducido al género humano en dirección al nuevo eón. Al comienzo de este camino está la caída, que colocó a todo el género humano, como pecadores, bajo el poder de la muerte. En esta situación se introdujo la ley en forma accesoria. Podría haberse esperado que derribara y destruyera el pecado. En cambio lo llevó al extremo. Pero simultáneamente condujo al punto en que Dios reveló a Cristo en su grandiosa potestad y dio al género humano un nuevo comienzo bajo una nueva cabeza. Con esto se alcanza la meta y se realiza la intención de Dios. Pablo expresa este propósito de Dios con las palabras siguientes: 'Tara que así como el pecado reinó para muerte, así también la gracia reine por la justicia para vida eterna mediante Jesucristo, Señor nuestro".

Este es un resumen extraordinariamente expresivo del conjunto. Así como el pecado tenía poder en la muerte, es decir, en el eón de la muerte, mediante la nueva justicia ($\delta\iota\kappa\alpha\iota\sigma\acute{\nu}\nu\eta = \delta\iota\kappa\alpha\iota\sigma\acute{\nu}\nu\eta\ \theta\epsilon\sigma\hat{\upsilon}$) que Dios nos dona en Cristo, la gracia reina "para vida eterna", $\epsilon\grave{\iota}\varsigma\ \zeta\omega\grave{\eta}\nu\ \alpha\grave{\iota}\acute{\omega}\nu\iota\sigma\nu$. Esta *es la vida del nuevo eón* que ya ha comenzado aquí y que será cumplido cuando Cristo revele su gloria (cf. las palabras finales del credo niceno: "Espero la resurrección de los muertos y la vida del mundo (eón) venidero, $\zeta\omega\grave{\eta}\nu\ \tau\sigma\hat{\upsilon}\ \mu\acute{\epsilon}\lambda\lambda\sigma\nu\tau\sigma\varsigma\ \alpha\grave{\iota}\hat{\omega}\nu\sigma\varsigma$).

Pablo concluye este capítulo, igual que los tres siguientes, con las palabras "mediante Jesucristo, nuestro Señor". Para él ésta no es solamente una mera terminación formal. Es una expresión de la mayor importancia. Pablo no puede terminar ninguno de estos capítulos en los que habla de cómo hemos sido liberados de los poderes de la perdición, sin insistir en que esta libertad nos fue dada sola y únicamente por Jesucristo. Solamente debido al hecho de que él fue puesto por Dios en calidad de nuestro Señor, nuestro

Kyrios, han quedado derribados todos los demás señoríos. En el último versículo de este capítulo se repite dos veces el término "reinar", la idea que ha imperado en toda la exposición acerca de Adán y Cristo. El vocablo griego que aquí se emplea, βασιλεύειν, dirige nuestro pensamiento directamente hacia el reino de Dios anunciado por Jesús, βασιλεία θεοῦ. De este "reino de Dios" o de este "poder de Dios" habla Pablo al oponer "el poder de la muerte" al "poder de la vida". Y en este reino de Dios, el reino de la vida, Jesucristo es *"el Señor"*.

2 | LIBRES DEL PECADO
6:1-23

La parte de la epístola a los Romanos que nos ocupa ahora trata de cómo *vivirá* el justo por la fe. Quien cree en Cristo ha entrado con él en la nueva era y ahora vive su vida "en Cristo". ¿Pero qué significa exactamente esto?

En el capítulo 5 Pablo dio una primera respuesta a esta pregunta: el que es justo por la fe ha quedado libre en Cristo, a saber, "libre de la ira". En la última parte del capítulo Pablo amplió su exposición, presentando una visión de las dos eras: el eón de la muerte bajo Adán y el de la vida bajo Cristo. Ahora en el capítulo 6 retorna a su problema principal, y agrega otra respuesta: el justo por la fe vivirá, "*libre del pecado*".

La exposición de este capítulo consta de dos secciones, cuya división se advierte a primera vista debido a que Pablo las inicia casi con la misma pregunta. En el vers. 1 leemos: "¿Qué, pues, diremos? ¿Perseveraremos en el pecado para que la gracia abunde?" Y en el vers. 15: "¿Qué, pues? ¿Pecaremos?" En la primera sección Pablo muestra que por el bautismo hemos sido incorporados en Cristo y con ello libertados del poder del pecado (1-14). En la segunda, muestra que esta liberación del pecado nos ha sido concedida para que en adelante sirvamos a la justicia (15-23).

1. Libres del pecado por medio del bautismo 6:1-14

Al final del capítulo anterior Pablo afirmó: 'Tero la ley se introdujo para que el pecado abundase; mas cuando el pecado abundó, sobreabundó la gracia". Allí Pablo dice que la función de la ley es aumentar el pecado. Mas al mismo tiempo la ley se relaciona con la gracia, puesto que allí donde el pecado aumenta por la ley, la gracia tiene ocasión de mostrarse aun más poderosa. Este razonamiento de Pablo difiere en alto grado de los puntos de vista que se suele expresar cuando se quiere mostrar una relación positiva entre la ley y la gracia. Generalmente se dice que la ley prepara para la gracia y conduce a ella, ya que sólo aquél que se esfuerza por cumplir con las exigencias de la ley de Dios puede ser objeto de la gracia y el favor divino; en este sentido se habla de la "moralidad como camino a la religión". O se da una explicación más psicológica afirmando que por su juicio la ley libera al hombre de todo lo que le es propio, haciendo así lugar para la gracia; que hace al hombre humilde, y por consiguiente receptivo para la gracia. Pero la opinión de Pablo acerca de la ley, es, como queda dicho, completamente diferente: la ley aumenta el pecado y la miseria, pero por lo mismo se recurre más a la misericordia de Dios. La gracia divina no sólo es poderosa en la debilidad humana, sino también en el pecado de los hombres. Y cuanto más grande es el pecado, más puede triunfar la gracia.

"Mas cuando el pecado abundó, sobreabundó la gracia". Esta es una palabra verídica e ineludible, pero a la vez peligrosa. Nos movemos aquí muy cerca de un abismo —un solo paso en falso y todo lo que Pablo ha ganado hasta aquí, puede perderse. Pues estamos tentados a pensar que si en realidad es así, el pecar es un camino sencillo hacia la gracia. Por tanto, parecería que todo quedara librado a nuestro arbitrio, aunque de una manera opuesta a lo que pensábamos. El pecado parece ser la causa de la acción de la gracia. Surge entonces la pregunta: ¿Perseveraremos en el pecado para que la gracia abunde?"

Ya antes en 3:8 Pablo se ocupó de una pregunta análoga: "¿Por qué no decir: "Hagamos males para que vengan bienes". Se trataba allí de la verdad de Dios que resalta aun más por nuestra falsía. Ahora se trata de la gracia divina que a causa de nuestro pecado, sobreabunda. Pablo vuelve a rechazar enérgicamente la sugestión, como lo hiciera entonces. "¡En ninguna manera!", dice: ¿Pero qué razón da? Significativamente señala hacia el nuevo eón y lo que en él ha acontecido. Por Cristo hemos sido liberados del pecado una vez por todas. Con él hemos salido del ámbito en que reina el pecado y por ello Pablo puede decir: "Porque los que hemos muerto al pecado, ¿como viviremos aún en él?" (v. 2). Luego el principal argumento contra la sugestión mencionada es el siguiente: *Por Cristo hemos sido libertados del pecado.*

En la exposición detallada del mismo Pablo, éste señala en primer lugar *el bautismo.* Quien ha sido bautizado en el nombre de Cristo Jesús, ha sido recibido en una leal comunidad de muerte y de vida con él. Aquí debemos recurrir a lo que Pablo ha dicho al final del capítulo 5, comparando a Adán y Cristo; pues sólo sobre ese fondo podemos entender lo que ahora dice del bautismo.

"En Adán pertenecemos todos a un mismo organismo. Como hombres somos miembros de *un solo* cuerpo que por su cabeza, Adán, está colocado bajo el poder del pecado y de la muerte. Lo que acontece a la cabeza le sucede también a cada miembro en particular. Todos participan del pecado y de la muerte de Adán.

Pero ahora, por medio del bautismo hemos sido incorporados en Cristo. Esto significa que ya no somos meros miembros del gran organismo de la humanidad; somos miembros del "cuerpo de Cristo" (σῶμα Χριστοῦ). "Por un *solo* Espíritu fuimos todos bautizados en un cuerpo" (1 Cor. 12:13), y si entramos en ese cuerpo, también para nosotros vale lo que sucedió con él, la cabeza, el primogénito. La muerte de Cristo es también la nuestra; su resurrección *es* la nuestra. Pablo habla de esta comunidad de muerte y vida con Cristo originada por el bautismo, al decir: "O no sabéis que todos los que hemos sido bautizados en Cristo Jesús, hemos sido bautizados en su muerte? Porque somos sepultados juntamente con él para muerte por el bautismo, a fin de que como Cristo resucitó de los muertos por la gloria del Padre, así también nosotros andemos en vida nueva" (vers. 34).

Se ve inmediatamente que estas palabras de Pablo se refieren a la forma exterior del rito bautismal. Cuando el bautizado es sumergido en el agua, significa que es sepultado "con Cristo"; y cuando vuelve a emerger del agua, equivale a su resurrección "con Cristo". Pero sería completamente erróneo que, por esta razón, considerásemos el concepto paulino del bautismo como "simbólico" en el sentido en que este término suele emplearse ahora. Porque según él, en el bautismo no sólo tenemos que ver con símbolos sino con *realidades.* Lo que el bautismo simboliza realmente sucede y precisamente por medio de él. Para caracterizar este mismo suceso real en el bautismo Pablo emplea el expresivo término "fuimos plantados juntamente con él en la semejanza de su muerte y en la de su resurrección" (v. 5). La frase "plantados juntamente" se ha elegido pensando en que anteriormente el hombre no era del cuerpo de Cristo, pero que mediante el bautismo fue "incorporado" y que ahora forma una unidad indivisible con su cabeza. O bien —para relacionarlo con otras representaciones parecidas— el término puede haber sido escogido pensando en el pámpano que antes no pertenecía a la vid de Cristo, pero ahora ha sido injertado, juntándose al crecer con el tronco de manera tal que en adelante busca su alimento y fuerza de la vid como parte de ella.

"Hemos muerto al pecado" dice Pablo (v. 2) ¿Cuándo y cómo aconteció esto? Según el apóstol sucedió en y por el bautismo. Allí el cristiano murió con Cristo y fue sepultado juntamente con él; pero allí también resucitó con él. Para comprender lo que esto significa en cuanto a la posición del cristiano, debemos recordar lo acaecido por la muerte y la resurrección de Cristo. En su muerte el poderío del pecado fue vencido; todas las autoridades y potencias del antiguo eón fueron derribadas. Y en su resurrección comenzó el nuevo eón de la vida. Puesto que el cristiano participa en la muerte y resurrección de Cristo, todo esto vale también para él: ha sido liberado de la potestad de las tinieblas y trasladado al reino de Cristo (Col. 1:13).

Pero ahora que vive "en Cristo" y pertenece al "cuerpo de Cristo" resulta que hay otro cuerpo que tiene que morir. Pablo lo denomina con el nombre expresivo de "el cuerpo del pecado" (τὸ σῶμα τῆς ἁμαρτίας). Es el cuerpo al cual el hombre pertenecía antes, cuando aún estaba bajo el poder del pecado y de la muerte. Junto a este concepto Pablo introduce otro muy emparentado con él al hablar del "viejo hombre", ὁ παλαιὸς ἄνθρωπος. Esto concuerda estrictamente con su concepción de los eones. El "viejo hombre" corresponde al eón antiguo y está caracterizado por su naturaleza. De ese hombre viejo se afirma ahora que fue crucificado con Cristo (συνεσταυρώθη). "Sabiendo esto, que nuestro viejo hombre fue crucificado juntamente con él, para que el cuerpo del pecado sea destruido, a fin de que no sirvamos más al pecado" (v. 6).

Sin embargo, esta crucifixión del viejo hombre, esta destrucción del cuerpo del pecado, representa tan sólo el lado negativo del bautismo. Pablo lo denomina con la frase "plantados juntamente con él en la semejanza de su muerte". Pero el bautismo tiene también un aspecto positivo: también "fuimos plantados juntamente con él en la semejanza de su *resurrección*". El lugar del viejo hombre fue ocupado mediante el bautismo por el "nuevo hombre", el hombre que pertenece al "eón nuevo" y se caracteriza por su naturaleza. Es cierto que Pablo no emplea aquí la expresión precisa "el nuevo hombre", ὁ καινὸς ἄνθρωπος; sin embargo, habla del asunto con toda claridad. La expresión misma asoma en su modo de hablar cuando afirma: "Como Cristo resucitó de los muertos por la gloria del Padre, así también nosotros andemos en *vida nueva*", ἐν καινότητι ζωῆς.

Estas últimas palabras les han parecido a muchos difíciles y de dudosa interpretación. Sin embargo, consideradas en el contexto, y tal cual como en él figuran, adquieren un sentido extraordinariamente sencillo y claro. Se trata en este caso de *la naturaleza y la conducta que corresponden al nuevo eon de la vida.* Por el bautismo hemos entrado en la nueva era que tiene su comienzo en la resurrección de Cristo. Quien ha sido bautizado en Cristo ha sido incorporado en él; está "en Cristo". En 2 Cor. 5:17, el mejor comentario del pasaje de que aquí se trata, se dice: "Si alguno está en Cristo, nueva criatura es; las cosas viejas pasaron; he aquí todas son hechas nuevas". Quien por el bautismo está en Cristo es una nueva criatura, un hombre nuevo, creado según la esencia del nuevo eón. Todo lo viejo que pertenecía al poder de la muerte ha pasado. Ahora vive y actúa ἐν καινότητι ζωῆς, "en novedad de vida", en la nueva naturaleza que corresponde al nuevo eón de la resurrección, el eón de la vida.

Para Pablo pues, al hablar del bautismo, el punto principal es la *participación del bautizado en la muerte y resurrección de Cristo.* Pero esto nos enfrenta con un problema importante.

Por la historia de las religiones sabemos cuál era el papel que en los misterios helenísticos desempeñaba la idea de la deidad que se moría y se volvía a la vida. Aquellas religiones decían que la redención del hombre consiste en que por un acto de unión mística con la deidad participa en su muerte y resurrección. Esta era la finalidad de los ritos de iniciación y los actos cúlticos, en las religiones de misterios. De este hecho algunos investigadores —sobre todo de hace algunos decenios— desarrollaron la teoría de que en su doctrina de la muerte y resurrección del cristiano con Cristo, Pablo simplemente adoptó esas ideas del mundo helenístico. Muchos creyeron que en este punto se puede identificar la concepción de Pablo con la otra y utilizar a esta como medio para interpretar su pensamiento.

Es innegable que este estudio hizo una contribución real a la comprensión del pensamiento de Pablo, particularmente en lo que se refiere a sus formas de expresión y de pensamiento. No cabe duda de que Pablo usaba términos y giros corrientes en el ambiente helenístico. Pero sería un grave error concluir de ello que también el contenido de su pensamiento es del mismo tipo que caracterizaba las religiones de misterios helenísticas. Todo lo contrario. Casi en todos los puntos hallamos un contraste. En este contexto basta con señalar uno solo: en las religiones de misterios se trata de una unión mística con la deidad; pero cuando Pablo habla de la participación del cristiano en la muerte y resurrección de Cristo, no hay la menor traza de misticismo. Realmente oscurecemos el pensamiento de Pablo si hablamos de su "mística de Cristo". En este caso el paralelo entre Adán y Cristo es sumamente instructivo. Pablo dice que el género humano participa en el pecado y la muerte de Adán; pero es evidente que no hay vestigios en su pensamiento de una "mística de Adán". Ninguna vivencia de unión mística nos comunica esa participación; por el contrario, tiene su causa en que el género humano está en una unidad orgánica con su cabeza, Adán. De igual manera participamos en Cristo. No se trata para nada de una vivencia de unión mística; tal idea pertenece a un mundo religioso completamente distinto del de Pablo. Tampoco se trata de que el cristiano deba abismarse en la contemplación de la muerte y la resurrección de Cristo hasta identificarse con ellas, de tal manera que pueda sentir como suyas la muerte y la resurrección de Cristo. Interpretar así las palabras de Pablo es darles un sentido erróneo. Ellas no significan que Cristo y lo que sucedió en él pueda ser llevado con algún esfuerzo de mi parte a la esfera de mi vida; por el contrario significan que por la obra de Dios soy incluido y participo en lo acontecido a Cristo. Pablo habla de una realidad simple, carente de misticismo. Dios puso a Cristo como cabeza de la nueva humanidad y por medio del bautismo me ha colocado en esta nueva relación orgánica.

¿Pero cómo entiende precisamente Pablo esta participación en la muerte y resurrección de Cristo? Los problemas que plantea esta pregunta no son insignificantes.

Algunos han opinado que aquí Pablo afirma ''paradójica tem-poraneidad'' entre Cristo y el hombre que cree en él. Hasta se ha hablado de que la categoría de tiempo, por pertenecer al eón antiguo, no desempeña ningún papel en el nuevo. Pero esta interpretación no hace justicia a Pablo, quien no dejó de contar con el tiempo. El sabe bien que Cristo murió en un punto determinado de la historia de la humanidad, y que media cierto lapso entre este acontecimiento y la fecha en que escribe a los romanos. El hecho de que los cristianos creyentes no fueran contemporáneos de Cristo no significaba para él una dificultad insuperable. La muerte y la resurrección de Cristo no necesitan de "contemporaneidad" alguna con el hombre para alcanzarlo con su bendición. También en este caso el paralelo entre Adán y Cristo puede señalarnos el camino. Según Pablo, no es cuestión de que yo sea "contemporáneo" de Adán, pues a pesar de no serlo, vivo en relación con él y llevo la condenación que procede de él. Y puede añadirse que con él y su obra ya quedó decidido que en este momento yo esté bajo el poder del pecado y de la muerte. Estamos alejados en el tiempo. Este hecho no está anulado, pero tampoco están abolidos los efectos que emanan de él. Lo mismo sucede con la vida "en Cristo". La separación en el tiempo no impide que en este momento yo sea un verdadero miembro del "cuerpo de Cristo", σῶμα Χριστοῦ, y como tal participe en su muerte y resurrección.

Otra explicación sugiere que esta participación o comunión debería interpretarse exclusivamente como comunión con el Cristo exaltado, espiritual. Detrás de esta concepción se esconde por regla general la tendencia de una reinterpretación espiritualizante. Sobre todo cuando en esta oportunidad se piensa en una unión con "el Señor que está por encima del espacio y el tiempo", se incurre en contradicción directa con las propias afirmaciones de Pablo. Pablo piensa definidamente en una relación con un hombre específico, Jesucristo, que anduvo por esta tierra, padeció bajo el poder de Poncio Pilato, fue crucificado, muerto y sepultado, y al tercer día

205

resucitó de entre los muertos. A este mismo Jesucristo fuimos incorporados por el bautismo; y lo que compartimos con él es precisamente todo aquello que le sucedió durante su vida terrenal "en el espacio y el tiempo"; nuestro "hombre viejo" fue crucificado con él. Pero también hemos sido plantados en el bautismo juntamente con él por una misma resurrección, a fin de andar "en una vida nueva".

Pablo ha hablado aquí detenidamente del bautismo y su significado. Pero no debemos olvidar que este no es el tema principal de este capítulo. Al ocuparse de esta cuestión no lo hizo para dar una enseñanza sobre el bautismo en sí. La razón de la exposición fue el verse confrontado con la pregunta: "¿Perseveraremos en el pecado para que la gracia abunde?". La respuesta más eficaz que Pablo pudo dar a esa pregunta fue precisamente referirse al bautismo y lo que sucede en él. Allí morimos con Cristo al antiguo eón y todo lo que este significa. Pero el pecado pertenece precisamente a lo mismo a lo cual hemos muerto. Por ello se dice: "Porque los que hemos muerto al pecado, ¿cómo viviremos aún en él?". Además Cristo no ha muerto para permanecer en la muerte, sino que ha resucitado a una nueva vida. Y esto también está incluido en nuestra comunión con él. Morimos al pecado para vivir su vida, la del nuevo eón, y para "andar en una vida nueva".

Todo el tiempo Pablo tuvo presente esta idea al tratar del bautismo. Ahora vuelve al punto de partida: si nuestro hombre viejo ha sido crucificado y destruido el "cuerpo del pecado", la consecuencia inevitable será que "no sirvamos más al pecado" (v. 6). El fundamento sobre el cual todo se construye es pues este: Por Cristo hemos quedado *libres del pecado*.

¿En qué sentido puede decir Pablo de los cristianos que son libres del pecado? En la teología del último medio siglo esta cuestión ha sido tratada muy extensamente, divergiendo en mucho las opiniones de los diferentes investigadores. Una interpretación notable ha afirmado enérgicamente que Pablo defiende directamente la doctrina de que el cristiano no peca. Para fundamentar tal opinión se ha señalado sobre todo Rom. 6 con su clara y definida afirmación de que el cristiano está totalmente libre del pecado. Declaración que ha sido interpretada de la siguiente manera: Pablo está persuadido de que la vida del cristiano no ha sido transformada de tal manera que ya no puede quedar lugar para el pecado. El mismo había experimentado delante de Damasco una ruptura total con toda su vida anterior. A partir de ese momento lo viejo se convirtió para él en cosa del pasado, siendo reemplazado por algo completamente nuevo. Bajo la impresión de que Cristo volvería pronto, habría generalizado su experiencia personal con un "grandioso optimismo de la fe" y un "poderoso doctrinarismo", suponiendo que también para todos los demás cristianos el pecado pertenecía a un pasado irrevocable. Según Pablo, la naturaleza del cristiano se habría transformado en forma tan fundamental que ya no puede pecar más. En consecuencia, esta interpretación afirma que según Pablo el cristiano, a partir de su conversión, es capaz de vivir su vida sin pecado ni falta alguna, y que en circunstancias normales es un hombre sin pecado.

Desde luego no se podía pasar por alto que en sus cartas Pablo dirige muchas exhortaciones a los cristianos y los amonesta a luchar contra el pecado. Luego cuenta todavía con el pecado como una posibilidad, más aún, como una realidad, en la vida del cristiano que éste debe combatir. ¿Cómo concuerda esto con la doctrina que afirma la libertad del pecado? Aquí se ha intentado explicar el asunto diferenciando entre teoría y práctica, entre el ideal y la realidad. Se dice que en teoría Pablo sostiene la idea de la libertad del cristiano del pecado; pero en la práctica no puede ser sostenida. El ideal de la vida cristiana sería la ausencia del pecado en ella; pero cuando Pablo considera la situación interna de las iglesias, no puede dejar de advertir que la realidad es totalmente distinta, pues hay mucho pecado. Es entonces cuando cambia de los indicativos idealizantes a los imperativos y amonestaciones.

Con ello nos vemos enfrentados con un problema que es de máxima importancia para la comprensión general de la doctrina de Pablo: *¿Ha afirmado Pablo ja?nas que el cristiano carece de pecado? ¿Conoce en efecto una doctrina de la libertad del pecado?*

Por de pronto se debe afirmar con toda insistencia que Pablo habla en serio al aseverar que el cristiano es *"libre del pecado"*. Esta es una aserción que no admite limitación alguna. Creer en Cristo significa pasar del reino del pecado al reino de la justicia de Dios. No se hace justicia al pensamiento de Pablo cuando se afirma que el justo por la fe queda en efecto libre de la culpa del pecado, pero no de su poder. Según Pablo estos dos aspectos no pueden ser separados de esta manera. Cuando él dice "libre del pecado", quiere decir especialmente que el cristiano es libre del poder del pecado.

Pero resulta igualmente evidente que es del todo errónea la concepción arriba expuesta que ve una doctrina de la libertad del pecado en la exposición de Pablo en Rom. 6. Ya la circunstancia de que las dos líneas de pensamiento —el indicativo y los imperativos prácticos— figuran inmediatamente una al lado de la otra, y que Pablo, sin sentir una tensión entre ambas, fundamenta un pensamiento sobre el otro, demuestra con nitidez que esta concepción es impracticable. No se trata de que el indicativo entre en competencia con el imperativo y que Pablo recurra al imperativo cuando no puede sostener el indicativo. Por el contrario, precisamente por regir el indicativo, también el imperativo entra en vigencia. Por el hecho de que Pablo pueda decir a los cristianos: "Consideraos muertos al pecado" (v. 11) —precisamente por ello y sólo por ello puede decirles también: "No reine, pues, el pecado en vuestro cuerpo mortal, de modo que lo obedezcáis en sus concupiscencias" (v. 12). No dice que debiéramos "haber muerto al pecado", pero que, como lamentablemente es evidente que no es así, debe amonestarnos a luchar contra el pecado. Al contrario, afirma: estáis efectivamente "libres del pecado"; *por tanto* combatid al pecado, no lo dejéis reinar.

Estar "libres del pecado" y "no pecar" son en efecto dos cosas muy distintas entre sí. Si alguien preguntara a Pablo si el cristiano es "libre del pecado" respondería con un si incondicional. En cambio si le preguntara si el cristiano es "sin pecado" contestaría también incondicionalmente con un *no*. ¿En qué reside la diferencia? Evidentemente en el hecho de que en ambos casos se emplean diferentes conceptos de pecado. La doctrina de la carencia del pecado parte de un concepto moralístico acerca del mismo. Para éste el pecado consiste en una falta moral que según su opinión el cristiano puede vencer en virtud de su nuevo estado espiritual, el nuevo "habitus" psíquico que ha recibido en su conversión y con ella. Gracias a esta nueva armadura el hombre adquiere la posibilidad de convertirse en un dechado de virtud, condición en la cual ya no se puede "detectar" en él defecto moral alguno. En cambio, cuando Pablo asegura que el cristiano es "libre del pecado" habla de algo completamente distinto. Para él el pecado no es en primer lugar una falta moral del individuo, sino que *es un poder bajo cuya servidumbre se encuentra el hombre*. El hecho de que el cristiano esté "libre del pecado" significa para Pablo que el pecado ha sido destronado por Cristo. No piensa que nosotros lleguemos a dominar el pecado, de modo que sea cada vez menos eficaz y vayamos acercándonos paulatinamente a la impecabilidad. Por el contrario, la libertad del pecado es fruto de la obra de Cristo; él lo ha vencido y derrotado. Quien cree en Cristo ya no vive bajo el poder del pecado. Tiene otro Señor, a quien rinde obediencia.

Aquí reside la causa de que Pablo pueda sostener tan sin reservas que el cristiano es libre del pecado. Si hubiera dirigido la mirada hacia el individuo y sus logros morales, ningún "grandioso optimismo de la fe", ningún "doctrinarismo violento" habría podido oscurecer su juicio hasta un grado tal que proclamara que el cristiano "no peca". Pero como su mirada estaba dirigida hacia lo que sucedió por Cristo, puede afirmar con plena confianza que aquel que es justificado por Cristo está "libre del pecado". La victoria ganada por Cristo no tiene limitaciones. En la muerte de Cristo el pecado ha perdido definitivamente su derecho a reinar. "Porque en cuanto murió, al pecado murió de una vez por todas; mas en cuanto vive, para Dios vive" (v. 10).

Esto arroja luz también sobre los versículos anteriores: "Porque el que ha muerto, ha sido justificado del pecado. Y si morimos con Cristo, creemos también que viviremos con él, sabiendo que Cristo, habiendo resucitado de entre los muertos, ya no muere; la muerte no se enseñorea más de él" (v. 7-9).

Algunos han hallado particularmente difícil la sentencia: "Porque el que ha muerto, ha sido justificado del pecado". Parecen palabras extrañas en el contexto de Pablo, y por ende se ha pensado que sería un proverbio usual que él aceptó e insertó en ese lugar. Hasta se ha llegado a denominarla "roca errática". Pero de seguro se han exagerado mucho las dificultades. Es perfectamente posible asignar a dicha sentencia su lugar en el contexto, siempre que se la conciba en forma correcta. Donde quiera Pablo habla en este capítulo del pecado, se trata siempre del pecado como *poder*, como *señor.* Está lejos del concepto de que es tan sólo una manifestación casual del libre albedrío del hombre. Para él, el pecado no es asunto que está a libre disposición del hombre, de modo que ora pueda consentir en él y ora rechazarlo. Cuando el pecado se caracteriza como un poder, se expresa con ello que no es el hombre quien dispone de él, sino que el pecado dispone del hombre. "Todo aquel que hace pecado, esclavo es del pecado", es δοῦλος τῆς ἁμαρτίας. Estas palabras de Juan 8:34 expresan con exactitud la concepción paulina de la relación entre el hombre pecador y el pecado. El hombre es el siervo; el pecado es el amo. Y cuando más adelante se trata de cómo según Pablo el hombre puede ser liberado de esta servidumbre, podemos referirnos sin titubeos a la continuación de este pasaje de Juan: "Así que, si el Hijo os libertare, seréis verdaderamente libres" (ἐλεύθεροι ἔσεσθε). Cristo, siendo el más poderoso, venció al fuerte y le arrebató el botín. El pecado ya no tiene autoridad ni dominio sobre aquellos que han muerto y resucitan con Cristo, siendo así "libertados del pecado" (ἐλεύθεροι ἀπὸ τῆς ἁμαρτίας, ἐλευθερωθέντες ἀπὸ τῆς ἁμαρτίας, vs. 18, 22). Por el divino juicio justificador, que es a la vez un acto de justificación, han sido libertados de su posición de subordinación al pecado. Han sido justamente desligados del servicio del pecado y ya no se hallan bajo el poder de ese tirano.

Este es el significado de la expresión δεδικαίωται ἀπὸ τῆς ἁμαρτίας, que a primera vista parece extraña. No se trata aquí de una "roca errática", casual y ajena a lo que la rodea, sino que precisamente afirma lo que Pablo quiere aseverar en este lugar. Expresa que el que ha muerto con Cristo ha sido libertado de la obligación de servir al señor, el pecado. Por lo demás, al principio del capítulo 7 encontramos una expresión donde Pablo manifiesta que por Cristo morimos a la ley. Cuando, atendiendo al contexto en que se halla una presunta "roca errática" se puede mostrar que la declaración en cuestión es parte integral del curso de ideas de Pablo, este hecho es en cierta medida una evidencia de que nuestra interpretación es correcta.

La expresión que estamos considerando es también de especial interés porque muestra cuan cercanas están para Pablo la justificación y la redención. Todo el curso de ideas de los capítulos 1-8 podría resumirse de la siguiente manera: Justificados, pues, por la fe, hemos quedado libres de la ira, del pecado, de la ley y de la muerte. Las palabras "justificados, pues, por la fe" resumen los capítulos 1-4 (cf. cómo emplea Pablo en esta forma estas palabras en 5:1). Las palabras "libres de la ira, del pecado, de la ley y de la muerte" resumen los capítulos 5-8. Pero esto no significa que la justificación sea una cosa y la redención de estos poderes de perdición otra cosa; por el contrario, la justificación es a la vez la liberación de estos tiranos. Quienes creen en Cristo son "justificados por la fe" y "justificados del pecado". Son δικαιωθέντες ἐκ πίστεως y δικαιωθέντες ἀπὸ τῆς ἁμαρτίας = ἐλευθερωθέντες ἀπὸ τῆς ἁμαρτίας (v. 18, 22).

Pablo parte del hecho de que el cristiano ha sido bautizado. Por el bautismo ha sido hecho miembro de Cristo. Ahora bien: este hecho no pertenece solamente al pasado, sino que sus consecuencias se extienden a través de toda la vida cristiana. Si Cristo murió al pecado una vez por todas y vive su vida para Dios, y si el cristiano por el bautismo ha sido incorporado en él, debe tener en cuenta este hecho durante el resto de su vida. No debe vivir como si nada hubiera sucedido. Por el contrario: Pablo lo exhorta a recordar este hecho y a deducir las consecuencias del mismo. "Así también vosotros consideraos muertos al pecado, pero vivos para Dios en Cristo Jesús, Señor nuestro" (v. 11).

Aquí se advierte cuan realista es, en todo sentido, el pensamiento de Pablo. Cuando se afirma que el cristiano es "libre del pecado" resultaría fácil suponer que ahora vive su vida en una esfera exaltada por encima de las circunstancias de la vida común, una esfera en que los pecados y las tentaciones ya no le causan más dificultades. Pero Pablo no incurrió en tan ingenuo idealismo, cosa que resalta con toda claridad en los versículos siguientes. Pablo sabe que el combate continúa y que el cristiano se encuentra siempre en el sector más amenazado del frente, entre las dos potencias en pugna. El puesto avanzado en que se encuentra está siempre expuesto al ataque del pecado. En forma muy gráfica describe Pablo la situación entre las partes litigantes con las palabras siguientes: "No reine, pues, el pecado en vuestro cuerpo mortal, de modo que lo obedezcáis en sus concupiscencias; ni tampoco presentéis vuestros miembros al pecado como instrumentos de iniquidad, sino presentaos vosotros mismos a Dios como vivos de entre los muertos, y vuestros miembros a Dios como instrumentos de justicia" (v. 12-13).

El cristiano ha pasado "de muerte a vida". Antes su puesto avanzado estaba situado en tierras del enemigo, donde imperaba la muerte. Ahora, en cambio, ha sido capturado y puesto bajo el dominio de la vida. Antes era siervo del pecado, pero ahora por Cristo ha llegado a ser "libre del pecado". Y en esta situación se lo exhorta a emplear esa libertad recién ganada luchando seriamente contra el pecado. Aquí se aprecia claramente cuan errónea es la interpretación de aquellos que creen poder observar una tensión entre la predicación paulina de que el cristiano es "libre del pecado" y sus amonestaciones a luchar contra el pecado. ¿Cómo podría el hombre luchar contra el pecado mientras es siervo del pecado y está obligado a servirle? Sólo cuando ha sido redimido por Cristo de su cautiverio puede ser incorporado al ejército cuya meta es la lucha contra el pecado.

El cristiano vive "en Cristo Jesús" (ἐν Χριστῷ Ἰησοῦ, v. 11). Por ello ha llegado a colocarse al lado de Dios en la lucha. Está "vivo para Dios" como se dice en el v. 11. En su propia persona representa una fracción de la realidad que fue ganada para Dios arrancándola a la jurisdicción del pecado y de la muerte. Entonces resulta una consecuencia evidente — tan evidente que apenas si es preciso señalarla— que "el pecado no debe reinar en nuestro cuerpo mortal". No obstante, Pablo considera necesario decirlo y tiene sus motivos para ello. Si la vida del cristiano pudiera ser determinada exclusivamente por el hecho de que vive "en Cristo", la exhortación resultaría superflua. Pero la situación es más complicada. Es cierto que vive "en Cristo" y como miembro del "cuerpo de Cristo", pero a la vez vive "en la carne" (Gál. 2:20), como miembro de Adán, del cuerpo de la vieja humanidad caída. Aquí el pecado tiene aún ascendiente sobre él; y trata de recuperar el dominio perdido y someter al hombre a su poder. Por cierto no está de más dirigir a los cristianos la exhortación: "No reine, pues, el pecado en vuestro cuerpo mortal, de modo que lo obedezcáis en sus concupiscencias".

Pablo muestra en otra forma cuan realista es su modo de ver las condiciones presentes de la vida cristiana. Es cierto que afirma que la vida nueva está "escondida con Cristo en Dios (Col. 3:3). Empero esto no lo induce a apartar la vista de la realidad mundana, como si ella no tuviera nada que ver con nuestra vida con Dios. Por el contrario, el combate ha de ser librado precisamente en el mundo, en nuestro cuerpo mortal. Son nuestros "miembros" los que antes estaban al servicio del pecado y podían ser usados por él como armas de la injusticia (ὅπλα ἀδικίας) y que ahora han de ser puestos al servicio de Dios como armas de la justicia (ὅπλα δικαιοσύνης). En Pablo no hay nada del espiritualismo, tan usual por lo demás; ningún exceso de espiritualidad. Sostiene enfáticamente que esta vida terrenal es el lugar donde debemos servir a Dios. Aquí es donde el pecado arremete contra nosotros, y aquí es donde debe ser combatido. "No reine, pues, el pecado en vuestro cuerpo mortal, de modo que lo obedezcáis en sus concupiscencias". Si el pecado arraiga aquí, pronto termina para el cristiano "la libertad del pecado".

Con palabras alentadoras concluye Pablo este párrafo: "Porque el pecado no se enseñoreará de vosotros; pues no estáis bajo la ley, sino bajo la gracia" (v. 14). Estas palabras contienen tanto una explicación como una promesa. La explicación es ésta: Puesto que Cristo es nuestro Señor, nuestro Kyrios, el pecado ya no tendrá poder sobre nosotros (οὐ κυριεύσει). Y la promesa: el pecado no recuperará su señorío sobre vosotros. ¿Por qué no? Pablo responde: "Porque no estáis bajo la ley". Mientras estamos bajo la ley no se puede hablar de libertad del pecado. En 5:20 Pablo ha hablado de la función de la ley. La ley se introdujo "para que el pecado abundase". Estar bajo la ley significa estar ligado al pecado en grado sumo y sometido a su dominio. En 1 Cor. 15:16 Pablo puede decir que es precisamente la ley la que da potestad al pecado (ὁ δύναμις τῆς ἁμαρτίας ὁ νόμος). Como el pecado, la ley pertenece al antiguo eón. De él salimos por medio de Cristo, libertados de todos los poderes de perdición que allí reinan. Desde que Cristo llegó a ser nuestro Señor, ya no estamos bajo la ley, sino bajo la gracia. Y el estar bajo la gracia significa ser "libre del pecado".

Estas palabras, alentadoras para el cristiano, permanentemente empeñado en la lucha contra el pecado, significan a la vez i a respuesta definitiva a la pregunta con que se inició este capítulo: '¿Perseveraremos en el pecado para que la gracia abunde?" Esta era la objeción que el legalismo le hacía a Pablo. Al oír lo que éste decía de la gracia, sólo podía concebirla como indulgencia con respecto al pecado. Ahora Pablo ha llegado a su respuesta: la ley liga al hombre al pecado, pero la gracia lo hace "libre del pecado".

2. Libres del pecado para servir a la justicia 6:15-23

En la primera mitad de este capítulo Pablo ha refutado a fondo la idea que dio origen a su pregunta inicial: "¿Perseveraremos en el pecado para que la gracia abunde?" Ha demostrado lo absurdo de tal idea. Lo característico del cristiano es precisamente el estar libre del pecado. Habiendo muerto al pecado, ¿cómo vivirá aún en él? Parece innecesario agregar nada más. El asunto está completamente claro.

Pero ahora Pablo nos sorprende retomando la cuestión casi desde el principio. Pregunta: "¿Qué, pues? ¿Pecaremos, porque no estamos bajo la ley, sino bajo la gracia?" (v. 15). A primera vista la pregunta nos parece superflua. Mas Pablo sabe cuan difícil es para el hombre comprender un consecuente anuncio de gracia, y ante todo no deducir conclusiones falsas del mismo. Muy en especial, la afirmación con la que concluía anteriormente su curso de ideas: que ya no estamos bajo la ley, debe parecer peligrosa a muchos. La ley es ciertamente el poder que se enfrenta con el pecado, lo prohibe y trata de ponerle coto. Si ahora afirmamos que el cristiano es "libre de pecado" y debe luchar contra él, pero al mismo tiempo agregamos que es también "libre de la ley" y ya no está más bajo su poder; ¿no equivale ello realmente a derribar la condenación que mantiene al pecado dentro de ciertos límites y darle rienda suelta? Por más que se diga de la ley, y se señale que el pecado halla en ella ocasión de actuar, la ley sigue siendo ante todo una barrera puesta por Dios contra el pecado. Si se elimina la ley, ¿qué queda entonces que pueda oponerse efectivamente al pecado? Pablo mismo afirmó que el pecado ya existía en el mundo, pero que no se inculpa de pecado donde no hay ley (5:13). Aun cuando no pueda impedir el pecado, la ley logra al menos que se lo tome en serio. Donde no hay ley, el pecado puede ser considerado como una bagatela relativamente inofensiva; pero cuando el hombre es sometido a la santa ley de Dios, no le queda posibilidad de considerarlo de esta manera. Comprende entonces que el pecado es algo terriblemente serio de lo cual él es responsable. La ley consigue que el hombre, cuando peca, lo haga con mala conciencia. Pero si no está ya más bajo la ley, la consecuencia puede ser fácilmente la de que permanezca en el pecado, pero que peque, por decirlo así, con buena conciencia. Porque no hay nadie que acuse y condene. Aunque peque, está bajo la gracia y siempre tiene acceso al perdón de los pecados por parte de Dios.

¿Pero es ésta realmente la consecuencia de la predicación de Pablo? Ello significaría simultáneamente su condenación. Se entiende, pues, que Pablo no quiera apartarse en seguida de esta cuestión. Y tiene razón. Para que el asunto resulte claro no se debe vacilar en volver a tratarlo una y otra vez, examinándolo desde nuevos puntos de vista.

Y Pablo tiene aun otro motivo para seguir explicando esta cuestión en detalle. Si la consecuencia mencionada fuese exacta, su predicación merecería exactamente la misma condenación que él mismo dirigía contra los judíos, por su tendencia a confiar en que ellos eran el pueblo de Dios. Cuando los judíos dicen: "Aunque pecáremos, suyos somos" (Sabiduría 15:2), contando así con que Dios ha de juzgar su pecado de otra manera que el de los gentiles, Pablo rechaza esta pretensión "porque no hay acepción de personas para con Dios" (2:11). Sin embargo cabe preguntar: ¿acaso el cristiano que no está bajo la ley sino bajo la gracia y por ello no tiene necesidad de tomar en serio el pecado, no se coloca en una inquietante proximidad con esos judíos? ¿No piensa, como ellos, con que Dios ha de tomar en cuenta su persona? Los judíos confían en la ley, los cristianos en la gracia. ¿Pero no es cierto que pese a todas las diferencias ambos se encuentran fundamentalmente en el mismo caso? Ambos confían en que Dios se mostrará indulgente con ellos porque le pertenecen.

No es, pues, un problema ficticio el que Pablo aborda, sino un problema que surge inevitablemente de su insistencia en que el cristiano ya no está bajo la ley. Pero podemos ir un paso más allá y decir que este problema está ya implícito en la declaración de que el pecado ha sido destituido de su poderío por Cristo. Precisamente el hecho de que el cristiano sepa que es "libre del pecado" puede ser motivo para que lo tome menos en serio. El pecado ya no tiene ningún poder ni derecho de disponer de él. Si a veces vuelve a ceder a él, esto no tiene necesariamente consecuencias nocivas para él mientras esté bajo el poder de la gracia. Muchos ejemplos de la

215

historia de la iglesia demuestran que éste no es tan sólo un pensamiento construido por nosotros. Podemos pensar particularmente en la posición del gnosticismo frente a esta cuestión. Los gnósticos —por creerse hombres espirituales— pretenden estar permanentemente "libres del pecado". El pecado ya no puede apoderarse de ellos, puesto que en su vida interior son puros e inmaculados. De modo que el pecado ha dejado de constituir un peligro para ellos. Ya no tienen necesidad de tomarlo en serio. En adelante sólo puede contaminar al hombre exterior, el cual al fin de cuentas ha dejado de tener importancia. "Pues, así como el oro arrojado al fango no pierde su belleza, sino que conserva su propia naturaleza, puesto que el fango no puede dañar el oro, así también ellos aseguran que no pueden sufrir daño alguno ni perder su existencia espiritual, cualesquiera sean las acciones que ejecuten. Por esto aun los más perfectos entre ellos practican sin temor todo cuanto está prohibido" (Ireneo, *Contra haeres* 1, cap. VI, 2). De este modo el gnóstico puede deducir conclusiones de carácter libertino precisamente de su doctrina de la libertad del pecado.

Aquí, Pablo se protege de tales tergiversaciones e interpretaciones erróneas de su predicación de que el cristiano está "libre del pecado". Se ve forzado a hacerlo por dos razones distintas. Pues ha de combatir en dos frentes, cosa que a menudo le sucede. Por una parte, tiene que resistir a aquellos que creían en serio poder deducir tales conclusiones de su anuncio del evangelio, y aprovechar de esa libertad para sus propios fines. Tenía que refutar a semejantes presuntos discípulos que, si bien se adherían a su predicación de la gracia, lo hacían con el único fin de "convertir la gracia en licencia". Pero por otra parte, tiene que dirigirse también contra sus verdaderos adversarios, que tergiversan su posición para poder mantener mejor su legalismo. Aquí los que se atenían a la ley celebran su gran triunfo (οἱ ἐκ νόμου). Podían señalar las palabras de Pablo referentes a la libertad del cristiano de la ley diciendo que, según Pablo, no importa cómo viva el hombre, pues eso sólo interesa a la ley; pero él ha abolido la ley, de modo que lo único que interesa es vivir bajo la gracia, puesto que así el hombre tiene la garantía de que sus pecados no le serán imputados como tales, sino que le serán perdonados por Dios.

¿Qué puede oponer Pablo a esto? Aquí, como al comienzo de este capítulo, rechaza esa posición con un μὴ γένοιτο. "En ninguna manera". Pero ahora ya no puede limitarse a señalar que el cristiano "es libre del pecado", porque el concepto de "libertad" de" es demasiado negativo para tal fin. Para no dar motivo a interpretaciones erróneas de la índole que Pablo está por refutar, se hace necesario un complemento positivo. Y esto Pablo lo da ahora al mani festar que el cristiano es *libre del pecado para servir a la justicia*.

Sólo gracias a este aditamento que lo complementa positivamente, la frase "libre del pecado" adquiere un sentido claro e inequívoco, categóricamente diferenciado de una "libertad" que deja campo de acción al pecado. Pablo sabe que el hombre nunca podrá ser libre en un sentido absoluto. Sabe que el hombre, aun cuando se considere libre y dueño de sí mismo, permanece sin embargo en servidumbre, y que el poder a cuyo servicio está es indudablemente el pecado. Porque lo característico del servicio al pecado reside precisamente en que el que en él vive, cree ser libre y dueño de sí. Si la libertad del pecado no significa otra cosa que simple "libertad", el único resultado será que uno siga estando bajo el poder del pecado y ligado aún más a su servidumbre. Aquí se pueden recordar las palabras de Jesús: "Cuando el espíritu inmundo sale del hombre, anda por lugares secos, buscando reposo, y no lo halla. Entonces dice: volveré a mi casa de donde salí; y cuando llega, la halla desocupada, barrida y adornada. Entonces va y toma consigo siete espíritus peores que él, y entrados, moran allí; y el postrer estado de aquel hombre viene a ser peor que el primero" (Mat. 12:43-45). La libertad vacía, absoluta, es la mejor base para que el pecado someta al hombre a su poder. Para el cristiano, el trono que ocupaba el pecado nunca queda desocupado. Ese lugar ha sido ocupado por la justicia.

Cuando Pablo habla de la libertad del cristiano —libertad del pecado y de la ley— debe ponerse atención en que continuamente está luchando en los dos frentes mencionados: contra el legalismo y contra el libertinismo, es decir, contra la sujeción a la ley y contra la falsa libertad. Un ejemplo excelente de esta doble lucha lo ofrece el capítulo 5, de Gálatas. El vers. 1 reza: "Estad pues firmes en la libertad con que Cristo nos hizo libres, y no estéis otra vez sujetos al yugo de esclavitud" —esto va dirigido *contra el legalismo*. El está realmente convencido de que el cristiano es libre, por el don que Cristo ha ganado para él; un don del cual no debe dejarse despojar bajo circunstancia alguna. Pero más adelante se dice en el mismo capítulo: "Vosotros, hermanos, a libertad fuisteis llamados; solamente que no uséis la libertad como ocasión para la carne" (v. 13), esto se dirige *contra el libertinismo*, contra la falsa libertad para hacer cualquier cosa.

Aquí Pablo toma posición en los mismos frentes. El cristiano es "libre del pecado" precisamente por no estar bajo la ley, sino bajo la gracia. Pablo insiste en ello con toda energía frente a todo legalismo. Pero no está defendiendo una libertad absoluta, por lo cual agrega que esa libertad le ha sido dada al cristiano para servir a la justicia. Cierra así el camino a todas las falsas conclusiones de carácter libertino.

La idea de que el hombre pueda ser libre, en el sentido de ser su propio dueño, no es más que una ilusión. El hombre jamás podrá dejar de vivir sirviendo a uno u otro poder. Sólo cabe preguntar al servicio de *qué* poder está; si el del pecado o el de la justicia. La libertad de una potestad significa el servicio de la otra. Cuando se afirma del cristiano que por la fe en Cristo ha llegado a ser "libre del pecado", no significa que esté libre en sentido absoluto, sino que ahora está al servicio de la justicia. Y aquí tenemos la respuesta definitiva a la pregunta acerca de la posición del cristiano frente al pecado: él está al servicio de la justicia, ¿cómo podría estar sirviendo simultáneamente al pecado que es lo contrario de la justicia? "¿No sabéis que si os sometéis a alguien como esclavos para obedecerle, sois esclavos de aquel a quien obedecéis, sea del pecado para muerte o sea de la obediencia para justicia?" (v. 16). Aquí no hay lugar para la indecisión: si uno está al servicio de la justicia, este mismo hecho significa que no está al servicio del pecado. Se podría expresar el pensamiento de Pablo con las palabras de Jesús: "Ninguno puede servir a dos señores, porque o aborrecerá al uno y amará al otro, o estimará al uno y menospreciará al otro" (Mat. 6:24). Nadie puede servir simultáneamente a la justicia y al pecado.

Cuando Pablo, al hablar de los dos poderes a cuyo servicio cada uno de nosotros está, dice que servir al uno excluye servir al otro, emplea el término "obediencia" para designar la potencia contraria al pecado. Probablemente hubiéramos esperado que hablara de la oposición entre el pecado y

Dios, entre servir al pecado y servir a Dios. Este es el contraste de que trata la primera parte del capítulo. "En cuanto murió, al pecado murió una vez por todas; mas en cuanto vive, para Dios vive" (v. 10). Así, pues, debemos considerarnos muertos al pecado, pero vivos para Dios (v. 11). Por ello no debemos tampoco presentar nuestros miembros al servicio del pecado, sino debemos ofrecernos, nosotros y nuestros miembros al servicio de Dios (v. 13). El hecho es que Pablo sigue hablando siempre del mismo contraste. Pero para hacer comprender que resulta absolutamente imposible estar al servicio de ambos, introduce ahora la "obediencia" en contraste con el pecado. En esencia, el pecado es desobediencia a Dios. ¿Cómo, pues, se podría estar al servicio de Dios y al pecado al mismo tiempo? No se puede obedecer a Dios y simultáneamente desobedecerle. La única dificultad que ofrece el concepto "obediencia" en esta relación, consiste en que Pablo ha empleado poco antes el mismo término para señalar la condición de dependencia del hombre respecto al poder al cual está subordinado, ya sea Dios o el pecado. De hecho, una vez que el término "obediencia" le ha prestado servicio aquí, vuelve a adoptar más adelante la expresión "servicio a la justicia" o "servicio a Dios".

Es común entender que aquí Pablo se refiere a que el hombre puede escoger. Es cierto que el hombre no posee libertad absoluta. No está a su alcance elegir libremente si quiere ser su propio dueño o servir a uno u otro de los poderes mencionados. No se le pregunta si quiere ser amo o siervo. Sólo tiene una sola posibilidad, la de obedecer a otro. Pero, se dice, queda a su criterio elegir a *quién* quiere obedecer, si al pecado o a la justicia, al pecado o a Dios. En cuanto a esto, se dice, la decisión depende de él. Pero una vez hecha su decisión, consecuencias inexcusables derivan de ella. Si elige el pecado, se convierte en su esclavo; si escoge la justicia, debe atenerse a las consecuencias de esa elección y llevar una vida justa y santa. Se supone que Pablo dice en esta oportunidad a los cristianos: "Habéis elegido servir a Dios y a la justicia; ahora vuestra vida debe demostrar que lo hicisteis en serio".

Pero esta interpretación no expresa de modo alguno la intención de Pablo, que no menciona para nada tal elección. Hubo una época en que sus lectores eran servidores del pecado —andaban en el camino que lleva a la muerte. Ahora están bajo otro soberano, bajo la justicia. Pablo no los elogia por haber hecho una elección mejor y más feliz, sino que agradece a *Dios* por haberlos rescatado de la servidumbre antigua. "Pero gracias a Dios, que aunque erais esclavos del pecado, habéis obedecido de corazón a aquella forma de doctrina a la cual fuisteis entregados". El que haya pasado el tiempo de la esclavitud no se debe a la acción o elección de ellos, sino a la acción que *Dios* ejecutó por Cristo y a la elección de la gracia en virtud de la cual los incorporó en Cristo por medio del bautismo, haciéndolos participantes en su muerte y resurrección.

Pero la doctrina cristiana (διδαχή), no es sólo el anuncio de esta acción de Dios en Cristo; es también *el patrón o tipo* (τύπος), *según el cual ha de ser conformada toda la vida del cristiano*. Es ésta una idea especialmente característica de Pablo. En el capítulo 12. donde pasa a las exhortaciones, lo vemos desarrollar este pensamiento en detalle. En toda su exposición antecedente ha demostrado lo que significa que Dios por Cristo venciera la servidumbre del viejo eón e introdujera el nuevo eón con la justificación y la vida. Con esto relaciona sus exhortaciones resumiéndolas todas en la sentencia: "No os conforméis a este siglo, sino transformaos por medio de la renovación de vuestro entendimiento de acuerdo con el eón nuevo". (12:2). Al nuevo eón ha de corresponder un hombre renovado, con entendimiento y conducta nueva. La vida del cristiano no es algo independiente con relación a la acción que Dios ha ejecutado por medio de Cristo. Esta es, por el contrario, el modelo que ha de imprimir su sello a la vida del cristiano. El está bajo la "justicia de Dios"; por lo cual toda su vida ha de llevar el sello de la justicia. El apóstol agradece a Dios por haber rescatado a los cristianos de la servidumbre del pecado para colocarlos en lugar de ello bajo la influencia modeladora de la "justicia de Dios". Esta es la "obediencia de la fe" (ὑπακοὴ πίστεως), de la que ha hablado antes (1:5).

Pablo describe la situación del cristiano simplemente así: *es un esclavo que ha cambiado de amo*. Antes estaba bajo el poder del pecado; ahora está libre de él, pero en lugar de ello está sujeto al servicio de la justicia. Lo que Pablo quiere acentuar aquí es la sujeción incondicional del cristiano a la justicia. Ilustra esta vinculación señalando el antiguo estado bajo el pecado, el cual era también una situación de esclavitud absoluta. Pablo tiene clara conciencia de que este paralelo tiene sólo una validez muy limitada y de que en cierto sentido la comparación es defectuosa. Para empezar, existe una diferencia inmensa entre las dos formas de esclavitud. La esclavitud del pecado es *real esclavitud*, mientras que el servicio de Dios es *verdadera libertad*. En realidad, sería innecesario presentarles más pruebas a los cristianos de que su situación como siervos de la justicia automáticamente excluye al servicio del pecado. Esto tendría que darse por entendido. Pero siendo la realidad tal como es, la situación es más complicada. Porque en ella los cristianos viven en el límite entre los dos eones. Viven "en Cristo", pero no por ello han dejado de participar en la suerte de Adán. Viven "en el espíritu", pero la carne sigue ejerciendo su fuerza de atracción sobre ellos, y por la "debilidad de la carne" se hacen necesarias para ellos exhortaciones tales como las que Pablo aquí enuncia. Disculpándose a medias Pablo destaca que está hablando según el modo humano (ἀνθρώπινον λέγω), y que la forma de su exposición está menos condicionada por el carácter del asunto que por la debilidad carnal de los lectores. Les recuerda cómo era su vida anterior y los exhorta a aprender cómo es la vida nueva; les habla, pues, como si estuvieran más familiarizados con el mundo del pecado que con el de la gracia y de la justicia. "Así como para iniquidad presentasteis vuestros miembros para servir a la inmundicia y a la iniquidad, así ahora para satisfacción presentad vuestros miembros para servir a la justicia".

"Nadie puede servir a dos señores" y menos aún cuando éstos están en pugna entre sí. Cuando se está a sueldo de uno de los jefes, se tiene la obligación de combatir al otro. Pablo lo aplica ahora al cristiano, quien en su puesto de avanzada debe luchar contra el enemigo. Mientras se encontraba bajo el poder del pecado, servía al pecado. Entonces no trabajaba para la justicia, sino que era "libre acerca de la justicia". ¿No corresponde una verdad análoga, puesto que ha entrado en el dominio de la justicia? Ahora está al servicio de la justicia y esto significa que es libre del pecado.

Desde luego, Pablo habla en términos decididamente humanos cuando al lado de la expresión "libre del pecado" coloca la frase "libre de la justicia"; como si se tratara de dos adversarios de una misma categoría, y en ambos casos de una libertad de una misma índole. Sin embargo, este paralelo entre la vida antigua y la nueva, entre servir al pecado y servir a la justicia, es sumamente instructivo, porque en efecto se distingue mejor lo que el servicio de la justicia debe significar para el cristiano al compararlo con lo que significa el servicio del pecado para el hombre natural. ¡Con qué celo y espontaneidad, con qué gozo y alegría se entrega el hombre natural al servicio del pecado, aunque signifique una verdadera servidumbre! ¿Existe alguna buena razón para que el cristiano sea más perezoso e indiferente, menos pronto y alegre, cuando se trata de servir a Dios, lo cual significa verdadera libertad? Sin embargo aquí son pertinentes las palabras de Jesús en Luc. 16:8: "Los hijos de este siglo son más sagaces en el trato con sus semejantes que los hijos de luz". Los hijos de la nueva era tienen que aprender mucho de los hijos de este siglo, tanto en cuanto a sagacidad y previsión como en cuanto a energía y disposición para el servicio.

Lo que vale para la vida vieja es válido también, *mutatis mutandis*, para la nueva. Sin embargo, a fin de prevenir cualquier malentendido en virtud de este paralelo, Pablo recuerda las metas diametralmente opuestas a las que conducen ambos modos de servicio: el servicio del pecado lleva a la muerte, el de la justicia a la vida eterna. Tanto el paralelo como los límites de su validez quedan claramente expresados en las palabras de Pablo 'Torque cuando erais esclavos del pecado, erais libres acerca de la justicia. ¿Pero qué fruto teníais de aquellas cosas de las cuales ahora os avergonzáis? Porque el fin de ellas es muerte. Mas ahora que habéis sido liberados del pecado y hechos siervos de Dios, tenéis por vuestro fruto la santificación, y como fin, la vida eterna".

Para terminar, algunas palabras sobre *cómo se relaciona* este capítulo con el resto de la carta. Con frecuencia se han quejado de que le falta unidad de ideas. "Desde el v. 6 al 23 no se puede descubrir ningún razonamiento continuo" dice H. Lietzmann. Más enérgicamente aún expresa A. Jülicher su descontento: "En ninguna otra parte de Romanos hallamos tantas palabras sobre un mismo asunto y un avance tan poco claro del pensamiento como en el capítulo 6: todo ello es serial de cierta confusión. En la cúspide que alcanzó en 5:12-21, que no conoce transición, ni mediación alguna entre lo anterior y lo actual, Pablo no pudo hallar la palabra de solución: que al hombre le está permitido el tiempo de su vida terrenal para la renovación moral; y que la diferencia entre lo que era antes y lo que es ahora no es "puro pecado" y "pura justicia" sino que antes era un "penetrar cada vez más en el pecado"; y ahora "un estar cada vez más libre del pecado, para entrar en cambio en la justicia plena". En su esfuerzo por conservar la posición incondicional, emplea dos conceptos a los cuales, con más verdad que consecuencia retuerce de manera que en lugar de constituir una prueba de la presencia real de la nueva justicia en los cristianos, se limita a apelar a su orgullo, a su sentimiento de honor por su energía moral... No hace falta que volvamos a insistir en la debilidad de la argumentación en el capítulo 6; Pablo no ha comprobado, como era de esperar según 5:12-21, que el pecado haya dejado de existir en el hombre nuevo, y que los justificados estén libres del mismo; sólo ha sostenido que así debería ser. El planteo del problema en los versículos Iyl5es tan favorable para esto que la deficiencia lógica queda fácilmente oculta".

A semejante resultado se llega forzosamente si se parte de la suposición de que en este lugar el cometido de Pablo es afirmar que el cristiano no tiene pecado, en el sentido moralista. Entonces sus palabras acerca de la libertad del pecado aparecen como una exageración entusiasta; y sus imperativos no como una consecuencia lógica, sino, en relación con la situación real, como una desviación del pensamiento primitivo que le es imposible llevar a su conclusión lógica. Con tal concepto, el curso del pensamiento de Pablo en todo este capítulo parece un vagar sin rumbo, ni lógica ni meta. Lo único extraño es que Pablo mismo no haya podido hallar la idea sencilla con que Jülicher cree corregir y mejorar su pensamiento, y al que llama "la palabra redentora". Si una interpretación propuesta conduce a tamañas dificultades, tenemos motivos sobrados para dudar de su exactitud.

La exposición que hemos presentado nosotros ha demostrado que la suposición en que se basa la construcción de Jülicher es errónea. Cuando Pablo afirma que el que está en Cristo es "libre del pecado" no afirma con ello que el cristiano no tenga pecado, en el sentido común de este término. Por otra parte, tampoco quiere asegurar que el cristiaso es solamente justo en un sentido relativo, así como antes estaba relativamente sujeto al pecado, y que ahora su tarea consiste en acercarse más y más al estado de la libertad del pecado gracias a su energía moral. No: Pablo cree efectivamente lo que afirma, a saber, que por el hecho de pertenecer a Cristo el cristiano ha llegado a ser "libre de pecado". Según él hay aquí una línea divisoria absoluta que bajo ningún concepto debe ser borrada ni relativizada. Antes el hombre estaba bajo el poder del pecado; ahora, puesto que la "justicia de Dios" ha sido revelada por Cristo, ha entrado por medio de la fe en él, en el reino de la justicia. Puesto que Cristo es su "Señor" (Κύριος), ya no está sujeto al dominio (κυριότης) del pecado. Es "libre del pecado", jurídicamente libertado de su servicio; en lugar de ello está autorizado a participar bajo su nuevo Señor, Cristo, en la lucha contra su anterior rey y tirano, el pecado, que trata todavía por todos los medios de someterlo de nuevo a su dominio.

Una vez que se ha abierto los ojos a estas ideas fundamentales que se condicionan recíprocamente, el cap. 6 ya no ofrece dificultades esenciales. Por todo este capítulo pasa como un hilo rojo el pensamiento de que el cristiano "es libre del pecado". Por el bautismo ha *muerto al pecado* (v. 2). El que ha muerto "ha sido *justificado del pecado*" (v. 7). Así como Cristo murió al pecado una vez por todas, también nosotros debemos considerarnos "muertos al pecado" (v. 11). Y finalmente Pablo designa dos veces a los cristianos con los mismos términos: *libres del pecado* (ἐλευθερωθέντες ἀπὸ τῆς ἁμαρτίας, vers. 18. 22). Este es el pensamiento fundamental del capítulo. La repetición reiterada de las declaraciones de que el cristiano es "libre del pecado" y que "ha muerto al pecado" da a este capítulo una gran cohesión. En él se afirma que por la fe en Cristo el cristiano es libre de los poderes de perdición que reinaban en el eón antiguo, a saber, la ira, el pecado, la ley y la muerte.

Y al lado de éste corre a través de todo el capítulo otra idea: la de que la vida del cristiano es *una continua lucha contra el pecado*. Este pensamiento se introduce aquí debido a que las dos divisiones principales del capítulo empiezan con la pregunta de si el cristiano seguirá pecando. ¿Permanecerá en el pecado? Al mismo tiempo que declara que el cristiano es libre del pecado, Pablo acentúa la necesidad de rechazarlo y combatirlo. "Los que hemos muerto al pecado ¿cómo viviremos aún en él?" (v. 2). Puesto que ahora vivimos para Dios en Cristo, el pecado ya no tiene poder sobre nosotros, ni tampoco nuestros cuerpos mortales, sino que debe ser combatido y vencido (v. 12). Mientras el pecado era nuestro señor, debíamos obedecerle y ejecutar sus órdenes (v. 16). Pero ahora que estamos bajo otro Señor que nos trajo "la justicia de Dios", debemos luchar como servidores de la justicia contra su enemigo y el nuestro, el pecado.

Pero no es que estas dos líneas de pensamiento sean solamente paralelas; están en mutua e inseparable correspondencia. Sólo cuando las tenemos presentes a ambas tenemos un cuadro fiel de la posición del cristiano frente al pecado. Esta unidad de ambas ideas se expresa cuando Pablo dice que la libertad del pecado fundamenta la lucha contra el mismo: precisamente *por ser* libres del pecado debemos combatirlo. Muchos han dicho que si somos libres del pecado ya no tenemos necesidad de seguir luchando conta él. El pensamiento de Pablo va por el camino inverso: quien no es libre del pecado tampoco puede luchar contra él; es esclavo del pecado y le sirve con todo lo que hace; sólo quien por Cristo ha sido libertado del pecado puede combatirlo; a lo cual podemos agregar que debido a que es esclavo de la justicia está obligado a entrar en el combate. Desde este punto de vista impera en todo el capítulo una manifiesta unidad que muestra un desarrollo consecuente. La razón por que aquí la interpretación ha perdido la pista con tanta frecuencia es probable que sea el afán de reinterpretar al pecado en dirección más o menos moralista, en lugar de verlo como lo veía Pablo, como un poder de perdición que mantiene al hombre en servidumbre hasta que Cristo venga para liberarlo. Señalamos aquí —como ya lo hemos hecho y volveremos a hacerlo— que al hablar de ira, pecado, ley, justicia, etc., siempre tenemos que ver con *poderes* a los cuales el hombre está obligado a obedecer. El hecho de que en nuestra interpretación se vea claramente la unidad y el progreso orgánico del pensamiento, es una segura evidencia de que esta posición es correcta.

En el último versículo del capítulo 6 Pablo nos vuelve a conducir a lo que constituye la idea fundamental en la segunda división de la epístola: El justo por la fe *vivirá*. Quien cree en Cristo, por este mismo hecho queda libre de la muerte que reina en la era antigua y participa *en la vida del eón nuevo, de la vida eterna.* Aquí, lo mismo que en 5:12-21, el gran contraste es el contraste entre la muerte y la vida, a saber, la muerte que por el pecado adquirió su posición de soberano sobre todo lo humano, y la vida, un don que Dios nos ha atribuido por Cristo. Este enorme contraste sigue teniendo actualidad y aquí sólo se lo considera desde un punto de vista especial, el del pecado. Por esta razón declara Pablo: "La paga del pecado es muerte; mas la dádiva de Dios es vida eterna" ($\zeta\omega\grave{\eta}$ $\alpha\grave{\iota}\acute{\omega}\nu\iota o\varsigma$; la vida del eón que comienza aquí, mas que alcanza su plenitud sólo en la "gloria".)

Cuando se trata del pecado, Pablo habla del salario o la paga. La paga del pecado a sus servidores y combatientes consiste en entregarlos a la muerte; con ello reciben la recompensa merecida de sus acciones. En cambio, cuando se trata de Dios, Pablo evita el término paga, ya que Dios no se limita a dar a sus servidores una paga y el salario ganado, sino que les concede un don gratuito que excluye toda idea de mérito y recompensa. No por nuestro esfuerzo ni por nuestros méritos sino por medio de Cristo, somos "libres del pecado" y partícipes de la vida eterna. Esto es nuestro sólo "en Cristo" y porque él es "nuestro señor". Por ello Pablo termina este capítulo como los demás que pertenecen a la segunda parte de la epístola con las palabras: "en Cristo Jesús, Señor nuestro".

3 | LIBRES DE LA LEY
7:1-25

"Para libertad Cristo nos libertó". Estas palabras de Gal. 5:1 (Vers. H.A) podrían figurar como título de la segunda parte de Romanos, capítulos 5-8. Antes de la venida de Cristo, toda la humanidad vivía en servidumbre bajo los poderes de perdición. A causa de su pecado y su alejamiento de Dios, el hombre había caído bajo la *ira de Dios*. El *pecado* reinaba sobre él y la ley sólo contribuía a aumentarlo convirtiéndolo en verdadera transgresión. De modo que la ley llegó a ser un poder de perdición que entregaba al hombre al dominio de la *muerte*. Entre estas potestades perniciosas existe según Pablo una estrecha relación, que describe en forma breve y contundente en 1 Cor. 15:56: "El aguijón de la muerte es el pecado, y el poder del pecado, la ley" (τὸ δὲ κέντρον τοῦ θανάτου ἡ ἁμαρτία ἡ δὲ δύναμις τῆς ἁμαρτίας ὁ νόμος). Para Pablo, la muerte es "el postrer enemigo", el soberano terrible, quien reúne en sus manos todos los hilos del eón antiguo; él tiene el cetro con soberanía absoluta. Pero la muerte tiene poder solamente con la ayuda del pecado. El pecado es el arma, el aguijón que usa para atrapar a la humanidad bajo su dominio. Pero el pecado, a su vez, no tendría semejante poderío si no existiese la ley. Sólo al aparecer la ley, el pecado tiene ocasión de hacerse excesivo y verdaderamente pecaminoso; por ello Pablo puede denominar a la ley simplemente "el poder del pecado". Cuando estos poderes de perdición se mantienen unidos, el hombre está irremediablemente perdido.

Dios puso fin a esta situación desesperada al enviar a Cristo como Libertador. En los capítulos 5-8 Pablo ha expuesto separada-mente lo que son esos poderes. En el capítulo 5 demostró que el cristiano es "libre de la ira"; en el capítulo 6, que es "libre del pecado". Ahora le toca el turno a la ley: en el capítulo 7 nos mostrará que el cristianismo es también "libre de la ley". En cierto sentido ésta es la tarea más importante y a la vez la más difícil. Al parecer resulta relativamente fácil comprender que la redención que Cristo nos brinda significa libertad de los demás poderes, ira, pecado y muerte. Allí donde reina aún uno de esos poderes, la redención no es completa. Pero quizá nos sorprenda encontrar a la ley entre los poderes de perdición. Porque el cristiano es un servidor de Dios para quien la voluntad divina es algo elevado y santo; algo que quiere obedecer en todo. Y como la ley es precisamente la expresión de esa voluntad bajo la cual el cristiano quiere y debe vivir, surge la pregunta: ¿No significa esto que la vida del cristiano es y debe ser un vivir "bajo la ley"? Aunque para el hombre natural, reacio a la voluntad de Dios, la ley sea destructiva y tenga el carácter de un poder destructor, para el cristiano, dispuesto a obedecerla, es por el contrario una potencia benéfica y redentora, vivir bajo la cual es una ventaja y una bendición.

Sin embargo, respecto a esta cuestión deben tomarse en cuenta las palabras de Gal. 5:1 que se acaban de citar: "Para libertad Cristo nos libertó; estad, pues, firmes y no os sujetéis otra vez a un yugo de servidumbre" (Vers. H-A). Estas palabras hablan precisamente de la libertad del cristiano de la ley y destacan el peligro de poner la vida cristiana "bajo la ley". En Gal. 4:3-4 Pablo se refiere o que anteriormente estábamos bajo los "poderes" de este mundo y a cómo Dios, cuando se cumplió el tiempo, terminó con esa servidumbre, enviando a su hijo, poniéndolo bajo la ley. El propósito que Dios tenía se expresa de la siguiente manera: *para que redimiese a los que estaban bajo la ley*. Es una idea principal de Pablo que el cristiano ya no está bajo la ley, sino que por el contrario está "libre de la ley" gracias a Cristo. No es posible quedar bajo la ley sin permanecer en la servidumbre antigua. Quien está bajo la ley está también bajo el pecado. Por consiguiente, jamás podremos ser justificados por vía de la ley. A fin de que se concrete la justificación, debemos tomar muy en serio la declaración de que el cristiano está "libre de la ley". Si continuamos sujetos a la ley, estamos bajo la ira de Dios y pertenecemos al eón antiguo, que no alcanza la justicia de Dios. Como justitficados, somos libres de la ley; no estamos bajo la ley sino bajo la gracia —esto lo ha testificado Pablo en lo que antecede (especialmente en 6:14) y ahora se dispone a aclararlo y confirmarlo aún más.

La palabra de la libertad de la ley del cristiano es una palabra imperativa que bajo ningún pretexto debe ser oscurecida. Pero es también una palabra peligrosa, puesto que insinúa la idea de que en consecuencia el cristiano puede permanecer en el pecado, al menos que no tiene por qué tomarlo tan en serio. Pero tal peligro desaparece después de lo que Pablo acaba de exponer en el capítulo 6. Por ello, sin temor a ser mal entendido puede pasar ahora a tratar el gran tema de la libertad del cristiano de la ley.

1. "Muertos a la ley" por medio de Cristo 7:1-6

Así como en 6:1 Pablo usa el término ἁμαρτία (pecado) que más adelante será el concepto dominante de todo este capítulo, aquí en 7:1 coloca la voz νόμος (la ley), casi al principio, indicando así que es lo que será tratado a continuación.

Por consiguiente, para la recta comprensión del sentido del capítulo 7 es necesario fijarse en el continuo paralelismo que existe entre ambos capítulos. He aquí la yuxtaposición de algunos de los paralelos más notables:

CAP. 6		CAP. 7	
v. 1	ἡ ἁμαρτία (el pecado).	v. 1	ὁ νόμος (la ley).
v. 2	ἀπεθάνομεν τῇ ἁμαρτίᾳ (hemos muerto al pecado).	v. 4	ἐθανατώθητε τῷ νόμῳ (habéis muerto a la ley).
v. 4	ἐν καινότητι ζωῆς περιπατήσωμεν (andemos en la vida nueva)	v. 6	ἐν καινότητι πνεύματος δουλεύειν (servir bajo el régimen nuevo del Espíritu).

229

CAP. 6

v. 7 ὁ ἀποθανὼν δεδικαίωται
ἀπὸ τῆς ἁμαρτίας
(el que ha muerto, ha sido
justificado del pecado).

v. 18:20 ἐλευθερωθέντες
ἀπὸ τῆς ἁμαρτίας
(libertad del pecado).

CAP. 7

v. 6 κατηργήθημεν ἀπὸ του
νόμου, ἀποθανόντες ἐν
ᾧ κατειχόμεθα
(pero ahora estamos libres
de la ley por haber muerto
para aquella en que estába
mos sujetos).

v. 3 ἐλευθέρα ἀπὸ τοῦ
νόμου
(libres de la ley).

Esta exposición aclara al menos que en el capítulo 7 el pensamiento de Pablo se desarrolla en forma análoga al cap. 6. Se aplican las mismas categorías, sólo que con referencia a un material nuevo.

Cuando en el capítulo 6 Pablo afirma la liberación del cristiano de la servidumbre del pecado, puede decir alternativamente que somos "libres de pecado" o que "hemos muerto al pecado". Porque esta liberación se realizó por la muerte de Cristo y por el hecho de que por el bautismo tenemos parte en su muerte. En el v. 7 todo se resume en la sentencia sintética: "Porque el que ha muerto, ha sido justificado del pecado". Ahora, en el capítulo 7, Pablo aborda la cuestión de la posición del cristiano frente a la ley: y su tesis es que por Cristo somos también "libres de la ley". ¿Pero podemos en efecto ser libres de la ley de la misma manera que lo somos de la ira y del pecado? Y sobre todo, *¿podemos morir para la ley?* Pablo lo afirma aquí con toda energía. Quienes conocen la ley —y a los tales habla Pablo— saben que la ley reina (κυριεύει) sobre el hombre mientras vive; pero la muerte pone fin a la validez de la ley. Sólo mediante la muerte podemos liberarnos de la ley.

En los vers. 2 y 3 da un ejemplo de cómo por la muerte queda anulado el imperio de la ley, es decir, el derecho de ésta de aparecer como señor (κύριος) del hombre: "La mujer casada está sujeta por la ley al marido mientras éste vive; pero si el marido muere, ella queda libre de la ley del

230

marido. Así que, si en vida del marido se uniere a otro varón, será llamada adúltera; pero si su marido muriere, es libre de esa ley, de tal manera que si se uniere a otro marido, no será adúltera". Estos versículos han presentado grandes dificultades a la interpretación, sobre todo comparándolos con los versículos subsiguientes que debían ser ilustrados por el ejemplo aducido. Cualquiera que fuera la interpretación, el todo no parecía salir bien. Algunos han preguntado qué fin persigue Pablo con esta comparación extraña y al parecer claudicante. Primero Pablo habla de una mujer casada y de su marido, que muere, por cuyo hecho queda libre para ser de otro varón, al cual se puede unir con plena libertad. Pero luego, en el segundo miembro de la comparación habla de nosotros, de Cristo, que muere, y de Otro a quien debemos pertenecer ahora: el Cristo resucitado. Lo que resulta difícil aquí es ante todo lo siguiente: lo que Pablo quiere demostrar no es que hayamos quedado libres del Cristo que muere, sino de la *ley*. Pero en ese caso la comparación es un error manifiesto. En consecuencia, se ha propuesto otra interpretación, o sea, comparar la ley con el primer marido y a Cristo con el segundo: la ley es nuestro primer señor; Cristo el segundo, a quien ahora pertenecemos, después de haber sido libertados de la obediencia al primero. Y han surgido toda clase de especulaciones acerca de un "matrimonio espiritual con Cristo".

Pero como en otros pasajes, también aquí se han suscitado problemas completamente innecesarios. En realidad la situación es muy sencilla. Lo que Pablo quiere decir aquí es *una sola cosa*, a saber, precisamente lo que dice el versículo 1: *la muerte anula el señorío de la ley*. Esta es la única idea que importa a Pablo en este caso. No eligió el ejemplo del matrimonio porque sea una ilustración particularmente adecuada de la relación del hombre con Cristo, sino porque explica con tanto acierto *cómo la muerte termina con el señorío de la ley*. ¿Cómo podría demostrarse esto de otra manera? De la relación del muerto no se puede hablar en términos generales, pues nada sabemos sobre ella. Ya no se halla aquí en la Tierra, de modo que no podemos decidir si con su muerte ha cambiado su relación para con la ley. Así que para mostrar que la muerte libera de la ley, Pablo escoge una ilustración en la cual una persona estaba sujeta a una ley pero por la intervención de la muerte quedó libre, estando aún en la Tierra. Una situación en la cual se puede decir que alguien es liberado de la ley estando vivo. De la mujer que estaba sujeta a la ley (que estaba ligada al marido por la ley), y que si hubiera desatendido ese hecho hubiera sido llamada adúltera, se puede decir ahora que debido a la intervención de la muerte ha quedado "libre de la ley". No hay otra manera de sustraerse al señorío de la ley; mas la muerte tiene el efecto de colocar al hombre fuera de su alcance. Cualquiera que conozca la ley puede ver, por este ejemplo, cómo la muerte efectivamente pone término a la validez de la ley. Se ha afirmado que Pablo ha recurrido aquí a un ejemplo que in^ duce a error, eligiendo una comparación inadecuada y una alegoría impropia. Nosotros insistimos, por el contrario, en que se trata de un ejemplo elegido con extraordinario acierto, siempre que se lo interprete tal como Pablo en todo el curso de su pensamiento quiere que sea entendido.

Es pues, indudable que se puede *morir a la ley*. Pablo lo ha demostrado con toda claridad mediante esta ilustración. Y según él, esto es exactamente lo que les ha sucedido a los cristianos. Antes estaban sometidos a la ley. Este era el poder que disponía completamente de ellos y los colocaba bajo condenación. Pero *intervino la muerte*. Cristo murió y ellos fenecieron con él; el resultado es que ahora son libres de la ley. Por esto sigue Pablo: "Así también vosotros, hermanos míos, habéis muerto a la ley mediante el cuerpo de Cristo, para que seáis de otro del que resucitó de los muertos, a fin de que llevemos fruto para Dios".

Al interpretar este pasaje como una alegoría se ha tropezado con una dificultad en la sentencia arriba citada. "La aplicación a los cristianos no concuerda con el ejemplo. Para que fuera realmente aplicable tendría que morir la ley. Pero en la ilustración, el hombre muere a la ley, y no obstante es libre para entrar en una relación nueva (Althaus). Para los que así piensan, la ilustración, para ser consecuente tendría que tomar la siguiente forma aproximada: La ley corresponde al primer marido del ejemplo; por tanto es la ley la que muere. El hombre, o sea el cristiano, corresponde a la mujer supérstite. Por la muerte de la ley el hombre se libera de su primer matrimonio, es decir, del "matrimonio" con la ley, y queda en libertad para un nuevo matrimonio con el Cristo resucitado, que corresponde al segundo marido. Empero Pablo no dice nada de todo esto. Según él, la que muere no es la ley, sino Cristo y con él el cristiano; tampoco habla de "matrimonio" alguno del hombre con la ley. Está claro que aquí no se trata de una alegoría.

Según Pablo no se puede hablar de que la ley muera. No es que el cristiano haya resuelto considerarla como anulada e inexistente.

No es de ese modo que se llega a ser legítimamente "libre de la ley"; ella conserva siempre e íntegramente su título jurídico. Tampoco se puede decir que con la venida de Cristo la ley haya caducado. La ley sigue existiendo también ahora y hace sus demandas al hombre con entera independencia de que éste reconozca o no sus exigencias. Nadie se libra de su poder porque no reconozca sus demandas. La ley no muere. Queda un solo camino hacia la liberación. Sólo por el hecho de que el cristiano ha muerto con Cristo queda colocado real y verdaderamente fuera del ámbito de la ley. Pablo pone todo el énfasis en esta genuina liberación. El paralelo con el capítulo 6 es sumamente instructivo. Cuando allí trataba la liberación del cristiano del poder del pecado, Pablo tuvo que ocuparse de un problema parecido, y el resultado a que arribó fue el siguiente: "El que ha muerto, ha sido justificado del pecado" (6:7) · Aquí, en el capítulo 7 llega a un resultado muy parecido, referente a la ley: quien ha muerto con Cristo está también jurídicamente libre de la ley; ella ya no reina sobre él, sino que él pertenece a otro dueño; está bajo otro señor, a saber, bajo el Señor Jesucristo que resucitó de los muertos.

Ahora bien: esta misma expresión "habéis muerto a la ley... *para que seáis de otro*", fue uno de los motivos principales para que se interpretara este pasaje de Pablo como una alegoría. Pues en el ejemplo citado se dice de la mujer casada cuyo marido ha muerto, que es libre de "unirse a otro marido". ¿No señala Pablo a Cristo como ese otro a quien el cristiano debe pertenecer y no ha manifestado él mismo con ello que aquí se trata de una alegoría? A esto contestamos que la fórmula "para que seáis de otro" está manifiestamente influida por lo que se dijo en lo que antecede de la mujer que es libre de unirse a otro varón. Pero Pablo ya ha expuesto la idea de que pertenecemos o a la ley o a Cristo, independientemente de la imagen del derecho matrimonial que aquí se emplea. Cuando uno ha muerto al pecado vive para Dios en Cristo, en 6:11 (cf. 6:22). Ahora afirma lo mismo de la ley: cuando uno ha muerto a la ley, vive para Cristo y le pertenece. Es la misma idea que hallamos en Gal. 2:19-20: "Yo por la ley soy muerto para la ley, a fin de vivir para Dios. Con Cristo estoy juntamente crucificado y ya no vivo yo, mas vive Cristo en mí". No es nada sorprendente que Pablo al querer expresar esta idea, le dé cierto matiz proveniente del ejemplo que se acaba de citar, en vista de que le es tan familiar; y el paralelo citado con el capítulo 6 muestra que debía exponerla precisamente aquí. A lo sumo podría hablarse aquí de un juego casual de palabras como tantas veces encontramos en Pablo. Pero no hay motivo alguno para tildar de alegoría al conjunto y con ello privar a éste de su sentido claro y sencillo.

Otra palabra merece también una atención especial en este contexto. Cuando Pablo quiere indicar cómo sucedió que los cristianos muriesen a la ley, dice que aconteció "mediante el cuerpo de Cristo", διὰ τοῦ σώματος τοῦ Χριστοῦ. Es evidente que en este caso piensa en la muerte de Cristo. ¿Pero por qué destaca en forma tan extraña que precisamente por el *cuerpo* de Cristo hemos muerto a la ley? Muchas respuestas mas o menos artificiosas se han dado a esta pregunta. Pero es fácil hallar la explicación verdadera con sólo recordar lo que significa para Pablo σῶμα Χριστοῦ, "el cuerpo de Cristo". Entonces se pone en evidencia que una vez más su pensamiento sigue una línea paralela a la exposición del capítulo 6. También allí habla de que la participación en la muerte de Cristo se realiza por medio del bautismo. Porque en el acto bautismal hemos sido incorporados a Cristo, hemos llegado a ser miembros del "cuerpo de Cristo". "Por un *sólo* espíritu fuimos todos bautizados en *un cuerpo* (1 Cor. 12:13). Cuando Cristo murió y su cuerpo fue entregado a la muerte por nosotros, también nosotros morimos "por su cuerpo" al pecado (cap. 6) y a la ley (cap. 7). En el 6:11 Pablo manifestó las consecuencias de la muerte de Cristo con respecto a la relación del cristiano con el pecado: "Consideraos muertos al pecado, pero vivos para Dios, en Cristo Jesús, Señor nuestro". Ahora llega a una conclusión parecida respecto a su posición frente a la ley: "Así también vosotros, hermanos míos, habéis muerto a la ley mediante el cuerpo de Cristo, para que seáis de otro, del que resucitó de los muertos, a fin de que llevemos fruto para Dios".

La ley exige que el hombre sea el siervo de Dios, y obedezca su voluntad. Pero mientras el hombre está bajo la ley, no hay *fruto para Dios*. Esto puede darse sólo cuando el hombre, con Cristo, muere a la ley. He aquí uno de los motivos por los cuales Pablo exige con tanta insistencia la libertad de la ley. No lo hace porque le plazca la vida sin ley, sino porque solamente estando libre de la ley, el hombre puede llevar fruto para Dios, siendo ésta la finalidad de la obra de Cristo y de la vida cristiana, de la vida "en Cristo".

Esta idea se expone más explícitamente en los dos versículos siguientes. En ellos Pablo dice: "Mientras estábamos en la carne, las pasiones pecaminosas que eran por la ley obraban en nuestros miembros llevando fruto para muerte. Pero ahora estamos libres de la ley, por haber muerto para aquella en que estábamos sujetos de modo que sirvamos bajo el régimen nuevo del Espíritu y no bajo el régimen viejo de la letra" (vs. 5-6).

Pablo habla de *lo que éramos antes*, y de *lo que somos ahora*; mas todo el tiempo se trata del papel que desempeña la ley en ello. Al describir el *estado antiguo* emplea una expresión equívoca "mientras estábamos en la carne" ὅτε ἦμεν ἐν τῇ σαρκί. Esta expresión en sí podría referirse simplemente a la vida temporal. Pero es evidente que Pablo la usa en oposición a la vida cristiana. Luego el sentido es el siguiente: "Mientras estábamos en el *estado carnal*". ¿Qué papel desempeñaba la ley en esto? Despertaba en nosotros pasiones pecaminosas, con el resultado de que lleváramos fruto para muerte.

Hasta aquí todo es claro y sencillo. En cambio, cuando a continuación Pablo describe *el estado actual*, y el papel de la ley en la vida cristiana, lo hace de una manera que a menudo ha sido motivo de preocupación para sus intérpretes teológicos. Si del estado antiguo se dice que "estábamos en la carne" se podría esperar que el estado nuevo se caracteriza por nuestro "estar en el espírtu" ahora. Y en efecto, en el v. 6 se dice "de modo que sirvamos bajo el régimen nuevo del Espíritu". Además, podría esperarse quizá que la ley desempeñara aquí un papel completamente distinto al que le incumbía en el estado antiguo.

Podríamos pensar que ahora que vivimos en el Espíritu, la ley ya no es un poder de perdición sino que está de nuestro lado, ayudándonos; por el Espíritu hemos recibido la facultad de cumplir la ley de una manera nueva, y ella nos da indicaciones acerca de cómo la vida cristiana debería ser "el tercer uso de la ley". Desde el punto de vista de la tradición teológica usual resultaría muy natural explicar de este modo la opinión de Pablo. Pero él no dice eso, sino precisamente lo contrario. Tampoco en la vida cristiana la ley posee la fuerza de llevar fruto para Dios. Si "mientras que estábamos en la carne" la ley era un enorme poder para provocar y aumentar el pecado, e incapaz de producir nada bueno, también en la vida nueva revela su impotencia en ese último sentido. No hay ley que pueda dar vida. Ella pertenece a lo que Pablo denomina "el régimen viejo de la letra".

Pertenece al eón antiguo, es uno de los poderes de perdición que nos tenían cautivos; y por consiguiente una señal destacada de la vida cristiana es que ahora estamos "libres de la ley". Por Cristo hemos muerto para los viejos poderes de perdición de "aquella en que estábamos sujetos". Sólo después de enunciar este aspecto negativo de la ley, Pablo prosigue: "de modo que sirvamos bajo el régimen nuevo del Espíritu y no bajo el régimen viejo de la letra".

Pablo ha hablado del "antes y ahora" del cristiano; ha indicado lo que "*éramos*" en el pasado y lo que *somos* en el presente. Y al hacerlo ha señalado el esquema que se propone desarrollar. Retorna al mismo cambio de tiempos. Primero, en los vrs. 7-13, trata *el pasado del cristiano*, es decir, *lo que éramos*; después en los vrs. 14-25, sigue con la descripción *del presente del cristiano*, o sea, *de lo que somos*; en efecto, a partir del v. 14 Pablo pasa a usar el tiempo presente.

En ambas situaciones la ley tiene un significado y una posición esencialmente distintos. Lo *anterior* del cristiano, a lo que puede hechar una mirada retrospectiva, significa su sujeción al eón antiguo. Allí la ley tenía una potestad extraordinaria aunque, bien entendido como poder de perdición. De ello trata Pablo en el párrafo siguiente. Se puede afirmar que los versículos 7-13 tratan de *la ley dentro de la situación del eón antiguo*, o *el poder de la ley para originar y aumentar el pecado*. Mas ahora, en el eón nuevo, la ley ha perdido su potestad en todo sentido. Para empezar y sobre todo, ya no constituye un poder pernicioso para el cristiano: pues éste ha muerto a la ley. De ello Pablo ha hablado en lo que antecede. Pero por otra parte, la ley tampoco constituye un poder salvador para el cristiano, no es δύναμεις εἰς σωτηρίαν. En consecuencia, en la última sección del capítulo, vers. 14-25, Pablo habla de *la ley dentro de la situación del nuevo eón*, es decir, *de la impotencia de la ley para originar lo bueno*.

2. El poder de la ley para provocar y aumentar el pecado 7:7-13

Pablo comienza su exposición con la pregunta "¿qué diremos, pues? ¿La ley es pecado?" Tal pregunta puede parecernos extraña y superflua. Sin embargo, para Pablo no está de más. A fin de comprender cuan natural resultaba para él y cuan necesario su planteamiento, nos basta con pensar en cómo antes ha puesto el pecado y la ley lado a lado como poderes de perdición estrechamente relacionados. Una y otra vez, ley y pecado se presentan como aliados que obran para un fin común. Cuando aparece la ley, el resultado es que se vuelva mayor el poder del pecado (5:20). Al lado de la sentencia de que el cristiano es "libre del pecado", ha puesto Pablo la otra, que también es "libre de la ley"; y en cierto lugar llegó a afirmar que el ser libre de la ley significa a la vez ser libre del pecado; pues en 6:14 dice: "El pecado no se enseñoreará de vosotros; pues no estáis bajo la ley". ¿No significa esto que el que está bajo la ley queda con ello a merced del pecado? Y así como en 6:11 Pablo asegura que sólo puede vivir para Dios quien "ha muerto al pecado"; puede afirmar también en 7:4 que solamente puede llevar fruto para Dios el que ha "muerto a la ley".

¿Qué significa todo esto? ¿No parecería que Pablo habla aquí de cosas idénticas? ¿No están la ley y el pecado de tal manera entrelazados que se puede decir que prácticamente los dos son uno? Por consiguiente no es necesario recurrir a la idea de que intérpretes malintencionados hayan obligado a Pablo a ocuparse de esta cuestión. La presencia de esta cuestión está bastante clara en lo que antecede. El hecho de que Pablo la enfrente aquí con entera sinceridad y comience a exponerla a fondo, es señal de lo mucho que le importa no dejar sin aclarar ninguna cuestión esencial.

"¿Qué diremos, pues? ¿La ley es pecado?" Pablo contesta: "En ninguna manera". Por el contrario, la ley es el poder que quisiera ofrecer resistencia al pecado. Sin embargo, existe una relación íntima entre la ley y el pecado. El pecado no sería lo que es, si no existiese la ley. Pablo empieza la explicación de esta relación diciendo: "Pero yo no conocí el pecado sino por la ley; porque tampoco conociera la codicia, si la ley no dijera: No codiciarás".

En este lugar advertimos en seguida una característica extraña de la exposición. Aparte de la nota personal de la introducción, esta es la primera vez que en esta carta Pablo habla en primera persona del singular, y continúa haciéndolo durante todo el capítulo 7. ¿Qué motivo tendrá? Por supuesto no ha sido intención de Pablo imprimir a la exposición siguiente el sello de una confesión subjetiva que sólo tiene validez para él, mas no una validez humana general. Todo lo contrario: la forma del singular y el alcance universal inmediatamente se confunden. Pero no nos equivocaríamos al suponer que el uso de la forma personal se relaciona con el hecho de que Pablo llega aquí a una cuestión que en el sentido más real constituye el problema de su propia vida: la cuestión de la posición del cristiano frente a la ley, la cuestión del papel de la ley en los eones antiguo y nuevo.

Cuando Pablo afirma que no habría conocido el pecado a no ser por la ley, esto no significa solamente que la ley nos enseña a distinguir entre lo bueno y lo malo, y que sin el criterio de la ley no sabríamos con exactitud qué es pecado. Quiere decir que el pecado no sería ese *poder* que realmente es en la vida del hombre, si la ley no le hubiese ayudado a serlo. Es cierto que el pecado existe también sin la ley, pero permanece adormecido. Se presenta en forma de la concupiscencia; pero ésta no ha tenido oportunidad de manifestarse. El hombre no vislumbra siquiera cuan terrible potestad lo tiene en su poder y lo domina. Pero entonces se presenta la ley y pone de manifiesto el pecado hasta entonces oculto. Las palabras del mandamiento enfrentan al hombre: "No codiciarás". ¿Qué significa esto? No significa que desaparece la codicia, sino que por el contrario es llamada a salir de su escondrijo. Así como el Sol hace surgir con sus rayos las posibilidades latentes en la semilla y la lleva a su completo desarrollo, así la ley provoca al pecado que antes estaba dormido. Este tiene ahora oportunidad de desarrollar sus posibilidades inherentes, y de ello resulta una oposición consciente a Dios. *Precisamente en relación con la ley, el pecado se fortalece en el hombre.*

Pablo expresa esto diciendo que la ley da "ocasión" al pecado, ἀφορμή. "Mas el pecado, tomando ocasión por el mandamiento, produjo en mí toda codicia". En otras palabras: el pecado toma a su servicio a la ley. El mandamiento mismo se trueca en medio que el pecado aprovecha para sus fines.

Mientras que antes era relativamente débil e impotente, ahora, con ayuda de la ley, puede ejercer su poder sobre el hombre. Aquí podemos aplicar en un sentido literal la sentencia: "El poder del pecado es la ley". (1 Cor. 15:56) ; puesto que sin ella el pecado no tendría ese poder. Pablo se atreve a afirmar: "Sin la ley el pecado está muerto", χωρὶς νόμου ἁμαρτία νεκρά. En forma dramática describe cuan grande fue el cambio encerrado en el hecho de que la ley entrara en la vida humana: "Y yo sin la ley vivía en un tiempo; pero venido el mandamiento, el pecado revivió y yo morí". La condición del hombre sin ley puede llamarse vida, a lo menos existencia relativa; "yo vivía": pero el pecado aún estaba muerto, dormía. Entonces se presentó la ley. Aparecieron los mandamientos con sus órdenes y ante todo con sus prohibiciones — *y el pecado despertó*.

Todo eso se afirma desde el punto de vista del antiguo eón. Es el efecto que tiene la ley cuando entra en la vida del individuo o de la humanidad. Lo que Pablo asevera aquí de sí mismo vale para todo ser humano, y para la humanidad en general (cf. 5:13,20). Por efecto de la ley, el *pecado es activado* y en cierto sentido *provocado*. Pues de acuerdo con la naturaleza del hombre, su encuentro con la ley significa siempre que el pecado "Tiene ocasión". Únicamente ante la ley el hombre llega a ser pecador en el sentido estricto de la palabra, y la entrada de la ley en su vida tiene el efecto infalible de entregarlo a la muerte. El pecado revive, pero él muere.

De ese modo la ley o el mandamiento se convierte en muerte para el hombre. *La ley se incorpora a la serie de los poderes de perdición*. Pero ocupa entre ellos una posición peculiar. El pecado y la muerte son por naturaleza simplemente poderes de perdición. En ellos todo es sencillo. Son potencias incondicionalmente malas cuya finalidad primordial es la perdición del hombre. Pero Pablo no dice eso de la ley. No es en su naturaleza e intención primitiva un poder de perdición. Su propósito original es familiarizar al hombre con la voluntad de Dios. Pero en realidad *llega* a ser un poder de perdición precisamente por el hecho de que por ella el pecado toma "ocasión". Semejante duplicidad, esta contrariedad entre la intención primitiva y el efecto real, la expresa Pablo claramente afirmando: "Y hallé que el mismo mandamiento que era para vida, a mí me resultó para muerte; porque el pecado, tomando ocasión para el mandamiento, me engañó, y por él me mató". Esto es lo peculiar en la posición de la ley: por una parte es adversario del pecado, y por otra puede ser aprovechada por él como medio para que el hombre sea entregado al pecado y a la muerte. La ley quiere preservar al hombre del pecado; pero en lugar de ello el pecado, precisamente por medio de la ley, logra engañarlo y someterlo bajo su potestad.

Pero Pablo no quiere decir con esto que la ley haya tenido un efecto diferente y contrario a lo que fue la intención de Dios. También lo que dice aquí encuadra orgánicamente en su concepto fundamental de que la ley fue dada "para que todo el mundo quede bajo el juicio de Dios" (3:19). Si la ley que fue dada para vida, lleva a la muerte y se transforma en un poder de perdición que convierte el pecado en transgresión ejecuta así precisamente la obra que Dios quiere ejecutar contra el pecado y el pecador. Al igual que la ira de Dios, la ley representa la "obra ajena" de Dios (*opus alienum*) que debe ejecutar para que más adelante pueda realizar su "obra propia" (*opus proprium*) de la cual el evangelio trae el anuncio. La ley es el medio con cuya ayuda el pecado lleva al hombre a la muerte. Dios puede permitir al pecado emplear de ese modo la ley, poniéndola a su servicio, y puede autorizarlo *a matar* al hombre, ya que con su "obra propia", la justificación, él resucita *a los muertos*.

Pablo había vivido "bajo la ley"; mas sin que ésta hubiera constituido para él una grave y molesta carga, como muchos se complacen en creer. Todo lo contrario: él fue uno de aquellos justos de los cuales se afirma en el salmo 1: "En la ley de Jehová está su delicia, y en su ley medita de día y de noche". Durante su período precristiano, para él la ley estaba rodeada por un nimbo especial. Levantaba los ojos hacia ella de la misma manera que el idealista alza la vista hacia su ideal. Cuando ante las puertas de Damasco comprendió que la ley era un falso camino de salvación, y no un poder redentor, sino de perdición, se habría podido esperar que su Amor a la ley se trocara en enemistad; que a partir de entonces sólo tuviera palabras despectivas para la ley, pero esto no sucede. También para el Pablo cristiano la ley está rodeada de una aureola peculiar. Sigue siendo expresión de la santa voluntad de Dios. "La ley a la verdad es santa y el mandamiento santo, justo y bueno".

¿Pero no hay una contradicción en esto de que la voluntad santa y buena de Dios cause muerte y desgracia? ¿Puede llamarse buena aun siendo así? Por ello Pablo añade a lo que antecede la pregunta: "¿Luego lo que es bueno, vino a ser muerte para mí", y contesta en seguida: "En ninguna manera". No es propiamente la ley la que me mata; si no existiera el pecado la ley no sería para mí un poder de perdición. Por el contrario es el pecado el que resultó ser la muerte para mí. En realidad el pecado por sí solo no hubiera podido causar una perdición tan total como la que ahora es la suerte del hombre. Esta es resultado del encuentro del pecado y de la muerte. Tal como Pablo lo ha dicho poco antes (v. 11) el pecado me mató "por el mandamiento", es decir, por la ley. Por ella el pecado adquirió el poder de hacer esto, puesto que "el poder del pecado es la ley". Mas por esto mismo se hace más evidente que nunca cuan terrible poder es el pecado que "por medio de lo que es bueno produjo la muerte". De ninguna manera la ley ha fracasado en su propósito, ya que la intención de Dios era que por ella "el pecado llegase a ser sobremanera pecaminoso".

Pablo ha hablado del poder de la ley para producir el pecado y darle poder para llegar a ser "sobremanera pecaminoso". A raíz de su encuentro con el pecado, la ley se convierte en poder de perdición sin serlo de por sí. Cristo nos ha redimido de esta potestad perniciosa. Quien está en Cristo "está libre de la ley" como también "libre del pecado". Ambos poderes guardan una correspondencia mutua y obran juntos para la perdición del hombre. Tan sólo la liberación de ambos significa redención verdadera. Tomando por fundamento esta colaboración se comprende fácilmente por qué Pablo afirma con tanto celo la libertad del cristiano de la ley.

Sin embargo, hasta ahora, no se ha tratado más que un solo lado del asunto. Podría decirse que Pablo ciertamente tiene razón al sostener que la ley evoca y da poder al pecado; y también al decir que ella, al encontrarse con el pecador, le trae la muerte. Pues, según Pablo, Dios resucita al muerto y justifica al pecador. ¿Acaso la ley no llega a ocupar por ello una posición e importancia completamente distintas para el cristiano? ¿Existe todavía la necesidad de insistir en la libertad cristiana de la ley? ¿No basta con estar libres del pecado? Cuando la ley se encuentra con aquel que ha sido libertado del pecado, ya no existe la fatal cooperación entre la ley y el pecado.

Si en manos del pecado, la ley, viene a ser un medio para la muerte del hombre, en manos de Dios habrá de ser un medio para vida. Si la ley tiene el poder de evocar lo malo en el hombre no converso y sujeto al pecado, tendrá la potencia de originar lo bueno en el hombre creyente, que por lo tanto es libre del pecado. Es necesario, pues, que el cristiano sea libre de la ley. ¿No es más bien la ley su fiel compañera y consejera en el camino hacia la vida? Esta es una pregunta frente a la cual Pablo fija su posición en la última parte de este capítulo. Allí habla de la impotencia de la ley para producir el bien.

3. La impotencia de la ley para producir el bien 7:14-25

Llegamos ahora a la sección de la epístola que es tal vez el pasaje más citado y discutido de Romanos, que presenta uno de los problemas más difíciles del Nuevo Testamento. Problema conocido ya en el primer siglo y que nunca se ha dejado de discutir. A través de los siglos se ha lidiado tratando de interpretar lo que quiso decir Pablo en este pasaje singular. La cuestión puede formularse de la siguiente manera: ¿Quién es el yo que Pablo introduce aquí y que afirma de sí mismo: "yo soy carnal, vendido al pecado" (v. 14) o "Y yo sé que en mí, esto es, en mi carne, no mora el bien; porque el querer el bien está en mí, pero no el hacerlo" (v. 18) ? Frente a tales sentencias los intérpretes se preguntan si quien habla así es el hombre converso o el inconverso. O bien, puesto que Pablo está hablando aquí en primera persona del singular, o sea en mayor o menor grado en su propio nombre, se refiere a su vida precristiana o a su vida cristiana? Mientras que los Padres griegos generalmente interpretaban 7:14-25 como una referencia al hombre precristiano, Agustín, en parte debido a su conflicto con Pelagio, llegó a la conclusión de que aquí se trataba del cristiano. A esta opinión se adhirieron la iglesia de la Edad Media y Lutero y los demás reformadores, aunque ellos daban otra significación a las palabras. Fue el pietismo el que primero rechazó esta interpretación declarando que en este caso se podía tratar únicamente del hombre inconverso e irregenerado. Para el pietismo, con su concepción de la vida cristiana y del significado de la santificación, era absolutamente imposible que Pablo pudiera hablar de esta manera de su nueva vida cristiana; por tanto sostuvo que, por el contrario, describe en este pasaje la falta de armonía que dominaba su vida bajo la ley.

Cualquiera sea la interpretación que se acepte, siempre nos enfrentamos con dificultades al parecer insuperables. A *favor* de la interpretación de los reformadores está la circunstancia de que un estudio del texto hecho sin presuposiciones da la impresión de que Pablo hablara de algo presente después de haber tratado manifiestamente de algo pasado en la parte que antecede. Cuando antes usaba el pretérito, ahora emplea el presente. Pero es allí donde de inmediato se presenta una dificultad objetiva: ¿Es posible que Pablo hable con tanto desprecio de su vida como cristiano? ¿Puede tener un concepto tan bajo de la potestad de Cristo para vencer el pecado en la vida nueva del hombre? ¿Y cómo se puede reconciliar el cuadro del hombre que presenta en 7:14-25 con las descripciones que de costumbre hace Pablo de la vida cristiana? En esta relación se ha confrontado frecuentemente el capítulo 7 con el capítulo 8. Es evidente que en el capítulo 8 Pablo habla de los cristianos, pero —se ha dicho— allí reina un clima distinto al del capítulo 7: no la debilidad de la carne sino la fortaleza del espíritu. En el capítulo 7 no se menciona para nada el espíritu, el *pneuma*. Sin embargo, lo característico del cristiano es precisamente que ha recibido el espíritu, y de esto se habla mucho en el capítulo 8. ¿Es posible que ambos capítulos traten de un mismo hombre y de una misma época de su vida? ¿No debería trazarse una línea divisoria diciendo: en el capítulo 7 se trata del hombre precristiano, en el capítulo 8 del hombre cristiano?

Pero si bajo la impresión de estos argumentos se acepta la interpretación mencionada en último término, concibiéndose por tanto este párrafo en el sentido de que se trata de la vida precristiana de Pablo, de su vivir farisaico bajo la ley, se tropieza con dificultades no menores. Pues entonces se puede preguntar si este cuadro, que debería referirse al hombre sin Cristo, puede reconciliarse con la imagen que comúnmente traza Pablo del mismo hombre. Basta comparar este pasaje con 1:18-3:20. Tampoco concuerda lo que dice en 7:14-25, con lo que dice en otras partes acerca de su vida farisaica. Basta recordar Fil. 3:6 donde afirma de sí mismo que era *irreprensible* en cuanto a la justicia, es decir, la justicia que es resultado de la ley. Cualquier rumbo que se tome, el resultado siempre parece ser que este pasaje es incompatible con la posición expresada en otros.

A fin de lograr mejor concordancia entre los diferentes puntos de vista, últimamente muchos han sugerido la siguiente solución: sin lugar a duda Pablo habla aquí del hombre bajo la ley, es decir, antes de Cristo y sin él; pero no es así como el hombre mismo se ve, sino como lo ve la fe. De modo que Pablo mira con ojos cristianos su situación anterior y descubre la falta de armonía que es realmente existente, pero que él no advertía. Sin embargo, tampoco con esta interpretación el asunto mejora mucho. ¿Considera Pablo realmente su vida sin Cristo de tal modo que de ella pueda decir como reza el versículo 20: "ya no lo hago yo, sino el pecado que mora en mí", o como se afirma en el versículo 25: "Así que, yo mismo con la mente sirvo a la ley de Dios, mas con la carne a la ley del pecado"? Hay otra pregunta importante que dentro de esta interpretación no podemos pasar por alto: ¿puede alguien creer realmente que Pablo fuera capaz de proferir una exclamación tan teatral —pues no tenemos otro término para caracterizarle si es que se refiere a algo definitivamente pasado— como la de 7:24: "¡Miserable de mí! ¿Quién me librará de este cuerpo de muerte"?

Pese a estas dificultades, la exégesis moderna ha aceptado con bastante unanimidad esta posición, la cual puede caracterizarse como una variación de la opinión pietista arriba mencionada. De acuerdo con ella, Pablo habla aquí del "hombre no renacido", el hombre sujeto a la ley, pero tal como lo ve la fe. En esta interpretación coinciden recientes ensayos sobre este capítulo.[1] Podemos formarnos una idea de cómo se ha impuesto esta interpretación recordando que un exegeta de la talla de Bultmann, quien en lo demás muestra escasa simpatía por la concepción general del pietismo, y puede declarar respecto a la significación del capítulo 7 de Romanos: "Me parece que esta cuestión se ha discutido bastante y que referente a la respuesta ya no puede caber duda: lo que aquí se caracteriza es la situación del hombre que está bajo la ley, la cual se contempla a través de los ojos del hombre libertado de la ley por Cristo". Esta sentencia es tan categórica que podría parecer que la cuestión ahora está definitivamente aclarada y con-

---

1. Véase W. Kummel, Römer 7 und die Bekehrung des Paidus, 1929; R. Bultmann, Römer 7 und die Anthropologie des Paulus, 1932; P. Althaus, Paulus und Luther über den Menschen, 1938.

cluida. Pero no es así. Quedan en pie las dificultades arriba señaladas. Una investigación más detenida muestra que la interpretación que Bultmann presenta como única posible, acusa tantas y tan grandes dificultades que no puede ser sostenida. Sin embargo, en vista de que se ha generalizado tanto, no estará fuera de lugar presentar algunos argumentos que demuestren que es insostenible.

En contra de esta interpretación habla por de pronto el contexto en el cual se ha insertado este curso de ideas. En los capítulos 5-8 se trata casi sin excepción del contenido *de la vida cristiana*. La pregunta que Pablo desea contestar aquí es: ¿qué significa 'Vivir en Cristo'? Su respuesta es cuádruple: significa ser libre de la ira, del pecado, de la ley y de la muerte.

El pasaje que estamos examinando es la parte final de la tercera afirmación, que habla *de la libertad del cristiano de la ley*. Y no podemos menos que preguntar espontáneamente cómo es que Pablo se entrega repentinamente, en este contexto, a la descripción del desgarramiento y la disonancia del estado anímico que caracterizan al hombre bajo la ley. Es muy significativo que, aceptando esta interpretación, nos veamos obligados a considerar —en términos generales— el capítulo 7 como un gran paréntesis. No encuadra en el margen del tema que Pablo está considerando. Dícese que luego de esta digresión Pablo "regresa", en el capítulo 8, a su tema verdadero. Muy instructiva es la formulación que emplea E. Brunner al comienzo de la exposición del capítulo 8: "El tema no es otro —dice— que el que se ha estado desarrollando desde el capítulo 5, desde luego *con la gran interrupción del capítulo 7*: la vida nueva, la vida de y en la justicia de Dios, por la fe en la redención de Jesucristo. Con un vuelco brusco Pablo se aparta de la consideración del hombre bajo la ley. Otra vez hallamos un "ahora" como señal del nuevo, o más bien del reanudado curso del pensamiento". Brunner ha expuesto el contenido de los capítulos 5-8 con perfecta corrección. El hecho de que en este contexto no halle lugar para el capítulo 7, sino que deba hablar de la "gran interrupción del capítulo T', tiene su causa en que en este capítulo sólo ve una descripción de la vida precristiana bajo la ley. Con tal concepto resulta absolutamente imposible ver una línea uniforme de pensamiento. El capítulo 7 se convierte inevitablemente en una "roca errática". Esta debe ser juzgada como una objeción de extraordinaria importancia a esa interpretación.

También de esta interpretación habla la circunstancia ya mencionada de que Pablo, después de emplear consecuentemente el pretérito, en los vers. 7-13, pasa con el versículo 14 al tiempo presente, y lo mantiene con la misma consecuencia hasta el final del capítulo. A esto se agrega que en los versículos inmediatamente antecedentes ha hablado *de lo que éramos antes* (v. 5) y de *lo que somos ahora*. (v. 6). Parecería que con ello habría dado el esquema para los dos párrafos siguientes: Por consiguiente si el lector, sin opinión preconcebida, lee el texto tal como lo encuentra, difícilmente se le ocurrirá la idea de interpretar los versículos 14-25 como si se refiriesen a otra cosa que a la vida presente del cristiano. No se verá confrontado por la dificultad de reconciliar lo que allí se dice con suposiciones sobre la vida cristiana que pueda haberse formado sobre otra base. P. Althaus manifiesta: "Aunque se exprese en la forma del presente, está claro que lo expuesto pertenece al pasado". Sin embargo, no revela de dónde proviene esa claridad. La única explicación que ofrece es la siguiente: 'Torque se trata del hombre bajo la ley". Pero precisamente esto es lo que se pone en duda y debería ser examinado. No parece prudente prescindir del texto con una fundamentación tan débil.

En contra de esta interpretación habla además la circunstancia de que está manifiestamente en pugna con la concepción de Pablo tal como la conocemos a través de sus otras declaraciones. Tanto salta a la vista, que es admitida sin reticencias hasta por los representantes de la interpretación mencionada. Baste un par de ejemplos. W. Kümmel, uno de los propiciadores de esta hipótesis hace constar: "No puede haber duda de que en Romanos 7:14 sgs. se le atribuye al hombre una coincidencia con la ley espiritual *que Pablo no reconoce en otras partes*".

P. Althaus admite: "Es cierto que *Pablo no ha hablado de esa manera del* νοῦς, *la "razón", en otra parte de sus epístolas.* Por el contrario, toda una serie de pasajes demuestra que el νοῦς o "el corazón" está incluido también en la perdición del hombre". Althaus se ve obligado a establecer una diferencia entre el espíritu con que Dios, por medio de su ley, pone en movimiento a todo hombre, por una parte, y el Espíritu Santo, dado solamente por Cristo, por la otra. Pero al mismo tiempo se ve obligado a admitir que Pablo: "no ha hablado expresamente en ninguna parte de aquella acción espiritual de Dios, sin la cual el hombre no sería tal". Según Althaus una de las tareas más urgentes de la teología contemporánea consiste en formular una doctrina de la actividad general del Espíritu.

Finalmente habla en contra de esa hipótesis el hecho de que recurra a explicaciones que están manifiestamente en pugna con lo que el texto dice claramente. También a este respecto podemos hallar ejemplos en Althaus quien asevera: "¿No es verdad que en un mismo corazón el gusto de lo bueno y el gusto de lo malo moran misteriosa y penosamente juntos?". "Pablo ha osado ver y describir al hombre en su contradicción. La imagen parece intolerablemente contradictoria: el hombre escucha la ley con gozo y con gozo hace lo malo". "La falta del hombre no consiste en *no* regocijarse en lo bueno, en *no* desearlo y quererlo, sino en afirmarlo, desearlo y quererlo —y en que a la vez ese mismo hombre *no* lo quiera y por tanto *no* lo haga; en que se deleite en la ley de Dios—, pero se sustraiga a ella y quisiera que no existiera —porque desea el mal".

Esto es lo que resulta cuando un exegeta de nuestros tiempos habla de la disgregación y el desgarramiento que caracterizan al hombre bajo la ley. Aquí todo está de acuerdo con el programa, ya que el hombre bajo la ley debe ser "el hombre en contradicción". Toda su existencia está dividida; dos almas, en pugna entre sí, moran en su pecho; quiere y no quiere hacer el bien; goza de lo bueno pero también tiene el gusto de lo malo. ¿Pero dónde dice Pablo algo acerca de esto? ¿Dónde ha dicho que el hombre del que aquí habla desee el mal? Aquí declara que lo odia. ¿Dónde dice Pablo que el hombre aquí descrito quiere y no quiere hacer el bien? Con toda energía afirma todo lo contrario. A través de todos estos versículos se manifiesta la idea de que la voluntad va dirigida en forma inequívoca hacia lo bueno. Lo que Pablo lamenta no es que la voluntad quiera simultáneamente alguna otra cosa, sino que no se traduzca en una acción correspondiente. Sólo dando por sentado que la voluntad se dirige decididamente hacia el bien puede decir que "se deleita en la ley". Únicamente porque no hace lo malo, sino que lo odia, Pablo puede asegurar: "Yo no soy quien hace aquello" (v. 17). Si existiera tal división de la voluntad como pretende Althaus, de modo que quisiera y a la vez no quisiera lo malo, Pablo no podría absolver en esta forma a su *yo* de la acción. Contra la sentencia de Althaus de que el hombre afirma, desea y quiere lo bueno, pero que a la vez también este mismo hombre *no* lo quiere y por lo tanto *no* lo hace, habla la sentencia de Pablo: "No hago el bien que quiero, sino el mal que no quiero, eso hago" (v. 19). Althaus parte de la presuposición de que si no hago lo bueno se debe a que no lo quiero hacer. Pablo, en cambio, se lamenta por el hecho de que aunque se quiera lo bueno, no se realiza. Según Althaus, el hombre de que aquí se trata, si bien se deleita en el mandamiento, desea al mismo tiempo que no existiera la ley, ya que tiene inclinación hacia el mal. Sin embargo Pablo no habla aquí de un hombre así, sino de uno que real e inequívocamente se goza en el bien y con la mente sirve a la ley de Dios (v. 25).

Lo expuesto basta para mostrar que es imposible interpretar 7:14-25 como una descripción del estado dividido del alma que caracteriza al hombre bajo la ley. Si en casi todos los versículos damos con tantas dificultades y excepciones como hemos visto, y si además para adecuar la interpretación hay que tomarse tantas libertades con lo que dice el texto, tenemos un indicio evidente de que la interpretación es errónea. Pues seguramente nadie sostendría que el texto, sin ser forzado, concuerde con la interpretación sugerida ni siquiera en forma aproximada.

El resultado, pues, es que el capítulo 7:14-25 *no se refiere a la vida precristiana*. Esto significa que ha llegado el momento de hacer un serio esfuerzo para buscar el lugar de este pasaje en el contexto de las ideas que Pablo desarrolla en los capítulos 5-8. El capítulo 7, lo mismo que los otros, versa acerca de la *vida cristiana*.

Inmediatamente surge la cuestión de si esto significa que aquí Pablo está describiendo el estado desgarrado y disonante del alma, que caracteriza a la vida cristiana. La respuesta a esta pregunta debe ser negativa porque la alternativa está mal formulada. No es el caso de que Pablo, movido por un interés antropológico o psicológico, describa aquí cierta vida anímica y que nuestra tarea sea simplemente determinar si se refiere al hombre converso o al inconverso. Debido a que se ha tornado habitual formular la cuestión en esta forma, ha quedado relegada a segundo plano una circunstancia esencial, a saber, que Pablo está empeñado en solucionar una cuestión perfectamente determinada, la cuestión de la posición y la significación de *la ley*. En lugar de ello se ha creído que Pablo está presentando aquí un cuadro general de la experiencia común, cristiana o precristiana. Ahora bien: si es cierto que lo que Pablo afirma aquí se refiere a la vida cristiana,debemos insistir con toda energía en que, según él, de ninguna manera la vida anímica cristiana se caracteriza por la división y la falta de armonía. Como hemos visto, la idea de una voluntad dividida, o sea, de que el hombre quiere y no quiere el bien, se deleita en lo bueno y también en lo malo —no corresponde a Pablo, sino que se trata de una interpretación errónea de sus palabras.

Pero cuando hemos rechazado así la afirmación desorientadora referente a la división y falta de armonía de la vida cristiana, debemos apresurarnos a agregar que esa posición ha tenido la vislumbre de cierta verdad, aunque no la ha captado cabalmente. Porque no cabe duda de que Pablo tiene en mente cierta dualidad en la vida cristiana. Pero, no piensa en una voluntad dividida o en una discordia del alma, sino de la tensión existente en la vida del cristiano entre voluntad y acción, entre intención y realización. Con *este* dualismo en la vida cristiana Pablo está bien familiarizado, ya que es una expresión de la doble posición del cristiano participante en el nuevo eón mientras, al mismo tiempo, está en el antiguo eón. Hemos visto antes —en el capítulo 6— que esta doble posición influye en la relación del cristiano con el pecado. "En Cristo" está "libre del pecado", pero no por ello el pecado ha desaparecido de su vida. Aún vive "en la carne" y en ésta el pecado tiene su punto de contacto. El cristiano no es sólo un miembro "en Cristo" sino que sigue siendo también un miembro "en Adán"; por tanto su vida es una lucha continua contra el pecado. La situación es la misma aquí, cuando Pablo piensa en la posición del cristiano frente a la ley, donde se observa el mismo dualismo. Cuando finalmente el nuevo eón exista en toda su perfección no habrá más tensión entre el querer y el obrar. Pero mientras el cristiano viva no sólo "en Cristo", sino simultáneamente "en la carne", subsistirá esa tensión. Aun cuando esté latente en él la voluntad de hacer lo bueno, siempre fracasará en cuanto a la realización. Es ansia y oración del cristiano que se haga la voluntad de Dios. "Así en la tierra como en el cielo". Pero en todo su quehacer experimenta que la voluntad de Dios *no* se hace aquí en la tierra. "En el espíritu" consiente con la voluntad divina, mas a la vez advierte lo que significa seguir viviendo "en la carne". "La carne" ejerce su efecto haciendo que la voluntad no se transforme en la acción correspondiente. "Porque no hago el bien que quiero, sino el mal que no quiero, eso hago" (v. 19).

Algunos han reaccionado contra la idea de que en la vida cristiana la carne siga teniendo tamaño poder como para impedir que la voluntad se traduzca en la correspondiente acción. Este es uno de los motivos que explican por qué muchos han preferido interpretar estas palabras de Pablo con referencia a la vida precristiana en lugar de la cristiana. Se acepta como indudable que el no creyente carece de fuerza para realizar el bien que desea; pero es imposible que Pablo haya querido decir que en el caso del cristiano —que ha recibido "el Espíritu"— la "carne" pueda ser un estorbo para su voluntad de hacer el bien. Tal aseveración no hace más que demostrar cuan lejos está tal concepto del pensamiento del apóstol. Pues precisamente es esto lo que afirma del cristiano y no sólo en este lugar, sino también, por ejemplo, en Gal. 5:17, donde sin duda se refiere al cristiano. Dice allí: "Porque el deseo de la carne es contra el Espíritu, y el del Espíritu es contra la carne; *y éstos se oponen entre sí, para que no hagáis lo que quisiereis*." Si Pablo habla así del cristiano en la epístola a los Gálatas, ¿por qué no puede decir lo mismo en Rom. 7:14-25?

Pero aun algunos que se han dado cuenta de que aquí se trata en efecto del cristiano, a menudo han creído que Pablo recurre a tintes demasiado sombríos. Por esto se ha afirmado que lo que Pablo dice aquí no vale para la *verdadera* vida cristiana, ya que en ella el poder del Espíritu es mucho mayor. Aun cuando Pablo habla aquí de la vida cristiana, objetan, debe haberlo hecho "prescindiendo del Espíritu de Dios como fuerza de liberación sobrenatural a la cual tiene acceso el renacido en su comunidad vital con Cristo. En otras palabras: al describir al renacido, lo hace tan sólo considerando la posición del mismo en forma meramente subjetiva, es decir, se refiere al hecho de que ha recibido una nueva dirección para encauzar la voluntad; una dirección que concuerda con la ley... El apóstol se detiene en lo que el cristiano es y puede hacer con su nueva voluntad, como si, por decirlo así, estuviera librado a sí mismo, aislado de la influencia del Espíritu y puesto bajo las exigencias de la ley." (S. Odland). Luego, según esta concepción Pablo ha procedido a hacer una abstracción, no considerando al cristiano dentro de su situación real; ha prescindido de lo que es característico para el cristiano, a saber, del hecho de que ha recibido el Espíritu. Se pretende que ha descrito al cristiano "como si, por decirlo así, estuviera librado a sí mismo". Sin embargo, lo característico del cristiano es precisamente el no estar "librado a sí mismo" y *no* estar "aislado de la influencia del Espíritu".

No, no es Pablo, sino sus intérpretes los que han intentado una abstracción, al partir de una presuposición sobre el significado de la vida cristiana. Partiendo del hecho de que el cristiano ha recibido el Espíritu, llegan a la conclusión de que "la carne" ya no tiene importancia y así describe la vida cristiana sin tomar en cuenta sus condiciones reales. Es cierto que Pablo habla aquí del cristiano, pero no de un modo abstracto; habla muy concretamente de la situación real del cristiano en medio de este eón. "El cristiano —en este eón": esto encierra la tensión y el dualismo de la posición del cristiano. Como cristiano pertenece al nuevo eón y vive su vida "en Cristo"; pero como ser correspondiente al eón antiguo vive todavía "en la carne". Este dualismo no se encuentra sólo en el capítulo 7, aunque es allí donde más se ha observado y con mayor frecuencia ha dado lugar a protestas. También lo encontramos en los capítulos 6 y 8. El paralelismo entre los tres capítulos puede ser resumido en el siguiente esquema:

cap. 6: *Somos libres del pecado* - y no obstante debemos luchar contra él;

cap. 7: *Somos libres de la ley* - y sin embargo no podemos llegar a ser justos según su criterio;

cap. 8: *Somos libres de la muerte* - y no obstante gemimos por la redención de nuestro cuerpo.

Únicamente si en cada caso se consideran ambos miembros puede trazarse una imagen auténtica, real de la vida cristiana; pues está condicionada por el hecho de que el cristiano pertenece tanto al eón nuevo como al antiguo. Una vez más se ve la fecundidad de la teoría de los eones que convierte en miembro orgánico de un curso de ideas consecuentemente desarrollado a la "roca errática" —que según otras explicaciones representaba el capítulo 7, pues si se lo interpreta como referencia al *no-cristiano*, queda intercalado en un ambiente ajeno que se ocupa mayormente de la vida *cristiana*. Con ello se han eliminado todas las dificultades de las interpretaciones que en 7:14-25 pretendían ver una descripción de la vida cristiana; porque el dualismo que aquí encontramos deja de ser un problema en el instante en que se descubre que no en la expresión de un alma dividida y falta de armonía —tal estado es completamente ajeno a la vida cristiana— sino de la doble situación del cristiano determinada por su existencia en los dos eones.

El resultado de esta exposición puede resumirse en los puntos siguientes:

1) 7:14-25 trata de *la vida cristiana*. Es pues una parte orgánica del concepto inclusivo que se expresa en los capítulos 5-8 y en conjunto versa sobre el sentido de la vida cristiana ($\zeta\acute{\eta}\sigma\epsilon\tau\alpha\iota$ —$\dot{\epsilon}\nu$ Χριστῷ.)

2) Habla de la posición de *la ley* en la existencia cristiana. Esta posición es en general negativa en cuanto tampoco el cristiano puede llegar a la justicia por medio de la ley. Es por un camino completamente distinto que logra una participación en la justicia de Dios. Está *libre de la ley*. De este modo este pasaje encuadra en el contexto del capítulo 7 que tiene por tema y título precisamente esta frase: "libres de la ley" ($\dot{\epsilon}\lambda\epsilon\acute{\upsilon}\zeta\epsilon\rho o\varsigma$ ἀπὸ τοῦ νόμου).

3) La razón de la impotencia de la ley es el hecho de que el cristiano aunque por Cristo pertenezca a la era nueva, vive aún en el eón antiguo, "en la carne". La impotencia de la ley se remonta al conflicto entre πνεῦμα y σάρξ.

Aquí tenemos la clave del capítulo 7:14-25. Desde este punto de partida este pasaje ya no ofrece dificultad alguna. Ya hemos tratado también su significado general en una u otra relación. En consecuencia, podemos ser bastante breves en la exposición siguiente.

¿En qué reside la impotencia de la ley para producir lo bueno? Pablo contesta: el hombre al que la ley se dirige, es *carnal*. "Sabemos que la ley es espiritual, mas yo soy carnal vendido al pecado" (v. 14). Aquí enfrentamos directamente el contraste entre "espíritu" y "carne", entre πνεῦμα y σάρξ. A primera vista tal vez nos sorprenda que Pablo haya repartido los papeles entre ellos tal como lo hace. La ley es llamada "espiritual" (πνευματικός); en cambio el hombre, esto es, el hombre cristiano, es denominado "carnal" (σάρκινος). ¿No habría sido natural esperar precisamente lo contrario? La ley, con todas sus obras, pertenece al eón antiguo (5:20) que se caracteriza por el hecho mismo de no ser espiritual, sino carnal. Pero, según Pablo, el hombre cristiano es espiritual (8:9; cf. Gal. 6:1). ¿No habría sido más natural, por consiguiente, basar la libertad del cristiano de la ley, en el hecho de que, como hombre espiritual está por encima de la ley que pertenece exclusivamente al eón antiguo? En efecto esto es lo que en todas las épocas han aducido los gnósticos y "estusistas" para demostrar que la ley no tiene importancia para el cristiano. Por consiguiente resulta sobremanera interesante observar que en este lugar Pablo afirma todo lo contrario.

El cristiano no tiene derecho a "pasar por alto la ley". No es "libre de la ley" en ese sentido. Es cierto que la ley pertenece al eón antiguo y allí debe cumplir su propósito; pero eso no quiere decir que la ley en sí sea carnal. No debe olvidarse que se trata de "la ley de Dios". Ha sido dada por Dios y es la expresión de su santa voluntad. En consecuencia, es realmente *espiritual*. Como palabra de Dios, es viviente y vigorosa, y de acuerdo con su naturaleza espiritual debería ser eficaz para vida. Pablo acaba de decir que "el mandamiento era para vida" (v. 10). Pero la ley confronta a una humanidad "carnal", "vendida al pecado". Esto le quita toda su fuerza, de modo que no puede obrar para el bien. Hemos visto antes que la ley es realmente una fuerza, una δύναμις; pero el encuentro con el pecado tiene por consecuencia que se transforme en poder de perdición. Este es el único poder que ahora posee la ley; porque en el encuentro con el hombre carnal ha perdido la facultad de producir lo bueno y de conducir a la justicia. Pablo insiste en que no se debe buscar el defecto en la ley. "La ley es santa, y el mandamiento santo, justo y bueno", dice en el versículo 12. Y ahora agrega que "la ley es espiritual". Precisamente cuando anuncia el poder que la ley posee para originar lo malo y aumentarlo, y su impotencia para conducir a la justicia y a la vida, y cuando clama que el cristiano es totalmente "libre de la ley", se niega a permitir que sombra alguna oscurezca la ley. La razón de que la ley se convierta en un poder pernicioso y en una débil sombra incapaz de realizar nada perfecto (cf. Hebr. 7:18-19; 10:1), reside en el hombre, en su pecado y en su concupiscencia "carnal". Y el cristiano no es una excepción. Es cierto que está en Cristo y que por ello es un hombre nuevo y espiritual; pero no ha dejado de ser hijo de Adán, hombre de carne y hueso, de naturaleza carnal. Es esto lo que despoja a la ley de su δύναμις para originar lo bueno. En 8:3, Pablo vuelve a este pensamiento y afirma que la impotencia de la ley (τὸ ἀδύνατον τοῦ νόμου) se debía al hecho de que "era débil por la carne".

Es de importancia observar que Pablo, al hablar de la naturaleza carnal del cristiano, emplea la voz σάρκινος en lugar de σαρκικός. Porque el cristiano ya no es "carnal" en el sentido de que tenga "intenciones carnales". Más bien es "carnal" en el sentido de que sigue viviendo en la carne (ἐν σαρκί) y participa de todas las condiciones de la misma. Esto queda expresado con el vocablo σάρκινος. El pecado es una realidad cada vez más definida en su vida. Junto con todo el género humano está "vendido al pecado". Aun cuando gracias a Cristo ha llegado a ser "libre del pecado" de modo que éste ya no es su dueño, permanece bajo las condiciones del pecado mientras dure esta vida. Pertenece a una sociedad humana caracterizada por el pecado; existe como pecador entre pecadores, y no como santo sin pecado entre pecadores.

Esto es lo enigmático de la vida cristiana: por una parte el cristiano es "libre del pecado"; por la otra, está sujeto a las condiciones del pecado. No tiene carácter carnal, y sin embargo la carne imprime su sello a todo lo que hace. Tal carácter enigmático está ausente de la vida humana común. En ella reina una concordancia natural entre voluntad y acción. El hombre natural tiene un carácter "carnal" y conforme a ello sus obras también son "carnales". Por tal motivo puede pasar del querer al hacer sin vacilaciones, con la convicción de que si de veras uno se propone algo, puede realizarlo. Pero del cristiano dice Pablo: "Lo que hago, no lo entiendo, pues no hago lo que quiero, sino lo que aborrezco, eso hago" (v. 15). El cristiano experimenta siempre que la voluntad de Dios, que en lo más íntimo de su ser quisiera ver realizada, no es ejecutada debidamente aquí en la Tierra, ni aun en sus propia conducta. Cuando el cristiano contempla sus obras y lo que de ellas resulta efectivamente aquí en la Tierra, no puede menos que confesar que no era eso lo que quería. Deseaba que se hiciera la voluntad de Dios "así en la Tierra como en el Cielo", pero en lugar de ello, todo sigue como antes aquí en la Tierra y su obra no es más que otro eslabón en una vida humana —demasiado humana; es carnal y pecaminosa. En el versículo 18 Pablo señala la causa de este hecho de la siguiente manera: "Yo sé que en mí, esto es, en mi carne, no mora el bien". El carácter carnal inseparable de toda acción humana, incluso la del cristiano, es la causa de que la obra jamás corresponda a la voluntad. "El querer el bien está en mí, pero no el hacerlo. Porque no hago el bien que quiero, sino el mal que no quiero, eso hago" (vrs. 18, 19).

¿Qué significa esto para la posición del cristiano frente a la ley? Equivale al reconocimiento de que la ley tiene razón. "Sí lo que no quiero, esto hago, apruebo que la ley es buena" (v. 16). En lo más íntimo de mi ser en mi voluntad concuerdo con la ley. Pero se puede seguir preguntando ¿qué significa esto para mi propio yo? También a esta pregunta Pablo da la respuesta: "De manera que ya no soy yo quien hace aquello, sino el pecado que mora en mí (v. 17). En el versículo 20 se repite el mismo pensamiento con palabras casi idénticas. Este es uno de los lugares que indica con máxima claridad que Pablo está hablando del cristiano. En la vida no-cristiana no admite tal diferencia entre el yo y el pecado inherente. Es significativo que emplea aquí el término οὐκέτι, "ya no". Antes el hombre participaba en el pecado con su voluntad y corazón; su yo se solidarizaba con el pecado. Pero ahora *ya no* es así. "Ya no lo hago yo, sino el pecado que mora en mí". En la lucha entre la voluntad de Dios expresada en la ley y el pecado, se coloca el yo al lado de la ley. Sin embargo el hombre no puede absolverse de la participación en el pecado, puesto que éste no lo visita como una fuerza exterior; por el contrario, tiene que confesar que el pecado mora en él, presente en su naturaleza carnal.

Esta es la posición del cristiano en este eón: tiene voluntad para hacer el bien, pero el mal existe en él. De acuerdo con su ser interior se deleita en la ley de Dios, pero en la existencia real en que se encuentra, ocurre el pecado (vrs. 21-23). En su mente sirve a la ley de Dios, pero ya que sigue estando en el eón antiguo, queda sujeto dentro de una gran relación legal donde "con la carne sirve a la ley del pecado" (v. 25). Es miembro del σῶμα Χριστοῦ "el cuerpo de Cristo", pero en vista de que vive todavía en la carne,es al mismo tiempo miembro del cuerpo de la humanidad natural sujeta al pecado y a la muerte. Es esta duplicidad la que arranca a Pablo la exclamación tan discutida y a menudo mal interpretada: ταλαίπωρος ἐγὼ ἄνθρωπος τίς με ρύσεται ἐκ τοῦ σώματος τοῦ θανάτου τούτου: "¡Miserable de mí! ¿Quién me liberará de este cuerpo de muerte?" (v. 24). El sentido de esta exclamación es evidente: mientras que dure esta vida, persiste también la tensión entre el eón antiguo y el nuevo, entre la mente y los miembros del cristiano. Mientras sigue viviendo "en la carne", siendo por lo tanto miembro en el cuerpo de muerte que es la humanidad bajo su cabeza, Adán, subsiste también la tensión entre el ser "en Cristo" y el existir, "en la carne". Cuando esta exclamación es interpretada en su sentido verdadero, desaparece todo asomo de declamación teatral. Aquí sólo se da expresión a lo que todo cristiano ha de sentir en este conflicto entre los dos eones. Mientras es su ferviente deseo y su oración que se haga la voluntad de Dios "así en la tierra como en el cielo" tiene que advertir, en cambio, que el mal habita aquí en la tierra. ¿No debería extenderse en esperanza hacia el tiempo "cuando esto corruptible se vista de incorrupción y esto mortal se vista de inmortalidad" (1 Cor. 15:54) ?

Sin embargo, en esta exclamación no hay nada de desesperación ni de desaliento. Por eso Pablo pasa en seguida a una acción de gracias: "Gracias doy a Dios, por Jesucristo, Señor nuestro" (v. 25). Pablo ha llegado al punto final de su exposición acerca de la libertad de la ley del cristiano; aquí, como en otros lugares, afirma que la poseemos "por Jesucristo, Señor nuestro". Por él la victoria ya se ha alcanzado. Por él podemos esperar con plena confianza el día de la redención definitiva.

Para terminar, algunas palabras acerca de la tarea que el capítulo 7:14-25 ha de desempeñar en el contexto.

En lo que antecede Pablo ha demostrado que el cristiano es "libre de la ley". Esto está completamente en línea con el principal curso de ideas de la epístola. Uno no llega a ser justo ante Dios por medio de la ley. La tarea de la ley no es la de justificar y dar vida. Ella demuestra al hombre su pecado y lo acrecienta; tapa toda boca y hace que todo el mundo sea culpable ante

Dios. Cuando Dios justifica al hombre y le da vida, no es la ley la que obra, sino algo completamente distinto.

Aquí se trata exclusivamente de la obra de Dios en Cristo. El cristiano es libre de la ley ante todo en el sentido de que ha sido enteramente justificado sin la cooperación de la ley.

Así se origina la vida cristiana. Pero una vez que existe, la situación aparece completamente transformada. Cualquiera que haya seguido la exposición antecedente de Pablo ve inmediatamente que el hombre abandonado a sí mismo no puede cumplir con las exigencias de la ley; de modo que de esa manera no puede llegar a ser justo. Pero una vez que ha llegado a ser justo por Cristo, ¿no sé le han abierto nuevas posibilidades? Esto es precisamente lo característico para el cristiano: que nunca está abandonado a sí mismo. Vive su vida "en Cristo" y de esta comunión con él emanan nuevas fuerzas. ¿No se puede decir entonces que Cristo le da fuerzas para guardar la ley, de modo que también en este sentido real puede ser justo ante Dios?

Hablar así del poder del cristiano para cumplir la ley y ser justo ante Dios, no significa otra cosa que volver a introducir por una puerta trasera a la ley como medio de salvación. Aquí el pasaje de 7:14-25 tiene la tarea importante de demostrar que en ninguna circunstancia la ley puede ser una vía salvífica, *ni aun para el cristiano*. Si fuera juzgado por la ley, estaría perdido. "Porque por las obras de la ley ninguna carne se justifica ante él". Por la ley no llega a ser justo hombre alguno; tampoco el cristiano. "*La justicia que tiene en su vida nueva no es la justicia de la ley*". Sólo cuando entendemos esto vemos en qué sentido fundamental el cristiano es libre de la ley. Cristo es nuestra justicia, no en el sentido de que nos dé fuerza para guardar la ley a fin de que por el hecho de guardarla, lleguemos a ser justos. Si así fuera, no habría ninguna diferencia fundamental entre la justicia de la ley y la de la fe, entre δικαιοσύνη ἐκ νόμου y δικαιοσύνη ἐκ πίστεως. Este pasaje de 7:14-25 excluye cualquier idea de esta índole. Las obras del cristiano en este eón no representan una base para su justicia. Pero esto precisamente hace resaltar más la imponente grandeza del evangelio. El evangelio no es tan sólo un medio para establecer la justicia de la ley. El evangelio de Cristo es *la justicia misma de Dios*. "Estar en Cristo" es justicia plena y completa; es decir ser justificados sin la ley, estar sin reservas "libres de la ley".

4 | LIBRES DE LA MUERTE
8:1-39

Sobre el eón antiguo cae la oscura sombra de la muerte. La idea de la muerte ha empañado también toda la exposición de Pablo en los capítulos 5-7, donde ha mostrado que el cristiano es libre de los poderes de perdición que reinan en el eón antiguo. Si bien estos capítulos versaban con preferencia sobre la ira, el pecado y la ley, la idea de la muerte acechaba permanentemente en el fondo. En general, no es posible trazar una neta línea divisoria entre los distintos poderes de destrucción. Forman una unidad; donde está uno, están también los otros. Esta omnipresencia vale sobre todo respecto a la muerte, el "postrer enemigo", la potestad perniciosa que incluye todas las otras. Así hemos visto en el capítulo 5 cómo Pablo amplía la exposición sobre la libertad del cristiano de la ira, hasta convertirla en la contemplación del contraste entre el poder de la muerte y el de la vida. Y en el capítulo 6, donde el tema central es la libertad del cristiano del pecado, muestra que el servicio del pecado termina finalmente en la muerte (δοῦλοι ἁμαρτίας εἰς θανάτον, v. 16; τὸ τέλος ἐκείνων θάνατος, v. 21; τὰ ὀφώνια τῆς ἁμαρτίας θάνατος, v. 23). En cuanto al capítulo 7, que trata primordialmente de la libertad del cristiano de la ley, la exposición culmina también con una palabra acerca de la muerte, "este cuerpo de muerte" (7:24). Esta cuestión que durante todo el tiempo acompañaba a las demás, aunque en segundo plano, ahora, en el capítulo 8, es tratada en forma independiente. Con ello el pensamiento de Pablo vuelve a su punto de partida de 5:12-21. Sólo en el capítulo 8 el razonamiento allí iniciado acerca de Adán y Cristo llega a su conclusión.

En lo que antecede se ha destacado en algunos lugares (pág. 27 y sgs., 179 y sgs.) que la dificultad de entender a Pablo se debe en gran parte a que estamos ligados a un esquema de pensar completamente distinto al de Pablo. Estamos acostumbrados a pensar en categorías individualistas y atomísticas. Partimos del hecho de que somos individuos, personalidades aisladas que vivimos en proximidad a otras. Cuando Pablo habla de Adán y de Cristo como de realidades presentes que para nosotros tienen significación real, surge la pregunta: ¿Cómo puede tener significación actual para nosotros Adán, un individuo que según Pablo vivió al comienzo del género humano? ¿Y cómo puede tenerla Cristo, ese individuo que vivió hace más de 1.900 años? Tal vez busquemos una explicación psicológica diciendo que por su pecado Adán se convirtió en un mal ejemplo para sus descendientes: ya que Cristo, por su santidad es un ejemplo sugestivo para los que creen en él. Pablo piensa de un modo completamente distinto. Para él, Adán figura al principio de la historia de la humanidad, no como un individuo aislado, sino como cabeza del género humano, como cabeza de toda la vieja humanidad. Y así como "en Adán" todos estamos sujetos a la *muerte*, ahora *vivimos* "en Cristo", porque él es la cabeza de la nueva humanidad.

A fin de evitar un individualismo que evidentemente hace imposible una recta comprensión del pensamiento paulino, algunos han echado mano a la idea de un "colectivismo". Se sostiene que Pablo no piensa en individuos, sino en una colectividad. Pero tampoco con esto se avanza mucho, puesto que también la colectividad se concibe a la luz de un punto de partida individualista. Para un pensamiento así orientado la colectividad es considerada simplemente como una suma de individuos. Partiendo de alternativas sociológicas como "individuo o colectividad" no nos llegaremos a lo que Pablo tiene en mente. La única manera de entenderlo es tomar en serio tanto la idea del *cuerpo del pecado y de la muerte*, en el cual somos miembros por naturaleza ("en Adán"),como el *cuerpo de Cristo* al que estamos incorporados por la fe y el bautismo. Sólo así lograremos discernir lo que Pablo tiene en mente en el capítulo 8 al hablar de *la muerte*, puesto que también esto ha quedado en sumo grado oscurecido por la consideración individualista. Para Pablo no es tan sólo un acontecimiento que corta la vida del individuo, sino un poder universal que reina sobre la vida humana, un soberano omnipotente al cual está sometido todo cuanto pertenece al hombre.

En el libro del Génesis Pablo había leído que la transgresión conduciría a la muerte: "El día que de él comieres, *ciertamente* morirás" (Gen. 2:17). Este es el destino de la humanidad "en Adán". Pero ahora la muerte ha encontrado su vencedor en Cristo. En él se encuentra la antítesis de la transgresión, a saber, la "justicia de Dios", y ésta da fruto para vida. Por esta razón se dice del que vive "en Cristo", del justo por la fe, que *vivirá*. Aquí la "vida", en su sentido más profundo se enfrenta con la *muerte*. Aquellos que antes habían sido por toda la vida siervos de la muerte, han sido liberados por Cristo de ese terrible señor y conducidos hacia la vida (cf. Hebr. 2:15). Vemos, pues, cómo en el capítulo 8, Pablo llega a la conclusión suprema de su tema: el cristiano —es decir el justo por la fe— *vivirá*. Describe la vida cristiana no sólo como libertad de la ira, del pecado y de la ley, sino que también agrega que el cristiano es *"libre de la muerte"*.

Es importante notar el paralelo entre el pensamiento de Pablo en el capítulo 8, y su exposición de los tres capítulos anteriores. Podría parecemos que dicho paralelismo es relativamente externo; sin embargo, merece ser tomado en cuenta como indicación de la estrecha relación del pensamiento en la segunda parte de nuestra epístola.

Ya en el comienzo el paralelo es completo. En cada uno de estos cuatro capítulos el tema es la libertad del cristiano; cada vez desde un punto de vista especial y relacionado con un determinado poder de perdición. En cada ocasión Pablo señala algo peculiar mediante lo cual se ha producido esta liberación:

1) El cristiano es libre de la ira. Como causa de esta liberación señala Pablo el *amor de* Dios en Cristo (cap. 5).

2) El cristiano es libre del *pecado*. En esta relación Pablo menciona *el bautismo* por el cual fuimos incorporados al "cuerpo de Cristo" a fin de que quede destruido "el cuerpo de muerte".

3) El cristiano es libre de *la ley*. Pablo indica la muerte de Cristo; por el "cuerpo de Cristo" hemos muerto a la ley (cap. 7).

4) El cristiano es libre de *la muerte*. Pablo nos remite aquí al espíritu, al πνεῦμα; el espíritu de Cristo es el poder que vivifica (cap. 8). Tal paralelismo no es solamente casual y exterior, sino la evidencia del hecho de que

el tema de los cuatro capítulos es uno y el mismo. De la misma manera en que los diferentes poderes de perdición están inseparablemente entrelazados entre sí y en verdad no son sino expresiones de una misma realidad que devasta la vida humana, así también las cosas que señala como superación de estos poderes no son más que expresiones distintas de una misma realidad redentora. Que el amor de Dios se haya manifestado en la muerte de Cristo; que por el bautismo hayamos sido incorporados en el "cuerpo de Cristo", en la comunión de su muerte y su vida y que nos haya sido dado el espíritu de Cristo como poder que da vida a los muertos —todo es fundamentalmente una misma cosa—. Sólo se trata de distintas maneras de expresar lo que hizo Dios al darnos a Cristo como "justicia que es de Dios". El modo más sencillo de demostrar este paralelismo es yuxtaponer los títulos en que hemos resumido las introducciones de los diferentes capítulos:

"Liberados de la ira de Dios por el amor de Dios" (5:1-11).

"Libres del pecado por el bautismo" (6:1-14).

"Muertos al pecado por Cristo" (7:1-6).

A esto añadimos ahora:

"Libres de la muerte por el Espíritu" (8:1-11). Pero este paralelismo de las introducciones, domina todas las exposiciones que les siguen. Aunque la expresión "libres de" pueda parecer negativa, para Pablo la libertad del cristiano tiene un carácter positivo. Así como en el capítulo 6 dice: "Libres de pecado para vivir a la justicia", ahora dice: "Libres de la muerte, para pertenecer a la vida" (8:12-17).

Además volvemos a encontrar aquí el tantas veces mencionado dualismo que existe en la vida cristiana y que es consecuencia de su relación con los dos eones. Si en el capítulo 6 se dice que el cristiano es "libre del pecado", eso no significa que ya nada tenga que ver con el pecado ni tampoco que ya no deba combatirlo; por él contrario, por el hecho mismo de haber sido libertado de la esclavitud del pecado, el cristiano no debe permanecer a su servicio; precisamente por pertenecer al nuevo eón, su nueva vida mientras viva en la carne, en el antiguo eón, ha de ser continua lucha contra el pecado. Y si en el capítulo 7 se afirma que el que está en Cristo es "libre de la ley", ello no quiere decir que haya "terminado" con la ley —por así decirlo— de modo que ya no tenga que preocuparse de ella, o que ahora la cumpla de tal manera que pueda llegar a ser justo por medio de ella. Desde el punto de vista de la ley el cristiano sigue siendo pecador mientras que dure este eón. Al mismo tiempo que por Cristo es partícipe de la justicia "que es de Dios" y con ello ha sido introducido en el eón nuevo, sigue permaneciendo, sin embargo, en el antiguo eón. Este dualismo que Pablo ve en la vida cristiana ha sido expresado en esta fórmula notable: el cristiano es *simul Justus et peccator*; justo y pecador al mismo tiempo. Y ahora el capítulo 8 subraya este dualismo en su esfera. El cristiano es "libre de la muerte". Le ha sido dado el Espíritu que vivifica. Pero mientras que el cristiano viva en este eón, sigue estando sujeto a las condiciones de la muerte, si bien con la perspectiva de la vida eterna. Por ello Pablo —precisamente en el pasaje donde habla de la libertad del cristiano de la muerte— habla de las penurias del presente eón y de la gloria del futuro (8:18-30). Y concluye el capítulo y con ello la segunda parte de la carta con el himno del amor divino demostrado en Cristo, del cual no nos puede separar poder alguno (8:31-39). El amor de Dios en Cristo con que comenzara el capítulo 5, será también la última palabra de Pablo en esta relación. En consecuencia, el curso del pensamiento en el capítulo 8 queda dividido en las siguientes partes: (1) Libres de la muerte por medio del espíritu (1-11); (2) Libres de la muerte para pertenecer a la vida (12-17); (3) Los sufrimientos de este eón y la gloria del eón futuro (18-30). Conclusión: el amor de Dios en Cristo (31-39).

1. Libres de la muerte por medio del espíritu 8:1-11

En relación directa con lo que acaba de afirmar en el capítulo 7 sobre la posición del cristiano frente a la ley, Pablo continúa: Ninguna condenación hay para los que están en Cristo Jesús (v. 1). Lo que podría condenarlos, sería la ley. "Por las obras de la ley ningún ser humano será justificado delante de él". Estas palabras de 3:20 han sido corroboradas de muchas maneras por la exposición del capítulo 7. Especialmente se ha aclarado que tampoco el cristiano puede justificarse por medio de la ley. Ante ella todos los hombres son pecadores. Desde el punto de vista de la ley no hay diferencias entre el hombre natural, que es simplemente pecador, y el cristiano que es *simul Justus et peccator*, —tanto justo como pecador—, puesto que también el cristiano es pecador y la justicia que posee no es "la justicia de la ley" sino "la justicia de la fe"; no δικαισύνη ἐκ νόμου sino δικαισύνη ἐκ πίστεως. Ante la ley, el cristiano no tiene justicia que pudiera invocar. Si se le juzgase de acuerdo con lo que él mismo representa en su posición natural o conforme a lo que él mismo ha podido llevar a cabo con ayuda de la fe, el resultado sería que en ningún caso se justificaría, sino que sería condenado —condenado por la ley—. Pero ahora, a pesar de ello Pablo puede decir que para el cristiano no hay condenación. ¿Por que no? La causa ha sido señalada en el capítulo anterior: el cristiano es "libre de la ley". No espera su justificación de la ley; y por lo tanto, no tiene por qué temer que la ley lo condene. Está "en Cristo" y esto significa que se encuentra fuera de la jurisdicción de la ley —no es condenado ni justificado por ella. Nada tiene que esperar ni que temer de ella. Para él queda completamente eliminada por lo que hace a la justificación, la libertad de la ira de Dios y la condenación. Por la muerte de Cristo, o como se dice en 7:4: por el "cuerpo de Cristo", el cristiano ha muerto a la ley y ya no vive por sí mismo. Cristo mora en él (Rom. 8:10; Gal. 2:19, 20) y él vive "en Cristo". Con ello la situación ha cambiado por completo. Ya no hay condenación, porque el "estar en Cristo" es justificación perfecta.

Ya antes en esta carta ha mencionado Pablo la condenación. En 5:16, 18, donde opuso la "condenación" causada por Adán a la "justificación" ocasionada por Cristo, llamando esta última "justificación de vida" δικαίωσις ζωῆς. Reanuda ahora el mismo pensamiento: "la justificación de Vida" que poseemos "en Cristo" excluye a la vez todo cuanto se llame condenación y muerte. Para el cristiano, estos poderes han sido destituidos.

¿Qué significa, pues, "estar en Cristo"? Pablo ha dado la respuesta en los tres capítulos anteriores y sigue dándola ahora. Estar "en Cristo" significa ser libre de la ira y del pecado, de la ley y la muerte. Todo esto lo reúne Pablo en los primeros dos versículos de este capítulo. En el versículo 1 afirma que no hay condenación para los que están en Cristo —la "condenación" aquí mencionada es sólo una palabra distinta para designar la ira— y en el versículo 2 menciona el pecado, la ley y la muerte como los poderes de los cuales ha sido libertado por la vida en Cristo. En este lugar Pablo confronta dos leyes u órdenes distintos. Porque vivir "en Cristo" significa haber llegado a estar bajo "la ley del espíritu" y esto implica ser libres de la "ley del pecado y de la muerte".

Aquí una ley se enfrenta con la otra. Gracias a ello el término "ley" adquiere un matiz fuera de lo común. No se trata aquí de una ley de la misma índole que aquella de la cual hemos quedado libres, sino de una ley en el sentido general de un nuevo orden.

Esta nueva ley u orden bajo el cual hemos sido puestos por Cristo, se define más concretamente en tres formas:

1) Es la "ley del *Espíritu*". Quien cree en Cristo ha recibido el Espíritu de Dios y de Cristo. El Espíritu mora en él (Rom. 5:5; 8:9, 11; 1 Cor. 3:16; Gal. 4:6) y es ahora el impulso interior de su vida (Rom. 8:14; Gal. 5:18). El Espíritu es la esfera de toda su vida nueva "en Cristo". El cristiano "vive en el Espíritu" y "anda por el Espíritu" (Gal. 5:25). Su vida humana común es una existencia ἐν σαρκί, "en la carne", mientras que por su vida interior vive según "el Espíritu", ἐν πνεύματι. El Espíritu es el que da carácter a su vida y a la vez es para él una prenda de la gloria venidera (2 Cor. 1:22).

2) Es la ley de la *vida*. Mientras en el eón antiguo reina la muerte, la vida impera en el nuevo eón sobre aquellos que "están en Cristo". El espíritu y la vida forman una unidad completa, pues "el Espíritu es el que da vida" (Juan 6:63; 2 Cor. 3:6).

3) Es la ley u orden dado "en Cristo Jesús". Por la misma razón por la cual Pablo termina cada uno de los capítulos 5-8 con palabras más o menos parecidas, las inserta también aquí donde quiere presentar concisamente el nuevo estado. En una caracterización de este estado no se debe dejar de aclarar que no se trata de algo que ocurre automáticamente sino que nos es dado en "Cristo Jesús" y que sólo es una realidad para nosotros en cuanto estamos "en él".

Pablo resume todas estas determinaciones en una sola frase, uniendo genitivo con genitivo y añadiendo además atributivamente el término "en Cristo Jesús". De ese modo logra una formulación difícil de traducir directamente, pero que en su forma griega tiene un efecto singularísimo precisamente por la acumulación de determinativos: ὁ νόμος τοῦ πνεύματος τῆς ζωῆς ἐν Χριστῷ Ἰησοῦ.

Este nuevo orden ha reemplazado ahora al antiguo y por tanto "me ha librado de la ley, del pecado y de la muerte" (v. 2). Acerca de la libertad del pecado y de la ley, Pablo ha dicho suficiente en lo que antecede. Lo nuevo en esta relación es el término "libre de la muerte" ἐλεύθερος ἀπὸ τοῦ θανάτου. Este será el tema del capítulo 8.

En el capítulo 7 hemos oído hablar tanto del poder como de la impotencia de la ley. Tiene poder de matar, pero no de vivificar. Su poder es el de perdición y consiste en provocar el pecado, en aumentar su fuerza y convertirlo en algo extremadamente pecaminoso. Su impotencia se revela, en cambio, cuando se trata de superar el pecado y de originar el bien. Cuando Pablo vuelve ahora a referirse a la ley, no piensa ya en su poder, sino en su impotencia. Habla de τὸ ἀδύνατον τοῦ νόμου. Ahora bien: por lo que antecede sabemos cuál es la causa de su debilidad e impotencia. Si bien la ley es espiritual, el hombre a quien se dirige es de naturaleza carnal. Esto se aplica a todo lo que es humano. Por cierto, existe una diferencia decisiva entre el hombre natural, de mentalidad carnal (σαρκικός) y el cristiano que tiene mentalidad espiritual. Pero esta diferencia carece de importancia en esta relación, puesto que también el cristiano es hijo de Adán, de naturaleza carnal, aunque no de sentimientos carnales, σάρκινος, pero no σαρκικός.

Luego la ley queda totalmente descartada cuando se trata de superar el pecado. Esto se realizó χωρὶς νόμου, "sin la ley" (3:21), por la intervención de Dios. "Porque lo que era imposible para la ley, por cuanto era débil por la carne, Dios, enviando a su Hijo en semejanza de carne de pecado, y a causa del pecado, condenó al pecado en la carne" (v. 3). Por tanto Dios ya no se comunica aquí con la humanidad a través de la ley, sino por medio de su propio Hijo. Pablo emplea una expresión muy peculiar para describir el envío del Hijo al mundo. Dice que Dios lo envió "en semejanza de carne de pecado". Esta frase es por cierto extraña, pero bien fundamentada, como en seguida se verá. Pablo habría podido decir simplemente ἐν σαρκί, puesto que es de esto de lo que se trata: de la intervención de Dios, consistente en que el Hijo de Dios viniera "en la carne", de la encarnación del Hijo —de esto y de ninguna otra cosa. Pero Pablo no se conforma con hablar en términos tan generales de la "carne", sino que la caracteriza más exactamente como "carne de pecado". Pues sería precisamente en el *terreno del pecado* donde éste sería condenado por el hijo, vencido y privado de su poder. Por ello es esencial aclarar que en Cristo se trata realmente de σαρξ ἁμαρτίας, de "la carne de pecado".

Es de suma importancia para Pablo destacar que Cristo, al venir a este mundo, estuvo sometido a las mismas condiciones que nosotros y bajo los mismos poderes destructores que tenían esclavizado al hombre. El pecado, la ley y la muerte no le eran desconocidos. Estuvo bajo la ira cuando él mismo *fue hecho maldición* (Gal. 3:13) para redimirnos de ella. Estuvo bajo el pecado dado que "Al que no conoció pecado, Dios por nosotros lo *hizo pecado*, para que nosotros fuésemos hechos justicia de Dios en él" (2 Cor. 5:21). Estuvo bajo la ley porque "cuando vino el cumplimiento del tiempo, Dios envió a su Hijo, nacido de mujer y *nacido bajo la ley* para que redimiese a los que estaban bajo la ley" (Gal. 4:4-5) ; y en Hebr. 2:14 se dice cómo Dios lo puso bajo la muerte, a fin de que por su muerte le quitase la potestad a la muerte. Pablo habría podido decir lo mismo. Si en algún sentido Cristo no hubiera sido colocado en verdad bajo cualquiera de estos poderes de perdición, éste no habría sido privado totalmente de su derecho ni realmente condenado. Por ello Pablo quiere destacar todo lo posible que también Cristo estuvo realmente bajo el poder del pecado. De no ser así, todo sería un tanto irreal. Si Cristo hubiese estado sometido a la potestad de la ira, de la ley o de la muerte, pero no hubiera sentido todo el peso del pecado sobre él, habría estado libre de aquello que da su aguijón a la muerte convirtiéndola en soberana absoluta.

Pablo está firmemente convencido de que, de alguna manera, Cristo estuvo bajo el poder del pecado. Pero aquí surge una dificultad especial. Pues para él es igualmente evidente que el pecado no tenía parte en Cristo. Afirma de él que "no conoció el pecado" (2 Cor. 5:21). Por ello Pablo no puede emplear aquí la expresión absoluta σαρξ ἁμαρτίας, "carne pecaminosa", pues ello significaría que Cristo había estado sujeto a la potestad del pecado en calidad de pecador, al igual que nosotros. Pablo quiere acercarse en lo posible a ello, sin entrar en conflicto con su firme convicción de que

Cristo había estado libre de pecado. Llega al límite sin traspasarlo y dice ἐν ὀνοιώματι σαρκὸς ἁμαρτίας, "en semejanza de carne de pecado". En esta expresión no hay nada de docetismo. La naturaleza carnal de Cristo no era apariencia, sino realidad simple y manifiesta; compartía en todo nuestras condiciones y estaba sujeto a los mismos poderes de perdición que nosotros; y hasta surgían para él idénticas tentaciones de la "carne" que para nosotros. Pero en medio de todo esto se mostró superior al pecado. No sin razón se ha dicho que Pablo empleó un modo rebuscado de expresarse; pero tenía razones fundadas para elegir sus palabras con esmero. Pues aquí se trata de dos relaciones que aparentemente están en conflicto, pero en ninguna de las cuales debe ir demasiado lejos: por una parte, Cristo no tenía pecado; por la otra, estaba sujeto a las mismas condiciones y poderes que nosotros.

Cristo venció al pecado en su propio terreno, la carne, cuando él mismo vino en semejanza de carne pecaminosa. Con su muerte Dios venció al pecado y lo destituyó; pero con ello destronó también a la muerte, el poder que a raíz del pecado había ascendido al trono en el viejo eón, reinando en él con potestad ilimitada sobre la humanidad, débil en la carne. Pues estos dos, el pecado y la muerte, forman una unidad indisoluble: reinan juntos y caen juntos.

Así aconteció cuando Dios puso término al orden antiguo, a la "ley del pecado y de la muerte". Para los que están en Cristo todo lo viejo queda anulado; sobre ellos ya no tienen poder alguno ni la condenación (la ira), ni el pecado, ni la ley ni la muerte. Han sido colocados en un orden completamente nuevo. Queda abolida para ellos la vida en el antiguo eón caracterizada por ser una existencia en la carne y "según la carne". Han sido colocados por Cristo en el nuevo orden del espíritu. "Andan no conforme a la carne, sino conforme al Espíritu".

La finalidad del hecho de que Dios, por medio de Cristo, destituyera a las viejas potencias e introdujera un nuevo orden es señalada por Pablo con las siguientes palabras: "para que la justicia de la ley se cumpliese en nosotros; que no andamos conforme a la carne, sino conforme al espíritu" (v. 4). A menudo estas palabras han dado motivo a interpretaciones erróneas. Se ha afirmado que Pablo habla expresamente de que el creyente se transforma de tal manera que puede cumplir en sus obras todo cuanto la ley exige. ¿Y no es esto lo que se establece, además, como la meta de la obra de Cristo? Aquí figura la conjunción ἵνα, "*para* que la justicia de la ley se cumpliese en nosotros". Conforme a esta interpretación, la opinión de Pablo sería la siguiente: la ley establece lo que Dios exige de nosotros y únicamente mediante el cumplimiento de estas exigencias en todos sus puntos somos justificados ante Dios. Pero nadie *puede* por naturaleza cumplir de ese modo con los postulados de la ley; la debilidad de la carne lo hace imposible. En esta situación Dios acude en su ayuda. Le da a Cristo y le da el Espíritu. Con ello recibe la fuerza que antes le faltaba. Ahora, con las facultades otorgadas por Dios, puede cumplir con las exigencias de la ley. Así alcanza por fin la justicia. En consecuencia la relación entre la ley y el evangelio se concibe de la siguiente manera: la ley es la meta, y el evangelio es el medio para alcanzarla.

Sin embargo tal interpretación es completamente contraria a la concepción general de Pablo. Por el contrario, es precisamente esa posición la que él combate. Nunca ha considerado que el cometido del evangelio fuera hacer posible "la justicia de la ley". Esta última nunca deja de ser para Pablo, una expresión del falso camino de salvación. Y a ello también se puede añadir que la interpretación mencionada es completamente opuesta a lo que Pablo dice en el pasaje que estamos examinando. Esta verdad queda en cierto modo oscurecida si se traduce el término δικαίωμα τοῦ νόμου por "exigencia de la ley".

¿Pero qué significa el δικαίωμα de la ley? Para responder correctamente a esta pregunta es necesario fijarse en que esta palabra está en oposición al κατάκριμα de la ley, la "condenación" de que se habla en el versículo 1. Ya antes, en 5:16-18, Pablo ha opuesto estos dos términos. Allí se habla de la condenación, la κατάκριμα que vino por Adán, y del estado de justicia, la δικαίωμα, que llegó por Cristo.

¿Cuál es la meta y finalidad de la ley? Puede hablarse de una doble finalidad.

1) La ley es la expresión de la voluntad santa de Dios. Por ello exige que reine "la justicia de Dios". Notemos que esto es algo totalmente distinto de la justicia de la ley δικαιοσύνη ἐκ νόμου. Esta no es la que la ley demanda.

269

Por el contrario, Pablo ha afirmado con la mayor insistencia que la misma ley testifica *en contra de* la justicia de la ley y *a favor* de la justicia de la fe (cf. págs. 129, 147). Si preguntamos por la finalidad suprema de la ley, no debemos olvidar que su tarea positiva es la de dar testimonio de la "justicia de Dios". Pensando en esto Pablo asevera en 7:12 que "la ley es santa y el mandamiento santo, justo y bueno"; y en 7:10 hasta puede afirmar que la ley es ἡ ἐντολὴ ἡ εἰς ζωήν, "la ley me era dada para vida". Originalmente, pues, la ley está en verdad al servicio de la vida. Da testimonio de la "justicia de Dios" que incluye la vida. *Esta es la* δικαίωμα *de la ley.*

2) Mas cuando la ley enfrenta al pecado del hombre se convierte en *condenatoria*. Y en el antiguo eón ésta llega a ser la única tarea de la ley. "El mandamiento que era para vida, a mí me resultó para muerte". La santa ley de Dios se convierte en un poder de perdición. Provoca el pecado y lo aumenta; coloca a todos los seres humanos bajo la ira de Dios y bajo su condenación. Cumple su papel para la condenación de toda injusticia humana, y también —y no en menor grado— de toda justicia legalista puesto que no es ésta la justicia que Dios quiere ver establecida entre nosotros. Pablo afirma expresamente que tal fue el *propósito* de Dios al dar la ley. Fue dada con el *fin de que* el pecado llegase a ser sobremanera pecaminoso (7:13), *para que* toda boca se cierre y todo el mundo quede bajo el juicio de Dios (3:19). Así la ley llegó a ser "ministerio de condenación" (2 Cor. 3:9). *Esta es la* κατάκριμα *de la ley.*

La ley puede condenar; pero carece de fuerza para producir justicia. Por lo tanto hay algo que la ley pretende hacer sin lograrlo. Anhela la justicia, toda su tendencia se dirige hacia ella, pero no puede producirla realmente. Ha sido dada para vida, pero resulta mortífera. No es su finalidad suprema ni su verdadero propósito el fomentar el mal; y sin embargo su efecto es que por ella aumente lo que es malo. En consecuencia, la ley no consigue su fin, sino lo contrario. Empero "lo que era imposible para la ley, por cuanto era débil por la carne", *lo hizo Dios*, dándonos a Cristo. Lo que la ley pretendía mas no podía hacer, se realizó ahora y —bien entendido— sin la colaboración de la misma. Por el hecho de ser cristianos somos libres de la κατάκριμα de la ley, de su condenación. En lugar de ello entra en vigencia la δικαίωμα de la ley, pero no por la ley misma, sino por Cristo.

En el momento mismo en que la ley tiene que abandonar la escena, la justicia se cumple, pero no la "justicia de la ley" sino la verdadera, la "justicia de Dios" δικαιοσύνη θεοῦ. La ley sigue siendo la expresión de la voluntad de Dios; y allí donde hay δικαιοσύνη θεοῦ, se ha realizado la voluntad de Dios; *ha quedado cumplida la* δικαίωμα *de la ley*. Se ha cumplido "en nosotros que no andamos conforme a la carne sino conforme al Espíritu". Se ha cumplido en nosotros, precisamente porque no estamos bajo la ley sino bajo la gracia. La justicia divina ha sido revelada entre nosotros por Cristo y nos ha sido dada la vida. Con ello se realiza la finalidad de la ley, aquello que la ley anhelaba mas no podía realizar. El estado de justicia que la ley quería ver realizado, pero no podía, es ahora una realidad entre nosotros, porque nos ha llegado "la justicia que es de Dios".

De este modo se ha consumado la intención más íntima de la ley. Frente al pecado se alza la ley con su condenación; en cambio, de la vida que se vive bajo la "justicia de Dios" afirma Pablo: "contra tales cosas no hay ley" (Gal. 5:23). Si estamos "en Cristo", se cumple en nosotros la intención positiva de la ley, su δικαίωμα, y no por nuestro cumplimiento de la misma, sino por Cristo y por el hecho de que "estamos en él". Aquí se presentan las consecuencias de lo que Pablo dijo en el capítulo 7, que Cristo no sólo nos *da fuerzas* para cumplir con las exigencias de la justicia, sino que él mismo es nuestra justicia. Es la "justicia que es de Dios" y que llega a ser nuestra por la fe. Los que están "en Cristo" son justos por ese mismo hecho —y no porque ese hecho haga posible el cumplimiento de la ley—. Su justicia consiste en el hecho puro y simple de que no viven ya para sí mismos, sino que "están en Cristo". *Por esto y no por algún cumplimiento de la ley se ha cumplido la* δικαίωμα *de la ley*.

Esto es lo más positivo que Pablo ha dicho acerca de la ley. Su δικαίωμα se ha cumplido en nosotros por Cristo. Ley y fe no se enfrentan como enemigos. Así como la ley da testimonio de la justicia de la fe, la fe es el cumplimiento de la δικαίωμα de la ley. Con ello queda definitivamente aclarado por qué, en 3:31, a la pregunta: "¿Por la fe invalidamos la ley?" pudo contestar "En ninguna manera, sino que confirmamos la ley".

Antes de conocer a Cristo andábamos conforme a la carne. Tal es la vida humana, común y natural. Todo lo que pertenece al hombre es "carne", puesto que todo lo humano es en sí mismo impotencia y nulidad. En el concepto "carne" queda incluido todo cuanto comprende la vida humana, lo ínfimo y lo supremo. Por consiguiente, la carne "no es —tal como se opinaba bajo la influencia del pensamiento antiguo— una parte inferior del hombre, a la cual éste podría oponer la parte espiritual de su ser. También el espíritu del hombre pertenece a lo carnal. Precisamente su tendencia y calidad espirituales documentan que es "carne". Pero a nosotros, que somos "carne" por naturaleza, vino Cristo y nos hizo participar de la vida divina, que es "Espíritu".

Pablo nos coloca aquí ante una alternativa: o somos carnales y andamos conforme a la carne —lo cual significa la *muerte*, o estamos "en Cristo"; entonces somos espirituales y andamos conforme al espíritu— lo cual es la *vida*. Quien es carnal dirige su sentido (φρόνημα), sus pensamientos, sus anhelos y sus sempiternas ansias hacia lo que pertenece a la "carne". El intento y los designios del hombre natural están totalmente determinados por su yo egoísta y carnal; en todos sus aspectos busca tan sólo su propio interés y no tiene ojos ni interés más que para su vida propia y carnal. Sólo aspira a lo que le puede agradar a él mismo. No le preocupan Dios y su voluntad. Por esta razón Pablo añade: "La mente carnal es enemistad contra Dios; porque no se sujeta a la ley de Dios ni tampoco puede, y los que viven según la carne no pueden agradar a Dios" (v. 7-8). En cambio la mente y corazón se dirigen a lo que pertenece al Espíritu. Ya no vive para sí, sino que Cristo mora en él, y a pesar de habitar aún en la carne, vive "en la fe del hijo de Dios" (Gal. 2:20). Y esto significa que tiene la mente de Cristo (1 Cor. 2:16) o el Espíritu de Cristo, el νους o el πνεύμα de Cristo. Por consiguiente se ha producido una transformación radical de todo su ser: ya no tiene inclinaciones carnales, sino espirituales. Es otra persona, hasta las raíces mismas de su ser. El pecado habita todavía en su carne (ἡ οἰκοῦάθ ἐν ἐμοὶ ἁμαρτία, 7:20 cf. 7:17-18), pero no es la fuerza más poderosa en su vida. El Espíritu de Dios y de Cristo habita en él, dice Pablo, y esto es lo que ha hecho del cristiano un hombre *espiritual*. Así pues, Pablo puede decir a los cristianos: "Mas vosotros no vivís según la carne, sino según el Espíritu, si es que el Espíritu de Dios mora en vosotros" (πνεύμα θεοῦ οἰκεῖ ὑμνῖ. 9). Esta es una realidad tan cierta que puede agregar: "Si alguno no tiene el Espíritu de Cristo, no es de él". Uno no puede pertenecer a Cristo si no es partícipe de su muerte y resurrección y si su Espíritu no mora en él.

El contraste de carne y espíritu coincide a su vez con el de muerte y vida. "El ocuparse de la carne es muerte, pero el ocuparse del Espíritu es vida y paz" (v. 6). El cristiano ha sido colocado en medio de este gran contraste y podría parecemos que se halla por completo en el terreno del Espíritu. Como acabamos de leer, Pablo pudo decir de los cristianos: "Vosotros no sois carnales, sino espirituales". Pero la cosa no es tan sencilla. El cristiano se halla *entre los dos eones*: vive aún "en la carne" con todo su pecado y debilidad; al mismo tiempo vive "en el Espíritu" con todo lo que esto implica en cuanto a justicia y vida. El cristiano es *simul Justus et peccator*, "justo y pecador a la vez". Por consiguiente está al mismo tiempo bajo la muerte y la vida. Su ser exterior, el cuerpo —afirma Pablo— queda a merced de la muerte por el pecado, pero el espíritu vive *a causa de la justicia* (v. 10). Esta es la situación del cristiano, mientras vive "en la carne", es decir, en esta existencia terrenal. Es el mismo dualismo que hemos encontrado en el capítulo 7.

Cristo vivió una vez aquí, "en la carne", y a causa del pecado estaba sometido a la muerte; pero fue resucitado "según el espíritu de santidad" ($\kappa\alpha\tau\grave{\alpha}$ $\pi\nu\epsilon\hat{\upsilon}\mu\alpha$ $\dot{\alpha}\gamma\iota\omega\sigma\acute{\upsilon}\nu\eta\varsigma$) a causa de nuestra justicia (1:4; 4:25). En la vida presente los cristianos están sujetos a la muerte lo mismo que él; pero lo que le sucedió a él que es la cabeza y principio de una nueva humanidad, les sucederá también algún día a los que son sus miembros. En consecuencia, Pablo dice a los cristianos: "Y si el Espíritu de aquel que levantó de los muertos a Jesús mora en vosotros, el que levantó de los muertos a Cristo Jesús vivificará también vuestros cuerpos mortales por su Espíritu que mora en vosotros" (v. 11).

Aquí Pablo dirige su mirada hacia adelante, hacia el mundo de la perfección. *Por el Espíritu el cristiano es libre de la muerte*. Pero por ahora posee esta libertad solamente como algo que le ha sido prometido para el porvenir. Posee un principio en la resurrección de Cristo, puesto que en ella ha comenzado ya el eón de la resurrección, y Dios conducirá ese principio a su consumación en la gloria.

Entonces ya no habrá tensión entre "el cuerpo mortal" y el espíritu que es vida. Y la razón por la cual dejará de existir la tensión no es que el espíritu será librado del cuerpo —como muchos han sostenido bajo la influencia del pensamiento griego— sino, por el contrario, que el espíritu vivificará el cuerpo mortal. El hombre natural que pertenece únicamente al antiguo eón, es "carnal" en todo su ser. No solamente su cuerpo, sino también lo que generalmente llamamos su "espíritu", es sólo "carne", según Pablo. Porque la σάρξ "la carne", pone su marca en todo lo que pertenece al antiguo eón. En cambio, cuando uno es recibido, por la fe en Cristo, en el nuevo eón, que recibe su carácter del Espíritu, πνεῦμα, esto significa, ante todo, que le es dado el Espíritu. Como ser humano sigue siendo "carne"; pero ya no es *solamente* "carne" sino también "espíritu", puesto que *el Espíritu de Dios mora en él*. Por lo tanto, el cristiano es un hombre espiritual y sin embargo, no se le puede llamar "espiritual" en la misma medida en que el hombre natural es "carnal". En este último, *todo* es "carnal". Pero en el cristiano habita el Espíritu, y en vista de ello se le puede llamar "espiritual". Pero, en su "carne" y sus miembros está presente aún el pecado. De modo que el resultado de que el Espíritu habite en él es que se produce una tensión en la vida del hombre, que no existía antes, cuando sólo era "carnal"; ahora hay una lucha entre carne y espíritu. Es esta tensión la que hemos observado en 7:14-25 y la seguiremos hallando a través de todo el capítulo 8. Es la tensión que hizo que Pablo se lamentara: ¡Miserable de mí! ¿Quién me librará de este cuerpo de muerte? (7:24). El cristiano ha recibido el Espíritu, y éste es una realidad en su vida; pero vive todavía en este cuerpo de pecado y de muerte que pone obstáculos al reinado total del Espíritu. "El espíritu está pronto, pero la carne es débil". En consecuencia la vida cristiana aquí nunca será otra cosa que una obra imperfecta; pero el ansia del cristiano se dirige hacia la perfección eterna.

Lejos de imaginar el estado de perfección como "espiritualidad pura", Pablo piensa más bien que el cuerpo forma parte de la vida plena de espíritu. Desde luego, está seguro de que "la carne y la sangre no pueden heredar el reino de Dios" (1 Cor. 15:50), puesto que todo cuanto pertenece a este eón nada tiene que hacer en la era nueva. Allí reinará el Espíritu sin limitaciones; pero esto no significa que perecerá la corporalidad, sino que será transformada de acuerdo con la esencia espiritual del nuevo eón. Por ello Pablo habla de un cuerpo espiritual (1 Cor. 15.44). Así como el hombre natural, tanto en su corporalidad como su espiritualidad, es "carnal", en la nueva vida, ambas serán caracterizadas por "el Espíritu". Aun su cuerpo mortal será vivificado. Esta es la consecuencia de su unión con el Cristo resucitado, y del hecho de que en el cristiano mora el Espíritu de Aquel que resucitó a Cristo de los muertos.

Mientras dura esta vida terrenal, el cristiano está colocado entre el poder de la muerte y el de la vida. Ambos eones se encuentran en su vida y le imprimen este doble carácter. Vive "en la carne", pero no "según la carne" (2 Cor. 10:2-3), sino "según el Espíritu". Su ser exterior recibe su sello por el hecho de vivir en el eón antiguo. Por ende, el cuerpo está sujeto a la muerte a causa del pecado (τὸ σῶμα νεκρὸν διὰ ἁμαρτίαν), pero en espíritu pertenece ya aquí al nuevo eón, y por esto se puede decir de él que "el espíritu vive a causa de la justicia" (τὸ πνεῦμα ζωὴ διὰ δικαιοσύνεν). "En Adán" y por participar en su pecado, el cristiano está bajo el poder de la muerte; en cambio "en Cristo" y por la participación en su justicia, le ha sido dada la vida.

2. Libres de la muerte para que tengamos la vida 8:12-17

El cristiano se ha puesto a salvo de la muerte soberana. Pero esto significa que tiene que *vivir* realmente. Si la muerte ha sido destronada, debemos considerarla depuesta en nuestra vida y no adaptar más nuestra vida a sus demandas.

Una vez más se nos recuerda aquí el dualismo existente en la vida cristiana, al cual Pablo se ha referido tantas veces en lo que antecede. Así, por ejemplo, destacó en el capítulo 6 que el cristiano es "libre de pecado", deduciendo inmediatamente de ello que ha de luchar contra el pecado y todo cuanto quiera volver a atarnos a él. Del indicativo Pablo deduce un imperativo. *Somos* por Cristo libres del pecado y *precisamente por ello* debemos combatirlo. Por Cristo hemos sido arrebatados de la servidumbre del pecado y *por eso mismo* debemos luchar contra él cuando trata de recuperar lo perdido. El mismo dualismo vuelve a presentarse aquí cuando Pablo habla de la libertad del cristiano de la muerte. Por Cristo el cristiano ha llegado a ser realmente, "libre de la muerte", pero esto no significa que la muerte ya no tenga ocasión de amenazarlo. Todavía no se ha alcanzado el estado en que "ya no habrá muerte, porque las primeras cosas pasaron" (Ap. 21:4). El cristiano aún sigue viviendo en la esfera de la primera creación; todavía se encuentra "en la carne", y es aquí donde la muerte tiene ocasión de asirse al tratar de recuperar su poder sobre él. Porque de la carne surgen toda clase de pretensiones sobre su persona; y obedecerlas significaría ser conducido en línea recta hacia atrás, hacia la servidumbre bajo la muerte. Por tanto es imperativo resistir esas reivindicaciones y rechazarlas por injustificadas. Así como en el capítulo 6 Pablo se ocupó en demostrar que el cristiano está verdaderamente libre del pecado, de modo que éste ya no puede invocar derechos legítimos sobre él (cf. págs. 203-204), aquí le importa destacar que la libertad del cristiano de la muerte significa a la vez que la carne ya no puede presentar ninguna demanda justa. "Así que, hermanos, deudores somos, no a la carne, para que vivamos conforme a la carne, porque si vivís conforme a la carne, moriréis; mas si por el Espíritu hacéis morir las obras de la carne viviréis" (vrs. 12-13).

Luego hay dos maneras distintas de vivir: se puede vivir "conforme a la carne" o "conforme al Espíritu". En cuanto a la primera manera de vivir, debe decirse que no se trata de una vida verdadera, sino en el fondo de todo lo contrario. Por ello Pablo afirma: "si vivís conforme a la carne, *moriréis*". En este caso se habla de lo que no es propiamente vida. Cuando oímos a Pablo hablar aquí de una vida que en verdad está muerta, recordamos espontáneamente las célebres palabras de Agustín: "Tal era mi vida, ¿era vida?"

Sólo se puede "*vivir*" en verdad viviendo "conforme al espíritu"; mas esto significa "hacer morir las obras de la carne". Pablo usa aquí el término *cuerpo* (σῶμα), donde habríamos esperado oírle hablar de la *carne* y su mortificación (como se traduce el v. 13 en Reina-Valera), pues; "la carne" es la antítesis, lo contrario del "Espíritu". En el fondo es éste el contraste que el apóstol quiere señalar. Sin embargo, es fácil comprender por qué emplea en esta relación la voz "cuerpo" y habla de "los hechos del cuerpo" (V. M.). Acaba de decir que el hombre exterior del cristiano pertenece al antiguo eón. A causa del pecado, el cuerpo está sujeto a la muerte aun cuando el espíritu esté vivo a causa de la justicia. Con su "cuerpo mortal" el cristiano se encuentra dentro de un orden en que reina la muerte. Allí mismo —en el cuerpo mortal— tiene que librar su lucha contra la carne y la muerte. Desde aquí se arroja una luz nueva sobre 7:23 donde Pablo habla de una "ley en los miembros" que pugna con la ley en la mente del cristiano. Tal vez ahora nos resulte más fácil comprender al anhelo de Pablo de ser redimido de "este cuerpo de muerte" (7:24).

En vista de que el cristiano ha recibido el Espíritu, Pablo lo exhorta a "andar conforme al Espíritu" y dejar que éste impregne toda su vida. Si bien es cierto que en la vida del cristiano la carne y el Espíritu combaten entre sí, ello no quiere decir que la carne siga imperando en él, puesto que ha entrado en el reino del Espíritu y está ocupado en hacer morir "los hechos del cuerpo". Es el mismo pensamiento que Pablo expresa en Gal. 5:16: "Andad en el Espíritu y no satisfagáis los deseos de la carne".

Si el cristiano puede sostener esta lucha contra la carne y la muerte, ello se debe a que no lucha solo y librado a sus propias fuerzas. Cuando la muerte soberana es destronada, su lugar en la vida del cristiano no queda vacante, sino ocupado por el Espíritu de Dios que es el "Señor y Dador de vida" (Credo Niceno), puesto que "el Espíritu es el que da vida" (Juan 6:63). Con ello el cristiano ha alcanzado la *vida* verdadera. La frase del tema "el justo por la fe *vivirá*" ha quedado aclarada en su sentido. Quien cree en Cristo, ha sido arrancado del eón antiguo, del eón de la carne. Ya no se halla bajo el poder de la *muerte*. En lugar de ello ha sido colocado en el eón nuevo, el del Espíritu, donde reina la vida. Y aunque vive aún "en la carne", encontrándose por tanto en el eón antiguo, libra allí la batalla del nuevo eón: lucha por el Espíritu en contra de la carne. "Vive en el Espíritu"; "anda conforme al Espíritu", y "hace morir los hechos del cuerpo" —y mientras tanto posee la promesa de la vida eterna, "la vida del eón venidero".

Aquí se aplica el principio de que "lo que es nacido de la carne, carne es; y lo que es nacido del Espíritu, espíritu es" (Juan 3:6). Según la carne somos *hijos de Adán*, pero como nacidos del Espíritu, somos *hijos de Dios*". En el prólogo del Evangelio según Juan se dice: "A todos los que lo recibieron, a los que creen en su nombre, les dio potestad de ser hechos hijos de Dios, los cuales no son engendrados de sangre ni de voluntad de carne, ni de voluntad de varón, sino de Dios" (Juan 1:12-13). En forma semejante Pablo vincula aquí la recepción del Espíritu con la condición de hijos. "Porque todos los que son guiados por el Espíritu de Dios, éstos son hijos de Dios". Como hijos podemos acercarnos a Dios como a nuestro Padre, sin temor y con plena confianza, puesto que "el Espíritu mismo da testimonio a nuestro espíritu, de que somos hijos de Dios".

Con ello, todo está dado ya que como hijos de Dios somos también herederos. Con los términos: "hijos-herederos", Pablo ha descrito en forma extraordinaria la vida cristiana en sus dos aspectos: *presente y futuro*. "*Somos* hijos de Dios", *somos* herederos; la herencia ya nos pertenece. Pero al mismo tiempo mira hacia el futuro. "Aún no se ha manifestado lo que hemos de ser" (1 Juan 3:2). Todavía no hemos recibido la herencia. Cristo ya la recibió en calidad de primicia y entró en el eón de la resurrección. Con ello también ha sido ganado algo real para nosotros; todo cuanto vale para Cristo, valdrá también para nosotros que le pertenecemos por la fe. Somos "herederos de Dios y coherederos con Cristo". Es preciso poner atención en la partícula συν repetida tres veces en el versículo 17. En primer lugar el apóstol destaca que somos "coherederos" (συγκληρονόμοι) con Cristo. Y luego pasa a otras dos palabras compuestas con συν: "padecemos juntamente con él" (συμπάσχομεν) y "juntamente con él somos glorificados" (συνδοξασθῶμεν). Aquí se expresa el énfasis de Pablo en que la relación con Cristo es tanto presente como futura. En esta vida es de importancia primordial que participemos en sus sufrimientos; pero en la vida futura nos será concedido participar en su gloria; sólo entonces recibiremos la herencia que nos ha sido asegurada.

La meta no es padecimiento sino glorificación. Pero para el cristiano al igual que para Cristo mismo el camino de la glorificación—de la participación en la δόξα de Dios— pasa por el sufrimiento. Por el hecho de que el sufrimiento es un sufrir *con* Cristo, ha llegado a formar parte imprescindible de la vida cristiana. Mientras dure este eón, dura también el dolor; en el eón venidero nos espera la gloria. De ello trata la sección siguiente.

3. Los sufrimientos del presente eón y la gloria del eón venidero
8:18-30

En lo que antecede Pablo ha mostrado cómo fuimos liberados por Cristo del poder de la muerte y pudimos entrar en la nueva vida. ¿Pero puede sostener realmente esta concepción de la vida cristiana? La muerte no ha perdido aún su poder sobre el cristiano. Mientras vive aquí en la Tierra, tiene la experiencia definida de que está en el país de la muerte. Esto lo demuestran también en forma inequívoca los sufrimientos que le salen al paso. A tamaña objeción Pablo responde sencillamente señalando la gloria futura. Esta es tan asombrosamente grande que proyecta su luz transfiguradora sobre la vida actual y sus padecimientos. Pues tengo por cierto que las aflicciones del tiempo presente no son comparables con la gloria venidera que en nosotros ha de manifestarse (v. 18). En el sufrimiento actual yace el germen de la gloria futura. Es el mismo pensamiento que en 2 Cor. 4:17 Pablo expresa así: "Porque esta leve tribulación momentánea produce en nosotros un cada vez más excelente y eterno peso de gloria". La tribulación como tal no es garantía de la gloria. Pablo está libre de todo pensamiento de esta índole. Lo que convierte las aflicciones del cristiano en preparación para la gloria es el hecho de que es un sufrir *con Cristo*. La comunión de padecimiento con Cristo aquí en el tiempo prepara el camino para la participación de la gloria con él en la eternidad.

Las formulaciones elegidas aquí por Pablo demuestran con claridad que se trata de los dos eones: "Las aflicciones de este tiempo", significa simplemente los sufrimientos de este eón. ὁ νῦν χαιρός es una expresión paralela a ὁ αἰὼν αὖτο . Por otra parte la frase "la gloria venidera" indica el eón futuro. En ἡ μέλλουσα δόξα hay un indicio de ὁ αἰὼν ὁ μέλλων. En el eón venidero será anulada la tensión que caracteriza la vida cristiana aquí en el mundo. Pero por esta razón el sufrimiento presente no es de comparar con la gloria que nos será revelada. La victoria de la vida sobre la muerte ya ha sido ganada. Por ello la vida presente, en toda su fragilidad, avanza con gemidos y anhelos hacia la revelación definitiva de la gloria.

En este párrafo Pablo habla de un triple gemir: (1) toda la creación gime (vrs. 19-22) ; (2) el cristianismo gime (vrs. 23-25) y (3) el Espíritu mismo gime (vrs. 26-27). A ello agrega unas palabras sobre el cumplimiento del designio eterno de Dios (vrs. 28-30).

a) El gemir de la creación.

Por el pecado del hombre entró la muerte en el mundo y adquirió aquí su dominio. Esto se refiere primordialmente a la humanidad, pero no sólo el hombre está sometido a la muerte, sino también el mundo en que vive. La Tierra está maldita por su causa (Gen. 3:17). Toda la existencia en que estamos colocados ha sido puesta bajo la servidumbre de la corrupción. Pero hay esperanza también para ella. Por el hecho mismo de estar sometida a corrupción *por causa del hombre*, existe la esperanza de que alguna vez, junto al hombre, sea redimida de esa condición. Por la *injusticia* del hombre fue maldecido el mundo antiguo. Ahora bien: si por Cristo nos ha sido revelada "la justicia que es de Dios", esto significa a la vez la promesa de un mundo nuevo. "Pero nosotros esperamos, según sus promesas cielos nuevos y tierra nueva, en los cuales mora la justicia" se dice en 2 Pedro 3:13 (cf. I. 65:17; Ap. 21:1). Esta opinión es compartida por Pablo. Existe un vínculo entre el hombre y la creación como lo sabemos por nuestra experiencia común en el eón antiguo; y la humanidad nueva tiene su contraparte en la nueva creación tal como será revelada cuando llegue el nuevo eón en su gloria y perfección.

Esto es lo que Pablo tiene en mente al decir: "Porque el anhelo ardiente de la creación es el aguardar la manifestación de los hijos de Dios. Porque la creación fue sujetada a vanidad, no por su propia voluntad, sino por causa del que la sujetó en esperanza; porque también la creación misma será libertada de la esclavitud de corrupción, a la libertad gloriosa de los hijos de Dios. Porque sabemos que toda la creación gime a una, y a una está con dolores de parto hasta ahora" (vrs. 19-22).

Según Pablo el curso del mundo se dirige hacia una meta perfectamente determinada, a saber, la libertad que corresponde a la gloria de los hijos de Dios (ἡ ἐλευθερία τῆς δόξης τῶν τέκνων τοῦ θεοῦ). Esa gloria y esa libertad no han sido manifestadas todavía. Es cierto que Cristo ya ha entrado en la gloria y es bien cierto que los que creen en él y viven "en

Cristo" están libres por él de todos los poderes de la perdición. Pero su vida está todavía "escondida con Cristo en Dios" (Col. 3:3).

La redención de la humanidad llegara a ser también la de la creación... Para Pablo ambas están entrelazadas entre sí y unidas en forma inseparable. Así como en el día de la resurrección Dios dará al hombre un cuerpo que corresponda al nuevo eón de la gloria, un "cuerpo espiritual", creará también un correspondiente cosmos nuevo, "un Cielo y una Tierra nuevos". Por consiguiente, la perfección no provendrá de una evolución automática del mundo. Es cierto que Dios conduce a toda la creación hacia una meta prefijada por él; pero la consumación será resultado de su poderosa acción; y tendrá que ver no sólo con los individuos, sino que tendrá significación y dimensiones cósmicas. Sólo entonces, en relación con esta consumación total, tendrá lugar "la manifestación de los hijos de Dios".

b) El gemir del cristiano.

Toda la creación gime y sufre dolores de parto. Mas "no sólo ella" — añade Pablo. También el cristiano gime y espera la adopción. Aquí podríamos preguntar por qué tiene que gemir y anhelar la adopción. ¿No la tiene ya? En el versículo 14 se afirma que "todos los que son guiados por el Espíritu de Dios, son hijos de Dios". Y el versículo 16 dice que "el Espíritu mismo da testimonio a nuestro espíritu, de que somos hijos de Dios". ¿Debe entonces el cristiano gemir y esperar la adopción?

En verdad Pablo ya ha contestado antes esta pregunta, cuando p. ej. en el versículo 17, habla del dualismo y la tensión que caracterizan la vida cristiana. Ahora retoma esta idea para desarrollarla más completamente. El cristiano ha sido instituido heredero de Dios y coheredero de Cristo, mas todavía no ha recibido la herencia. Ha recibido el Espíritu, pero hasta ahora sólo en calidad de primicia y garantía de una gloria venidera. Por decirlo así, tan sólo le han sido dadas las "arras", la primera cuota. Es cierto que con ello el asunto queda definitivamente convenido, pero aún no ha obtenido el usufructo. Aunque el cristiano haya recibido el Espíritu y en consecuencia vive en la seguridad de hijo, no es menos cierto que mientras viva en "la carne", aspira a la consumación de aquello que Pablo denomina "la manifestación de los hijos de Dios".

¿Qué falta, pues, para que nuestra filiación sea completa? Pablo contesta: falta "la redención de nuestro cuerpo". Esta frase se ha interpretado con frecuencia como si Pablo quisiera expresar con ella su ansia de liberación completa del cuerpo, de la corporalidad en sí. Pero no es así. Pablo no anhela la liberación del cuerpo en cuanto tal, sino la liberación de este cuerpo de *muerte* en el que vivimos aquí. Por ello dice expresamente en 7:24: "¿Quién me librará de este cuerpo de muerte?" Por tanto ansia la liberación de la servidumbre bajo la cual está colocado nuestro hombre exterior mientras dure el antiguo eón. Sólo cuando "el cuerpo de muerte" haya sido reemplazado por el nuevo cuerpo espiritual de la resurrección; sólo cuando "esto corruptible se haya vestido de incorrupción, y esto mortal se haya vestido de inmortalidad" (1 Cor. 15:54), se podrá hablar de veras de "la manifestación de los hijos de Dios".

Lo que antecede demuestra con cuánto realismo Pablo contempla la vida cristiana. A veces se ha comparado los capítulos 7 y 8, con la idea de que el primero trata exclusivamente de la "debilidad de la carne", y el segundo, con idéntica exclusividad, del "poder del espíritu". Pero lo que dice Pablo acerca del gemir del cristiano basta para privar de base a esa concepción. Pablo no nos ha pintado un cuadro entusiastamente exagerado del poder de la vida cristiana presente. Sabe muy bien dentro de qué límites ha de desarrollarse la existencia aquí en la Tierra. Sabe distinguir entre lo que ya está dado en la vida cristiana y lo que espera aún su cumplimiento. En pocas palabras: conoce la diferencia entre el *presente* y el *futuro* de la vida cristiana. El cristiano está ya redimido. Sería erróneo hablar de la redención como de algo solamente venidero, pero sería igual mente equivocado hablar de ella como de algo exclusivamente ligado al presente. Pablo combina ambos aspectos cuando dice: "En esperanza salvos". "Fuimos salvos..." éste es el *presente* de vida cristiana; quien "está en Cristo" ha recibido ya aquí el don de la redención. Por otra parte, empero, aquí sólo poseemos esta redención "en esperanza" —éste es el *futuro* de la vida cristiana. Pertenece a la esencia de la esperanza el que su objeto se encuentre siempre en el futuro. "La esperanza que se ve, no es esperanza".

El objeto de la esperanza cristiana se halla en el eón venidero, mas no en calidad de algo que ha comenzado ya aquí, sino como algo que todavía espera su revelación. La vida cristiana en esta tierra está cubierta por la sombra de lo incompleto. Pablo lo señala diciendo en 2 Cor. 5:7: "Porque por fe andamos, no por vista". Algo de ese mismo contraste lo encontramos también en el pasaje que acabamos de tratar, sólo que aquí Pablo dice "esperanza" en lugar de "fe". Pero en ambos casos se trata de una misma relación. Lo que vale para la fe que se concentra en cosas que no se ven (Heb. 11:1), vale también en cuanto a la esperanza. "Porque lo que alguno ve ¿a qué esperarlo?" La fe y la esperanza del cristiano se dirigen hacia lo que está detrás del telón, hacia aquello que aún no está visible. La verdadera morada del cristiano, está en la vida venidera, en aquello que aún no está revelado. Hacia ello se dirige su anhelo y su esperanza. Así pues, Pablo termina con las palabras: "Pero si esperamos lo que no vemos, con paciencia lo aguardaremos". El cristiano sabe que mientras mora en el cuerpo está lejos del Señor (2 Cor. 5:6) ; por eso gime y espera la redención de su cuerpo. Por eso espera la vida del eón venidero. Este es para Pablo el contenido de todo el gemir del cristiano.

c) El gemir del Espíritu.

Es precisamente esta tensión entre el antiguo y el nuevo eón, entre los sufrimientos de este tiempo y la gloria venidera, lo que caracteriza la vida del cristiano y es la causa de su gemir y anhelar. El cristiano vive todavía en este eón con todo lo que lo apesadumbra y le origina padecimientos y penurias; pero ante él se abre la perspectiva de la gloria eterna. ¿Es de extrañar entonces que sienta en lo más profundo las deficiencias de la vida presente y anhele la perfección? Vemos cuan erróneo es interpretar la concepción de la vida cristiana que tiene Pablo, en el sentido de que ya aquí el cristiano ha alcanzado la vida perfecta. Por el contrario, el apóstol tiene clara conciencia de que la vida cristiana en este eón padece de gran debilidad y fragilidad. Y se hace más evidente aún en lo que ahora añade acerca del gemir del Espíritu.

Pablo ha señalado repetidas veces que en este eón el cristiano está ligado al "cuerpo de muerte" y que su hombre exterior está condicionado por las circunstancias de esta vida. En esa conexión con el eón antiguo reside la explicación de la tensión entre la voluntad y la acción del cristiano, tratada en el capítulo 7, entre la ley que rige su mente y la que gobierna sus miembros. Parecería natural pensar que la vida del cristiano pudiera dividirse en una esfera interior y otra exterior; la debilidad causada por la "carne" sólo afectaría la esfera exterior, la conducta cristiana en cuanto va dirigida hacia afuera, hacia el mundo, mientras que el hombre interior, en su relación con Dios, estaría tan transformado que la debilidad humana habría cedido ante la fuerza del espíritu. Sin embargo, la imagen del hombre interior que encontramos en Pablo es completamente distinta. Pues precisamente aquí el apóstol habla de "nuestra debilidad". No solamente en la vida exterior del cristiano reina la debilidad; es una trágica realidad también en su vida interior, en su vida con Dios, hasta en su vida de oración; "no sabemos qué hemos de pedir". Pero entonces interviene el Espíritu y nos ayuda en nuestra flaqueza. Así como gime toda la creación y gime el cristiano, *gime también el Espíritu* mismo (ὡσαύτως καὶ τὸ πνεῦμα), el Espíritu mismo intercede por nosotros con gemidos indecibles; el Espíritu mismo intercede por nosotros con gemidos sin palabras. Pero aunque ningún cristiano comprenda ese gemir, ese lenguaje sin palabras del Espíritu, Dios que escudriña los corazones, sí lo entiende: "Mas el que escudriña los corazones sabe cuál es la intención del Espíritu, porque conforme a la voluntad de Dios intercede por los santos".

Esta es, pues, la condición de "los santos". Aun en su vida interior hay mucha debilidad; pero el Espíritu acude en su ayuda en esta flaqueza, aunque ellos mismos no comprendan cómo. No obstante esto está lejos de ser el estado de perfección. Así como ellos gimen y tienen que aguardar la "redención de su cuerpo", de igual manera suspira también el Espíritu de Dios que mora en ellos. También el Espíritu gime y espera el día de la consumación, cuando los hijos de Dios sean manifestados en gloria y se cumpla el propósito eterno de Dios.

d) La consumación del propósito eterno de Dios.

A partir del versículo 18 Pablo ha hablado de los sufrimientos de este eón y de la gloria del venidero. Hay una última palabra que desea añadir a este tema: Mientras uno se limite a los dos eones simplemente como dos realidades que pueden ser parangonadas, lo que le sucede al cristiano mientras vive en el eón antiguo siempre tendrá un aspecto negativo. Es algo que debe soportar mientras espera la gloria venidera. Pero... ¿por qué debe esperar? Los poderes de perdición ya han sido condenados y destituidos. ¿Por qué el cristiano ha de tener tanto que ver todavía con ellos en esta vida? ¿No parece como si los poderes perniciosos, aunque vencidos, siguieran teniendo ventaja en la contienda? Aunque el cristiano no esté encerrado en este eón, y tenga en cambio abierto el camino hacia el venidero, puede ser fácilmente inducido a contemplar este eón y sus sufrimientos con los ojos del hombre de mundo.

En una relación anterior (pág. 26 y sgs.) hemos visto que la idea de los dos eones significa una enorme ampliación de nuestra perspectiva, en comparación con el concepto mundano usual entre nosotros. Mientras la concepción secularizada no conoce otra cosa más allá de este mundo y opera con la "perspectiva corta" que ello implica, la fe en la era futura abre una perspectiva nueva ilimitada. En el pasaje que tratamos ahora, vemos que Pablo *amplia aun mas la perspectiva*. La era presente no es la primera tal como la confrontación de ella con la futura podría hacernos creer. Así como el presente eón será seguido por una eternidad, ya ha sido precedido por otra eternidad. Sólo contemplando nuestra existencia presente dentro del conjunto de la actividad de Dios que va de eternidad a eternidad, se logra la perspectiva auténtica. Entonces se ve que *todo* cuanto le sucede al cristiano en esta vida —y en consecuencia también "los sufrimientos de este tiempo"— habrán de redundar en su beneficio.

Se ve así que todo lo negativo de esta vida tiene un propósito *positivo* en la realización de la voluntad eterna de Dios. A primera vista los sufrimientos inseparables de esta era y la lucha incesante contra los poderes de perdición en la que el cristiano se halla envuelto, parecen obstaculizar la intención de Dios para con el cristiano y oponerse a ella, pues son factores que impiden que la voluntad de Dios se realice "en la tierra como en el cielo" —ni tampoco a través del cristiano. Pero en realidad también estas cosas que aparentemente obran en contra de la voluntad de Dios, *cooperan* en su ejecución. El resultado final es que en esta vida nada puede perjudicar al cristiano. Aun el ataque de los poderes de perdición está entre las cosas que cooperan para su bien.

285

Cuando Pablo habla aquí del cristiano, emplea un término que por dos razones merece una atención especial. Dice: "A los que aman a Dios (τοῖς ἀγαπῶσιν τὸν θεόν), todas las cosas les ayudan a bien".

Lo que hace que esta expresión sea especialmente digna de atención es por de pronto la circunstancia de que generalmente Pablo parece evitar hablar del amor del hombre hacia Dios. No se puede indicar ningún pasaje en el cual el sustantivo "amor", ἀγάπη, se refiera claramente al amor a Dios. No es difícil encontrar la explicación de esta actitud. "Amor" ἀγάπη, es para Pablo primordialmente el amor que Dios nos ha mostrado al entregar a su hijo por nosotros (5:5-8). Como ya ha quedado demostrado (pág. 167 y ss.), este "amor de Dios que es en Cristo Jesús" (8-39) es para Pablo una realidad tan grandiosa que por regla general rehuye emplear la misma grandiosa palabra para denominar nuestro amor a Dios. Unas cuantas veces aparece la expresión verbal "amar a Dios" (ἀγαπᾶν τὸν θεόν). Fuera de este pasaje en Romanos, la encontramos sólo otras dos veces en sus escritos (1 Cor. 2:9; 8:3; cf.; τῶν ἀγαπώντον τὸν κύριον; Ef. 6:24). Este es pues, uno de los pasajes extremadamente raros en que Pablo habla del amor de los cristianos a Dios. Desde luego, sería un error pensar que de algún modo Pablo intenta relegar a un segundo plano la realidad que se denomina con la expresión "amor a Dios". Schlatter tiene razón al decir "Aunque Pablo no hable del amor del cristiano, siempre habla en el amor". En cuanto al cristiano, éste ama a Dios y "a nuestro Señor Jesucristo"; para Pablo esto es algo tan característico, que la expresión "los que aman a Dios" basta para designar a los cristianos.

La sentencia "A los que aman a Dios, todas las cosas les ayudan a bien" nos enfrenta aún con otro problema: ¿En qué basa el cristiano su certeza de que todo lo que le sucede habrá de "ayudarlo a bien"? ¿Querrá decir Pablo que el cristiano ha de depositar su confianza en sí mismo en su amor a Dios? Esto entraría en conflicto con todo lo que ha afirmado hasta aquí. El mismo parece advertir que esta sentencia se presta a interpretaciones erróneas. Por ello agrega otra expresión que excluye definitivamente toda interpretación falsa en el sentido mencionado. Al lado de la frase: "Los que aman a Dios" pone a modo de explicación las palabras "los que conforme a su propósito son llamados". Por tanto la situación es la siguiente: los cristianos aman a Dios; esto puede servir de denominación para ellos y para caracterizar su estado interior, sin que con ello se haya dicho nada acerca de la causa por la cual "todas las cosas les ayudan a bien". La causa de esto no está en ellos mismos, sino en Dios; no en su estado subjetivo, sino en el propósito objetivo y eterno de Dios. Los que aman a Dios no han obrado esto ellos mismos, sino que lo han recibido mediante el llamado, fundamentado en el propósito eterno de Dios, con que éste los ha alcanzado.

Después de haber elevado así la cuestión, del terreno de la subjetividad humana al plano objetivo de la voluntad divina, prosigue Pablo con una serie de sentencias que podrían ser consideradas como *lo más objetivo* de todo el Nuevo Testamento: "Porque a los que antes conoció, también los predestinó para que fuesen hechos conformes a la imagen de su Hijo, para que él sea el primogénito entre muchos hermanos. Y a los que predestinó, a éstos también llamó; y a los que llamó, a éstos también justificó; y a los que justificó, a éstos también glorificó".

Son estas poderosas afirmaciones que están estrechamente entrelazadas entre sí y se extienden *desde la eternidad —a través del tiempo— hacia la eternidad*. Aquí la idea de los dos eones ha sido superada. Antes del eón antiguo está la voluntad de Dios. "Antes de la fundación del mundo" Dios hizo su elección. Esto es lo que ahora avanza hacia su realización en el mundo, cuando Dios llama y justifica a los hombres. Y será consumado en la eternidad, cuando los glorifique. Con ello Pablo quiere demostrar que todo —desde la predestinación eterna hasta la glorificación— está totalmente en manos de Dios. No hay lugar para el azar ni para la arbitrariedad.

De aquellos que están "en Cristo" se dice que Dios los ha conocido como suyos *desde la eternidad*. "Nos escogió en él antes de la fundación del mundo" (Ef. 1:4). Y de aquellos que conoció y predestinó se dice más adelante: "habiéndonos predestinado para ser adoptados hijos suyos por medio de Jesucristo". Cuando el cristiano se encuentra con los sufrimientos de este tiempo no sólo son ataques de poderes hostiles. No está abandonado al juego de fuerzas enemigas, sino que solamente le sucede lo que Dios ha ordenado para él desde un principio. A su tiempo también Cristo fue sometido a esos poderes de perdición, mas ahora, desde su resurrección, ha entrado en la gloria. Tanto en un sentido como en el otro estamos destinados a ser semejantes a él, unidos con él en la misma muerte y la misma resurrección (6:5). Estamos inclinados a ver en "los sufrimientos de este tiempo" sólo un obstáculo para la voluntad y el propósito de Dios, pensando que el propósito de Dios sólo tiene que ver con la gloria. Pero el camino de Cristo a la gloria pasó por el padecimiento. Por ello Dios ha predestinado también a los que están "en Cristo" para recorrer el mismo camino. Los ha predestinado para que "junto con él padezcan, para que también junto con él sean glorificados" (8:17).

Los primeros dos eslabones de esta cadena de pensamientos pertenecen a la eternidad. Trátase del propósito eterno de Dios "antes de la fundación del mundo". Pero lo que Dios resolvió desde la eternidad se cumple aquí en el tiempo. "A los que predestinó, a éstos también llamó". No se debe a la casualidad que el hombre sea alcanzado por el llamado de Dios mediante el evangelio; significa que el propósito divino para él comienza a tomar forma correcta. Es puesto en comunión con Cristo, se incorpora a él, se hace miembro del "cuerpo de Cristo"; y con ello la "justicia de Dios" que se reveló en Cristo, se hace realidad en su vida. Por esto Pablo continúa: "A los que llamó, a éstos también justificó".

Aquí culmina por el momento, la cadena de los actos de Dios. Pablo ha llevado la línea de pensamiento hasta el punto en que el cristiano se halla ahora. Está justificado. En adelante figura como justo por la fe en Cristo. Y ahora se descubre una fase más, la definitiva, que corona con un apogeo de perfección a todos los estados precedentes. Recordaremos que del "justo por la fe" se dice que "vivirá". Será partícipe en la vida del nuevo eón: lo espera la gloria. Y con esto se da el paso desde el tiempo hacia la eternidad. Pablo considera también esta última fase y lo hace de un modo que llama la atención y despierta asombro. Todas las fases anteriores pertenecen al pasado y el presente. Por tanto Pablo puede afirmar que Dios ya ha ejecutado todas estas obras; desde la eternidad Dios *ha* conocido y escogido como suyos a aquellos que ahora creen en Cristo, los *ha* preordenado para que sean conformados a él; los *ha* llamado y los *ha* justificado. Pero cuando Pablo comienza a hablar de la *glorificación*, trata de algo que a diferencia de lo que antecede no se ha realizado todavía, sino que alguna vez *sucederá*. Por lo tanto podría esperarse que Pablo pasara aquí al futuro diciendo "los que justificó, a éstos *glorificará* también en la eternidad. Pero no dice esto. También de lo mencionado en último lugar habla como de algo que ha acontecido ya y concluye la serie con las palabras siguientes: "A los que justificó, *a éstos también glorificó*". En lugar del futuro que esperábamos, figura el aoristo ἐδόξασεν.

Por esta razón algunos intérpretes han llegado a la convicción de que aquí no se trata del "glorificar" ni de la "gloria" (δόξα), como meta final de la vida cristiana que no se revelará en su plenitud sino en la eternidad. Según ellos Pablo se refiere con estas palabras al proceso de transformación interna que se realiza en el cristiano y es perceptible para él, resultado del hecho de que en él habita el Espíritu y que en cierto modo podría denominarse "glorificación" (*Zahn*: habla de "la renovación causada por el recibimiento del Espíritu"; y *Jülicher*: dice que "el proceso de glorificación ya ha comenzado en nuestro ser íntimo"). Sin embargo, hay bastante evidencia de que ésta es una interpretación errónea. A partir del versículo 18 Pablo ha opuesto "los sufrimientos de este tiempo" a "la gloria venidera". El razonamiento empezado allí culmina ahora en la afirmación: "A los que justificó, a éstos también glorificó". No cabe duda de que aquí con la palabra "glorificar" Pablo se refiere realmente a la "gloria venidera" ἡ μέλλουσα δόξα.

Asimismo se puede decir que también se equivocan otros exegetas cuando afirman que Pablo hace aquí una "anticipación triunfadora" que habla del futuro como si ya hubiera sucedido. Pablo no usa jamás semejante "como si" ficticio. Habla de una realidad que ha sucedido pero que *va a suceder*. Pero ¿cómo debe entenderse esta extraña duplicidad? La explicación está en la relación mutua de ambos eones y en la forma peculiar en la que se enlazan. En lo que antecede hemos tenido repetidas oportunidades (pág. 272) de hablar del presente y el futuro de la vida cristiana y de señalar que ambos forman una unidad indisoluble. Por ejemplo, Pablo los reúne en una sola expresión al decir, en el capítulo 8:24: "En esperanza ya fuimos salvos". La salvación *ya existe* como una realidad indubitable y presente; nos *fue* dada por Cristo, y sin embargo, la esperanza se dirige hacia ella en el futuro, como algo que sólo *alcanzara* su perfección en la eternidad. Pero hay un paralelo más estrecho aún con el pasaje aquí tratado cuando en 5:2 Pablo declara que podemos gloriarnos en la gloria de Dios (δόξα θεοῦ), pero sólo en esperanza (cf. pág. 276). Tanto más motivo tenemos para recordar aquí este pasaje por cuanto allí Pablo no sólo habla de la "gloria", sino también de "las aflicciones del tiempo presente": "Nos gloriamos también en las tribulaciones" (5:3). Así, pues, en el capítulo 5 toca ya este problema, al cual regresa en 8:18-30 para tratarlo más detenidamente. Con Cristo ha entrado el nuevo eón como una realidad en nuestro mundo, es decir, como algo que está *efectivamente presente* en éste. Por esto, cuando se dice del cristiano que vive en los dos eones, hay que tener cuidado de no interpretarlo como si viviera ahora *únicamente* en el eón antiguo y el eón nuevo fuera algo que pertenece *únicamente* al futuro.

En lo que antecede hemos visto una y otra vez que los dos eones se entrelazan entre sí. Aunque con Cristo ha venido el nuevo eón, el antiguo eón sigue existiendo. Por regla general se ha subrayado la circunstancia de que el cristiano, aunque pertenece al nuevo eón, sigue viviendo en el antiguo. Pero ahora es necesario insistir también en el otro aspecto de la situación: aunque el cristiano mora todavía en el eón antiguo, el nuevo eón existe en su vida como una poderosa realidad. El cristiano no vive en este eón "como si nada hubiera sucedido". Por el contrario, gracias a Cristo ha acontecido algo tremendamente importante, que ha transformado totalmente la existencia vieja. Esto se manifiesta más claramente en el hecho de que aun "las aflicciones del tiempo presente" han sido comprendidas entre lo que "ayuda a bien" al cristiano, de modo que hasta "puede gloriarse" en ellos. Las "aflicciones del tiempo presente" son parte de lo que hace al cristiano "semejante" a Cristo, pues esta semejanza incluye estos dos momentos: *sufrir* con él y ser *glorificados* con él.

A partir del versículo 18 predomina en la exposición de Pablo el pensamiento de "las aflicciones del tiempo presente". Es cierto que en los versículos 28-30 esta idea no es objeto de un tratamiento *directo*. Ha quedado tan relegada, que ni siquiera se la menciona cuando Pablo habla del obrar de Dios para con los hombres aquí en la Tierra; sólo se la vislumbra en la idea de que el cristiano es "hecho" de Cristo. Pero sigue estando presente como un punto de orientación en la mente del apóstol, contribuyendo a formar su exposición también en esta última parte. Que éste es el caso resulta evidente por el hecho de que ese pensamiento vuelve a aparecer en el párrafo siguiente. No ha quedado olvidado, sino que ha estado siempre latente. En el versículo 18 Pablo dice que las aflicciones del tiempo presente no son comparables con la gloria venidera. Y cuando llega ahora al término de esta exposición terminándola con su declaración acerca de la glorificación, ya no menciona los sufrimientos de este tiempo. Han perdido su carácter negativo. Pero por eso mismo también se hace evidente que el nuevo eón es una poderosa realidad en la vida del cristiano aquí en la Tierra y que ya ha comenzado la "glorificación". Por ello Pablo puede decir con justa razón: "A los que justificó, a éstos también glorificó". Mas lo que ha comenzado aquí se consumará en la eternidad. Sólo en ella participarán íntegramente de la gloria de Dios, la δόξα θεοῦ. Presente y futuro se entrelazan en forma inseparable sobre todo en lo que respecta a la glorificación tanto del cristiano como de Cristo mismo, de quien se dice: "*Ahora es glorificado el Hijo del Hombre, y Dios es glorificado en él. Si Dios es glorificado en él, Dios también le glorificará en sí mismo, y en seguida le glorificará*" (Juan 13:31-32); y también: "Le *he* glorificado, y le glorificaré otra vez" (Juan 12-28).

En 7:24 Pablo exclama: "¡Miserable de mí! ¿Quién me librará de este cuerpo de muerte?" La respuesta a esta pregunta es el agradecimiento: "Gracias doy a Dios, por Jesucristo Señor nuestro". Sólo en esta yuxtaposición de la pregunta y la respuesta tenemos una expresión acertada de la situación del cristiano aquí en la Tierra. En el capítulo 8 esto se examina más detenidamente. Aquí se nos muestra que el cristiano sigue viviendo aún en el "cuerpo de la muerte", sujeto a "las aflicciones del tiempo presente"; todavía tiene que gemir y esperar la adopción, la redención de su cuerpo. Mas en medio de todo esto está "libre de la muerte", por Cristo y participa ya en la glorificación que será consumada en la eternidad. Por consiguiente, en medio de las aflicciones de este tiempo puede dar gracias a Dios y alabarlo por la victoria ya concedida. A pesar de hallarse todavía en este cuerpo de muerte, Pablo, en 1 Cor. 15:57, puede decir: "Gracias sean dadas a Dios, que nos da la victoria por medio de nuestro Señor Jesucristo". Así también cierra el capítulo 8 con una jubilosa acción de gracias a Dios por la victoria sobre todos los poderes de perdición, que nos ha sido concedida por el amor de Dios en Cristo Jesús, nuestro Señor.

4. Conclusión: La victoria por medio del amor de Dios en Cristo 8:31-39

En la segunda parte de su epístola a los Romanos (caps. 5-8) Pablo se propuso demostrar qué significa la afirmación de que el que cree en Cristo "*vivirá*". Mostró que por medio de Cristo somos libres de todos los poderes de perdición que retenían en servidumbre a la humanidad antigua. Mostró también cómo uno tras otro dichos poderes perdieron su fuerza, hasta llegar al "último enemigo", *la muerte,* en el capítulo 8. Con la derrota de la muerte se ha revelado la vida en todo su poder ὁ δίκαιος ἐκ πίστεως ζήσεται, "el justo por la fe vivirá". Le ha sido dada la vida por Jesucristo, nuestro Señor.

Ahora Pablo ha llegado al final de esta presentación y puede resumir el resultado. Si antes trató por separado y más detenidamente cada una de las preguntas, ahora puede resumirlas todas en una visión total de lo que nos ha sido dado en Cristo. Prorrumpe, pues, en una jubilosa alabanza del amor divino en Cristo, quien nos dio una victoria tan sobremanera gloriosa.

"¿Qué, pues, diremos a esto? Si Dios es por nosotros ¿quién contra nosotros?" Pablo ha mostrado plenamente en lo que antecede que existen muchos poderes listos para oponerse al cristiano. Mas también ha demostrado que esos poderes nada pueden; lo mismo que todo lo demás, ellos deben obrar juntamente para el bien del cristiano. La razón de que así sea es que Dios está por nosotros. Y ese estar a favor nuestro de Dios no sólo significa que su disposición para con nosotros es benevolente. Significa asimismo y ante todo que está de nuestra parte en lo que hace. Dios ha obrado en beneficio nuestro al dar a su propio Hijo por nosotros. Esto es amor de hecho y de verdad. Y ahora Pablo puede agregar: "El que no escatimó ni a su propio Hijo, sino que lo entregó por todos nosotros, ¿cómo no nos dará también con él todas las cosas?". Con Cristo nos ha dado *todo.* Debe notarse que Pablo habla sirviéndose de expresiones universales, de palabras que excluyen toda limitación. Ninguna condenación hay para aquellos que están en Cristo; ningún poder se nos puede resistir; nadie puede acusarnos; nadie puede separarnos del amor de Cristo. Todo nos es dado por Cristo; a los que aman a Dios, todas las cosas les ayudan a bien; en todo lograremos una victoria avasalladora gracias a Aquel que nos amó.

Pablo sigue preguntando: "¿Quién acusará a los escogidos de Dios?". El acusar a los escogidos de Dios es una empresa condenada al fracaso. El que la emprende lucha contra Dios mismo. No se nos opone a nosotros sino al propósito eterno de Dios, θεὸς ὁ δικαιῶν, "Dios es el que justifica"; y cuando Dios se dispone a ejecutar su propósito eterno ¿quién puede impedirlo? El hecho de que todo cuanto le acontece al cristiano aquí en este mundo tenga su causa en la eterna voluntad de elección de Dios, trasmite una sensación de seguridad infinita.

Otra pregunta: "¿Quién es el que condenará?". Para los que están en Cristo no hay condenación. Todo lo que Cristo hizo tuvo el propósito de liberarnos de la condenación. Su muerte tuvo ese propósito, y más aun su resurrección (cf. 5:10). Y ese mismo Cristo que nos defendió mientras vivió aquí en la tierra; el mismo Cristo que cargó con nuestro pecado y estuvo sujeto a nuestra maldición, ahora está en lugar nuestro ante Dios: "Está a la diestra de Dios, el que también intercede por nosotros".

Y finalmente una cuarta pregunta: "¿Quién nos separará del amor de Cristo? ¿Tribulación, o angustia, o persecución, o hambre, o desnudez, o peligro, o espada?". Una vez más Pablo remonta sus pensamientos a "las aflicciones del tiempo presente". Tan lejos están éstas de poder separarnos de nuestra comunión con Cristo que ésta encuentra su expresión precisamente en ellas. Porque el cristiano está incorporado con Cristo en la participación en el sufrimiento y la muerte. Por esta razón Pablo puede aplicar al cristiano las palabras del salmo: "Pero *por causa de ti* nos matan cada día" (Salmo 44:22). Si se trata de un sufrimiento "por Cristo" y "con Cristo", sólo puede contribuir a aumentar nuestra comunión con él.

En toda la incertidumbre que caracteriza a esta vida terrena, hay algo que es absolutamente firme y seguro, a saber, la elección por parte de Dios y el amor de Cristo. Ambas cosas son igualmente eternas e inalterables. En esta segunda parte de la epístola Pablo ha hablado efusivamente acerca de los poderes, los δυνάμεις, que gobiernan en este mundo, y de la libertad del cristiano frente a los mismos. Cuando para terminar echa ahora una mirada retrospectiva a esos poderes, lo hace tan sólo para señalar cuan *avasalladora* es la victoria sobre esos poderes que Dios nos ha dado en Cristo. Una vez vencida la muerte, "el último enemigo", el dominio de los poderes de perdición queda definitivamente derrocado. Ningún poder, ningún dominio (δυνάμεις, ἀρχαί) ni este mundo ni el mundo venidero, ni nada creado —sea lo que fuere— pueden separarnos del amor de Dios en Cristo Jesús, Señor nuestro.

"En Cristo Jesús Señor nuestro" —con estas palabras concluye el capítulo octavo, lo mismo que los tres capítulos anteriores—. Por el hecho de que El ha llegado a ser nuestro Señor, todos los demás poderes han perdido su dominio. "En El" nos ha sido dada *la vida*, la vida del nuevo eón.

TERCERA PARTE

LA JUSTICIA DE LA FE NO ESTÁ CONTRA LA PROMESA DE DIOS

9:1-11:36

Parecería que en las primeras dos partes de la epístola Pablo hubiera agotado por completo el tema que empezó en 1:17: "El justo por la fe vivirá". En los primeros cuatro capítulos traza la imagen del que es "justo por la fe", y en los cuatro capítulos siguientes muestra lo que significa decir que éste "vivirá". El curso del pensamiento se ha desarrollado con máximo rigor y aparentemente no habría lugar en este contexto para más preguntas. Por tanto podría esperarse que Pablo terminara la carta en la forma usual: con exhortaciones. Pero no es así. En lugar de ello introduce una nueva parte principal que en tres amplios capítulos, 9-11, trata de la reprobación de Israel.

¿Qué lugar ocupa esta parte en la unidad de la epístola? ¿Trátase tan sólo de un excurso o de un apéndice agregado sin relación directa con el tema sobre el que versa la carta? ¿O tiene alguna función determinada dentro del contexto general?

Ha habido mucha incertidumbre acerca de este punto. Por lo general se ha creído que motivos más personales que objetivos fueron los que indujeron a Pablo a emprender la discusión del problema del rechazo de Israel. Se cree que, aparte del tema que acaba de tratar, había otra cosa que preocupaba a Pablo de manera especial, y que no podía reprimir por más tiempo. Para Pablo, judío cristiano, la idea de la reprobación de su propio pueblo sería un pensamiento insoportable, y ahora, una vez tratado su tema principal, no puede evitar el enfrentar este nuevo tema. Para él, personalmente, ese problema debe haber sido ineludible, pero en verdad nada tiene que ver con el tema principal de la carta. En apoyo de esta hipótesis se han señalado las palabras muy personales con que introduce esta parte (9:1-3). Pablo mismo declara que esa pregunta le había causado "gran tristeza y continuo dolor" y que hasta deseaba ser separado de Cristo por sus hermanos según la carne.

Además de la dificultad de ubicar esta parte en el contexto del conjunto se presentaba la complicación de definir con exactitud su contenido. ¿Qué quiere enseñarnos el apóstol en los capítulos 9-11? Bastará con recordar aquí tres conocidas respuestas a esta pregunta. 1) Se afirma que en estos capítulos Pablo expone su *doctrina de la predestinación*. Algunos han llamado a esta parte de la epístola simplemente el *locus classicus de praedestinatione*. 2) Se afirma que contienen *la teodicea de Pablo*. 3) Se sostiene que contienen su *filosofía de la historia*.

Todas estas respuestas son igualmente erróneas. 1) El *locus clax-sicus de praedestinatione* está en 8:28-30. Es allí donde nos encontramos con el concepto que tiene Pablo de la eterna elección de Dios, su realización en el tiempo y su consumación en la gloria. Si para la exposición de la doctrina de la predestinación de Pablo tomamos como punto de partida los capítulos 9-11, obtenemos una imagen falsa. 2) Pablo no tiene teodicea alguna. Nada más lejos de él que defender a Dios ante el tribunal de la razón humana, pues esto casi equivaldría a disputar con Dios. La idea de la teodicea pertenece a un mundo de pensamiento completamente distinto al de Pablo. A él jamás se le hubiera ocurrido llamar a cuenta a Dios; y tampoco trataría de defenderlo, como si las acciones de Dios necesitasen de una defensa ante los hombres. Frente a quienes pretenden pedir cuentas a Dios, él se contenta con recordarles que Dios es Dios y ellos son hombres. Toda teodicea es una blasfemia. Intentar defender la acción de Dios significa atacarlo en su divinidad. Concebir esta parte de la carta como un intento de teodicea, una justificación del modo de actuar de Dios, significa cerrar el camino a la comprensión de la misma. 3) No menos erróneo es afirmar que Pablo expone aquí su filosofía de la historia. Porque él nunca se dedicó a hacerlo en el sentido corriente. Cuando introduce esta parte en su exposición no lo hace para ofrecer una visión histórica comprensiva de cómo Dios conduce el mundo y encamina lo que en éste acontece hacia su meta. Lo hace por razones enteramente distintivas. La cuestión de la reprobación de Israel tiene un significado mucho más vital que el de simple punto de partida de una especulación histórica-filosófica.

Bajo tales circunstancias nuestro primer deber ha de ser investigar si pese a todo lo que se diga en contrario, esta tercera parte no constituirá también una parte orgánica del mensaje total de la epístola, y si no tiene una función muy definida que cumplir en la unidad de la misma. Una indagación más detenida muestra que efectivamente es así.

En lo que antecede Pablo ha hablado de cómo Dios nos dio a Cristo y por medio de él vino el nuevo eón. El nuevo eón es *la era del cumplimiento*, puesto que *todas las promesas de Dios se han realizado en Cristo*. "Todas las promesas de Dios son en él Sí, y en él Amén" (2 Cor. 1:20). Pero ahora se plantea una cuestión vital: las promesas habían sido dadas a *Israel*. ¿Qué ventaja extraordinaria no había concedido Dios a ese pueblo? Lo había elegido de entre todas las naciones afirmando: "Israel es mi hijo, mi primogénito" (Ex. 4:22). Desde el propiciatorio, el lugar de la presencia clemente de Dios entre su pueblo, había revelado su δόξα, su gloria (ver pág. 156). Con Israel había convenido y renovado su pacto. La ley y el culto del templo eran otras pruebas de la elección especial de Israel. A esto se añaden todas las promesas que señalaban a Aquel que había de venir. Y, finalmente, la ventaja suprema: de Israel habría de venir el Cristo, el Salvador del mundo. Todo esto lo resume Pablo en las palabras siguientes: "son israelitas, de los cuales es la adopción, la gloria, el pacto, la promulgación de la ley, el culto y las promesas; de quienes son los patriarcas y de los cuales, según la carne, vino Cristo, el cual es Dios sobre todas las cosas, bendito por los siglos. Amén" (4-5).

¿Por qué aduce Pablo todas estas prioridades de Israel? Para hacer realmente grande e incomprensible el enigma de su reprobación. ¿Cómo era posible que ese Israel al cual Dios había dado tantas ventajas fuera ahora reprobado? Más difícil aun resulta comprender que la reprobación tuviera lugar en el instante preciso en que Dios estaba por cumplir sus promesas en Cristo. Pablo se enfrenta aquí con el mismo hecho que el Evangelio según Juan expresa de esta manera: "A lo suyo vino, y los suyos no le recibieron" (Juan 1:11). Pero para Pablo la situación es más grave aun: Israel no sólo rechaza a su Mesías, sino que con ello parece perder las promesas de Dios. Aquí se trata no solamente de la infidelidad humana *sino también de que las promesas de Dios parecen haber perdido su validez*. Ya antes en nuestra epístola Pablo ha tocado esta cuestión a saber en 3:3-4. Allí formuló la pregunta: "¿Su incredulidad habrá hecho nula la fidelidad de Dios?" y la contestó así: "De ninguna manera, antes bien sea Dios veraz, y todo hombre mentiroso". Precisamente en la infidelidad del hombre glorifica Dios su fidelidad. Pero ¿no queda ahora refutada esa idea por la realidad? Porque la realidad habla de la reprobación de Israel a causa de su infidelidad. ¿No significa ello que Dios ha renovado las promesas dadas a los padres? Al parecer Pablo se encuentra aquí en un dilema insoportable, teniendo que elegir entre dos alternativas: O vale el evangelio anunciado por él, es decir, la justicia de la fe revelada por Cristo, *o* la verdad y fidelidad de Dios. ¿Es la justicia de la fe realmente contraria a las promesas divinas, de modo que con ella queda revocada la promesa dada con anterioridad? Si fuera así, ello significaría una verdadera catástrofe para toda la predicación de Pablo. Si ella significara que Dios falta a sus promesas en el momento mismo en que está por cumplirlas ¿no sería eso la refutación más manifiesta de toda la predicación de Pablo? Mientras esta cuestión no esté resuelta, queda pendiente todo lo que antecede.

Basándonos en lo expuesto, podemos afirmar que de ninguna manera los capítulos 9-11 pueden considerarse como una digresión del tema o como un apéndice accidental sin una relación orgánica con el mensaje principal de la epístola. Por el contrario, el párrafo constituye una parte esencial en la carta y cumple una función definida y necesaria en su contexto total. Nuestra tarea es mostrar que no hay contradicción entre la justicia por la fe y las promesas de Dios. Mientras haya alguna apariencia de tal contradicción, el evangelio de Pablo tendrá un aspecto problemático.

Después de comprobar así que Pablo tuvo que ocuparse de ese tema por una necesidad muy sustancial, hemos de agregar asimismo que también está interesado en el problema en un sentido muy personal. Pablo siente profundamente con y por su pueblo y le importa destacar su sentimiento también en esta relación. De otro modo se podría haber creído que después de haber recibido el mandato de ser el apóstol de los gentiles ya no lo movía una estrecha solidaridad con Israel, y podía mirar con indiferencia su reprobación. Pablo no admite tal pensamiento. Por esto afirma —corroborándolo con la invocación del testimonio del Espíritu Santo— que la suerte de su pueblo es para él fuente de profunda tristeza e incesante angustia. Llega a declarar que preferiría ser separado de Cristo y reprobado si con eso pudiera servir a sus "hermanos", sus parientes según la carne. Y no se trata de pura jactancia, sino de la expresión sincera de su íntimo sentimiento de solidaridad con su pueblo. Es una expresión dictada por su disposición —nacida del amor— a la entrega extrema de sí mismo, siempre que ella pueda servir a la redención de sus hermanos. En Éxodo 32:32 Pablo había leído que Moisés rogó por su pueblo amenazado con la reprobación por el Señor: "Perdona ahora su pecado, y si no, ráeme ahora de tu libro que has escrito". Una solidaridad parecida es la que también Pablo siente para con sus compatriotas a quienes llama "hermanos". Por lo general, "hermanos" es el nombre usado para indicar la unidad de los cristianos. Al aplicarlo ahora a los miembros de Israel, Pablo expresa su solidaridad para con ellos. Pero en seguida añade que se trata de un parentesco κατὰ σάρκα, "según la carne". Lo mismo vale también en cuanto a la vinculación de Cristo con Israel: κατὰ σάρκα, "según la carne" pertenece al pueblo israelita; mas κατὰ πνεῦμα, "según el Espíritu", es "Dios sobre todas las cosas, bendito por los siglos".

Respecto a la última frase citada (ὁ ὢν ἐτι πάτων θεὸς εὐλογητὸς εἰς τοὺς αἰῶνας, ἀμήν, v. 5), ha habido diversas opiniones. Desde el punto de vista lingüístico resulta muy natural considerar estas palabras como una referencia a Cristo, de quien Pablo acaba de hablar. En contra de esta concepción se ha objetado que entonces este sería el único lugar en que Pablo aplica directamente el nombre de Dios a Cristo. Para vencer tal dificultad se ha propuesto poner un punto después de la referencia a Cristo como oriundo de Israel según la carne, y conceptuar la frase siguiente como una doxología autónoma, dirigida a Dios. El sentido sería entonces el siguiente: "De los cuales, según la carne, vino Cristo. Dios que es sobre todas las cosas, sea bendito por los siglos. Amén." Pero aun prescindiendo de lo extremadamente artificial de tal intento de interpretación, no se puede menos que objetar que la suposición en que se funda es endeble, a saber, la afirmación de que éste es el único pasaje en que Pablo habla directamente de Cristo como Dios. No es así. Pablo sabe que Dios ha exaltado a Cristo y le ha dado "el nombre que es sobre todo nombre". Dios ha dado el nombre que no corresponde a nadie sino a Dios: el nombre SEÑOR, Κύριος (Fil. 2:9-11; cp. antes, pág. 52. Así ha quedado superado cualquier motivo que pudiera inducirnos a prescindir en el versículo 5 de la interpretación lingüísticamente más lógica.

En consecuencia, en esta tercera parte de la epístola Pablo se propone demostrar que la justicia de la fe no es contraria a las promesas de Dios. A tal efecto presenta tres argumentos principales. 1) Dios mismo, que es soberano, ha dado las promesas. Por lo tanto todo depende de quiénes son "los hijos de la promesa" escogidos por él. Cuando dio sus promesas, Dios decidió que fuera para quienes creyeran en Cristo. 2) Cuando Israel, contraviniendo esta resolución, busca la justicia por el camino de las obras, causa con ello su propia reprobación. 3) Sin embargo, esta reprobación no es final y definitiva. Precisamente mediante esta reprobación Dios establece las presuposiciones para la redención definitiva de Israel.

De acuerdo con esta línea de pensamiento la exposición se divide en tres partes: 1) Las promesas pertenecen solamente a los que creen (9:6-29). 2) El rechazo de Israel se debe a su propia culpa (9:30-10:21). 3) El rechazo es el camino que conduce a la redención definitiva de Israel (11:1-36).

1 | LA PROMESA SÓLO PARA LOS CREYENTES
9:6-29

1. EN LA MISMA PROMESA DIOS MUESTRA SU SOBERANÍA 9:6-13

Dos cosas son inconmovibles para Pablo: 1) Que Dios ha dado sus promesas a Israel y jamás las quebranta: y 2) que esas promesas de Dios se han cumplido ahora en Jesucristo.

Ahora bien: ¿cómo concuerdan estas dos cosas con el hecho evidente de que Israel como pueblo rechazó a Cristo y por esta razón ha sido rechazada por Dios? ¿No equivale casi a que Dios hubiera revocado sus promesas, al menos en cuanto a Israel? Y mientras habla de las grandes ventajas con que Dios había bendecido a Israel, Pablo se ve obligado al mismo tiempo a expresar sus sentimientos de "gran tristeza y continuo dolor" por la suerte actual de Israel. ¿No equivale esto a un reconocimiento de que Dios ha revocado su promesa a Israel? Pero él rechaza enérgicamente todo pensamiento de esta índole: "No que la palabra de Dios haya fallado". El no quiere que se interpreten así sus palabras. Sería un error. Las promesas dadas a Israel son por cierto inamovibles. Pero, afirma Pablo, "no todos los que descienden de Israel son israelitas". Es preciso distinguir el "Israel según la carne" del "Israel según el espíritu". Sólo al último, al Israel espiritual, le han sido dadas las promesas. Pero ahora el Israel carnal trata de apropiárselas y aprovecharlas con el fin de hacer reclamos a Dios. Sostienen que pertenecen al pueblo propio de Dios, porque son hijos de Abraham. Pero Pablo no admite esto. *A las exigencias del hombre opone la soberanía de*

303

Dios. El hombre cree que puede plantear reclamos a Dios, basándose en sus promesas; piensa que puede así obligarlo. Cuando precisamente en las promesas se manifiesta la soberanía de Dios; ellas muestran que él está por encima de toda exigencia del hombre.

¿Pero qué significa el hecho de que Dios sea soberano en sus promesas? No significa que les dé una validez general, y que las cumpla o deje de cumplirlas según lo determine el curso general de los acontecimientos, significa que: al dar sus promesas, resuelve él mismo con plena libertad, para quiénes tendrán validez. Pablo lo explica recordando cómo procedió Dios al dar sus promesas a Abraham y los patriarcas. Cuando dio la promesa a Abraham y su simiente, hubiera sido fácil suponer que se aplicaría a todos cuantos descendiesen de él. Esto era lo que creían los judíos. Puesto que eran hijos de Abraham, sostenían que sin lugar a dudas la promesa les pertenecía. Pero no —"no por ser descendientes de Abraham, son todos hijos"—, dice Pablo. Desde el punto de vista natural se podría opinar que la promesa era tan válida para Israel como para Isaac, pues los dos eran hijos de Abraham. Pero Dios concede la promesa a Isaac: "En Isaac te será llamada descendencia" (Gen. 21:12). Ya al dar su promesa Dios mostró que existe una diferencia entre los nacidos según la carne y los nacidos según la promesa (Gal. 4:23). Por lo tanto no fue en virtud de ser descendiente natural de Abraham que Isaac heredó su bendición, sino debido a una promesa especial de Dios; sólo así llegó a ser "hijo de la promesa". No llegó a serlo por sí mismo, sino porque Dios quiso hacerlo. De este ejemplo concreto deduce Pablo ahora el principio fundamental: "No los que son hijos según la carne son hijos de Dios, sino que los que son hijos según la promesa son contados como descendientes".

Sería natural que la promesa valiera para Isaac y sus descendientes. Sin embargo no es así —ya en la generación siguiente se hace evidente que implica una acción selectiva por parte de Dios; y es imposible señalar una cualidad humana que pudiera ser la razón de la elección. En el caso de Isaac se podría buscar la causa de su elección en la ventaja que tenía por ser hijo de una mujer libre, mientras que Ismael era "hijo de una sierva". Pero al pasar Pablo ahora a la elección de Jacob en lugar de Esaú no se puede aplicar tal idea. Vemos cómo se empeña Pablo por eliminar cualquier factor que pudiera servir de fundamento a la elección. Los dos niños tenían el mismo padre y la misma madre; eran mellizos; su posición era la misma en todo sentido, de modo que nada puede aducirse para fundamentar una diferencia entre ellos. Además la palabra divina que determinaría su destino fue pronunciada cuando "no habían aún nacido, ni habían hecho aún ni bien ni mal". Pero a pesar de las condiciones de igualdad el resultado fue tan distinto que la Escritura dice: "A Jacob amé, mas a Esaú aborrecí" (cf. Mal. 1:2 sigtes.). ¿Por qué esta desigualdad? Pablo responde: "Para que el propósito de Dios conforme a la elección permaneciese, no por las obras sino por el que llama" (v. 11).

Resumiendo, podemos decir que Dios es soberano en sus promesas; las da a quien quiere sin permitir que nadie le prescriba reglas para ello. Así pues, en ejercicio de esa soberanía, aun antes de dar la promesa, la reservó para el Israel espiritual, el Israel κατὰ πνεῦμα. Con otras palabras, la promesa estaba destinada a los creyentes. Fe y promesa son inseparables; esto ya Pablo lo ha dicho antes. En 4:16 dice: "Por tanto, es por fe, para que sea por gracia, a fin de que la promesa sea firme" (cf. antes, pág. 150 sigte.). En consecuencia, la justicia de la fe, lejos de ser contraria a la promesa, es precisamente la presuposición necesaria sobre la cual se basa la promesa. Pues sólo la justicia de la fe es la que lo basa todo en la libre misericordia de Dios. La fe es el atenerse a la promesa de Dios; por ello, sólo aquel que cree es "hijo según la promesa", τέκνον τῆς ἐπαγγελίας.

2. La soberanía de Dios en la misericordia y en la ira 9:14-29

Mediante los ejemplos aducidos Pablo ha mostrado que en nuestra relación con Dios todo se fundamenta en su voluntad y elección y nada en nuestras obras. "No por las obras, sino por el que llama", así pudo resumir en el versículo 11 el resultado final de su exposición precedente. El hecho de que Dios eligiera a Abraham, Isaac y Jacob, y les diera la promesa, no dependió de las condiciones personales de ellos; Jacob ni había nacido siquiera cuando Dios lo eligió y le dio su promesa. Esa elección estuvo basada exclusivamente en la benigna voluntad divina. Esto es de la naturaleza misma de la gracia y la promesa. Si dependiera de cualquier otra cosa que de Dios y la libre elección de su voluntad, la gracia no sería gracia y la promesa no sería promesa.

Ahora bien: cuando todo queda de esta manera en las manos de Dios, la razón humana se levanta declarando que eso no es justo. ¿Puede ser justo no tomar en cuenta el carácter y las obras del hombre? ¿No es cierto que en un orden del mundo justo, precisamente esto y no la arbitraria decisión de Dios debería decidir el destino del hombre? Pablo sabe que se le formulan éstas y otras preguntas y les opone las palabras siguientes: "¿Será injusto Dios?". Aquí como en 3:5 el apóstol habla a la manera de los hombres. Y aquí como allí rechaza la pregunta con la frase "De ninguna manera". Su respuesta implica dos cosas. En primer lugar, rechaza toda idea de injusticia con referencia a Dios. En la obra de Dios no existe incongruencia ni arbitrariedad. De lo que se trata es de cómo se manifiesta la justicia divina, la δικαιοσύνη θεοῦ. En esta relación no queda lugar para una ἀδικία, una injusticia. Pero además, la frase "De ninguna manera" encierra un hecho más fundamental. Pablo no sólo da una respuesta negativa a la pregunta, sino que niega que sea propio formularla.

La pregunta planteada acusa una afinidad bastante estrecha con la cuestión tradicional de la teodicea. Por ello es de sumo interés observar cómo Pablo, con su respuesta rechaza por completo la cuestión. Hubiéramos esperado que ahora que se le ha formulado la pregunta hubiera presentado una serie de argumentos en defensa de la justicia de Dios. Empero no hay vestigios de ello. Pablo nos da la impresión de que el problema de la teodicea sencillamente no existe para él —y por buenas razones. Porque toda teodicea encierra un error fundamental: mide a Dios según normas humanas, pero cuando se intenta juzgar el proceder de Dios con las normas del hombre, el resultado no puede ser sino que hasta la bondad de Dios aparece como una injusticia.

Pablo procede de un modo completamente distinto. Al verse confrontado con el problema de la justicia o injusticia del proceder de Dios no se aviene a discutir al nivel de la pregunta. Simplemente *la rechaza*. Pero luego *demuestra* que aquello que nos escandaliza está en un todo conforme a la manera en que Dios ha procedido siempre. La Escritura lo atestigua porque Dios dice a Moisés: "Tendré misericordia del que tendré misericordia" (cf. Éx. 33:19). Dios es absolutamente libre y soberano en su misericordia. Nadie puede exigirla, ni es capaz de adquirirla mediante sus obras. Sólo se la puede recibir como un don de Dios voluntariamente otorgado. Si la misericordia de Dios se basara en el carácter del hombre no sería realmente misericordia, "Así que no depende del que quiere, ni del que corre, sino de Dios que tiene misericordia. La misericordia de Dios, depende de la misericordia de Dios, es decir, para explicarla no puede indicarse otra causa que no sea ésta: Dios quiere ser misericordioso. Para el amor de Dios no hay otra explicación que la de que él ama y que "él mismo es amor".

Pero si Dios en su misericordia es soberano, de modo que la da a quien quiere dársela, ello implica por otra parte, que también puede negarla. De no ser así, el amor y la misericordia de Dios no serían libres. Serían otorgados al hombre por decirlo así, por una necesidad natural, como si Dios no pudiera proceder de otra manera. El hecho de que "Dios tendrá misericordia del que tenga misericordia" es sólo un lado del asunto; no se puede separarlo del lado: "Al que quiere endurecer, endurece" (v. 18). También respecto a esto la Escritura dice al Faraón: "Para esto mismo te he levantado, para mostrar en ti mi poder, y para que mi nombre sea anunciado por toda la tierra" (cf. Ex. 9:16). Cuando los hombres se levantan como adversarios de Dios, creen obrar por su propia autonomía y con ella limitar el poder de Dios y desbaratar sus planes. Pero en todo esto Dios los tiene en sus manos omnipotentes. Los endurece tal como hizo con Faraón. Porque aun en esa situación no pueden hacer otra cosa que desempeñar el papel que Dios les ha asignado en su plan del mundo. Porque allí no hay lugar no sólo para los "vasos de misericordia" que él por su propia elección ha preparado para su gloria, sino también para los "vasos de ira" preparados para la condenación. Todos tienen que servir a su propósito, de una manera u otra. Dios tiene servidores de las más distintas clases; algunos le sirven de corazón, pero otros contra su voluntad deben ser obligados a servirle. Esto lo demuestra el ejemplo del Faraón. Cuando se endureció contra Dios creyó frustrar su voluntad. Pero Dios lo había despertado precisamente para demostrar en él su poder. Pablo habla completamente en serio al afirmar que es Dios el que endurece. Ya hemos encontrado un pensamiento parecido en 1:24, 26, 28, donde se afirma que Dios entrega al hombre al pecado. Es cierto que cuando el hombre anda en pecado, lo hace por su propia decisión, pero a la vez la ira de Dios lo entrega a él (cf. antes pág. 97 y sgts.). Cuando el hombre endurece su corazón contra Dios, es Dios quien lo endurece para "mostrar su ira y hacer notorio su poder" en los vasos de la ira. Luego no hay límites para la soberanía de Dios; ella se revela en su misericordia como también en su ira. En ambos casos es su voluntad la que se impone victoriosa. "De quien quiere, tiene misericordia, y al que quiere endurecer, endurece".

Pero si es así, si todo depende de la voluntad y de la soberanía de Dios, surge otra pregunta: ¿Dónde queda entonces la responsabilidad del hombre? ¿Puede culpársele de algo? Pues si es la voluntad de Dios la que se esconde detrás de todo: "¿Por qué, pues, inculpa? Porque ¿quién ha resistido a su voluntad?". Una vez más vemos aquí que Pablo plantea el problema no para contestarlo, sino para disolverlo. Nos gustaría oír la explicación de Pablo a las inmemoriales preguntas de cómo se relaciona la omnipotencia y soberanía de Dios con el libre albedrío del hombre, o cómo se concilia el plan eterno de Dios con la idea de culpa y responsabilidad del hombre. Pero en vano se busca en Pablo una respuesta a tales preguntas. Ello no se debe a que no las haya examinado minuciosamente, sino a que por principio tiene que rechazarlas como injustificadas. Detrás de ellas se oculta una dialéctica que él rechaza. Los hombres piensan que si todo está en manos de Dios y depende de su voluntad, nada le resta hacer al hombre; luego ya no se puede hablar de su culpa y su responsabilidad. Pablo no admite tal alternativa. Puede afirmar ambas cosas al mismo tiempo: el rechazo de Israel tiene su causa en la soberana resolución de Dios; pero en el párrafo siguiente dice que Israel es responsable por su rechazo. ¿Dónde está el error de los hombres cuando tratan de contestar preguntas como las formuladas? En que se trata de establecer un equilibrio entre el papel de Dios y el del hombre. Lo cual significa colocar a Dios en el mismo plano con el hombre. Por lo tanto, todo intento de dar una respuesta teórica a esas preguntas contiene a la vez un ataque a la divinidad de Dios. No es nada extraño pues, que Pablo se niegue a contestarlas. Su única respuesta consiste en colocar a Dios en el plano divino y al hombre en el terreno. "Mas antes, oh hombre, ¿quién eres tú, para que alterques con Dios? ¿Dirá el vaso de barro al que lo formó: ¿Por qué me has hecho así? ¿O no tiene potestad el alfarero sobre el barro, para hacer de la misma masa un vaso para honra y otro para deshonra?

Por naturaleza hay algo incongruente en el intento del hombre de enfrentar a Dios y llamarlo a juicio. ¡El hombre contra su Creador! ¡El hombre que en las manos de Dios es como el barro en las del alfarero! Pablo le recuerda al hombre quién es *él* y quién es *Dios,* y con ello le enseña que el intento de altercar con Dios es tan insensato como el de defenderlo. No queda lugar para ninguna idea de teodicea. Esta idea queda desvirtuada con sólo señalar la inescrutable elección de Dios. Una teodicea supone que el *hombre* está en el centro. La predestinación muestra que esto es erróneo. La significación principal del concepto de predestinación es que coloca a Dios en el centro, como corresponde.

El *concepto de predestinación* es la idea más teocéntrica que existe. Cuando se ve claramente que la redención del hombre no depende de sus propias obras o sus esfuerzos, sino única y exclusivamente del hecho de que a Dios le ha placido sacarlo de esta era de muerte y colocarlo con Cristo en la nueva era de la vida de la resurrección, entonces se hace evidente que en realidad todo se debe a *la libre gracia de Dios,* Con ello todas las pretensiones humanas quedan rechazadas. No se trata de lo que el hombre es o hace, sino de lo que Dios hace con él.

Pero también esta idea, que expresa mejor que ninguna otra, la soberanía de Dios, puede ser tergiversada en un sentido egocéntrico. Esto ocurre cuando dirigimos nuestra atención más al hombre y su suerte que a la obra de Dios; cuando interpretamos la predestinación desde abajo, por así decirlo. Esto es darle un sentido completamente distinto del que Pablo le da. Es convertirla en una teoría especulativa acerca de cómo unos son redimidos y otros condenados. Lo cual significa transformarla diametralmente en lo contrario. En lugar de renunciar a toda especulación de esa índole, dado que el asunto está íntegramente en las manos de Dios, se la convierte en un intento de parte del hombre de penetrar en los misterios de la majestad divina. Si la idea de una teodicea significa bajar a Dios al nivel del hombre para defenderlo ante el tribunal de la razón humana, un concepto tan cambiado y tergiversado de la predestinación significa que el hombre se cree capaz de remontarse al plano de Dios y examinar sus pensamientos y propósitos. Para usar la acertada expresión de Lutero, es un intento del hombre de "treparse hacia arriba, hacia la majestad divina"; es una "especulación con la majestad", que le está prohibida al hombre. Semejante idea de predestinación no es otra cosa que un ataque a Dios. Cuando la predestinación se concibe como una doctrina que limita el alcance de la gracia, es una adulteración. La grande y legítima tarea de la idea de la predestinación es la de asegurar contra toda pretensión humana que la gracia de Dios es realmente libre gracia, concedida por Dios. Pablo no va más allá de esto y tampoco nosotros debemos hacerlo. La idea de Pablo sobre la predestinación no es una teoría que resuelve los enigmas de esta vida; es una expresión de la fe que pone la vida y sus problemas insolubles en manos de Dios.

Dicho en pocas palabras, Pablo no intenta dar una contestación racional al problema de la teodicea, sino más bien disolver y rechazar esa clase de preguntas. El barro no alterca con el alfarero. El hombre no tiene el derecho de pedir razones a Dios. No puede adquirir la misericordia divina por medio de su buena conducta ni anular la voluntad divina por medio de su resistencia. El error tanto de la teodicea como de toda doctrina racional de la predestinación consiste en plantear precisamente las cuestiones que Pablo considera impertinentes y que deben ser rechazadas. Esto es lo que hace un verdadero concepto teocéntrico de la predestinación, al ponerlo todo en manos de Dios, sin reserva alguna.

En lo que antecede Pablo ha tomado ejemplos de la historia de Israel para mostrar cómo ha procedido Dios, tanto al elegir y dar sus promesas como al endurecer y reprobar los corazones de los hombres. En el primer caso Pablo tomó sus ilustraciones de la historia de los patriarcas; el ejemplo clásico de endurecimiento y reprobación es Faraón.

Ahora se ha de aplicar todo esto a la propia época de Pablo. En realidad fue un problema de sus días, el rechazo de Israel, lo que le hizo dar una mirada retrospectiva a la historia de las relaciones de Dios con su pueblo. Ahora vuelve al problema original, después de haber hallado en el pasado las categorías correctas para tratarlo. Y como el rechazo de Israel es lo que causa el problema, es natural que pase a primer plano lo que se había dicho del Faraón, su endurecimiento y su reprobación. Y con mucho acierto Pablo coloca los versículos 22-23 paralelamente al versículo 17. Según este último cuando Dios endureció a Faraón tuvo una doble intención y un doble resultado: 1) con ello Dios tuvo oportunidad de mostrar en él su poder, y 2) su nombre fue anunciado a todo el mundo. Este pensamiento caracterizará ahora la exposición de este problema.

Mientras dure esta era habrá siempre "vasos de misericordia" y "vasos de ira", unos al lado de los otros. ¿Por qué lo permite Dios? ¿Por qué no destruye los vasos inservibles? El tiene sus planes al ser indulgente con ellos y soportarlos con longanimidad. Como en su día Faraón, ahora Israel es un "vaso de ira". Y también ahora persigue Dios la misma *doble finalidad* con su reprobación. 1) Quiere mostrar su ira y revelar su poder. Israel no ha querido creer que Dios pudiera rechazar a su pueblo. El israelita se siente seguro porque pertenece naturalmente al pueblo de la propiedad de Dios. Pero ahora, debe experimentar en su persona y en su pueblo la revelación de la ira y del poder de Dios. 2) Pero Dios tiene otra intención; y esto es para Pablo lo más importante aquí: quiere hacer notorias las riquezas de su gloria en los "vasos de misericordia". Precisamente por el endurecimiento de Israel —por el hecho de haber rechazado Israel a su Mesías y haber sido rechazado a su vez— el evangelio ha sido propagado a todo el mundo y allí ha hecho "vasos de misericordia" de judíos y más aun de paganos.

Debemos prestar atención a esta combinación especialmente característica para Pablo, de la reprobación de Israel y la redención del mundo —un pensamiento al que retorna sobre todo en el capítulo 11—: "Su transgresión es la riqueza del mundo" (v. 12), "Su exclusión es la reconciliación del mundo" (v. 15). Las ramas naturales fueron desgajadas del árbol de Israel, para dar lugar a los gentiles (v. 19). Por la desobediencia de Israel los gentiles alcanzaron misericordia (v. 30).

En 9:22-23 tropezamos con una dificultad lingüística que no debemos pasar por alto. A primera vista parecería que esos versículos contienen solamente proposiciones accesorias cuya proposición principal faltaría. Ya Orígenes enfrentó esta dificultad y trató de resolverla mediante modificaciones del texto. Por lo general se ha resuelto la dificultad añadiendo arbitrariamente una interrogante final. Pero hay una posibilidad más sencilla, a saber, que el versículo 23 contenga la proposición principal. Este empieza con un καὶ, "y" fuertemente acentuado. El problema, pues, se reduce a que

Pablo no repite en la oración principal el verbo común para la proposición principal e incidental, puesto que éste figura ya en la oración subordinada. Tales abreviaciones no son raras en Pablo. Algunas son de naturaleza aun más torpe que la que nos ocupa. Por ejemplo en 4:16 que en su traducción literal reza: "por tanto por fe, para que por gracia, a fin de que la promesa sea firme" (cf. antes, pág. 151). Así como en este caso la ausencia de los verbos no despierta dudas respecto al sentido, tampoco en el pasaje que acabamos de tratar. En su forma más correcta los versículos 22-23 se pueden reproducir de la siguiente manera: "Si Dios, queriendo mostrar su ira y hacer notorio su poder, soportó con mucha paciencia los vasos de ira preparados para destrucción, lo mismo hizo para hacer notorias las riquezas de su gloria con los vasos de misericordia que él preparó de antemano para gloria".

Cuando Pablo contempla la situación de su propia época, ve dos cosas: 1) Un Israel que al menos en el presente está rechazado por Dios, debiendo ser denominado "vaso de ira". 2) Pero además encuentra que Dios se ha hecho nuevos "vasos de misericordia" con los judíos que han llegado a la fe y con las grandes multitudes de gentiles ganados por su predicación. Por consiguiente agrega inmediatamente la cláusula relativa del versículo 24: "a los cuales también ha llamado, no sólo de los judíos, sino también de los gentiles". La mayoría de Israel, pues, se ha convertido en "vasos de ira"; los demás, aquellos que creen en Cristo, ya sean judíos o gentiles, son "vasos de misericordia". Así lo ha dispuesto Dios en su voluntad soberana y su elección. Y habiendo resuelto esto de antemano respecto a nosotros, los cristianos, nos ha llamado a la fe.

Con esto llega Pablo a la primera respuesta a la cuestión planteada en el versículo 6, de si la justicia de la fe es contraria a la promesa de Dios. ¿Sería contradicha la promesa de Dios si la mayor parte de Israel fuera reprobada y sólo un remanente de Israel fuera aceptado, junto con los gentiles, como pueblo de Dios? Por el contrario ¿no es *precisamente eso* lo que pretendió la promesa? Los judíos se indignan porque sean llamados los gentiles. Insisten en que Israel —y sólo Israel— es el pueblo de Dios. ¿Pero qué dice la Escritura? "Llamaré pueblo mío al que *no* era mi pueblo, y a la no amada, amada. Y en el lugar donde se les dijo: 'Vosotros *no* sois pueblo mío', allí serán llamados hijos del Dios viviente" (cf. Os. 2:23; 1:10). Para el profeta estas palabras se refieren a los judíos; pero debido a su insistencia en que ellos pertenecían al pueblo peculiar de Dios, han perdido el derecho de invocar esta promesa que ahora corresponde a los gentiles. Los judíos pretenden que Israel debe ser redimido en su totalidad. ¿Pero qué dice la Escritura? "También Isaías clama tocante a Israel: "Si fuere el número de los hijos de Israel como la arena del mar, tan sólo el remanente será salvo". ¿Acaso no se ha cumplido ahora precisamente esto? El *remanente*, τὸ ὑπόλειμμα, se refiere a Pablo mismo y a aquellos de entre sus connacionales que con él han creído en Cristo. Y ni siquiera esto, el hecho de que un remanente será salvo, es algo que Israel pueda pretender por sí mismo. Todas las pretensiones humanas quedan aquí definitivamente excluidas. Dios lo ha ordenado de manera que no dependa de las obras del individuo (9:12), sino únicamente de la gracia de Aquel que llama, y el llamado de Dios no tiene otra razón que la libre misericordia divina. El hecho de que quede algún remanente depende íntegramente de la misericordia de Dios, puesto que "si el Señor de los ejércitos no nos hubiera dejado descendencia, como So-doma habríamos venido a ser, y a Gomorra seríamos semejantes". ¿Cómo habría podido Dios cumplir más ampliamente sus promesas que por medio de Cristo y el pueblo de Dios congregado alrededor de él, compuesto por un remanente de Israel junto con los gentiles llegados a la fe en Cristo?

2 | ISRAEL RECHAZADO POR SU PROPIA CULPA
9:30-10:21

Pablo distingue entre dos grupos de hombres: "vasos de ira" y "vasos de misericordia". Y ahora continúa preguntando: "¿Qué, pues, diremos?". O en otras palabras: "¿Qué resulta de ello con respecto a los judíos y los gentiles?". Anteriormente todos sin excepción eran "vasos de ira". En los primeros tres capítulos de la epístola, Pablo ha mostrado que todos, tanto gentiles como judíos, estaban bajo la ira de Dios. En 3:23 pudo resumir así el resultado de ese análisis introductorio: "Todos pecaron, y están destituidos de la gloria de Dios", ($\delta\delta\xi\alpha$ $\theta\epsilon o\hat{u}$). Pero en el mismo capítulo se dice también que "la justicia de Dios" se ofrece a *todos* sin distinción alguna. ¿Cuál es el resultado de este ofrecimiento? Que Israel es rechazado y los gentiles aceptados. Israel es un "vaso de ira", los gentiles llegan a ser "vasos de misericordia". Aun después que se ha revelado "la justicia de Dios" por Cristo, Israel está bajo la ira de Dios; los gentiles, en cambio, han obtenido la misericordia divina. Lo extraño no es tan sólo el hecho de que alguna vez Dios eligiera a Israel como su pueblo, sino, sobre todo, la circunstancia de que los judíos buscaran la justicia con todas sus fuerzas, mientras que los gentiles no se preocupaban por ella.

Cuando, en el capítulo 1, Pablo tuvo que calificar la situación de los *gentiles* lo hizo con una sola palabra: "injusticia", $\dot{\alpha}\delta\iota\kappa\iota\alpha$. Su vida se caracterizaba por la indiferencia frente a la justicia. No buscaban la voluntad de Dios, antes detenían la verdad con injusticia (1:18). Pablo no embellece la imagen de la vida pagana, sino que la expone tal cual es en realidad. La verdad le obliga a decir que los gentiles "no iban tras la justicia". Y sin embargo, Dios les dio parte en la justicia ahora revelada, "la justicia de la fe" ἡ δικαιοσύνη ἡ ἐκ πίστεως.

Los *judíos*, en cambio, se destacan por su manifiesto celo por la justicia. Este era el gran *pathos* de su vida. Realmente han corrido en pos de la justicia. Y ahora cuando Dios revela su justicia quedan excluidos. Se quedan sin justicia alguna. ¿Por qué? Porque la única justicia verdadera que existe es la justicia de la fe, ἡ δικαιοσύνη ἐκ πίστεως.

Por más que busque la justicia, Israel no puede alcanzarla, porque la busca por el camino de la ley. En 9:16 Pablo ha dicho que "no depende del que quiere, ni del que corre, sino de Dios que tiene misericordia". Esto se confirma aquí. Si dependiera de la voluntad o del celo del hombre, el resultado habría sido el opuesto. Entonces los judíos que perseguían la justicia la habrían alcanzado, y los gentiles que no se preocupaban por ella, habrían sido reprobados. Pero Dios procedió de un modo completamente opuesto.

Aquí podemos apreciar cuan estrechamente vinculados están estos dos pasajes, 9:6-29 y 9:30-10:21.

La gran pregunta que Pablo desea contestar en los capítulos 9-11 es si la justicia de la fe es contraria a la promesa de Dios. ¿No demuestra el rechazo de Israel que Dios ha revocado su promesa? La primera respuesta, contenida en 9:6-29 es ésta: Precisamente en su promesa muestra Dios su soberanía. Y en su soberanía Dios ha resuelto que la promesa es para los creyentes. Sólo ellos son "hijos de la promesa; solamente οἱ ἐκ πίστεως son τέκνα τῆς ἐπαγγελίας. Ahora bien: hay que prestar atención al hecho de que la soberanía de Dios se muestra ante todo en que él quiere dar. En consecuencia, lo que da debe ser recibido como un don de su misericordia. No permite jamás que el hombre se presente con exigencias; esto pugna contra su divina majestad. Su don sólo puede recibirse por fe. Inmediatamente agrega la otra respuesta, 9:30-10:21. Si Dios ha determinado que la justicia sea de aquellos que creen, y exclusivamente de ellos, es muy natural que Israel no pueda participar de ella, ya que la busca por el camino de la ley. Si Dios ha prometido dar su justicia en el este y ellos empujan con todas sus fuerzas hacia el oeste, todo su esfuerzo los aleja cada vez más de la justicia. Luego la reprobación de Israel se debe a su propia culpa.

Lo que en el momento actual sucede con Israel y los gentiles da motivo a Pablo para hablar —citando al profeta Isaías— de la piedra angular que se convirtió en piedra de tropiezo y de la piedra de tropezadero que se hizo piedra angular. Pablo combina aquí dos manifestaciones diferentes, a saber, Isaías 8:14 donde se habla de la roca que sería un "tropezadero para caer" para Israel, y 28:16 donde se dice que el Señor ha colocado en Sión una piedra angular preciosa sobre la cual su comunidad creyente ha de edificar. Desde antiguo esto se ha interpretado como una referencia al Mesías. Ahora la combinación de las dos manifestaciones se convierte para Pablo y no sólo para él, ya que se trata de una idea corriente del cristianismo primitivo (cf. 1 Pedro 2:6-8) en un testimonio de la doble consecuencia que tuvo la venida de Cristo al mundo para caída y para levantamiento (cf. Luc. 2:34). Simultáneamente son un testimonio *contra* la justicia por la ley y *a favor* de la justicia de la fe. Para los que recorren su camino confiados en su propia fuerza y sus propias obras, es decir, para οἱ ἐκ νόμοῦ. Cristo se convierte en una piedra en la cual tropiezan y caen; para los que creen, οἱ ἐκ πίστεως, es la piedra angular puesta por Dios, sobre la cual pueden edificar sin temor a ser avergonzados. Es así cómo los gentiles que no podían invocar justicia alguna, llegaron a ser "vasos de misericordia", σκεύη ἐλέους, mientras que los judíos que corrían tras la justicia tropezaron con Cristo y se convirtieron en "vasos de ira", σκεύη ὀργῆς.

Así como no ha procurado iluminar el cuadro de la situación de los gentiles cuando se trataba de su aceptación, ahora no habla despectivamente de los judíos al tratar de su rechazo. Por el contrario comienza el capítulo 10 con algunas calurosas palabras personales que muestran sus íntimos sentimientos para con ellos: "Hermanos, ciertamente el anhelo de mi corazón, y mi oración a Dios por Israel, es para salvación". Y además, les da también el mejor testimonio desde el punto de vista humano. "Yo les doy testimonio de que tienen celo de Dios". Pablo no niega que los judíos tomen muy en serio su religión. Está muy lejos de tildarla como hipocresía. Al contrario, tienen en verdad "celo de Dios" (ζῆλος θεοῦ). Pero de nada les sirve, puesto que se ve obligado a añadir: "pero no conforme a ciencia". El celo de Dios sin la verdadera intelección puede alejar mucho al hombre de Dios. Y esto es precisamente lo que ha sucedido con los judíos. Cuando Dios reveló su justicia en Cristo, no pudieron aceptarla, precisamente porque tenían tanto celo por la justicia, a saber, por "la justicia de la ley", δικαιοσύνη ἐκ νόμου. Lo que era su ventaja resultó ser su caída. En su celo estaban tan preocupados pensando en todas las obras de justicia que habrían de realizar, que no pudieron ver que Dios les ofrecía ahora una justicia totalmente nueva. La δικαιοσύνη θεοῦ, era tan ajena a ellos que no pudieron entenderla; dice Pablo "Ignorando la justicia de Dios, y procurando establecer la suya propia, no se han sujetado a la justicia de Dios". Los judíos engrandecen su propia justicia, τὴν ἰδίαν δικαιοσύνην, y por ello no quieren sujetarse a la "justicia de Dios" que desciende de arriba, como un don de misericordia divina.

Con esto Pablo retorna a su tema anterior: el contraste entre la justicia de la ley y la de la fe, entre δικαιοσύνη ἐκ νόμου y δικαιοσύνη ἐκ πίστεως. Cuando Dios reveló su justicia en Cristo puso término para siempre a la ley en cuanto camino de salvación. "El fin de la ley es Cristo, para justicia a todo aquel que cree". Ahora ya no hay justicia que se edifique desde abajo, a partir del hombre, de sus obras o su carácter. El hombre no tiene justicia propia. La nueva justicia de Dios ha sido revelada *sin* la ley y sin la cooperación del hombre, y es propiedad de todo aquel que cree". Es exactamente este mismo pensamiento el que Pablo aduce en 3:21. Estos pasajes coinciden entre sí al poner de relieve dos cosas: 1) esa justicia es revelada "sin la ley" (χωρὶς νόμου, en 3:21 = τέλος νόμου Χριστός, en 10:4); y 2) que es dada a todo aquel que cree (εἰς πάντας τοὺς πιστεύοντας en 3:22 = παντὶ τῷ πιστεύοντι, en 10:4).

Por lo tanto en Cristo ha terminado el dominio de la ley. Mas esto no significa que quede libre el camino para la anarquía y la injusticia, sino que el que cree en Cristo ha tenido que pasar por una justicia a la otra, de la falsa a la verdadera, de la justicia de la ley a la justicia de Dios, que es lo mismo que la justicia de la fe.

Con toda confianza Pablo puede decir que por Cristo la ley ha terminado, puesto que lo que ella perseguía sin poder realizarlo, es ahora una realidad por la fe. En 3:31 Pablo pregunta: "¿Luego por la fe invalidamos la ley? Y contesta: "En ninguna manera, sino que confirmamos la ley" (cf. antes pág. 142). Y tampoco aquí se la invalida. Pues la ley tiene una doble función: 1) Tapar toda boca y destruir toda jactancia, lo cual precisamente se ha realizado en la fe, puesto que ella excluye toda pretensión humana; y 2) exigir justicia; y precisamente en la fe posee el hombre la justicia verdadera, la "justicia que es de Dios". En un momento dado de la historia de la humanidad Dios envió a Cristo. Ese fue el comienzo de algo nuevo. Pero también señaló el fin de lo viejo; la época de la ley ha pasado. Cristo es el término de la ley, su punto final, su τέλος. Pero esto no debe interpretarse como un juicio histórico común, como si a partir de cierto momento la ley hubiera dejado de tener validez. La declaración sobre el "telos" de la ley rige solamente para aquellos que por la fe en Cristo participan de la justicia de Dios. Por lo demás, fuera del ámbito de la fe sigue rigiendo la ley.

Pablo ve confirmada por las palabras de la Escritura la existencia de un contraste absoluto entre la justicia de la ley y la de la fe. De la *justicia por la ley*, la δικαιοσύνη ἐκ νόμου, se dice en Lev. 18:5 que el hombre que la practique vivirá por ella. En la justicia de la ley todo depende de las obras del hombre. Mas la *justicia por la fe*, ἡ ἐκ πίστεως δικαιοσύνη, habla en forma totalmente diferente. También para esto Pablo puede referirse a las palabras de la Escritura, por ejemplo a Deut. 30:11-14 (y Sal. 107: 26). En Deuteronomio leemos: "Este mandamiento que yo te ordeno hoy no es demasiado difícil para ti, ni está lejos. No está en el cielo, para que digas: ¿Quién subirá por nosotros al cielo y nos lo traerá y nos lo hará oír para que lo cumplamos? Ni está al otro lado del mar, para que digas: ¿Quién pasará por nosotros el mar, para que nos lo traiga y nos lo haga oír, a fin de que lo cumplamos? Porque muy cerca de ti está la palabra, en tu boca y en tu corazón para que la cumplas". Si uno se pregunta por el sentido *literal* de este pasaje de la Escritura no puede haber duda de que se refiere al *mandamiento*. Esto resalta con toda evidencia tanto en las palabras iniciales como en la reiteración: "para que lo cumplamos", "para que lo cumplas". Pablo no ignora este sentido literal. Durante su época de fariseo este habría sido seguramente un pasaje cardinal para él. Pero después de conocer a Cristo, después que le fue quitado el velo, comprendió que tiene también otro significado más profundo. La intención *de* Dios no se agota con la sola significación literal. Su propósito fue hablarnos de antemano acerca de Cristo y de la justicia que proviene de la fe en él. Luego aquí se trata de la justicia por la fe. "No digas en tu corazón: ¿Quién subirá al cielo?", es decir, no es preciso traer a Cristo del Cielo, ya que él mismo descendió hasta nosotros y por la encarnación habitó entre nosotros. Tampoco es menester preguntar: ¿Quién descenderá al abismo? es decir, para levantar a Cristo de entre los muertos. Ya no está en el reino de la muerte. Ha resucitado y como tal está presente entre nosotros.

Por la *encarnación* y la *resurrección* Cristo está cerca de nosotros; está inmediatamente cercano. Si según Pablo Deut. 30:12-13, en su sentido más profundo se refiere a Cristo, de la misma manera interpreta el v. 14, "Cerca de ti está la palabra, en tu boca y en tu corazón". "Esta es la palabra de la fe que predicamos", dice. En un sentido literal este pasaje se refiere a la ley; pero en el sentido más profundo, determinado de antemano por Dios, se trata de la "palabra de la fe". Cristo descendió del cielo, resucitó de entre los muertos, la salvación está a nuestro alcance y la palabra de esa redención nos está inmediatamente cercana. Para destacar *cuán* cercana está la palabra, el pasaje del Antiguo Testamento citado emplea dos expresiones diferentes: 1) La palabra está en tu boca (ἐν τῷ στόματί σου) y 2) La palabra está en tu corazón (ἐν τῇ καρδίᾳ σου). Pablo se vale de ambas expresiones para basar en ellas una manifestación acerca de la importancia que tienen la confesión de la boca, y la fe del corazón, para la salvación: "Si confesares con tu boca (ἐν τῷ στόματί σου), que Jesús es el Señor y creyeres en tu corazón (ἐν τῇ καρδίᾳ σου), que Dios lo levantó de los muertos, serás salvo. Porque con el corazón se cree para justicia, pero con la boca se confiesa para salvación" (vrs. 9 y 10). Este juicio adquiere un interés especial por el hecho de mostrarnos qué es para Pablo lo verdaderamente esencial en el cristianismo.

Algunos han manifestado su extrañeza ante el hecho de que en esta relación Pablo se detuviera en cosas tan exteriores como la confesión de la boca y la íe en la resurrección de Cristo. ¿Es el cristianismo tan sólo cuestión de asentimiento o una declaración de un credo? Aunque aquí Pablo habla de la fe del corazón algunos han hechado de menos el significado de la le como confianza, "fiducia". ¿No se trata aquí, después de todo, de una "fides histórica", una fe en el *hecho* de la resurrección? Pero tener por verdadero determinado hecho, por cierto no es lo mismo que confiar de corazón.

En oposición a esto debemos destacar que para Pablo la confesión de la boca y la fe del corazón no son cosas exteriores, sino que por el contrario dan expresión a lo más íntimo y profundo del cristianismo. 1) *Cristiano es quien confiesa que Jesús es Señor.* Dios ha exaltado a Jesús y le ha dado un nombre que es sobre todo nombre, para que "todos confiesen que Jesucristo es el Señor" (Fil. 2:9-11). Esta es la confesión fundamental del cristianismo. Dios le ha dado a Cristo honra y poder y lo ha puesto como Señor sobre todo. "Despojó a los principados y a las potestades (τὰς ἀρχὰς καὶ τὰς ἐξουσίας), los exhibió públicamente, triunfando sobre ellos" (Col. 2:15). Ser cristiano significa tener a Cristo por Señor y con ello estar libre de todos los demás señores y potestades. Ciertamente esto no es nada exterior. 2) *Cristiano es quien cree que Dios resucitó a Cristo de entre los muertos.* La resurrección es para Pablo el centro del cristianismo. En 1:4 ha dicho que Cristo, que era del linaje de David según la carne, fue declarado "Hijo de Dios con poder" según el Espíritu; y esto sucedió —agrega— por la resurrección. Por ella llegó a ser primicia y también nosotros, por pertenecer a él por la fe hemos obtenido parte en la nueva era de la resurrección. Tampoco esto es algo meramente exterior. Significa una transformación de toda nuestra existencia. Si Cristo no hubiera resucitado, estaríamos todavía en el reino de la muerte. Ser cristiano es tener un Señor resucitado, y por medio de él participar en la vida de la resurrección.

Confesar a Cristo como el *Señor* y creer en su *resurrección* no son dos cosas diferentes; en el fondo son una sola. Son las mismas palabras de la fe que están cerca de nosotros, en nuestra boca y en nuestro corazón. El hecho de que Pablo emplee ambas expresiones para una misma cosa se debe a que se está refiriendo a una cita del Antiguo Testamento en la cual se hallan las dos. Tampoco debe ser interpretado el versículo 10 como si tratara de dos cosas distintas, como si Pablo quisiera atribuir la justicia principalmente a la fe del corazón, y la salvación a la confesión de la boca. Cuando dice: "Con el corazón se cree para justicia, pero con la boca se confiesa para salvación", lo que hace es emplear un paralelismo rítmico, frecuente en el Antiguo Testamento. En el desarrollo del pensamiento que está presentando le resulta natural combinar la justicia con la fe. En lo que antecede ha estado operando todo el tiempo con los dos términos, uno al lado del otro, al hablar de la "justicia de la fe", δικαιοσύνη ἐκ πίστεως. Y de la misma manera liga ahora la salvación a la confesión de Cristo como *Señor*, nuestro Kyrios. Para comprender cuan familiar era para Pablo esta combinación basta con recordar que cada uno de los capítulos 5-8 que tratan de que el cristiano *vivirá* o *será salvo* ($\zeta\omega\acute{\eta} = \sigma\omega\tau\eta\rho\acute{\iota}\alpha$), termina con una referencia a "Jesucristo, nuestro *Señor*". Es una combinación formal que no debe ser motivo de conclusiones positivas. Con esto sólo queremos evitar que este paralelismo rítmico se emplee como fundamento de distinciones dogmáticas en forma que haga violencia a su verdadera significación.

Pablo ha opuesto en aguda antítesis los dos caminos de salvación — la justicia por la ley y la de la fe—. Ambos no pueden existir simultáneamente. Con la venida de Cristo fue condenada la justicia por la ley. "Porque el fin de la ley es Cristo, para justicia a todo aquel que cree" (v. 4). Y ahora Pablo puede volver a las palabras de Isaías 28:6, citadas en 9:33: "Y el que creyere en él, no será avergonzado". En adelante la fe en Cristo es el único camino de salvación. No es el caso de que los judíos puedan salvarse por el camino de la ley y los gentiles por la fe. No, "porque no hay diferencia entre judío y griego, pues el mismo que es Señor de todos, es rico para con todos los que lo invocan". Este es, pues, el camino de salvación para todos, sin distinción: creer en Cristo e invocar su nombre y confesarlo como el Señor. Una vez más Pablo busca apoyo en la Escritura: "Todo aquel que invocare el nombre de Jehová será salvo" (Joel 2:32). Estas palabras del profeta que se refieren a Dios mismo, Pablo las aplica a Cristo. Y puede hacerlo porque sabe que Dios ha exaltado a Cristo y le ha dado el nombre que es sobre todo nombre. El propio nombre de Dios: SEÑOR, le corresponde también a Cristo; y las preces y la invocación de la comunidad se dirigen a él de la misma manera que a Dios. El es nuestro Señor y Dios. La misma concepción de Pablo fue expresada acertadamente por Lutero con las siguientes palabras:

¿Sabéis quién es? Jesús,

El que venció en la cruz,

Señor de Sabaoth.

Y pues El solo es Dios.[1]

---

1. Traducción de Juan B. Cabrera.

Desde la venida de Cristo la salvación depende de la fe en él y de la confesión de él como el Señor. Pero Israel no lo reconoce como su Señor. No cree en él. ¿Cuál es la causa de esta actitud? Pablo procura indicar con exactitud dónde reside la dificultad. Por ello se remonta en pensamiento a las etapas que conducen a la fe y la confesión: 1) No se puede confesar a alguien en quien no se cree; 2) No se puede creer en nadie de quien no se ha oído nada; 3) No se puede oír si nadie predica; y 4) No vienen predicadores si Dios no los envía. ¿Cuál es, pues, la razón por la cual Israel no confiesa a Cristo como su Señor? Pablo examina las diferentes posibilidades y en cada punto busca las respuestas en la Escritura. ¿Acaso reside la causa de la aversión de Israel en que Dios no enviara mensajeros? No, por cierto; Dios procuró que el evangelio llegara a Israel. Pues está escrito: "¡Cuan hermosos son los pies de los que anuncian buenas nuevas!" (Is. 52:7). La causa del apartamiento de Israel reside en él mismo. El mensaje anunciado exige fe; el evangelio exige la sujeción a la "obediencia en fe" (cf. 1:5) (ὑπακοὴ πίστεως). Pero Israel se negó a admitirlo: "mas no todos obedecieron al evangelio" οὐ πάντες ὑπήκουσαν τῷ εὐαγγελίῳ, o como lo expresa Pablo en 10:3; "no todos se han sujetado a la justicia de Dios". Esto lo halla confirmado en Is. 53:1 donde se dice: "¿Quién ha creído a nuestro anuncio?". Una vez más Pablo echa una mirada retrospectiva a los pasos que preparan el camino para la fe y afirma: "Así que la fe es por el oír (ἐξ ἀκοῆς), y el oír por la palabra de Dios" (v. 17).

Por su parte Dios ha hecho todo para que Israel viniera a la fe. Puso en Cristo el fundamento del mensaje, y después envió a sus heraldos a proclamar esta nueva para que pudieran oírla. Ahora sólo depende de que Israel crea en el mensaje oído. ¿No podría ser que Israel no hubiera oído el mensaje? Este es el único punto que queda por esclarecer después, de la exposición anterior. En el punto 2 arriba mencionado se dice: que no se puede creer en nadie de quien no se ha oído nada. Refiriéndose a este punto Pablo pregunta: "¿No han oído? Antes bien, los heraldos de Cristo han predicado su evangelio en toda la ecumene". Su predicación llegó a tener tal extensión que Pablo, para describirla, lo hace refiriéndose a las palabras del Salmo 19, aquellas de los cielos que cuentan la gloria de Dios y del firmamento que anuncia la obra de sus manos. Al igual que el testimonio de la creación no es una voz o un lenguaje que no se escuche; tampoco los mensajeros del evangelio vinieron con un lenguaje que no se pudiera oír. Antes "por toda la tierra salió su voz y hasta el extremo del mundo sus palabras" (ver. 18; cf. Sal. 19:4).

En consecuencia, no cabe las menor duda de que Israel ha oído el mensaje. Pero ¿por qué no creyó? La fe es por el oír (ἐξ ἀκοῆς). Para acercarse más al problema, Pablo agrega otra pregunta no motivada directamente por el esquema indicado. Ha examinado ya las diferentes posibilidades y vuelve al punto 2: no se puede creer en alguien de quien no se ha oído nada. Mas Israel *ha oído* y sin embargo no ha creído. ¿Acaso Israel no habrá *entendido*? Pablo encuentra la respuesta a esta pregunta en las Sagradas Escrituras de Israel, en "la ley y los profetas". En "la ley" —en el "cántico de Moisés", Deut. 32:21— había leído que por su apostasía Israel había provocado los celos y la ira de Dios, y que por ello éste quería moverlo a celos e ira "con un pueblo que no es pueblo, con una nación insensata". Estas palabras se han cumplido ahora. Los gentiles que no eran pueblo de Dios, han sido aceptados como su pueblo (cf. 9:25-26). Los gentiles "insensatos" han oído y entendido el evangelio y por él han venido a la fe. Bajo tales circunstancias no se puede decir que Israel no haya entendido el mensaje oído. Dios habló con tanta claridad, que hasta los gentiles pudieron entender. Pablo se ha extendido en este punto para mostrar que Israel ha entendido, de modo que la causa de su incredulidad debe residir en otra parte. Más adelante, en 11:11, 14, retoma la idea de que con su gracia para con los gentiles, Dios quiere provocar los celos de Israel —una idea de suma importancia para la respuesta que Pablo da al problema del repudio de Israel.

Ahora agrega otra sentencia de "los profetas", En Is. 65:1 se dice: "Fui buscado por los que no preguntaban por mí; fui hallado por los que no me buscaban". Es dudoso que el profeta quisiera referirse originalmente a los gentiles. Pero en todo caso Pablo las interpreta en este sentido, y encuentra un apoyo para su interpretación en las palabras que a continuación de éstas se refieren a "gente que no invocaba mi nombre". Sin embargo, aun en el caso de que la interpretación contraria fuese correcta, en este pasaje de la Escritura a Pablo no le interesa el significado "histórico", sino lo que Dios quiso decir con él, lo que quiso comunicarnos por medio de esta sentencia (cf. pág. 74). Para Pablo es del todo evidente que estas palabras deben ser aplicadas a los gentiles. Dios ha mostrado de antemano lo que sucedería en la época presente. El se ha dejado hallar por los que no preguntaban por él —¿no es precisamente esto lo que ha sucedido ahora con los gentiles?— Pablo ya ha dicho lo mismo en 9:30, a saber; "Que los gentiles, que no iban tras la justicia, han alcanzado la justicia, es decir, la justicia que es por la fe".

Esto sucede pues con los gentiles. "Pero acerca de Israel dice (o sea, el profeta, en el versículo que sigue, Is. 65:2) : "Todo el día extendí mis manos a un pueblo rebelde y contradictor". Se puede oír, y sin embargo desobedecer. Este es el caso de Israel. Ha oído el evangelio de la justicia de Dios, pero no ha querido someterse a la justicia divina, sino que en lugar de ello se ha aferrado a la justicia propia, a la justicia por la ley. Dios ha hecho depender la justicia y la salvación de la fe. Solamente los que creen son "hijos de la promesa", sólo οἱ ἐκ πίστεως son τέκνα τῆς ἐπαγγελίας. En consecuencia, sólo será reprobado aquel que no crea. Israel no cree; por ello su reprobación es inevitable. Israel ha oído y entendido el mensaje, pero lo ha rechazado en desobediencia e incredulidad. Por lo tanto, se ha repudiado a sí mismo. Esto concuerda perfectamente con las palabras de la Escritura y las profecías. De modo que el repudio de Israel no anula el evangelio; antes por el contrario, da testimonio de su verdad.

3 | EL RECHAZO DE ISRAEL NO ES DEFINITIVO
11:1-36

¿Es contraria la justicia de Ja fe a las promesas de Dios? Pablo trata esta pregunta en los capítulos 9-11. Podría parecemos que en efecto existe una contradicción de esta naturaleza. Porque la consecuencia de la revelación de la justicia de Dios en Cristo fue la reprobación de Israel, de aquel Israel que había recibido todas las promesas divinas. Para invalidar esta contradicción aparente, Pablo mostrará aquí que la justificación por la fe en nada se opone a las promesas de Dios. En los capítulos antecedentes ha ilustrado esta cuestión desde dos puntos de vista. Ahora, en el capítulo 11, agrega un tercero. Resulta fácil comprender que también éste es necesario y que, no se hubiera aclarado a fondo el problema que aquí se presenta si Pablo lo hubiese pasado por alto. Una mirada retrospectiva sobre lo expuesto hasta ahora muestra que efectivamente es así. ¿Hasta dónde ha llegado Pablo con las respuestas dadas hasta ahora?

Con su primera respuesta (9:6-29) señaló la soberanía de Dios Dios elige a quien quiere y rechaza a quien quiere, y el hombre no puede presentar exigencia alguna.

Con su segunda respuesta (9:30-10:21) demostró que el repudio de Israel se debe a su propia culpa. Cuando Dios hace depender sus promesas de la fe, e Israel busca la justicia por la ley, no puede haber otro resultado que el rechazo de Israel.

¿Cuál sería la situación si Pablo no tuviera nada más que agregar? Que Israel estaría reprobado sin remedio; ese sería el propósito de Dios e Israel lo merecería. Pero no es esto lo que Pablo ha querido decir. La reprobación actual de Israel es un hecho indiscutible, una consecuencia inevitable porque ha rechazado a su Mesías. Pablo parte de este hecho como de algo que no se puede dejar de ver; mas no sólo por un interés teórico. No lo acepta como un hecho irrevocable, sobre el cual nada puede hacerse, y que sólo sirve para ser encuadrado dentro de una concepción teológica. Por el contrario, tal como hemos visto, en ciertas circunstancias, podría trastornar y destruir nuestra concepción teológica general —en el caso de que significara que Dios quebranta sus promesas. Hasta aquí Pablo ha destacado dos cosas esenciales que se oponen a esta conclusión: 1) Dios nunca dio sus promesas al Israel según la carne, sino a los que creen (οἱ ἐκ πίστεως); 2) Israel mismo obró contra el mandato de Dios. No se puede pretender que Dios haya faltado a su promesa al repudiar al Israel según la carne. Sin embargo, todavía nos confronta una oscuridad peculiar, ¿qué fin tendría todo este proceder de Dios con su pueblo particular si a su tiempo simplemente sería reprobado? Es una pregunta que requiere una contestación; Pablo la confronta en el capítulo 11: "*¿Ha desechado Dios a su pueblo?*". La respuesta es un inequívoco no. El rechazo de Israel no es definitivo, puesto que 1) *aun ahora hay un remanente de Israel* que no ha sido desechado (vers. 1:10); 2) *la caída de Israel ha sido la salvación de los gentiles,* y ya en esto hay un indicio de la promesa de su aceptación final (vers. 11-24) ; y 3) al final se verá que precisamente *el rechazo es el camino para la salvación de Israel;* es el medio que Dios, en su insondable sabiduría, ha elegido para salvar a Israel (vers. 25-36).

1. Aún ahora hay un remanente 11:1-10

Pablo entra en seguida en el corazón del asunto al preguntar en el primer versículo del capítulo 11: "¿Ha desechado Dios a su pueblo?". Así muestra en forma concisa el meollo de la discusión mantenida desde el principio del capítulo 9. Una vez Dios eligió a Israel e hizo de él su propio pueblo. ¿Ha invalidado ahora esa elección y rechazado definitivamente a su pueblo? Pablo rechaza este pensamiento de la manera más categórica.

Como primer argumento en contra, señala que aún ahora existe un remanente en el cual la promesa de Dios se ha cumplido ya.

Para comprender a Pablo en su empleo del concepto λεῖμμα, "remanente" o "resto", es importante recordar dos cosas: por una parte Pablo ha tomado este concepto del Antiguo Testamento, donde ya desempeña un papel extraordinariamente importantes (cf. p. ej. Is. 6:13; 10:20-22); por otro lado, ni aquí ni en ninguna parte Pablo piensa con las modernas categorías individualistas. Si nos acercáramos a su exposición partiendo de las presuposiciones que ahora están en uso, podría imponerse la siguiente interpretación: *Como pueblo,* por supuesto Israel ha sido desechado por Dios. Pero ello no significa que todos los miembros *individuales* de ese pueblo serán desechados. El mejor ejemplo lo constituye el mismo Pablo: era israelita, de la simiente de Abraham y de la tribu de Benjamín. Pero no es el único del pueblo de Israel que ha creído. Aunque la cantidad de los creyentes de Israel parezca pequeña en comparación con el número de gentiles que han creído en el Evangelio, no por eso es insignificante. Sucede lo mismo que en la época del profeta Elías. Este creía que el pueblo en su totalidad había apostatado y que había quedado él solo. Pero entonces recibe de Dios la contestación: "Me he reservado siete mil hombres que no han doblado la rodilla delante de Baal". Luego, aunque Dios haya desechado a Israel como pueblo, quedan muchos individuos que creen; y a éstos les da ahora muestras de su fidelidad que no ha podido mostrar a Israel como pueblo.

Pero tal interpretación está en completa contradicción con la opinión claramente manifestada de Pablo. No se trata de cómo Dios se comporta para con ciertos individuos de Israel, sino de cómo trata *a su pueblo.* "¿Ha desechado Dios a su pueblo?" Pablo contesta: "En ninguna manera". Y expresa su certidumbre con una cita del Salmo 94:14: "*Dios no abandonará a su pueblo* ni desamparará su heredad". Aunque la gran mayoría de Israel haya caído bajo el juicio de la reprobación divina, Israel continúa existiendo como pueblo de Dios; sigue existiendo en el "resto" o "remanente". Desde que Dios eligiera a Israel para que fuera su pueblo, siempre ha habido un Israel espiritual. Es ese Israel, ese pueblo de Dios, el que continúa a través del tiempo, como un río, ya ancho ya angosto. En la época de Elías sólo quedaba un remanente de siete mil hombres. Pero ese remanente constituía en aquel entonces el Israel espiritual, y en tal calidad era el depositario de las promesas de Dios. Lo mismo vale para la época de Pablo: "Así también aun en este tiempo ha quedado un remanente (v. 5). Por el hecho de procurar que en todo tiempo quedara ese remanente, Dios muestra que no ha desechado su pueblo.

Pero eso no depende de la calidad del pueblo o de las aptitudes de los individuos, sino exclusivamente del propósito y de la elección de Dios. Es Dios quien, por su elección, crea "el remanente". "Si el Señor de los ejércitos no nos hubiera dejado descendencia, como Sodoma habríamos venido a ser, y a Gomorra seríamos semejantes" —así dice Pablo en 9:29 citando a Is. 1:9—. "El remanente" es ya por su existencia misma un testimonio de la elección y de la fidelidad del pacto de Dios. Al pueblo elegido de antemano por El no lo puede desechar, y si no puede dar su bendición a todo el pueblo, procura no obstante que haya siempre "remanente" que pueda recibirla. De acuerdo con ello se dice en la respuesta de Dios a Elías: "Haré que queden en Israel siete mil". Es Dios quien hace que subsista tal "remanente".

Luego "remanente" y "elección", λεῖμμα y ἐκλογή son conceptos intercambiables. El "remanente" no es solamente un grupo de individuos sacados del pueblo condenado a la destrucción, sino que es *él mismo* el pueblo elegido; es Israel *in nuce*. Es la semilla que, pasado el invierno, producirá la cosecha. En el "remanente", Israel sigue existiendo como pueblo de Dios, pero de una manera que excluye toda pretensión humana y lo deja todo absolutamente en manos de Dios. La gracia libre e ilimitada decide quién habrá de pertenecer a ese "remanente", puesto que este concepto implica que no todo Israel será portador de la promesa, sino sólo aquella parte que Dios ha determinado en su gracia. Por lo tanto Pablo manifiesta que el remanente que existe ahora es "escogido por gracia" (κατ᾽ ἐκλογὴν χάριτος), y añade: "Y si por gracia, ya no es por obras, de otra manera la gracia ya no es gracia". Israel creía que, como pueblo escogido de Dios, podía presentarse ante Dios con pretensiones y no necesitaba depender enteramente de la gracia. Precisamente ésta fue la causa por la cual fue desechado el 'Israel según la carne'. El "remanente" ha sido llevado a la fe en

Cristo de acuerdo con la elección divina. Pero no se dirige a Dios con pretensiones, sino que tiene conciencia de depender en un todo de la gracia de Dios. Por consiguiente, en su calidad de Israel espiritual, recibe ahora el cumplimiento de las promesas.

Pablo puede resumir el resultado en las siguientes palabras: "Lo que buscaba Israel, no lo ha alcanzado; pero los escogidos sí lo han alcanzado, y los demás fueron endurecidos". "Los escogidos" significa aquí lo mismo que "el remanente" (ἡ ἐκλογή = τὸ λεῖμμα). La parte menor de Israel, el remanente, recibió la herencia de los padres. La mayor parte se atiene estrictamente a su justicia por la ley y por ello está endurecida. A ella Pablo puede aplicarle las palabras de la Escritura: "Dios le dio espíritu de estupor, ojos que no vean y oídos que no oigan" (cf. Is. 29:10; Deut. 29:4). Dios hace cumplir sus promesas por medio de Cristo; pero Israel está sumergido en sueño, de modo que nada advierte. El Mesías viene, pero los ojos de Israel están oscurecidos, de modo que no pueden verlo y reconocerlo como tal. El Evangelio se predica en toda la tierra; Israel lo oye (10:18) y sin embargo, no lo escucha; porque el oír no se transforma en obedecer, el ἀκοή, no se hace ὑπακοή. Precisamente aquello que constituía la fuerza y la gloria de Israel —su celo por Dios y la justicia— conduce a su caída. Sucede lo que dice el Salmo: "Sea su convite delante de ellos por lazo" (69:22).

2. La caída de Israel fue la salvación de los gentiles 11:11-24

Pablo puede decir al mismo tiempo que Dios ha desechado a Israel y que no lo ha desechado. Lo que importa es *cuál* es el Israel del que está hablando. El Israel de la promesa no ha sido desechado; es siempre el pueblo de Dios a saber, el "remanente". Pero el "Israel según la carne" ha sido desechado. En lo que antecede, Pablo se ha ocupado principalmente del "remanente" que por su misma existencia atestigua que Dios no ha desechado a su pueblo. Ahora fija su mirada en el "Israel según la carne" que ha sido desechado. "¿Han tropezado para que cayesen?" ¿Es la caída y la reprobación la intención definitiva de Dios para con Israel? Pablo responde: "En ninguna manera, pero por su transgresión vino la salvación a los gentiles, para provocarles a celos" (v. 11).

El primer resultado de la caída de los judíos, fue que la salvación viniera a los gentiles. Cuando los judíos rechazaban la predicación de Pablo, cuando éste les testificaba que Jesús era el Cristo, él podía decirles: "Desde ahora me iré a los gentiles" (Hech. 18:6). Ese fue el resultado real de la caída de Israel. Pero en este momento a Pablo no le preocupa tanto el provecho que recibieron los gentiles por la caída de Israel, como lo que la conversación de los gentiles significaría para Israel. Y este sentido, está convencido de que ha de mover a envidia a Israel. Cuando los judíos vean que su propio Mesías es reconocido por los gentiles, este hecho los obligará a meditar. Si todo hubiese quedado reducido a que los judíos no querían reconocer a Jesús como Mesías, el asunto podría haberse olvidado pronto. Ahora, en cambio, tendrán siempre delante un recordatorio, cuando los gentiles muestren que el Mesías esperado por los judíos ya ha venido y que ellos, los gentiles, confiesan ser su pueblo. Cuando los gentiles convertidos a Cristo se llamaron "cristianos" (χριστιανοί, Hech. 11:26), usaron un nombre basado en el nombre del Mesías veterotestamentario. El nombre "los cristianos" significa simplemente "la congregación mesiánica", "el pueblo mesiánico". Pero precisamente los judíos esperaban la era mesiánica. Es la esperanza de *Israel* la que se ha cumplido en los cristianos. Es en el Dios de Israel en quien los gentiles han llegado a creer. Son las promesas primitivamente dadas a *Israel* las que ahora son heredadas por los paganos. ¿Cómo podrían ver todo esto los que pertenecían a Israel sin sentir un dolor agudo en el corazón? Pablo da expresión a éstos y otros pensamientos semejantes diciendo que los judíos serán provocados a celos por el hecho de que la salvación haya venido a los gentiles.

En el momento actual Israel, como pueblo de Dios, es representado por το λειμμα, "el remanente". Pero ésta no es la situación normal para Pablo. Anticipa una época en la cual Israel vendrá a la fe en Cristo y piensa con júbilo en la bendición que provendrá de ello. "Si su transgresión es la riqueza del mundo y su defección (ἥττημα) la riqueza de los gentiles, ¿cuánto más su plena restauración (πλήρωμα)?", (v. 12). La consumación sólo puede venir cuando *todo Israel* sea salvado.

Antes de encarar la discusión final de este asunto, Pablo se dirige a los cristianos gentiles y habla con ellos de los judíos y de su apostolado entre ellos. Si tiene en tan alta estima su ministerio entre los gentiles, es precisamente porque piensa en los judíos. Sabe que el mejor servicio que puede prestar a los judíos en el presente es la predicación del evangelio entre los gentiles —puesto que con ello provoca los celos de aquellos—. Ejerce su ministerio no solamente en beneficio de los gentiles, sino también de los judíos, de aquellos que son "de su sangre". Aquí Pablo piensa pues en el "Israel según la carne", Israel κατὰ σάρκα, y de su obra entre los gentiles espera algo para ellos. Es un colaborador en la conversión de Israel, aunque sólo indirectamente, a través de su obra entre los gentiles. Y anticipa una época en que no solamente "un remanente" sino todo Israel como pueblo, no sólo su λεῖμμα, sino πλήρωμα aceptará a Cristo en la fe; y considera su propia obra como preparatoria para ello. Porque por su acto de elección Dios ha ligado para siempre su relación con el mundo con ese pueblo. Israel estuvo presente en todas las grandes encrucijadas de la historia de Dios con la humanidad, y será incluido en la consumación. Si su reprobación ha tenido como consecuencia la salvación del mundo, su aceptación será indicio de la consumación final (v. 15).

Pablo nos da a conocer aquí lo que significa la elección de Dios en todo su alcance. Ahora ya no es preciso preguntarse para qué sirvió que Dios eligiera a Israel como su pueblo propio, si más tarde habría de desecharlo. No, también para Israel como pueblo rigen las palabras: "Dios no ha desechado a su pueblo". Cuando Dios eligió a Abraham y los patriarcas, confirió a Israel un sello inextinguible; le imprimió, por decirlo así, un "character indelebilis". Desde entonces Israel no puede ser otra cosa que el "pueblo de su propiedad", el "pueblo de Dios". Ni su actual apostasía puede cambiar esto, pues Dios se ha ligado con fidelidad a Israel y la infidelidad del pueblo no puede anular la fidelidad de Dios (3:3). Los cristianos gentiles deben recordar esto, ya que si no podrían incurrir en el error de menospreciar a Israel por su reprobación actual, como si estuviera perdido para Dios. Empero su repudio no es definitivo: a su tiempo será relevado por la aceptación final.

Con la elección de los padres Dios hizo de Israel, de una vez por todas, un pueblo "santo". Es cierto que no es santo en el sentido de que todos sus miembros sean justos y santos en su conducta, sino en el sentido de que ese pueblo ha sido santificado y apartado para Dios. Pablo lo expresa en dos imágenes distintas: 1) "Si las primicias —el pan consagrado a Dios— son santas, también lo es la masa restante". Las primicias de la masa son Abraham y los padres. Por su elección Israel adquirió su posición como pueblo santo de Dios. 2) A esto agrega Pablo la otra imagen que significa lo mismo, pero que se presta mejor para lo que ha de decir después: "Si la raíz es santa, también lo son las ramas". Con su elección, Dios santificó la raíz. De esa raíz santa creció el pueblo de Israel. Este árbol es santo en su totalidad; pero esto no significa que el hecho de pertenecer a Israel baste para proteger de la ira de Dios. En 2:25-3:8 Pablo ha afirmado expresamente lo contrario. Las ramas del árbol santo pueden tornarse inútiles y deben ser cortadas; que es precisamente lo que sucedió con gran parte del pueblo de Israel.

Esto dicho, nos hallamos aun frente a una dificultad: ¿No contradice aquí Pablo lo que antes ha dicho sobre el asunto? Cuando los judíos invocan la circuncisión y su pertenencia al pueblo santo, Pablo rechaza sus argumentos con máxima energía. ¿Pero no toma ahora, prácticamente la misma posición?

La contradicción es sólo aparente. Los judíos vienen a Dios con *exigencias*, y precisamente es esto lo que Pablo rechaza. La gracia y la elección de Dios no pueden servir jamás de fundamento a las pretensiones humanas. Por otra parte, la infidelidad del hombre no puede destruir la fidelidad de Dios. Pablo ha tratado también este aspecto del asunto en una relación anterior (3:8; cf. antes, pág. 118), anticipando lo que ahora dice. Pero aquí, en el capítulo 11, ya no se trata del Israel orgulloso que confía en sus ventajas; se trata de anunciar, a un Israel desechado, que a pesar de todo Dios es fiel. Aquí no es cuestión de pretensiones humanas sino de la libre gracia de Dios, basada en la decisión libre de su soberana voluntad.

Pablo aplica ahora la imagen del árbol y de las ramas a la relación entre el Israel desechado y los gentiles que han accedido a la fe. Las ramas cortadas son una imagen de la reprobación de Israel. No todas las ramas han sido cortadas, pero sí una gran parte. En lugar de las ramas desgajadas se injertaron otras de un olivo silvestre —una ilustración de la aceptación de los gentiles creyentes en el pueblo de Dios.

Esta figura adquiere un interés especial por revelar el concepto de Pablo acerca de la relación de Israel con la iglesia cristiana. Podríamos haber esperado otra imagen, a saber, que Dios hubiera talado el árbol estéril y plantado otro en su lugar por medio de Cristo. Mas no es ésta la opinión de Pablo. El árbol queda en pie; es un árbol santo y noble. Sólo ha ocurrido que han sido cortadas algunas ramas inservibles para injertar otras ramas en su lugar. Se ha observado con razón que esto no coincide con la técnica corriente de injertar. Pero a Pablo eso no lo preocupa. No es la observación del proceso natural lo que lo ha llevado a su concepción del punto que está presentando. Ni usa la ilustración para tratar de probar que el proceder de Dios se justifica. La *realidad* que aquí trata supera por completo a la ilustración. Israel es el árbol; es el pueblo de Dios. En este árbol son introducidos e injertados los gentiles que acceden a la fe en Cristo y son salvados. La salvación consiste precisamente en el hecho de ser así injertados. No es su fe la que sostiene al pueblo de Dios, sino el pueblo de Dios el que los sostiene a ellos. Según Pablo, la iglesia cristiana tiene sus raíces en el Antiguo Testamento, en la divina elección de los padres. Por esta elección fue santificada la raíz. Por ella se formó un pueblo de Dios que subsistirá por todos los tiempos. A pesar del alejamiento de Israel, Dios nunca ha arrancado la raíz, porque es una raíz santa. Cuando se cumplió el tiempo, Dios hizo retoñar de esa noble raíz a Cristo como su Vastago (Is. 11:1). Cuando los gentiles son incorporados a Cristo por el bautismo, ello significa a la vez que son injertados como ramas en el Israel espiritual. Desde este punto de vista, pues, los cristianos no son una estirpe nueva; más bien son la continuación legítima, la continuación del pueblo de Dios del Antiguo Testamento.

La iglesia cristiana es el Israel verdadero. Ha brotado de la santa raíz de Israel y comprende tanto el "remanente" de Israel (las ramas naturales que no fueron desgajadas) como los gentiles que accedieron a la fe en Cristo, (las ramas injertadas). Para los gentiles que no eran el pueblo de Dios (9:25) pero que ahora han sido aceptados por la gracia divina como miembros del mismo, del Israel espiritual, esta circunstancia debería constituir un motivo de humilde gratitud. No poseen ventajas a qué apelar; proceden de un olivo silvestre y fueron injertados al lado de las ramas naturales. Todo lo que tienen lo han recibido de esta nueva comunidad; o, para usar la figura que usa Pablo: Con ellas (con las ramas naturales) "han sido hechos participantes de la raíz y de la rica savia del olivo". ¿No debiera bastar esto para excluir toda arrogante jactancia sobre las ramas naturales? "Si te jactas, sabe que no sustentas tú a la raíz, sino la raíz a ti" (v. 18). No obstante, el peligro de la presunción es cosa muy natural. Pablo continúa su aclaración sobre los cristianos-gentiles. "Pues las ramas, dirás, fueron desgajadas para que yo fuese injertado" (v. 19). En cierto modo esto es cierto. Pablo mismo ha afirmado que por la caída de Israel vino la salvación a los gentiles (v. 11). ¿Pero qué fue lo que ocasionó la caída de Israel? Su *incredulidad*; Israel cayó por confiar en sus propias cualidades y no querer recibirlo todo de la libre gracia de Dios. "Por su incredulidad fueron desgajados; pero tú por la fe estás en pie. No te ensoberbezcas, sino teme". Pablo sabe que la misma tentación que produjo la caída de Israel acecha también a los cristianos y constituye un serio peligro para ellos. Los judíos dicen: "Pertenecemos al pueblo de Dios". Confían en la circuncisión y en las promesas dadas a los padres; y en su complacencia se niegan a creer. Pero en forma exactamente igual los cristianos se ven tentados a decir: "Pertenecemos al Israel espiritual". Se ven tentados a confiar en su propia fe, en su cristianismo.

Parece que Pablo hubiera previsto a qué perturbaciones iba a verse expuesta la cristiandad por el tema mismo de la fe; y que la fe misma, que es precisamente lo contrario del orgullo y la auto-suficiencia sería puesta al servicio de la complacencia humana. En principio, no hay gran diferencia entre confiar en pertenecer al Israel escogido por Dios o en que se pertenece a la cristiandad, entre confiar en las obras o en la fe. En ambos casos uno descansa en sí mismo y en la superioridad de su posición. Lo único en que puede confiar el cristiano es en la *bondad de Dios*, en su libre gracia, en la soberana voluntad de su amor, en su inmerecida misericordia. Pero todo se pierde si el cristiano piensa que puede basarse en su fe, romo si ésta fuera garantía de alguna superioridad en él. Llama la atención que en esta relación Pablo evite emplear el término fe. Con referencia a los judíos usa la frase "permanecer en incredulidad", en el versículo 23. Nada hubiese sido más natural que hablar —a modo de confrontación— de que el cristiano "permanece en la fe". Sin embargo, evita esta expresión y en su lugar dice que el cristiano *"permanece en la bondad de Dios"*. A los gentiles conversos les dice: "Mira, pues, la bondad y la severidad de Dios; la severidad ciertamente para con los que cayeron, pero la bondad para contigo, si permaneces en esa bondad; pues de otra manera tú también serás cortado. Y aun ellos, si no permanecieren en incredulidad, serán injertados" (vers. 22, 23). Orgullo y arrogancia son incredulidad; significa que uno confía en sí mismo, como si los méritos propios fuesen la causa de la aceptación por parte de Dios. En tal caso se invierte la relación entre el árbol y las ramas, entre la raíz y las ramas, como si las ramas sustentasen a la raíz y no al revés. De esa manera no se edifica sobre la piedra angular que es Cristo, sino sobre uno mismo; y entonces Cristo se torna en piedra de tropiezo que nos hace caer.

Sólo se puede "permanecer en la bondad de Dios" cuando se vive en el temor (v. 20). Existe una relación entre la fe y el temor. Por otra parte existe en algunos, una "certeza de salvación" que no es otra cosa que el estar uno seguro de sí mismo. Pero... si uno confía de este modo en sí mismo, tropieza contra Cristo y cae. Tal había sido el destino de los judíos. Pero, puede suceder exactamente lo mismo con el cristiano, y habrá de sucederle si se ensoberbece. Si pone su confianza en su propia excelencia como cristiano, él también será cortado. "Porque si Dios no perdonó a las ramas naturales, a ti tampoco te perdonará" (v. 21). Así como por su incredulidad los judíos han tenido que hacer lugar para los gentiles, los papeles pueden volver a invertirse si los cristianos en su presunción confían en otra cosa que no sea la gracia inmerecida de Dios.

Pablo ha presentado la caída de Israel como ejemplo aleccionador para los cristianos. Pero su última palabra en esta relación es una palabra de esperanza para Israel: Poderoso es Dios para volverlos a injertar. "Porque si tú fuiste cortado del que por naturaleza es olivo silvestre, y contra naturaleza fuiste injertado en el buen olivo, ¿cuánto más éstos, que son las ramas naturales, serán injertados en su propio olivo?". —Con esto Pablo se prepara para la respuesta definitiva a la cuestión del rechazo de Israel, tema al que pasará de inmediato.

3. El rechazo es el procedimiento de Dios para la salvación de Israel 11:25-36

De lo que Pablo ha dicho hasta ahora surge directamente el problema del rechazo de Israel. No puede menos que preguntarse: cómo puede concillarse el hecho de la reprobación de Israel con las promesas de Dios. Si estos dos hechos *no* son conciliables, todo el mensaje paulino se derrumba. No puede sostener que Dios falta a su palabra en el momento mismo del cumplimiento. En consecuencia y para poder mantener su evangelio, tendrá que mostrar que, a pesar de todo, la reprobación de Israel puede ser armonizada con las promesas de Dios y es parte del plan divino de salvación.

¿Hasta dónde ha llegado Pablo en su contestación a esta pregunta?

En los capítulos 9 y 10 ha mostrado que Dios en su soberanía ha dispuesto que la promesa valiera exclusivamente para los creyentes. Si Israel no quiere creer y se aferra a la justicia por la ley, él tiene la culpa si pierde las promesas. A esto el capítulo 11 añade otra consideración importante. No es que simplemente Dios haya desechado a su pueblo. Sólo en un sentido limitado puede hablarse de la reprobación de Israel. El hecho de que también en este tiempo exista un "remanente" de Israel en el cual Dios ha podido cumplir sus promesas, demuestra que Dios no ha desechado totalmente a su pueblo. Ha colocado en Sión una piedra angular: Cristo. Es preciso confiar en ella con fe. El "remanente" lo hizo y de ese modo obtuvo la salvación. Pero en general —con excepción del "remanente"— esta piedra angular se convirtió en piedra de tropiezo para Israel. Tropezó contra ella y cayó. Rechazó al Mesías y por ello él mismo fue desechado. Cabe preguntar, entonces, si su caída es permanente. ¿El repudio es definitivo? No, dice Pablo. Dios ha utilizado la caída como un medio para lograr sus propósitos y éstos no tienden a la destrucción sino a la salvación. Por de pronto la caída de Israel ha obrado para el bien de los gentiles. Cuando Israel rechazó el evangelio, el mensaje pasó a los gentiles; cuando Israel desechó a su Mesías, éste llegó a ser el Cristo de los gentiles. Así se cumplió la promesa: "Estará la raíz de Isaí, y el que se levantará a regir a los gentiles; los gentiles esperarán en él" (cf. 15:12). Pero además, la caída de Israel se convertirá en bendición también para él mismo, desde luego no inmediatamente, sino en forma indirecta, por lo que aconteció con los gentiles, pues Pablo espera que por ello Israel ha de ser "provocado a celos".

A Pablo le falta ahora un solo paso hacia la meta. Le falta dar una respuesta; pero ésta es la *respuesta principal* en relación con la cual todo lo que se ha dicho hasta aquí sólo tiene importancia preparatoria. Y él mismo sugiere la importancia de esta última respuesta con la forma en que la presenta. Con toda solemnidad y seriedad manifiesta que ahora anunciará un misterio divino, un μυστέριον. Este le ha sido confiado por una revelación especial, y ahora lo comunicará a sus lectores a fin de que en asuntos tan importantes no dependan de sus propias especulaciones ni de la sabiduría humana. El contenido del misterio es que actualmente una parte de Israel ha sido atacada por el endurecimiento (ἀπὸ μέρους) y así permanecerá hasta que haya entrado la "plenitud" (πλήρωμα) de los gentiles. Pero cuando esto haya sucedido, le tocará el turno a Israel como pueblo. Entonces ya no se tratará tan sólo de un "remanente" sino que el πλήρωμα, "todo Israel" entrará en el reino de Dios. *Todo Israel*, πᾶς Ἰσραήλ, será salvo.

De los judíos apóstatas se puede decir que son simultáneamente "enemigos de Dios" y "amados de Dios". "En cuanto al evangelio son enemigos", puesto que lo rechazan y no quieren saber nada de él. Pero lo extraño del caso es que Dios mismo ha colocado en su camino la piedra de tropiezo contra la cual habrán de chocar y caer mientras busquen su propia justicia. "Pero en cuanto a la elección son amados". La enemistad que existe entre ellos y Dios no puede anular el amor divino. "Porque irrevocables son los dones y el llamamiento de Dios". Las promesas divinas dadas a los padres subsisten y serán cumplidas con gloria cuando *todo* Israel vuelva a ser aceptado.

El camino de salvación de Dios para Israel pasa por la incredulidad a la fe, por la caída al enderezamiento, por la reprobación circunstancial a la aceptación definitiva. ¿Pero por qué este rodeo? ¿Era necesario? ¿No podía Dios conducir a Israel a la salvación sin ello? Digamos en primer término que semejante ponderación de posibilidades y necesidades es del todo ajena al pensamiento de Pablo. Nada está más lejos de él que tratar de mostrar la necesidad de los actos de Dios. No habla de cómo Dios podría o debería proceder; observa cómo ha obrado Dios efectivamente y trata de presentar eso. Para él, el punto de partida es un *hecho*: Israel *está* desechado: Pero en la situación actual, Pablo ve un propósito divino, un misterio que Dios le ha revelado; y esto —podríamos decir ahora en otro sentido— representa una *necesidad divina*, puesto que Dios jamás obra arbitrariamente. Tampoco ha desechado a Israel por su arbitrariedad. *Israel*

tenia que ser desechado para poder ser aceptado de nuevo; éste es el contenido del misterio que acaba de señalar. El endurecimiento y la reprobación
constituyen un eslabón preparatorio de su nueva aceptación. El rechazar
es el camino por el cual Dios conduce a la salvación. En cierto sentido esto
es la consecuencia de su elección original. Dios conduce a cada cual por
el camino necesario para él. Para Israel el camino a la salvación pasa por la
reprobación.

¿Pero en qué consiste la diferencia entre Israel y los gentiles, ya que
Dios los lleva por caminos tan distintos hacia la misma meta de salvación?
Los *gentiles* se hallaban simple y exclusivamente bajo la *ira de Dios* pero
ahora han llegado a ser objeto de *su misericordia;* por el evangelio participa
en la justicia de Dios revelada en Cristo. Este es un ejemplo claro de la "justificación del pecador". Nada tiene en qué confiar, nada que puedan invocar en su favor; todo lo han de recibir gratuitamente por la gracia; éste es
el sentido de la fe. Pero para los *judíos* la situación no es tan clara y sencilla.
Ellos tienen mucho que invocar: la ley y una relativa justicia; tienen a los
padres, la circuncisión, las promesas, etc. ¿Cómo pueden recibir la nueva
justicia de Dios bajo tales circunstancias?

Ante Dios existen dos clases de hombres —solamente dos: "vasos de
ira" y "vasos de misericordia". Ya los hemos conocido en 9:22-23: σκεύη
ὀργῆς y σκεύη ἐλέους. Los gentiles encuadran perfectamente en esta
alternativa: eran "vasos de ira" pero por la gracia de Dios han llegado a ser
"vasos de misericordia". ¿Pero los judíos? Ellos no quisieron aceptar esta
alternativa establecida por Dios. ¡Naturalmente que no eran "vasos de ira";
eran el pueblo de propiedad de Dios! Pero por otra parte, tampoco querían
ser simples "vasos de misericordia". Eso podría estar bien para los gentiles
que no tenían otra cosa que invocar. Misericordia e ira son las dos formas
bajo las cuales Dios va al encuentro de los hombres. Quien no acepta la
misericordia de Dios cae bajo su ira. Son las dos posibilidades —no existe
una tercera. Pero Israel quería una tercera, diferente de las otras dos. Si
Israel hubiese aceptado solamente la misericordia divina, sin pretensiones
y sin pensar en méritos, se habría convertido *inmediatamente* en un "Vaso
de misericordia", al igual que los gentiles. Por parte de Dios el rodeo es
innecesario. Pero Israel tiene tanto en que confiar: "Son israelitas, de los

cuales son la adopción, la gloria, el pacto, la promulgación de la ley, el culto y las promesas; de quienes son los patriarcas" (9:4-5). Esta ventaja de Israel, en verdad nada despreciable, se convirtió en su perdición, puesto que depositó su confianza en ella creyendo que no era preciso descender al mismo plano primitivo de los gentiles como si no tuviera ninguna verdadera ventaja que invocar. Y así rehusó convertirse en "vaso de misericordia" dependiente sola y únicamente de la piedad divina. Las consecuencias no se hicieron esperar; se convirtió en un "vaso de ira"; fue desechado.

Mas esto que desde el punto de vista humano constituye a la vez la culpa y la tragedia de Israel, para Dios *es el camino de salvación de Israel*. No hay otro camino. Primero Israel tenía que ser derrocado de su auto-suficiencia. Tenía que ver a los gentiles entrar en grandes multitudes al reino de Dios, mientras él, que se jactaba de ser mejor que los gentiles, no participaba en él. Tenía que experimentar algo de lo que Jesús expresó con las palabras: "Vendrán muchos del oriente y del occidente, y se sentarán con Abraham e Isaac y Jacob en el reino de los cielos; mas los hijos del reino serán echados a las tinieblas de afuera" (Mat. 8:11-12). Pero cuando Israel, despeñado del pedestal, yazga en el polvo; cuando ante Dios no sea otra cosa que un "vaso de ira", entonces será finalmente maduro para la acción de Dios por la cual hará de él un "vaso de misericordia". El Israel orgulloso no quería misericordia, al menos la misma misericordia que reciben los gentiles. Ahora Dios lo ha entregado a la desobediencia y pronuncia su sentencia sobre ellos "para que por la misericordia concedida a vosotros los gentiles ellos también alcancen misericordia" (v. 31).

De este modo se ha borrado la diferencia entre judíos y gentiles. Aquello por lo cual Pablo ha luchado a través de toda la epístola, es coronado y sellado con sus últimas palabras sobre reprobación y salvación de Israel. "No hay diferencia, por cuanto todos pecaron, y están destituidos de la gloria de Dios, siendo justificados gratuitamente por su gracia, mediante la redención que es en Cristo Jesús" —así ha dicho Pablo en 3:22-24, punto culminante de su transición del eón antiguo al nuevo. Exactamente lo mismo dice aquí y puede corroborarlo ahora con lo que ha sucedido con gentiles y judíos. Por parte de los hombres —ya se trate de judíos o de gentiles— sólo hay desobediencia. Por parte de Dios —ya se trate de judíos o de gentiles— hay misericordia. "Porque Dios sujetó a todos en desobediencia, para tener misericordia de todos" (v. 32).

Dios ha permitido a Pablo enterarse de su resolución, y éste ha quedado arrebatado de admiración: "¡Oh profundidad de las riquezas de la sabiduría y de la ciencia de Dios! ¡Cuan insondables son sus juicios, e inescrutables sus caminos!" Los pensamientos y caminos de Dios son completamente distintos de los de los hombres. No pide consejo a hombre alguno y sin su revelación y su guía nadie puede entender por qué Dios obra como lo hace. ¿Quién hubiera podido imaginarse que Dios emplearía hasta la desobediencia de los hombres como medio para la realización de su voluntad salvadora? Y en todo ello triunfa la misericordia divina. Él no permite que nadie se presente con pretensiones. ¿Quién dio a él primero, para que fuese recompensado? Todo depende de su voluntad soberana. Él es el origen y a la vez la meta de todas las cosas: "Porque de él, y por él son todas las cosas. A él sea gloria por los siglos. Amén".

CUARTA PARTE

LA VIDA DEL JUSTO POR LA FE

12:1-15:13

Con el capítulo 12 Pablo pasa a las *amonestaciones*. La primera palabra con que nos encontramos aquí, παρακαλῶ, "amonesto", (os ruego), figura por así decirlo, como título de toda la parte siguiente e indica que ahora llegamos a una nueva sección de la carta. Esto no significa que Pablo aborda ahora un tema completamente nuevo, sin relación alguna con lo precedente. Por el contrario, permanece en la misma esfera que antes. Aquello que hasta aquí ha sido tema de la epístola —"el justo por la fe vivirá"— es también tema de las exhortaciones. Este es un ejemplo de la incomparable lógica que impera en el pensamiento paulino.

Este hecho debe ser subrayado tanto más cuanto que se ha afirmado con frecuencia que las cuestiones que Pablo aborda aquí guardan una relación extremadamente superficial y débil con lo expuesto hasta ahora. Además, a menudo se ha asegurado que el contenido de esta sección no tiene una relación lógica entre sí; que es una serie desordenada de amonestaciones que Pablo había anotado según se le iban ocurriendo y que tanto la coherencia *exterior* en relación con el resto de la carta, como la interior, son por consiguiente bastante débiles. Pero de estas dos afirmaciones hay que decir que están en manifiesta contradicción con la realidad. En la exposición siguiente se verá que en esta parte final de la carta Pablo no hace más que sacar las consecuencias de lo aducido en su exposición anterior. Además quedará comprobado que en cuanto a su construcción interior también esta parte de la epístola está estructurada de acuerdo con un plan arquitectónico de rigurosa uniformidad.

La dificultad en percibir la consistencia aquí existente puede ser debida, al menos hasta cierto punto, a que durante los últimos siglos se ha acostumbrado trazar una recta línea divisoria entre "doctrina" y "vida". Pero tal diferenciación es completamente ajena a Pablo. Una doctrina, un evangelio que no tiene consecuencias para la vida y la conducta del hombre, no es un evangelio verdadero; y una vida y una conducta que no se basen en lo que recibimos del evangelio, no pueden llamarse vida cristiana o conducta cristiana.

El examen de los primeros dos versículos del capítulo 12 nos brindará la oportunidad de dilucidar la íntima relación entre la parte hortatoria y el resto de la carta. Aquí nos limitaremos a trazar en forma breve la relación interna de la parte que sigue.

Se trata de la *conducta* del cristiano. ¿Qué carácter debe tener? Pablo contesta que debe estar configurada y moldeada de acuerdo con el nuevo eón. Esta puede llamarse la verdadera regla fundamental de la ética de Pablo. La forma breve y concentrada se nos presenta en los dos primeros versículos del capítulo 12. ¿Pero qué significa esto? Pablo señala dos características de esta nueva vida: es una vida "en Cristo" y una vida "en amor". Esta vida del nuevo eón, el cristiano la ha de vivir en medio de la era antigua y bajo sus órdenes; en especial se trata del comportamiento del cristiano frente a la autoridad. Sin embargo estas cuestiones más bien formales no deben constituir la última palabra de Pablo en esta conexión. Por consiguiente vuelve a la idea de la vida "en Cristo" y "en amor". Aquí debe observarse la habilidad de Pablo para presentar su idea. Al volver a tratar el tema, Pablo cambia el orden, hablando en primer lugar de la vida en amor y del amor como consumación de la ley; sólo entonces sigue la exhortación final: "Vestíos del Señor Jesucristo". Por este orden entrecruzado de los pensamientos, la declaración acerca de vivir y actuar "en Cristo", llega a ser lo primero y lo último de esta sección.

Una vez que ha destacado así con sus exhortaciones, la calidad característica de la vida del justo por la fe, Pablo concentra su atención en un problema especial que al parecer era de suma actualidad en la iglesia de Roma, a saber, la relación entre los débiles y los fuertes. Pero aun lo que tiene que decir a este respecto no deja de estar relacionado con el curso principal de ideas, más bien ilustra en un punto determinado lo que significa "andar conforme al amor" (κατὰ ἀγάπην περιπατεῖν) (14:15).

La exposición que antecede demuestra que también las exhortaciones de Pablo están regidas por una rigurosa consecuencia. Aquí su pensamiento se divide en dos partes principales: (1) La conducta conforme al nuevo eón (12:1-13:14); (2) Los débiles y los fuertes 14:1-15:13).

1 | LA CONDUCTA EN EL NUEVO EÓN
12:1-13:14

Los capítulos 12 y 13 contienen la exposición más detallada que Pablo nos ha legado de su concepto fundamental de la vida ética del cristiano. Podría decirse que estos capítulos contienen una breve síntesis de la ética de Pablo; describen la conducta del justo por la fe. Lo primero que se observa es cuan estrechamente ligadas están las exigencias éticas a lo nuevo que vino por Cristo, y cómo nacen directamente de esa relación. Una y otra vez hemos podido observar lo mismo en las partes anteriores de la carta. Basta con recordar un solo pasaje: 6:4. En él Pablo dice que por el bautismo fuimos incorporados en Cristo y unidos a él en la participación de su muerte y resurrección. De esta circunstancia saca inmediatamente la conclusión de que debemos andar "en la vida nueva", ἐν καινότητι ζωῆς περιπατήσωμεν. En estas palabras del capítulo 6 Pablo ha dado —por decir así— la fórmula de lo que quiere exponer ahora. Ya que hemos sido justificados, es decir, sacados del poder de la muerte que reinaba en el eón antiguo y recibidos con Cristo en el nuevo eón de la vida, ahora debemos andar "en novedad de vida" como dice Pablo literalmente; hemos de poner nuestra conducta en armonía con el nuevo eón. Esta es la regla fundamental de la ética de Pablo y la que desarrolla en los primeros dos versículos del capítulo 12.

1. La regla fundamental de la ética de Pablo 12:1-2

Si a estos dos versículos les damos el título: "La regla fundamental de la ética de Pablo" lo hacemos porque contiene un pensamiento que figura una y otra vez en los escritos de Pablo, en diferentes contextos. Evidentemente para él es de importancia capital pues tiene que ver con la formación de la vida cristiana. En Gá 1. 5:25 dice: "Si vivimos por el Espíritu, andemos también por el Espíritu". Esta sentencia guarda una relación inmediata con el pensamiento de la epístola a los Romanos que insiste en que "el justo por la fe vivirá". La vida le es dada por el Espíritu, el Espíritu de Dios y de Cristo, como oímos en el capítulo 8. Pero donde vive y obra el Espíritu de Cristo nace una nueva conducta. También esto está incluido en las palabras de Pablo en 1:16 acerca de que el evangelio es poder de Dios, puesto que su eficiencia se muestra también en el hecho de transformar la vida y la conducta del hombre. Sin embargo —y esto debe de tenerse en cuenta— no somos nosotros quienes ayudamos al evangelio a ejercer este poder transformador en nuestra vida; el poder del evangelio es el que nos renueva y transforma. Lo primero es lo que Dios ha hecho por medio de Cristo. Porque eso ha sucedido, la conducta del cristiano ha de ser diferente de lo que era antes. En este sentido el evangelio o la "doctrina" (διδαχή) representa tanto el modelo de acuerdo con el cual debe formarse la vida del cristiano (cf. antes, pág. 213) como el poder que motiva esa transformación. Encontramos el mismo pensamiento en 1 Tes. 2:12 donde Pablo escribe: "Dios os llamó a su reino y gloria"; y exhorta a los cristianos a que "anden como es digno de Dios", ἀξίως τοῦ θεοῦ περιπατεῖν. Y cuando en Ef. 4:1 pasa a las exhortaciones, la primera de ellas es: "Os ruego que andéis como es digno de la vocación a que fuisteis llamados", ἀξίως περιπατῆσαι τῆς κλήσεως. O bien —para citar un ejemplo más— en Col. 2:6 leemos: "De la manera que habéis recibido al Señor Jesucristo, andad en él". En todas partes se trata de una misma cosa: Dios ha hecho algo por nosotros; nosotros hemos recibido algo de él; hemos recibido su llamado, hemos recibido a Cristo y el Espíritu; ahora debemos vivir una vida que esté en consonancia con lo recibido.

Después de este resumen nos ocuparemos de los primeros dos versículos del capítulo 12 a fin de observar en qué forma expresan esta regla fundamental. Para empezar, Pablo señala aquí la misericordia de Dios que ha experimentado la comunidad. Todo lo que se ha dicho hasta aquí acerca del nuevo eón y sus bendiciones tiene su causa en la misericordia de Dios. "Así que no depende del que quiere, ni del que corre, sino de Dios que tiene misericordia" (9:16). Debido a su misericordia para con nosotros, Dios no escatimó ni a su propio Hijo, sino que lo entregó por todos nosotros; ¿cómo no nos dará también con él todas las cosas? (8:32).

Pablo habla aquí a los que han experimentado la misericordia de Dios. De ello nace su exhortación a que muestren en su vida y su conducta los frutos de lo obtenido por la obra misericordiosa de Dios; que presenten por tanto sus cuerpos en sacrificio vivo, santo, agradable a Dios. No debe extrañarnos que Pablo hable aquí de que son los "cuerpos" los que han de ser sacrificados a Dios; basta con recordar cómo ha hablado del cuerpo del pecado y de la muerte, y que en el capítulo 6 ha dicho que el cuerpo y los miembros que antes estaban al servicio del pecado y eran utilizados por él como instrumentos de iniquidad, ahora han de ser presentados como instrumentos de la justicia (6:13, 19). Dios mismo nos ha puesto en esta vida temporal. Por ello debemos servir a Dios también aquí, en la realidad dada ahora, en la vida presente, determinada corporalmente, y no en una existencia incorpórea, soñada o configurada por la fantasía. El nos ha destinado tareas concretas en las cuales el cuerpo y los miembros han de ser puestos a su servicio. Tampoco debe extrañarnos que Pablo llame "vivo" a este sacrificio. La idea de la "vida" impregna toda la epístola. "El justo por la fe vivirá", y por consiguiente su sacrificio es una ofrenda viva, santa y agradable a Dios y su culto real y verdadero, o —como se traduce con frecuencia la expresión que Pablo usa aquí: ἡ λογικὴ λατρεία, un "culto racional". Cualquier espiritualización del significado del servicio cristiano es contrario a la intención de Pablo; él habla específicamente del cuerpo y los miembros como entregados al servicio de Dios.

Con esto Pablo ha llegado al punto en que puede formular con exactitud su regla ética fundamental. La hallamos en el segundo versículo: "No nos conforméis a este siglo, sino transformaos por medio de la renovación de vuestro entendimiento, para que comprobéis cuál sea la buena voluntad de Dios, agradable y perfecta". Los cristianos deben tener presente que ya ahora pertenecen al nuevo eón y que esto tiene consecuencias definidas para su manera de vivir. Por la misericordia de Dios en Cristo han sido librados del presente eón malo (cf. Gál. 1:4) en el cual ejercen su severo gobierno la ira, el pecado, la ley y la muerte. En consecuencia, no es posible que sigan viviendo en el estado antiguo, como si nada hubiera acontecido por medio de Cristo. Ya antes Pablo ha seguido esta línea de pensamiento. En 6:2 dice: "Porque los que hemos muerto al pecado, ¿cómo viviremos en él?" Lo mismo vale para el comportamiento del cristiano frente a los demás poderes de perdición como para su relación con el antiguo eón en general: ha muerto a él, lo ha abandonado por medio de Cristo. Pero si ha salido del antiguo eón y entrado en el nuevo, su mente no debe permanecer aferrada al viejo e identificada con él. Su mente y su conducta no deben conservar las características de esa era sino que debe producirse una *germina metamorfosis del espíritu y de la conducta*. Pablo emplea precisamente esta fórmula. Dice: μεταμουρφοῦσθε, "cambiaos por medio de la renovación de vuestro entendimiento". La mente y la memoria, la razón y la emoción; en fin, todo en la vida del cristiano, desde lo más íntimo hasta lo más externo debe entrar en esta metamorfosis para estar en conformidad con el nuevo eón.

Pablo llama por su nombre al antiguo eón, ὁ αἰών οὗτος, no así al nuevo, ὁ καινός αἰών. No obstante éste se vislumbra en la expresión ἡ ἀνακαίνωσις τοῦ νοός, "la renovación del entendimiento", pues el hombre nuevo con la nueva mente, "la mente de Cristo", corresponde al nuevo eón (6:4; cf. pág. 197; 1 Cor. 2:16).

El cristiano ha sido incorporado en Cristo por el bautismo. Con ello se ha puesto la base de la renovación de que habla Pablo en este lugar (6:4). Sin embargo, dado que tiene que vivir su vida en este mundo y servir a Dios bajo las condiciones que él mismo impone, está continuamente tentado a acomodarse al carácter de esta era e imitar su σχῆμα, su modo de pensar, de ser y de comportarse. Esto no debe suceder. Aquí son aplicables las palabras de Pablo en 1 Cor. 5:7: "Limpiaos de la vieja levadura". Y en Ef. 5:7-8 se dice: "No seáis pues partícipes con ellos. Porque en otro tiempo erais tinieblas, mas ahora sois luz en el Señor; andad como hijos de luz". Es cierto que el cristiano ha de servir a Dios en este mundo, pero no con una mente mundanal y conformándose a este mundo. Debe servir a Dios como quien lleva la marca del nuevo eón, de que es miembro de Cristo. Debe vivir en medio de este eón, la vida del nuevo eón, como hijo de Dios "sin mancha en medio de una generación maligna y perversa" (Fil. 2:15).

Según Pablo la renovación del entendimiento incluye también un nuevo juicio ético. El cristiano ha recibido la facultad de examinar lo que es la voluntad de Dios en la situación concreta. Posee ahora una nueva percepción de la voluntad de Dios, de lo que es bueno, agradable y perfecto. Ya no juzga de acuerdo con la manera y las normas de este mundo. Su meta es que se haga la voluntad de Dios.

¿Pero qué significa —más precisamente— andar conforme al nuevo eón? Pablo responde: *es andar en Cristo* (vrs. 3-8) o —lo que realmente significa lo mismo— *andar en amor* (vrs. 9-21).

2. Andar en Cristo 12:3-8

La conducta del Cristiano debe ser determinada por el hecho de que *está en Cristo*. "Si alguno está en Cristo, nueva criatura es" (2 Cor. 5:17). Esto ha de imponer su sello de toda su vida, en todo lo que hace o aprueba. Pero estar en Cristo significa ser un *miembro en el cuerpo de Cristo*. Pero, un miembro sin conexión con el cuerpo no sería nada. Sólo es miembro en relación con el cuerpo y los demás miembros. Sólo existe por el hecho de que está incorporado al cuerpo y tiene en él su función específica. Lo mismo ocurre con el cristiano. De por sí no es nada. Lo que es, lo debe a su unión con Cristo. En esa relación le está asignado su puesto y debe respetar sus límites como dados por Dios. Por ello dice Pablo: "Digo, pues, por la gracia que me es dada, a cada cual que está entre vosotros, que no tenga más alto concepto de sí que el que debe tener, sino que piense de sí con cordura, conforme a la medida de fe que Dios repartió a cada uno. Porque de la manera que en un cuerpo tenemos muchos miembros, pero no todos los miembros tienen la misma función, así nosotros, siendo muchos, somos *un* cuerpo en Cristo, y todos miembros los unos de los otros. De manera que tenemos diferentes dones, según la gracia que nos es dada" (vrs. 3-6).

Aquí tenemos un ejemplo que demuestra que la conducta del justo por la fe es y debe ser diferente de la que rige para el antiguo eón. En éste lo normal es que el hombre busque lo suyo, su propio poder, su enaltecimiento y su honor. Mientras el cristiano vive en este mundo, puede ser fácilmente precipitado en su torbellino y utilizar sus dones y funciones para su propio encumbramiento. Aun de las dotes espirituales, los "dones de la gracia" se puede abusar de esta manera. Precisamente contra esto se dirige Pablo al amonestar a los miembros de la comunidad a que no tengan más alto concepto de sí que el que deben tener". Pablo emplea aquí un juego de palabras difícil de traducir: μὴ ὑπερφρονεῖν ἀλλὰ φρονεῖν εἰς τὸ σωφρονεῖν Este último término, σωφρονεῖν , recuerda una de las cuatro virtudes cardinales de la antigüedad, σωφροσύνη, "la templanza". Sin embargo, sólo tienen en común el término. En términos generales Pablo no reconoce "virtud" alguna —a pesar de Fil. 4:8. Lo que a él le importa significa algo muy diferente. Pero de esto trataremos más adelante (pág. 360).

El cristiano no debe pretender serlo todo. Sólo hay uno que lo reúne todo en sí mismo: Cristo. Dios ha determinado "reunir todas las cosas en Cristo... así las que están en los cielos como las que están en la tierra", se dice en Ef. 1:10 y en el mismo capítulo, vrs. 22-23: "Lo dio por cabeza sobre todas las cosas a la iglesia, la cual es su cuerpo, la plenitud de Aquél que todo lo llena en todo". El cristiano, pues, no es más que un miembro en el cuerpo. Por ricamente dotado que esté y por grande que sea la tarea que le sea confiada, siempre es y sigue siendo solamente un miembro. En un sentido existe perfecta igualdad entre todos los miembros, a saber, en cuanto todos son miembros de uno y el mismo cuerpo, y ninguno es más ni menos que otro. Sin embargo, esto no impide que en otro sentido existan grandes diferencias entre ellos. Un miembro tiene una función, otro tiene otra; la intención no es que todos sean iguales en esto o tengan que cumplir el mismo cometido. Por el contrario, precisamente su variedad y sus diferencias son prerrequisitos para que sean satisfechas todas las distintas necesidades del cuerpo.

Cuando Pablo habla aquí del cuerpo y de los miembros, no usa meramente una figura de lenguaje; para él es una *realidad espiritual*. Lo que pretende decir no es tan sólo que así como los miembros del cuerpo funcionan armónicamente también los cristianos deban trabajar juntos con sus distintos dones y capacidades. Quiere decir que *somos* un cuerpo en Cristo, que *somos* miembros en nuestra relación entre nosotros. Para Pablo σῶμα Χριστοῦ, "el cuerpo de Cristo", no es una figura o una comparación sino una realidad indiscutible; nosotros los cristianos hemos sido incorporados como miembros en este cuerpo. Por la fe pertenecemos a Cristo; en el bautismo hemos sido incorporados a él y plantados juntamente con él (6:5),y por ello somos realmente miembros de su cuerpo. "En Cristo somos *un* cuerpo", ἕν σῶμά ἐσμεν ἐν Χριστῷ. En Cristo hay *unidad*; pero ésta no anula la *variedad* y *diferencia* entre los miembros. Por el contrario, precisamente esta desigualdad corresponde a la intención de Dios. Al ser incorporados al cuerpo de Cristo se nos dio una función especial que hemos de cumplir en su organismo, diferente de la tarea que fuera asignada a otros miembros: y se nos dieron dones especiales para nuestra función especial. Tenemos "diferentes dones, según la gracia que nos es dada". Dios dispensa muchos dones diferentes y a cada cual le da uno distinto. Cualquier intento de establecer una uniformidad en este sentido es contrario a la voluntad de Dios.

Ahora bien, la intención no es que el cristiano emplee esos dones para su propio placer y exaltación. Así como no debe echar mano a aquello para lo cual no ha sido dotado por Dios, aunque ello le atraiga más y le asegure una mayor consideración de los demás, tampoco debe emplear los dones que le fueron dados para conquistar fama y lucimiento. Le han sido otorgados para servir. El orgullo carnal, que tiene un concepto más alto de sí mismo que el que debe tener, es tan condenable como la falsa humildad que entierra su talento. Si Dios concede un don, aunque sea humilde, lo hace con la intención de que sea empleado en su servicio y para la edificación del cuerpo de Cristo (Ef. 4:12).

Nadie está de más. Dios ha arreglado de manera que los diferentes miembros se sirvan mutuamente cada cual con el don que le ha sido dado y contribuyan de ese modo al crecimiento del todo. Nadie debe tener un concepto más alto de sí mismo que de otro, puesto que todos son necesarios. La iglesia, que es el cuerpo de Cristo, no puede existir o crecer sin profecía, sin servidores de la congregación, sin ministerio, sin gobierno, etc. (cf. la exposición paralela y más explícita en 1 Cor. 12). Cada cual ha de servir con su don y en la forma específica que corresponde al mismo; sin olvidar jamás que su don es sólo uno entre otros igualmente necesarios. Por tanto debe emplearlo de acuerdo con la medida dada por la fe. En la fe se da la unidad "en Cristo"; en esta unidad todo don especial y todo servicio particular debe ocupar su lugar y recibir su legitimación. Por consiguiente cada miembro, y cada coyuntura, tiene su contribución que hacer para la gran finalidad —la edificación del cuerpo de Cristo. El resultado es que "todo el cuerpo unido entre sí por todas las coyunturas que se ayudan mutuamente"..., crece en todo, "en Aquel, que es la cabeza, esto es, Cristo" (Ef. 4:15, 16).

3. Andar en amor 12:9-21

"Andar en Cristo" es a la vez "andar en amor". En Cristo Dios nos ha mostrado su amor (5:8). Esta es la base de la vida nueva en la cual son iniciados los creyentes en Cristo y que se caracteriza por el hecho de ser una vida "en amor". El andar del cristiano en amor no es sino un reflejo del amor que Cristo le ha mostrado. Esta relación entre el amor de Cristo y la vida en amor del cristiano se expresa con claridad especial en Ef. 5:2 donde se dice: "Y andad en amor" (περιπατεῖτε ἐν ἀγάπῃ), como también Cristo nos amó, y se entregó a sí mismo." Para Pablo, pues, ambos términos: "en Cristo" y "en amor" (ἐν Χριστῷ - ἐν ἀγάπῃ), coinciden entre sí. Bastan algunos ejemplos para ilustrarlo. Dado que según Pablo todo en la vida del cristiano debe realizarse en Cristo, puede decir en 1 Cor. 16:14 "Todas vuestras cosas sean hechas con amor". Y así como en Rom. 13:14 (cf. también Gál. 3:27) Pablo dirige a la comunidad la exhortación: "Vestíos del Señor Jesucristo", puede decir paralelamente en Col. 3:12, 14: "Vestíos de amor". En Col. 2:6 exhorta: "Andad en él" (en Cristo), en Ef. 5:2 (cf. Rom. 14:15) emplea la otra formulación: "andad en amor". Mientras de los que han recibido al Señor Cristo Jesús dice en Col. 2:7: "Arraigados y sobreedificados en él (= en Cristo)", en Ef. 3:17 dice "Arraigados y cimentados en amor". Así como Cristo es la unidad en la cual son fusionados los muchos en un cuerpo, el amor es "el vínculo perfecto" (Col. 3:14). Podemos recordar también, en el capítulo 15 del evangelio según Juan, el capítulo de la vid y los pámpanos. Allí Jesús dice alternativamente: "Permaneced en mí" (vrs. 4-7) y "Permaneced en mi amor" (vrs. 9-10). El amor es, por decirlo así, la circulación de la sangre en el cuerpo de Cristo, por la cual todas sus partes y miembros están en comunicación inmediata entre sí y ligados en una unidad. El amor los hace participar en su mutuo destino, llevar las cargas los unos de los otros y compartir sus alegrías. El amor fluye del uno al otro; pero proviene en última instancia de Cristo mismo.

Bajo tales circunstancias es muy natural que, de su exposición acerca de cómo el justo por la fe vive en Cristo, pase Pablo a declarar que vive "en amor". La nueva sección comienza con el término "amor", ἀγάπη. Ya que andar en amor es la expresión exterior de la vida escondida "en Cristo", existe siempre el peligro de que los hombres se revistan exteriormente de amor sin que haya en ellos amor verdadero. Por ello la primera admonición de Pablo es: "El amor sea sin fingimiento".

No es por casualidad que Pablo menciona el amor en primer término. Siempre hace lo mismo. Cuando, por ejemplo, en Gál. 5:22 habla del "fruto del Espíritu", menciona en primer término el amor. Sin embargo el hecho de que se le asigne este lugar al amor no significa que ocupe el primer lugar en una serie de cosas de igual categoría, sino que incluye todo lo demás. Si el amor es sin fingimiento, *sucederá* todo aquello hacia lo cual Pablo procede a exhortar a la iglesia.

Así como la sección inmediatamente anterior tiene su contraparte en 1 Cor. 12, ésta la tiene en 1 Cor. 13. La mejor interpretación de este párrafo se obtiene leyendo junto con él "el himno del amor" de 1 Cor. 13. Basta con poner en Rom. 12:9-21 "el amor" como sujeto permanente para ver cuan estrecho es el parentesco del contenido de esta sección con 1 Cor. 13. Se la podría parafrasear como sigue: "El amor aborrece lo malo y sigue lo bueno. Ama a los hermanos y trata de superarlos en honrarlos. El amor no es perezoso en lo que requiere diligencia; es ferviente en espíritu, sirviendo al Señor. Es gozoso en la esperanza; sufrido en tribulación; constante en la oración. Comparte para las necesidades de los santos practicando la hospitalidad. El amor bendice a los que lo persiguen; bendice y no maldice. Se goza con los que gozan y llora con los que lloran. Vive en armonía con los hermanos. No es altivo, antes se asocia con los humildes. No es sabio en su propia opinión; no paga a nadie mal por mal. Procura lo bueno delante de todos los hombres. Si es posible, en cuanto de él depende, el amor está en paz con todos los hombres. No se venga, sino deja lugar a la ira de Dios, porque escrito está: Si tu enemigo tuviere hambre, dale de comer; si tuviere sed dale de beber. El amor no es vencido de lo malo, sino vence con el bien al mal".

Lo que nos da cierto derecho a hacer esta paráfrasis es que con estas amonestaciones Pablo quiere mostrar qué es lo que significa *"andar en amor"*. El amor es así. Así procede en las diversas situaciones de la vida. A ello añade Pablo por medio de sus amonestaciones un llamado personal. *Sois justificados por la fe*, de modo que observad una conducta correspondiente. ¡Andad en amor!

4. La conducta del cristiano en los órdenes de este mundo 13:1-7

Repetidas veces la epístola nos ha recordado la tensión originada en la vida del cristiano por el hecho de que debe vivir en este eón. Ahora bien: es evidente que el presente eón tiene sus órdenes completamente diferentes de los que rigen en el nuevo eón. En relación con esto recordamos las palabras que Jesús dirigiera a sus discípulos: "Sabéis que los gobernantes de las naciones se enseñorean de ellas, y los que son grandes ejercen sobre ellas potestad. Mas entre vosotros no será así (Mat. 20:25-26). El cristiano participa en esos órdenes que tienen su origen y su existencia en este eón. En este mundo debe vivir como cristiano. ¿Cómo conducirá su vida en relación con él y sus órdenes? Esta es la cuestión sobre la cual Pablo fija su posición ai principio del capítulo 13. La respuesta más natural tal vez fuera ésta: Es cierto que el cristiano ha sido librado de todos los poderes que predominan en el antiguo eón. Sus "principados", "autoridades", "poderes" —sus ἀρχαί, ἐξουσίαι δυνάμεις— han sido derrocados y destruidos. Allí donde Cristo es el Señor no queda lugar para otro poderío. Luego el cristiano tendría que librarse en cuanto fuera posible de los órdenes de este mundo. Su ciudadanía está en el cielo y por ello es libre e independiente con relación a toda ciudadanía terrestre. "Luego los hijos están exentos" se dice en Mat. 17:26.

Los primeros en hallar dificultad para distinguir entre la libertad del cristiano y la libertad terrenal, no son los hombres de nuestro tiempo, ni lo fueron los "entusiastas" de la época de la Reforma.

Idéntica dificultad se hizo notar a través de toda la historia de la cristiandad. Pero Pablo hizo lo que pudo para impedir que se sacaran consecuencias anárquicas de su enseñanza acerca de la libertad. Es cierto que los poderes del antiguo eón han sido destruidos; el cristiano es realmente *libre* de esos ἐξουσίαι. Pablo no retira una palabra de lo que ha dicho. Pero no es menos cierto que el cristiano ha sido colocado por Dios en este mundo y lo ha sometido a los poderes que reinan aquí. Pablo emplea precisamente el mismo término, ἐξουσίαι, para los poderes que gobiernan aquí. En consecuencia adopta una enérgica posición contraria a la opinión fanática que hace del evangelio una ley para la vida pública. También esta forma de legalidad es condenable. Los dos eones se entrelazan entre sí, pero no deben ser mezclados arbitrariamente. No se ha de tomar lo que pertenece al nuevo eón y aplicarlo simplemente como ley para el antiguo. "Sométase toda persona a las autoridades superiores", comienza Pablo; y fundamenta esta exigencia con el hecho de que *las autoridades han sido establecidas por Dios.* "Porque no hay autoridad sino de parte de Dios, y las que hay, por Dios han sido establecidas". Esto no significa que todo cuanto haga la autoridad esté en consonancia con la voluntad de Dios. Existen autoridades buenas y malas; gobiernos temerosos de Dios y gobiernos ateos. Hay algunas autoridades que emplean su poder conforme a la voluntad de Dios, y autoridades que abusan de su poder y pisotean la voluntad divina. Pero Pablo no habla aquí de esta diferencia. Habla de lo que es común a todas las autoridades, a saber, que están establecidas por Dios. La circunstancia de que haya gobiernos en el mundo no es una invención arbitraria del hombre; es un hecho ordenado por Dios. Luego es Dios quien otorga poder a la autoridad. Con ello las medidas de esta última no están de modo alguno legitimadas en el sentido ético. Dios usa también hombres indignos y criminales como medios para el cumplimiento de sus propósitos (cf. Hech. 4:24-28). Por otra parte los pecados de la autoridad no invalidan el hecho de que Dios es quien les ha otorgado el poder —aun el poder del cual abusan— y que pueden aun valerse de la injusticia para realizar sus designios. "De modo que quien se opone a la autoridad, a lo establecido por Dios resiste; y los que resisten, acarrean condenación para sí mismos". Si un cristiano, confiando en su libertad de los poderes de este mundo cree estar liberado también el deber de obediencia a la autoridad gobernante, no sólo resiste a la autoridad, sino al propio orden de Dios. Atrae sobre sí no sólo el castigo de la autoridad, sino también el juicio de Dios. Si Dios ha ordenado que el cristiano viva en *este* mundo, en *este* eón, no debe comportarse como si ya viviera en el estado glorificado del nuevo eón. Si Dios lo ha colocado en esta existencia con sus órdenes, no es con la intención de que haga caso omiso de ellos y anticipe arbitrariamente el estado de gloria. Cuando el nuevo eón venga en su gloria, terminará el poder de las autoridades terrenas, puesto que pertenece a aquellas cosas del viejo orden del mundo que dejarán de ser. Pero mientras dure este eón, durará el poder y la autoridad del gobierno, pues Dios los ha ordenado precisamente para este eón.

Es extraño que Pablo pueda hablar con un criterio tan positivo del estado y sus funciones, dado que el estado en que vivía era un estado pagano. Se ha querido hallar la explicación en las experiencias favorables que él personalmente había tenido con las autoridades romanas. Porque todavía no habían comenzado las grandes persecuciones a los cristianos. Algunos han preguntado si también después hubiera podido sostener sus afirmaciones positivas. Lo que se puede responder es que el juicio de Pablo no se basa en experiencias o impresiones fortuitas, sino que se relaciona con su doctrina teológica central. Lo que quiere dar aquí no son prescripciones casuísticas acerca de cómo los lectores se habrán de conducir frente a las autoridades en diferente situaciones, sino comunicarles su doctrina fundamental acerca del gobierno terrenal. Y al hacerlo tiene conciencia tanto de sus poderes positivos, como de sus límites.

Pablo conoce la *problemática* de los órdenes terrenales —pertenecen a un mundo condenado a desaparecer. Pero precisamente en este mundo es donde el cristiano debe vivir su vida. La significación positiva de la autoridad está en que es *servidora de Dios* (διάκονος θεοῦ. 4; λειτουργὸς θεοῦ, v. 6). Su limitación reside en su pertenencia al eón antiguo y en el hecho de que ejerza su ministerio únicamente en relación con él. La autoridad temporal es *servidora de Dios en el eón de la ira*. Es el instrumento de la ira divina y en tal calidad lleva la espada que, por la voluntad de Dios, debe ser usada para combatir el mal. Porque el magistrado "no en vano lleva la espada, pues es servidor de Dios, vengador para castigar al que hace lo malo" (ἔκδικός εἰς ὀργήν, v. 4). En cambio la espada de la autoridad no se dirige contra aquel que hace el bien. Para él, el magistrado es "servidor de Dios para tu bien". ¿Qué significaría entonces que el cristiano se opusiera a la autoridad? Significaría que estaría resistiendo al poder que Dios emplea para ejecutar aquí en el mundo su juicio de ira.

En esta concepción de la autoridad terrenal y su función no hay nada que necesite ser revisado según que los dueños individuales del poder terrenal usen o abusen de ella. Los cristianos no tuvieron que esperar hasta ser perseguidos para saber que el estado gentil podía dirigir su poder también contra ellos. Pablo, lo mismo que todos los demás cristianos, sabía que había sido un gobernador romano, Poncio Pilato, quien había entregado a Cristo para ser crucificado. Pero esto no modificó su opinión sobre el gobernante y su convicción de que Dios le había confiado una tarea especial. Eso sólo muestra que también Jesús tuvo que someterse en este eón a la ira. El hecho de que un gobernante abuse de su poder y persiga i los cristianos, no añade nada nuevo a lo expuesto. Sólo muestra que, lo mismo que Jesús, el cristiano no está exento de sufrir la ira del eón antiguo.

La persecución de la autoridad no es más que una forma especial de los "sufrimientos de este tiempo" por los que el cristiano está llamado a pasar en comunión con Cristo. Quiere creer en Cristo "ha sido liberado de la ira" por él (cap. 5); pero no significa que no tenga que sufrir la ira que aun está activa en este eón. Con referencia a la ira encontramos aquí la misma tensión y dualismo de la vida cristiana que hemos observado antes con relación al pecado, a la ley y a la muerte (cf. pág. 245).

El cristiano, lejos de adoptar una posición hostil frente a la autoridad terrenal, es el único capaz de apreciarla y profesarle el respeto debido. Que otros la tengan por una institución necesaria y útil en beneficio de la sociedad humana; él sabe "que no hay autoridad, sino de parte de Dios", El ve en el gobernante terrenal un servidor de Dios, sólo con una tarea limitada en el eón de la ira, es cierto, pero siempre un siervo de Dios. Es cierto que por regla general se trata de la "obra ajena" de Dios, del juicio de su ira; pero con todo es la obra de Dios. Por ello Pablo no se contenta con que el cristiano se someta sólo exteriormente a la autoridad, sino que exige sujeción interior: "Por lo cual es necesario estarle sujetos, no solamente por razón del castigo, sino también por causa de la conciencia", es decir, por causa de Dios. Tanto exterior como interiormente el cristiano está llamado a vivir en este eón como hijo del eón venidero y en consecuencia dar a cada cual lo que le corresponde. "Pagad a todos lo que debéis: al que tributo, tributo; al que impuesto, impuesto; al que respeto, respeto; al que honra, honra".

5. El amor, el cumplimiento de la ley 13:8-10

La tarea que Pablo se ha impuesto en la cuarta parte de la epístola consiste en mostrar el carácter de la conducta del justo por la fe. Es una vida en armonía con el nuevo eón. El que es justo por la fe anda "en Cristo" y "en amor". Debe observar esta conducta en medio del viejo eón y de sus órdenes. Frente a ellos el cristiano no puede mostrarse indiferente. Por cierto, esta justicia terrenal y civil no debe confundirse con la justicia del nuevo eón, con la justicia de Dios. Pero mala cosa sería que el cristiano que ha obtenido participación en la justicia de Dios no cumpliera siquiera con las demandas que le impone la simple justicia humana. En el pasaje que acabamos de considerar, Pablo se esfuerza por presentar el concepto cristiano del gobierno y la posición del cristiano frente a él.

Antes de volver a lo que en esta relación es para él el tema principal, a saber, que la vida del cristiano está determinada por el andar "en Cristo" y "en amor", resume en una breve expresión la posición del cristiano frente a la justicia civil: "No debáis a nadie nada". El cristiano no debe excusarse de ninguna obligación humana justificada, con el pretexto de alguna espiritualidad superior; ésta es la regla fundamental de Pablo para las relaciones civiles.

De aquí vuelve al tema del amor, con la extraña expresión: "No debáis a nadie nada, sino el amaros unos a otros". Uno puede cumplir las demandas terrenales y civiles; pero jamás se acaba de cumplir con el amor. Tributos y aranceles pueden ser pagados, de modo que ya no se deba nada; temor y honra pueden ser dispensados a quienes correspondan de modo que tampoco en este sentido uno siga adeudando; mas en cuanto al amor al prójimo, el cristiano siempre estará obligado, por lejos que haya ido. El amor nunca puede ser "cumplido", pero es en sí mismo el "cumplimiento de la ley". Pablo afirma: "El que ama al prójimo, ha cumplido la ley. Porque: No adulterarás, no matarás, no hurtarás, no dirás falso testimonio, no codiciarás, y cualquier otro mandamiento, en esta sentencia se resume: Amarás a tu prójimo como a ti mismo. El amor no hace mal al prójimo; así que el cumplimiento de la ley es el amor".

La declaración de que el amor es el cumplimiento de la ley nos confronta con dos problemas. Cabe preguntar, primero, si al final no es la ley la que tiene la última palabra, pese a todo cuanto Pablo ha dicho antes contra la justicia de la ley. Y, además, si el amor es el cumplimiento de la ley ¿cómo puede ser que Pablo no vaya más allá de sentencias tan manifiestamente negativas? ¿No se debiera afirmar en cambio que el amor hace todo lo bueno al prójimo? ¿Y no es gracias a esta acción positiva que el amor es el cumplimiento de la ley? Estas preguntas están estrechamente relacionadas entre sí, y todas surgen de la misma incomprensión de la opinión de Pablo.

En lo tocante a la primera pregunta se ha dicho que "Es característico de la manera tan poco sistemática de hablar de Pablo que aquí, lo mismo que en 8:4, mencione con tanta despreocupación el cumplimiento de la ley como algo digno del esfuerzo del hombre, olvidando los capítulos 7 y 10:4. Quiero decir que el ideal judaico del cumplimiento de la ley que para los judíos es inalcanzable, el cristiano lo alcanza practicando el amor. Pero, aunque el nombre es igual, se trata en realidad de dos cosas distintas: en un caso es una fidelidad a la ley que procede en forma casuística; en el otro, es el efecto del Espíritu de Dios, sin tomar en cuenta la ley muerta. (Lietzmann). ¿Es ésta realmente una interpretación correcta de la opinión de Pablo? ¿Es esto lo que quiere decir cuando habla del "cumplimiento de la ley"? La respuesta debe ser negativa. Al hablar de la ley y de su cumplimiento, Pablo *no* parte del ideal judaico del cumplimiento de la ley. Aquí, lo mismo que en 8:4 se trata de la santa voluntad de Dios, y el cumplimiento de la misma no es solamente un postulado judaico.

Pero además, y con ello pasamos a la segunda pregunta, hay que tener presente que en Pablo la ley no desempeña el papel de un ideal positivo que ha de ser realizado por el hombre. La idea de que por naturaleza el hombre no puede cumplir la ley, pero que el cristiano recibe la facultad de realizarla gracias a la ayuda del Espíritu, es un pensamiento completamente ajeno a Pablo. El no habla en este sentido del cumplimiento de la ley. Para Pablo la ley es en esencia el freno de Dios contra el pecado. De ahí el carácter negativo que siempre es propio de la ley. Prohíbe el pecado y quiere ponerle coto. "No harás" —esta es la forma fundamental de la ley—; es la expresión de la barrera que la ley erige contra el pecado. Este carácter negativo resalta también cuando Pablo habla de la ley en la forma más positiva, como p. ej. en el capítulo 8:4 cuando se refiere al δικαίωμα de la ley. La intención de la ley es evitar que exista la injusticia, no establecer su propio ideal de justicia positiva. Y esto es esencial, para que haya una relación armónica entre la ley y el evangelio. Ahora bien: Pablo ha demostrado antes que la ley prohíbe el pecado pero no es capaz de impedirlo. Por el contrario, cuando la ley se encuentra con el hombre carnal, despierta el pecado. Cuando dice: "No codiciarás", provoca como resultado la codicia haciéndola crecer (cf. antes, pág. 231). Pero lo que la ley quería y no podía hacer, lo hizo Dios; por Cristo Dios lo ha realizado entre nosotros (cf. pág. 262). El δικαίωμα de la ley ha sido cumplido no porque nosotros hayamos recibido nuevas fuerzas con cuyo auxilio podamos cumplir los diferentes preceptos de la ley, sino por la revelación de la justicia divina. Creer en Cristo es justicia completa y total. Por consiguiente Cristo es el fin (τέλος), de la ley en la justicia, para todos los que creen (10:4). En idéntico sentido puede decirse ahora aquí que el amor es el cumplimiento de la ley. No hay tensión alguna entre estas dos afirmaciones; por el contrario, son expresión de la misma verdad. Donde está Cristo hay justicia; no hay lugar para la injusticia contra la cual se dirige la ley. Otro tanto sucede con el amor. La ley se opone a las diferentes manifestaciones del pecado y prescribe: "No cometerás adulterio", "no matarás", "no hurtarás", etc. *Pero allí donde reina el amor, no ocurre nada de lo que la ley prohíbe.* Allí ya no hay nada que la ley pueda condenar, ya no existen "las obras de la ley", no hay justicia por la ley, pero existe el fruto del Espíritu. En Gál. 5:22-23 se dice: "Mas el fruto del Espíritu es amor, gozo, paz, paciencia, benignidad, bondad, fe, mansedumbre, templanza". Y el apóstol añade: "Contra tales cosas no hay ley". Obsérvese la formulación negativa. La ley está contra el pecado, mas *no* contra la vida "en Cristo" y "en el amor". Vivir "en Cristo" y andar "en amor" es algo completamente distinto de vivir bajo la ley y empeñarse en cumplir todas sus exigencias; sin embargo, se cumple la ley. Por ello puede afirmarse simultáneamente que el cristiano es *"libre de la ley"* y que en *él la ley se ha cumplido.* No por el "cumplimiento de la ley" se ha cumplido la ley, sino por la vida "en Cristo" y "en amor". En este sentido, y únicamente en éste, "el amor es el cumplimiento de la ley".

6. *Vestíos del Señor Jesucristo 13:11-14*

El punto de partida para las amonestaciones de Pablo es la exigencia que el justo por la fe debe vivir una vida en consonancia con el nuevo eón. El cristiano no debe conformarse al carácter del viejo eón, sino que debe transformarse por medio de la renovación de su entendimiento (12:2). Ahora el apóstol se halla al término de sus exhortaciones generales, y su pensamiento vuelve al punto de partida.

El cristiano vive en el límite de dos eones; esta circunstancia imprime su sello a toda su existencia. Aún se encuentra en el eón viejo, pero el nuevo proyecta ya su luz sobre su vida que es una verdadera peregrinación hacia el nuevo día. La vida del cristiano en este mundo se orienta hacia el día de la redención como hacia algo venidero. Es cierto que en un sentido podemos hablar de la redención como de algo que está presente, pero sólo en la consumación escatológica alcanzará su apogeo. A esa redención escatológica se refiere Pablo al afirmar: "nuestra salvación" ahora está más cerca de nosotros que cuando creímos". Cada paso que el cristiano da, lo acerca más al "día del Señor", al día de la revelación de la gloria del Señor, y con ella la de los hijos de Dios. Cuando el cristiano ve cómo avanza el tiempo debe recordar que "ya es hora de levantarnos del sueño... Que la noche está avanzada y se acerca el día".

Cuando en párrafos anteriores de su carta Pablo habló del eón antiguo, lo caracterizó como la era del pecado y de la muerte, que está bajo la ira de Dios. Ahora lo compara con la noche. Mientras dure el viejo eón durará la noche. Pero he aquí que por Cristo se ha operado un cambio. El vino como la aurora "desde lo alto" (Luc. 1:78). Es verdad que el antiguo eón aún no ha tocado a su fin; todavía sigue siendo de noche; por el día se acerca a paso acelerado. Los que creen en Cristo ya no pertenecen a la noche; ya han presenciado la aurora, viven en los primeros rayos del sol naciente. "La noche está avanzada y se acerca el día". Mas de ello se derivan consecuencias para su vida y su conducta. Habiendo visto el comienzo del nuevo día, ya no pueden permanecer en la oscuridad de la noche. Pablo dice: "Desechemos, pues, las obras de las tinieblas, y vistámonos las armas de la luz". Lo que debe desecharse son "las obras de las tinieblas", o sea lo que Pablo denomina en Gál. 5:19: "las obras de la carne", donde menciona como ejemplos cosas tales como la glotonería y la embriaguez; la lujuria y lascivia, las contiendas y la envidia —todas ellas cosas que se relacionan con el eón del pecado y de la muerte y están bajo la ira de Dios—. En lugar de esas cosas el cristiano debe vestirse con las armas de la luz, o, como dice Pablo en el versículo 14, vestirse del Señor Jesucristo.

Según Pablo toda la vida de un cristiano puede ser descrita como constante desvestirse y vestirse, que empieza con el bautismo. "Todos los que habéis sido bautizados en Cristo, de Cristo estáis revestidos", dice en Gál. 3:27. Empero lo que aconteció en el bautismo debe ser renovado continuamente. Todo lo que pertenece al antiguo eón debe ser descartado, y debe ser investido todo lo que pertenece al nuevo eón. El cristiano debe desvestirse del hombre viejo y vestirse del nuevo. Ha de librarse de "las obras de la carne". "No proveáis para los deseos de la carne" (v.14) y de todo lo que se relaciona con el "cuerpo del pecado" (6:6), y en lugar de ello debe vestirse del Señor Jesucristo. Si antes el cristiano estaba "en la carne" (ἐν τῇ σαρκί, 7:5), ahora vive "en Cristo".

De este modo Pablo puede resumir todas sus exhortaciones para la vida cristiana en la sentencia siguiente: "Vestíos del Señor Jesucristo". Porque estas palabras lo incluyen todo: el cristiano "vive en Cristo" y "anda en él". Andar así en Cristo es "andar como de día" (ὡς ἐν ἡμέρᾳ περιπατεῖν); significa andar de acuerdo con el nuevo eón.

7. Características de la ética de Pablo

Nuestra anterior declaración de que los capítulos 12 y 13 contienen en breve síntesis la ética de Pablo, puede dar motivo a un mal entendido. Podría creerse que aquí tenemos en Pablo algo similar a lo que por lo general figura bajo el nombre de "ética", y que en consecuencia él da su respuesta a las preguntas que planteaba, por ejemplo, la filosofía griega. Esto sería indudablemente un error. En Pablo se buscaría en vano una contestación a esas preguntas. Lo que él expone en estos capítulos no sería reconocido como ética por los filósofos griegos. Si por "ética" se entiende sólo eso, podríamos decir que Pablo no tiene ética. Para aclarar en lo posible su concepto en este campo resulta conveniente reunir, a modo de conclusión, ciertos rasgos característicos de la ética Paulina en algunos de sus puntos.

1) La ética de Pablo es una ética *del entendimiento*, de convicción (*Gesinnungesethik*). Ya en las palabras iniciales del capítulo 12 leemos que el entendimiento del cristiano debe ser renovado y transformado para estar de acuerdo con el eón nuevo. Ahora bien: si se emplea el término "ética de convicción" (Gesinnungsethik) debe tenerse cuidado de evitar dos errores muy naturales. En primer lugar, no existe en Pablo contraste o tensión alguna entre convicción y acción. En la ética de Pablo todo depende de la renovación del entendimiento; pero con el mismo acierto se puede decir: Todo lo que importa aquí es actuar en el mundo de la realidad, en el cual hemos sido colocados por Dios. Al hablar de la renovación del entendimiento, Pablo —casi simultáneamente— dice también que presentemos nuestros cuerpos a Dios en sacrificio vivo (12:1-2). No sería posible desechar más vigorosamente un concepto de carácter espiritualizante del entendimiento y, en segundo lugar, cuando Pablo habla de la renovación del entendimiento quiere decir, tal como resulta de la exposición precedente, algo totalmente distinto a la de Aristóteles o al *habitus* de la Edad Media.

2) La ética de Pablo no puede ser expresada por ninguna de las categorías éticas comunes tales como "virtud", "deber" o "sumo bien". Pablo desconoce por completo el concepto de αρετή, "virtud", fundamental para la ética griega. Ni aun Fil. 4:8 justifica una opinión contraria. Es fácil ver que este concepto, por su misma naturaleza, no tenga cabida en el pensamiento de Pablo. Porque el punto de partida de su ética no es un hecho humano, sino un acto de Dios. Además, en lo que concierne al concepto del deber, Pablo habla en efecto de obligación (1:14; 13:7-8; 15:1); pero su posición frente a la ley excluye la posibilidad de que su ética sea concebida como ética del deber (*Pflichtethik*). Finalmente, también le es completa mente ajena cualquier forma de ética eudemonista, aun de un eudemonismo de

tinte religioso. Para él Dios no es "el sumo bien"; o "la totalidad de todos los bienes deseados, sino el Señor, absoluto en sus exigencias y absoluto en su dones.

3) La ética de Pablo es una ética social, de comunidad (*Gemeinschaftsethik*). No considera al cristiano como un individuo aislado, sujeto a determinadas exigencias éticas, sino que lo concibe como miembro colocado en un ente orgánico más grande, el cuerpo de Cristo. El miembro particular recibe su función por su posición en el cuerpo y por su relación con los demás miembros.

4) De ello se deduce que la ética de Pablo *no es igualitaria*. Nada sabe de uniformidad o identidad. Cualquier pensamiento de esa índole queda excluido por el hecho de que el cristiano es un miembro en el cuerpo de Cristo: y los miembros no tienen todos las mismas funciones. Precisamente en la desigualdad y variedad de dones y funciones halla expresión la relación orgánica; siendo diferentes los miembros dependen el uno del otro y pueden apoyarse y auxiliarse mutuamente.

5) La idea de la recta conducta ética suele unirse a la de algo "meritorio" (cf. el concepto de "dignidad"en Kant). En Pablo queda excluida toda idea de esa índole. Su ética no es ética de méritos, sino de *servicio*.

6) Esto se relaciona con el hecho de que su ética es una *ética de justificación* (Rechtfertigungsethik). Describe la conducta del justo por la fe. Pero la justificación excluye toda idea de mérito; se basa exclusivamente en el acto de Dios. En éste tiene su fundamento su acción ética. Por esta razón, el imperativo tiene su base en el indicativo.

7) La ética de Pablo es *la ética del nuevo eón*. La vida del que es justo por la fe, debe sus características al hecho de que pertenece al eón nuevo. La vida del cristiano en este mundo está determinada tanto por el contraste de los dos eones como por su existencia simultánea y su relación recíproca.

8) La ética de Pablo es una *ética fundada en Cristo* (*Christusethik*). Cristo no sólo es el centro del evangelio, de lo que Dios hizo para la redención de la humanidad, sino también es el punto central de la vida ética. La vida cristiana es una vida y una conducta ἐν Χριστῷ.

9) La ética de Pablo es *ética de amor* (*Liebesethik*). Cuando habla "del fruto del Espíritu", Pablo menciona en primer lugar "el amor", puesto que éste incluye todo lo demás. El amor, αγάπη, es el vínculo que mantiene unidos a los miembros en el cuerpo de Cristo y hace que se sirvan mutuamente.

2 | LOS DÉBILES Y LOS FUERTES
14:1-15:13

A diferencia de las demás cartas de Pablo, Romanos presta poca atención a los problemas concretos de la vida de la congregación. Esto tiene su explicación natural. En las demás cartas se dirige a congregaciones fundadas por él mismo, que lo consideraban como su padre espiritual. Motivo frecuente de las epístolas era algún disturbio que se había producido en la comunidad y que Pablo trataba de remediar con sus consejos e indicaciones. En cuanto a la iglesia de Roma, la situación es otra. Aún no conocía mayormente la congregación, por lo cual era natural que se impusiera gran reserva en cuanto a los asuntos internos de la comunidad. En consecuencia toda la epístola se caracteriza por su forma rigurosamente objetiva (cf. antes, pág. 11).

Ahora, por primera vez, llegamos a una sección de la carta que se ocupa de una situación especial dentro de la congregación romana. Había en ella un grupo de personas que por razones de conciencia y convicciones religiosas quería abstenerse de ciertos manjares y "hacían diferencia entre día y día" (14:2; 5:21). La gran mayoría de la comunidad que en cuanto a esto no sentía escrúpulos, llamaba al grupo en cuestión "los débiles"; tratábase ahora de fijar la posición que la congregación había de observar frente a ellos.

¿Qué motivos originaban la abstinencia de dicho grupo? No podemos dar ninguna respuesta segura a esta pregunta, porque Pablo nada indica al respecto. Da por sentado que los miembros de la comunidad están bien al tanto del asunto, de modo que no necesita detenerse en su descripción. Al menos está claro que no se trataba de un grupo de cristianos judíos deseosos de imponer usos judaicos a la congregación. Esto es evidente por el hecho de que en el judaísmo no existe ninguna prohibición de comer o beber vino. Por lo demás sabemos cuál era la posición de Pablo frente a los intentos de imponer a las congregaciones los grillos del judaísmo. En Gál. 2:5 dice al respecto: "A los cuales ni por un momento accedimos a someternos". Cuando estaba en juego la libertad del cristiano de la ley, Pablo era inflexible. A veces la abstinencia "de los débiles" se ha relacionado con el vegetarianismo religioso muy difundido en la antigüedad, basado en el dualismo del concepto helenista de la existencia. Mas también esta interpretación es indudablemente errónea. Es seguro que frente a un concepto básicamente tan divergente del cristianismo, Pablo no habría mostrado tanta indulgencia como la que muestra hacia "los débiles". Más fe merece la teoría de que los débiles se abstenían del vino y de la carne para no tocar nada que pudiera ser "impuro" por haber sido sacrificado a los ídolos. En tal caso Rom. 14 sería un paralelo de 1 Cor. 8.

Puede parecernos demasiado el ruido que la congregación romana hacía por una cuestión tan baladí. En efecto, también Pablo opina que carece de importancia. Está de acuerdo con la mayoría de la comunidad romana, con "los fuertes", en el sentido de que los escrúpulos de "los débiles" no tienen ninguna razón de ser. "Yo sé, y confío en el Señor Jesús, que nada es inmundo en sí mismo" (14:14; cf. el pensamiento paralelo en Cor. 8:4: "Sabemos que un ídolo nada es en el mundo"). No obstante Pablo encara la cuestión con extraordinaria seriedad, porque amenaza con producir una *división* dentro de la congregación, cosa en verdad muy grave.

¿Cómo debía comportarse la comunidad con esos "débiles" que con su conducta temerosa perturbaban a la congregación? Pablo responde: "Recibid al débil en la fe". No lo rechacéis, sino aceptadlo como hermano, porque también él es un miembro verdadero de la congregación. "Recibidlo", pero —añade Pablo— "no para contender sobre opiniones". Sería fácil pensar que los "fuertes" aceptan a los "débiles" en su comunidad para convencerlos de lo extraviado de su concepción y hacerlos iguales a los "fuertes". Pero no es esto lo que quiere Pablo. La comunión de los cristianos entre sí no debe basarse en investigaciones y disputas destinadas a que uno acepte la opinión del otro convirtiéndola en su norma de acción. Semejante identidad no es un ideal cristiano. La aceptación ha de hacerse sin ninguna segunda intención. Los cristianos no son todos iguales ni tampoco deben serlo. No fue Nietzsche el primero que descubrió lo justificado de la desigualdad (cf. su sentencia: "Los hombres no son iguales y no deben llegar a serlo"). Pablo defendía la desigualdad en un sentido mucho más profundo. A uno Dios le ha dado una medida de fe mayor que a otro. Uno es "fuerte en la fe", el otro es "débil en la fe". Mas también el "débil" tiene en la congregación su lugar determinado por Dios, y no es bueno que quiera imitar al "fuerte".

Al parecer Pablo estaba bien enterado de las disensiones que se habían suscitado sobre esta cuestión en la congregación romana y probablemente, con el fin de superar la divergencia, la comunidad le habría pedido una declaración autoritativa acerca de lo que debían hacer los cristianos. Querían un procedimiento simple, una respuesta clara a la pregunta: ¿Debe un cristiano abstenerse de la carne y del vino o comer y beber todo lo que se le ponga delante sin preocuparse por ello". Personalmente él comparte la opinión de los "fuertes". Sabe que no hay nada impuro en sí; en consecuencia el cristiano puede "comer de todo" sin escrúpulos. En tales circunstancias hubiéramos podido esperar que Pablo, partiendo de este concepto, hubiese tratado de convencer a los "débiles" de lo infundado de sus dudas, para superar el conflicto en esta forma. Pero procede de manera muy distinta. Contesta: Dejad que cada cual sea lo que es y actúe como lo hace; en la iglesia debe haber lugar para ambas partes, tanto para "los fuertes" como para "los débiles".

Pablo lucha aquí por la libertad cristiana, por el derecho del débil y del fuerte. "Uno cree que ha de comer de todo; otro, que es débil, come legumbres" (v. 2). "Uno hace diferencia entre día y día; otro juzga iguales todos los días. Lo principal es que cada uno esté plenamente convencido en su propia mente" (v. 5). No se debe a mera condescendencia arbitraria que Pablo deje existir a ambos uno al lado del otro en la congregación cristiana. Por el contrario, es evidente, que sólo así puede ser fiel al evangelio. Si hubiera prescripto una actitud cristiana, como se le pedía, ello hubiera significado el abandono de la posición evangélica. Cualquiera hubiese sido la respuesta dada, el resultado habría sido el mismo. Si hubiera declarado que todos los cristianos debían seguir el ejemplo de los "débiles" absteniéndose de comer carne y beber vino, hubiera sido manifiesto el contenido legal de tal mandamiento. Si hubiera elegido el camino opuesto decretando que todos los cristianos debían comer carne y beber vino sin escrúpulos, el resultado hubiera significado también una victoria del legalismo. Ser cristiano hubiera significado entonces la observancia de ciertas prácticas externas. A ello opone Pablo la sentencia: "El reino de Dios no es comida ni bebida, sino justicia, paz y gozo en el Espíritu Santo" (v. 17).

En lugar de tomar partido por los unos contra los otros, Pablo los defiende alternativamente contra los ataques mutuos. "El fuerte" tiene cierta tendencia a despreciar al "débil". Este, por su parte, tiene cierta inclinación a condenar al que no es tan escrupuloso y cuidadoso como él. Por esta razón Pablo dirige sus amonestaciones hacia ambos lados: "El que come, no menosprecie al que no come, y el que no come no juzgue al que come" (v. 3). El propósito fundamental del pasaje 14:1-13:13, es sugerir a la comunidad una solícita deferencia hacia "los débiles" a causa de la timidez de los mismos, por más que desde el punto de vista objetivo se vea que es totalmente fuera de lugar. Es interesante observar que Pablo apela particularmente a "los fuertes", cuya posición más independiente está plenamente justificada para que protejan a "los débiles". El sabe muy bien que en la disputa entre los dos grupos, "los débiles" no son siempre los corderos que sufren injusticia. Por el contrario, a menudo sucede que precisamente en su debilidad poseen un arma eficaz con la que obligan a sus semejantes a aceptar su opinión. No es raro que "el débil" sea el verdadero tirano. Este halla una recompensa por su debilidad en juzgar a los demás. Por ello Pablo se dirige primero "al débil" y dice: "¿Tú quien eres, que juzgas al criado ajeno? Para su propio señor está en pie, o cae; pero estará firme, porque poderoso es el Señor para hacerlo estar firme". Cuando los hombres juzgan a otros, tienden la mano hacia algo que Dios ha reservado para sí y para Cristo. El juicio es del Señor, es de Dios y es de Cristo. Para nosotros, en cambio, vale la palabra: "No juzguéis" (Mat. 7:1).

La importancia del cristianismo no reside en que el hombre imite un ejemplo u otro, que coma o se abstenga de comer, sino en que pertenezca al Señor por la fe. La fe es lo común a todos los cristianos, lo que une a todos los creyentes, sean fuertes o débiles. "El que come, para el Señor come, porque da gracias a Dios; y el que no come, para el Señor no come, y da gracias a Dios". El cristiano ya no vive para sí mismo, sino que vive para su Señor, y Cristo vive en él. En la vida y en la muerte pertenece a su Señor. Esta fue la finalidad de la muerte y resurrección de Cristo: que seamos suyos y él nuestro Señor. Pero si él es nuestro Señor, ya no estamos sometidos al tribunal humano. Hemos de responder por nuestra vida ante el tribunal de Dios, no ante los hombres. Así Pablo ha vuelto al punto de partida: "Pero tú ¿por qué juzgas a tu hermano? O tú también ¿por qué menosprecias a tu hermanos?" (v. 10). Juzgar y menospreciar, despreciar y juzgar es la sempiterna dialéctica entre "los débiles" y "los fuertes". Pero ante el tribunal de Dios debe ceder tal arrogancia humana.

De este modo Pablo ha desechado toda tendencia de "uniformidad" en la vida cristiana. Así como es imposible la uniformidad por el hecho de que los cristianos son miembros en el cuerpo de Cristo, y no todos los miembros tienen la misma función, también es imposible porque hay diferencia entre los débiles y los fuertes. En su fuero interno el débil no es igual al fuerte. Por consiguiente la intención no es que en su actuación se deba comportar en forma idéntica a éste. Cada cual debe obrar conforme a la medida de fe que le fue dada, y dar cuenta de la misma. Lo fundamental para el cristiano, sea débil o fuerte, es siempre lo mismo, a saber, que lo que hace lo haga en el Señor, o, lo que es igual, en amor.

En lo que precede hemos visto lo que significa "andar en Cristo" y "andar en amor". Ahora cuando Pablo se dirige a los fuertes (vrs. 13-23) y les enseña a tener consideración con los débiles, tiene oportunidad de mostrar en un caso concreto qué es lo que significa "andar en amor". El fuerte tiene razón al hacer uso de su libertad cristiana. Mas no está solo en el mundo. A su lado se encuentra su hermano débil. ¿Qué efecto tiene su acción sobre este último? Cuando éste lo ve actuar en libertad, puede ser influido en dos sentidos. O será inducido a condenar, de lo cual ha hablado Pablo en lo que antecede. O se verá tentado a hacer lo mismo; y esto hace que la conducta del fuerte sea discutible, aunque en sí misma sea correcta. Porque ¿qué sucede cuando el débil imita de esta manera el proceder del fuerte? Que lo hace con mala conciencia. De tal modo un cristiano puede ser motivo de la caída de otro. Es cierto que "nada es inmundo en sí mismo, mas para el que piensa que algo es inmundo, para él lo es". Si el fuerte que lo sabe y lo comprende hace uso de su libertad, obra bien, porque obra en fe. Pero su hermano débil está al lado, mira y está tentado a obrar de igual manera; esto significa entonces que es inducido a hacer algo para lo cual no está interiormente autorizado en la fe. Cada cual debe obrar según la medida de fe que le es dada. Pero este modo de proceder no corresponde a la fe débil y por consiguiente es pecado. "Todo lo que no proviene de fe, es pecado" (v. 23). ¿Pero quién tiene la culpa si cae? Es el fuerte, que obró sin tener consideración para con su hermano débil. Por su proceder se convirtió en tropiezo para el primero. Pues "el que duda —como por cierto lo hace el débil— y come, es condenado, porque no lo hace con fe".

Cuando en nuestros días empleamos la frase de que la conducta de un hombre es motivo de tropiezo para otro, por lo general queremos decir que el otro desaprueba su modo de obrar, que se escandaliza por ello y condena a quien obra de esta manera. Pero Pablo no emplea el término en este sentido. No quiere decir que el cristiano deba preguntar cuál es la impresión que su modo de obrar produce en los que lo rodean; si lo aprueban o lo desaprueban. En este sentido el deber del cristiano puede consistir precisamente en ser causa de tropiezo en el mundo. Cuando Pablo habla de tropiezo se trata de algo completamente distinto, a saber, que un hombre puede por su conducta inducir a otro a obrar más allá de sus facultades y de lo que su fe le permite, y de ese modo hacerlo caer. En la convivencia de los cristianos uno puede convertirse para el otro en piedra de tropiezo, contra la cual da un traspié y cae. Por tanto el cristiano debería esforzarse siempre por tener consideración para con sus hermanos. A un cristiano que usa desconsideradamente su libertad, sin preguntar si llega a ser una tentación o una caída para el prójimo, Pablo le dice: "Ya no andas conforme al amor" οὐκέτι κατὰ ἀγάπην περιπατεῖς (v. 15). Es, pues, obligación del cristiano seguir "lo que contribuye a la paz y a la mutua edificación".

Al principio del capítulo 14 Pablo se dirige a los débiles. Estos deben dejar de juzgar; han de aprender que existen otros que no están ligados como ellos y que, en consecuencia, éstos pueden obrar de otra manera de la que sería adecuada para ellos sin que esto les dé derecho a negar la seriedad del cristianismo de aquellos. El débil no debe ser dueño de la fe y conducta de los demás-tanto menos cuanto su fe es solamente débil. En la última sección Pablo se ha dirigido a los fuertes. A éstos les exige que guarden consideración a los débiles y que por causa de ellos prefieran abstenerse de su libertad antes de hacerlos caer por el empleo imprudente de la misma. "Bueno es no comer carne, ni beber vino, ni nada en que tu hermano tropiece, o se ofenda, o se debilite' (v. 21). Si al comienzo estableció el principio de que cada cual debe ser lo que es y hacer lo hace, que en la congregación debe haber paz entre el débil y el fuerte, ahora somete este principio a ciertas limitaciones. No sólo se trata de que débiles y fuertes vivan los unos al lado de los otros, cada cual conforme a su propio modo y sin preocuparse por los demás. Por el contrario exige a los fuertes que guarden consideración a los débiles y renuncien bajo ciertas circunstancias al uso de su libertad en beneficio de ellos.

¿Quiere decir esto que cuando resulte necesario adaptar la conducta a otro, es el fuerte el que debe ceder? En efecto tal es la opinión de Pablo. Es más fácil que el fuerte se adapte al débil y no al revés, porque él sabe que "nada es inmundo en sí mismo". Si en consecuencia desiste de emplear la libertad sabe que no lo hace porque haya algo injusto en su uso, sino que él mismo se impone libremente la abstinencia a causa de la debilidad del hermano. El débil, mientras lo sea, sólo puede hacer- una cosa: abstenerse. Si hace uso de la libertad sin tener la autoridad interior para ello, peca. El fuerte, en cambio, puede hacer dos cosas: usar su libertad o renunciar a ella. En ambos casos, es libre. Es por esta misma razón que la adaptación no puede ser impuesta a nadie más que a él. El fuerte debe poseer la fuerza suficiente para llevar la carga del débil.

¿Pero es realmente justo renunciar y no hacer uso de la libertad que Cristo nos ha dado? El cristiano no tiene más bien el deber de mostrar abiertamente su libertad ante el mundo y con ello su fe? Pablo contesta: "¿Tienes tú fe? Tenia para contigo delante de Dios". No hay necesidad alguna de mostrar la fe que tiene, ya que la fe es la relación entre el hombre y Dios y pertenece a la vida íntima.

Pero cuando se trata de la relación con el prójimo el cristiano tiene una necesidad ineludible, a saber, la de *"andar en amor"*.

Los fuertes tienen pues la obligación de preocuparse por los débiles. "Así que, los que somos fuertes debemos soportar las flaquezas de los débiles y no agradarnos a nosotros mismos. Cada uno de nosotros agrade a su prójimo en lo que es bueno, para edificación*". Es el mismo pensamiento de 1 Cor. 10:23-24. "Todo me es lícito; pero no todo edifica. Ninguno busque su propio bien, sino el del otro. Es en general característico para el cristiano el no vivir para sí mismo. En 14:7 Pablo ha dicho: "Porque ninguno de nosotros vive para sí... Pues si vivimos, para el señor vivimos". Pero este vivir para el Señor significa a la vez vivir para el prójimo, de modo que éste quede edificado e insertado como piedra en la construcción del templo de Dios. Para la convivencia de los cristianos rige por encima de todo esta regla ineludible: "Sobrellevad los unos las cargas de los otros" (Gál. 6:2). Esta regla vale sobre todo para los que son fuertes en la fe. Ellos han recibido más fuerzas precisamente para llevar las cargas de los demás.

Tanto aquí como en Fil. 2:4 Pablo refiere la causa de esta obligación a Cristo mismo. Allí se dice: "No mire cada uno por lo suyo propio, sino cada cual también por lo de los otros. Haya, pues, en vosotros este sentir que hubo también en Cristo Jesús". Aquí se dice: "Ni aun Cristo se agradó a sí mismo; antes bien, como está escrito: Los vituperios de los que te vituperaban, cayeron sobre mí". Con docilidad soportó el padecimiento y admitió que los enemigos de Dios fueran los suyos y lo colmaran de vituperios. Empero las cosas "que se escribieron antes" y que tuvieron su cumplimiento en Cristo, tienen también para nosotros un mensaje especial. "Para nuestra enseñanza se escribieron". Porque cuando los cristianos no viven solamente para sí mismos, sino también para los demás, desaparece toda discordia. Serán "de un mismo sentir según Cristo Jesús" y pueden "unánimes, *a una voz*, glorificar al Dios y Padre de nuestro Señor Jesucristo". Edificar una comunidad que sin discordia, con unanimidad y a una voz, glorifique a Dios —ésta fue la finalidad de la acción de Cristo; ésta debe ser también la meta del cristiano. Pensando en esto Pablo añade: "Por tanto, recibíos los unos a los otros, como también Cristo nos recibió, para gloria de Dios".

Con esto Pablo ha llegado al punto final de su exposición sobre los débiles y los fuertes. Y ahora amplía la perspectiva. Todo lo que en partes anteriores de su epístola ha dicho acerca del evangelio como "poder de Dios para todo aquél que cree; al judío primeramente y también al griego", se convierte ahora en ilustración del hecho de que Cristo ha reunido de los confines del mundo, de judíos y gentiles, un pueblo unificado que unánime y a una voz glorifica a Dios. "Cristo Jesús vino a ser siervo de la circuncisión para mostrar la verdad de Dios, para confirmar las promesas hechas a los padres". En Cristo todas las promesas se han cumplido. A través de Dios *vino a ser veraz* en sus promesas (ὁ θεὸς ἀληθής, 3:4). Así los judíos pueden alabar a Dios por su veracidad, y los gentiles glorificar "a Dios por su misericordia", porque de ellos, que eran "vasos de la ira", hizo "vasos de la misericordia" y los que habían sido ramos de un olivo silvestre fueron injertados en el olivo bueno (11:17, 24). Ahora los gentiles pueden alegrarse junto con su pueblo Israel (v. 10). Dios hizo brotar de la raíz de Isaí a Cristo como vástago. Con ello ha sido dada una nueva esperanza no solamente a Israel, sino también a los gentiles: "Los gentiles esperarán en él" (v. 12).

CONCLUSIÓN

15:14-16:27

El tema de la epístola a los Romanos — "El justo por la fe vivirá"— ha sido expuesto en todos sus aspectos. Culminó con la exposición, en la cuarta parte, de la conducta del "justo por la fe". Por tanto, luego de aclarar lo que Pablo se había propuesto en la carta, sólo le resta tocar algunos asuntos personales sobre los cuales es de importancia la posición de la congregación de Roma; y finalmente enviar sus saludos a la congregación. Lo mismo que la introducción a la epístola también este final es extraordinariamente inclusivo. Comprende dos partes principales: 1) Los planes de viaje de San Pablo; y 2) Saludos y palabras finales.

1. Los planes de viaje de Pablo 15:14-33

Pablo comienza esta sección con unas palabras que suenan a disculpa. Se ha atrevido a escribir a la comunidad romana y le ha dirigido extensas amonestaciones. Mas no lo ha hecho porque la congregación necesitara en forma especial de sus exhortaciones e indicaciones. Por su parte está convencido de que los miembros de esa iglesia poseen un grado tal de entendimiento cristiano que "pueden amonestarse los unos a los otros". Debe observarse que Pablo, al hablar de la posible superfluidad de sus amonestaciones, no la motiva con el estado de perfección de la congregación. Mientras la comunidad cristiana viva en esta era, no puede prescindir de amonestaciones, y advertencias mutuas. Ahora bien: si Pablo ha escrito a la congregación romana "en parte con atrevimiento", ha hecho en virtud del mandato especial recibido de Dios: del mandato de ser el apóstol de los gentiles (cf. 1:5-6). "Ministrando el evangelio de Dios" habría de desempeñar el ministerio de Cristo entre los gentiles para que fueran un sacrificio agradable a Dios. Era una obra de una extensión grandiosa que Pablo pudo realizar en este servicio. Sin presunción puede hablar de ello, puesto que todo había sido realizado "en Cristo". Pablo no habla de lo que él mismo ha hecho, sin de lo que Cristo ha hecho por medio de él.

El apostolado confiado a Pablo comprende tanto la *universalidad* de su obra como su limitación. Su mandato es "para la obediencia de los gentiles" (εἰς ὑπακοὴν ἐθνῶν, v. 18; cf. cómo Pablo caracteriza su ministerio en 1:15 ἀποστολὴ εἰς ὑπακοὴν πίστεως ἐν πᾶσιν τοῖς ἔθνεσιν). Es una obra universal. Ya ha realizado parte de ella dentro de una región que se extendía desde Jerusalén hasta Ilírica; había peregrinado anunciando por todas partes el evangelio, y fundado congregaciones. Ahora que había concluido su primera tarea y "no tenía más campo en estas regiones", dirige la mirada hacia el oeste. Allí se extiende ante él un inmenso campo de acción. En España aún no ha sido anunciado el nombre de Cristo. A ella Pablo quiere trasladar su acción futura, y en el camino visitar Roma.

¿Pero cómo puede Pablo creer que ha terminado el anuncio del evangelio en el Este? Todo lo que había ocurrido hasta entonces era que había predicado la Palabra en una serie de ciudades y fundado congregaciones. Pero esas iglesias se hallaban todavía en los comienzos de su desarrollo; además, estaban dispersas y aisladas. ¿Cómo puede aseverar entonces que ya nada tiene que hacer en aquellas regiones? Por el contrario, tendríamos razones para creer que en ellas había lugar para muchos e ininterrumpido trabajo, y que el cuidado de esas comunidades le darían más que suficiente que hacer, de modo que no era necesario que buscara un nuevo campo de actividad. También en este caso la respuesta está en el mandato apostólico de Pablo. Su tarea no es la misma de cualquier otro anunciador del evangelio. Su misión era fundar nuevas congregaciones. El dice al respecto: "Y me esforcé a predicar el evangelio, no donde Cristo hubiese sido nombrado, para no edificar sobre fundamento ajeno". Guía de su actividad misionera era Isaías 52:15; él transcribe ese pasaje así: "Aquellos a quienes nunca les fue anunciado acerca de él, verán; y los que nunca han oído de él, entenderán".

Su declaración de no querer edificar sobre fundamento ajeno se ha interpretado a menudo como expresión de ambición personal. En realidad su decisión está estrechamente relacionada con su cometido especial. La misión del apóstol de los gentiles consiste en la fundación de congregaciones. Pablo no quiere establecer la regla general de que no se debe seguir edificando sobre un fundamento colocado por otro. Aquí, lo mismo que en todas partes, persevera en el pensamiento de que las tareas son diferentes. A uno le es dado colocar el fundamento, a otro seguir edificando; uno tiene la misión de plantar; otro la de regar (1. Cor. 3:6 ss.). En lo esencial, la tarea confiada a Pablo se limita a colocar el fundamento. En 1 Cor. 3:10 afirma: "Conforme a la gracia de Dios que me ha sido dada, yo como perito arquitecto puse el fundamento y otro edifica encima". Tarea del apóstol de los gentiles es la de poner los cimientos. Una vez hecho esto y fundada la comunidad cristiana en una ciudad; cuando florece la vida cristiana y de allí se irradia la luz sobre el área circundante, la obra del apóstol queda "concluida" en cierto sentido. El plantó; ahora le toca dejar a otro el regadío; el colocó el fundamento; debe dejar a otros la edificación posterior. A él le incumbe apresurarse a poner el fundamento de congregaciones nuevas. En el mundo que se extiende ante él lo esperan siempre tareas nuevas. Este mandato apostólico lo impele a ir ahora a España. En el camino espera pasar también por Roma, y allí ser equipado para el viaje ulterior con auxilio de la congregación (cf. antes pág. 12).

Pero antes debe ir a Jerusalén. En la reunión de los apóstoles en Jerusalén del año 52 se había resuelto que las comunidades formadas por gentiles conversos deberían ayudar a la congregación madre de Jerusalén "lo cual también procuré con diligencia hacer", dice Pablo en Gal. 2:10. Cuánta solicitud dedicó a la organización de esta acción de ayuda, se puede apreciar en 1 Cor. 16:1-4 y 2 Cor. 8 y 9. Sin embargo, y pese a que el mismo Pablo ha trabajado mucho a favor de esta obra, la participación de las congregaciones de Macedonia y Acaya ha sido espontánea. La ayuda así reunida — Pablo la llama κοινωνία, "comunidad"— no tenía carácter de limosna. Las congregaciones la consideraban más bien como un deber de gratitud. "Porque si los gentiles han sido hechos participantes de sus bienes espirituales, deben también ellos ministrarles de los materiales". Ahora esta ofrenda ha sido recolectada y Pablo está por ir a Jerusalén para entregarla. Sabe cuan grandes son los peligros que lo amenazan en este viaje. Por ello exhorta a la comunidad romana a rogar por él.

2. Saludos y palabras finales 16:1-27

El capítulo 16 comienza con algunos renglones en los que Pablo recomienda a la hermana Febe, en viaje a Roma, a la congregación. Estas líneas tienen un triple interés: 1) Nos muestran cómo podía expresarse una carta de recomendación, de las que eran comunes en la congregación primitiva; 2) nos dan a conocer el nombre de la persona que a juzgar por todos los indicios estaba encargada por Pablo de llevar la epístola a la comunidad romana; 3) completan nuestro conocimiento respecto a los cargos en la iglesia primitiva. Así como existían los cargos de obispo y de diácono (Fil. 1:1), nos enteramos ahora de que también existía un diaconato femenino. Febe era diaconisa (διάκονος) de la congregación de Cencrea, uno de los puertos de Corinto.

Cuando llegamos ahora a los saludos, vemos con asombro la larga lista de nombres con que nos encontramos. ¿Es posible que Pablo haya conocido realmente a tantos miembros de la comunidad romana? En vista de esto se ha sugerido que el capítulo 16 podría ser originalmente una carta independiente dirigida a una de las congregaciones "propias" de Pablo, y se ha pensado ante todo en la comunidad de Efeso. Pero resulta que en sus cartas a las congregaciones fundadas por él, Pablo no enviaba saludos particulares, al parecer por principio. Allí donde conocía a casi todos los miembros de la comunidad, los saludos dirigidos a algunos con omisión de otros, fácilmente podrían haber sido motivo de disgustos. Pero con la comunidad romana no tenía por qué tener tales temores, puesto que en ella conocía tan sólo a unos pocos a quienes manda saludos.

Después de prevenir en los versículos 17-20 contra los herejes que podrían introducirse furtivamente en la congregación y apartarla de Cristo con falsos halagos; y luego de haber presentado sus saludos, los hombres más cercanos al apóstol —obsérvese ante todo el nombre de Timoteo que en varias epístolas paulinas figura como remitente junto al del apóstol, y el de Tercio que le sirvió de amanuense para escribir ésta epístola —siguen las palabras finales en los versículos 25-27, formando una doxología.

También en cuanto al lugar de la doxología han prevalecido diversas opiniones, a causa del testimonio divergente que ofrecían los manuscritos. Algunos investigadores inclusive, han dudado también, por razones lingüísticas, que esa doxología se deba a Pablo. Sin embargo, un examen más detenido de los argumentos aducidos muestra que son poco sustanciales. Para todo cuanto aquí se dice existen paralelos exactos en los escritos de Pablo.

Con magníficas sentencias Pablo hace desfilar ante nuestros ojos el conjunto de la Epístola a los Romanos.

Desde la eternidad, antes de todos los eones, Dios en su propósito eterno ha ligado la redención de Jesucristo. Este misterio que estuvo oculto en las edades pasadas, ha sido revelado ahora por Jesucristo, después de haber sido anunciado por la ley y los profetas, Dios, que rema por encima de todos los eones (ὁ αἰώνιος θεός), ha dado a conocer ahora este evangelio a todos los gentiles con el fin de establecer entre ellos la obediencia de la fe (cf. 1:5).

"Al único y sabio Dios (cf. 11:33), sea gloria mediante Jesucristo para siempre. Amén".